EL EXILIO
INDOMABLE

Álvaro Vargas Llosa

El Exilio Indomable

Historia de la disidencia cubana en el destierro

ESPASA

ESPASA ©️ HOY

Director Editorial: Juan González Álvaro
Editora: Pilar Cortés

© Álvaro Vargas Llosa, 1998
© Espasa Calpe, S. A., 1998

Diseño de cubierta: Tasmanias

Depósito legal: M. 36-1998
ISBN: 84-239-7763-3

Impreso en España/Printed in Spain
Impresión: Huertas, S. A.

Editorial Espasa Calpe, S. A.
Carretera de Irún, km 12,200. 28049 Madrid

Para el pequeño Leandro

ÍNDICE

ANTES DE EMPEZAR 11

I. DE TENIENTE A LECHERO 15
   Los apuros de Robaina 48

II. EL RON, EL RING Y EL RELEVO 51
    La foto del comandante 89

III. EN LAS ENTRAÑAS DEL MONSTRUO 93
     La bolsa o la vida 125

IV. CUATRO CUBANITOS EN WASHINGTON 129
    Tagliatelle con dólares 167

V. EL PLANTADO 169
   Al cubano, que lo parta un rayo 202

VI. NO HAGAS CHISTES, GALLEGO 205
    Cirugía en la gusanera 255

VII. EL ÉXODO 257
     Un paquete de pitusas 294

VIII. LAS LEYES DE LA IRA 297
     Ojos y oídos 332

IX. GUSANO EN LAS CIUDADES PROHIBIDAS 339

X. ANTES DE TERMINAR (LOS DE ENFRENTE) 375

BIBLIOGRAFÍA 421

ANTES DE EMPEZAR

La voz llegó nítida y contundente desde el otro lado del mundo: «¿Qué haces en ese frío espantoso, perdido allá en las alturas de Escocia? Vente a Miami y escribe nuestra historia.» Era Jorge Mas Canosa, y la irrealidad de la llamada no tenía que ver tanto con el afán del líder del exilio cubano por hacer algo de justicia a su causa de cuarenta largos e incomprendidos años, sino con el hecho de que esta misión tropical me fuera sugerida cuando yo andaba por los recovecos glaciales de Dunblane, una localidad a orillas del Forth en la que un psicópata acababa de acribillar a dieciséis niños y una maestra en el gimnasio de un colegio sin pena ni gloria. Carraspeé y pedí tregua para pensarlo. Cinco días después, de vuelta en Londres y apenas repuesto de aquella visita periodística a las cavernas del alma humana, acepté el reto con condiciones que preservaran mi independencia: lo escribiría no en Miami sino en Londres, a mi ritmo y a mi manera, y nada lo obligaría a él a aceptar mi versión ni a mí a poner en palabras la suya. Era el libro que quería escribir desde hacía tiempo sobre la Cuba que mejor conozco, la de sus víctimas indomables, con la garantía de acceder a todos los archivos, la documentación oficial y la memoria privada del grupo que representa al mayor número.

Este es el origen del libro que empecé a escribir cuando el mal de Paget de Jorge Mas Canosa estaba todavía a la vuelta de la esquina, y con motivo del cual hablé, en multitud de singladuras tras-atlánticas, con amigos y enemigos, locos y sabios, empresarios, políticos, literatos y otras variantes de la especie. Su principal protagonista ya no podrá ver el texto impreso con los ojos de este mundo, aunque tuvo el manuscrito en sus manos antes de que la enfermedad se lo llevara —como creíamos que sólo ocurría en las películas— con las botas puestas, a pesar de todos los afanes de la ciencia y de la fe con que se intentó duplicar el milagro que a comienzos de año salvó la vida de su nieto recién nacido, Sebastián. Por más que el libro no se ceñía de manera estricta a los parámetros de su propósito, no lo objetó en la hora decisiva por escrúpulo hacia mi propia manera de decir las cosas y, creo, porque una intuición le indicaba que el estilo escogido no era, después de todo, írrito a su propia vocación de mirar al enemigo a cara descubierta.

Aunque hablamos por teléfono algunas veces más, la última vez que lo vi, en abril, durante unos minutos, supe que no lo volvería a ver, y cuando su esposa Irma entró en la habitación y le dijo con voz de mando que alguien lo esperaba, entendí en seguida el mensaje y partí. Era la orden de dejar tranquilo, en la penumbra de sus días, al hombre que moriría pocos meses después consumando esta cruel paradoja: no logró nunca volver a pisar la tierra a la que dedicó casi cuarenta años de destierro con sus días y sus noches, pero cuando los demás puedan hacerlo tendrán enredado en la lengua el nombre de quien más lejos llevó el propósito de hacer eso mismo posible: Jorge Mas Canosa. Lo digo con tanta convicción como la que tenía cuando empezaba el cuento de sus andanzas sin saber que acabaría tratándose de un epitafio.

He utilizado muchas horas de conversaciones con él y con un puñado de sus colaboradores como materia prima para reconstruir, en primera persona y a modo de monólogo, algunos episodios. Sospecho que el lector apreciará mejor las interioridades anímicas, psicológicas e históricas de estos hechos oyendo a los protagonistas hablar por mi voz narrativa, en un juego literario que no tiene otra pretensión que acercar el lente lo más posible a la intimidad de estas gentes empeñadas en conjurar la maldición de que nadie quería escuchar. Los demás capítulos están en tercera persona y se combinan con ocho viñetas. Las últimas páginas tratan de dar a lo contado una perspectiva de conjunto.

No sé si los que quedan en el exilio jugarán el papel de vanguardia que quisieran —y merecen— en la Cuba que vendrá, pero los que están dentro tienen la obligación de conocer la verdad acerca de los que se marcharon porque es la más terrible y hermosa historia que le haya tocado, en el ámbito de nuestra lengua y en este siglo, a un grupo de personas expulsadas de su tribu. No escogí escribir sobre estos cubanos por adhesión partidista sino por justicia política. Son los más vilipendiados del mundo y sus historias las menos conocidas, y en tanto que forman la organización más importante y numerosa del exilio, representan una conquista «imperialista» al revés: ha sido fascinante para mí verlos de cerca amaestrando y poniendo a su servicio al país más poderoso y libre de la tierra. Intentan que, un siglo después, Cuba Libre signifique algo más que esa genial invención del paladar con la que los mambises y las tropas norteamericanas celebraron la victoria de 1898 casando al ron Bacardí con la Coca-Cola yanqui.

No quiero dejar de convocar, en el umbral de los hechos que siguen, a otros dos cubanos, cuya amistad me ha enseñado a querer como mía la causa de Cuba, por más que no sean ellos sus protagonistas y los separe de éstos la distancia política, en el caso de uno, y la de la vocación en el del otro. Cuento ya entre mis privilegios asistir, desde la butaca del espectador, al derroche de inteligencia, integridad y buen humor con que, acompañado por la fiel Linda, Carlos Alberto Montaner llevará sentido común a la vida pública de su país el día que pueda hacerlo. Y Cuba no significaría lo mismo para mí sin la cercanía, en su guarida londinense de Gloucester Road, de Guillermo Cabrera Infante y Miriam Gómez. La pasión de entomólogo con la que Guillermo espulga la historia cotidiana de los suyos es algo más que la curiosidad omnívora de un novelista de la realidad: un antídoto contra la tentación del olvido y la crueldad de la espera, y, para el testigo, la enfermedad más contagiosa.

A. V. LL.

I
DE TENIENTE A LECHERO

Mis padres, Ramón Emilio Mas y Josefa del Carmen Canosa, estaban medio aterrados. Decían: «El único al que no lo llevamos a un colegio religioso y ahora se mete de masón», y yo era objeto de burlas en casa todo el tiempo. Pero como yo cuando me meto en las cosas trato de tomármelas muy en serio, me involucré tan a fondo que llegué a ser el Perfecto Guía de la logia, que era como ser el presidente. Todo había empezado al cumplir los quince años. Por esas cosas de los muchachos, un amigo mío, que tenía un taller de automóviles ahí en el barrio, en Santiago de Cuba (está ahora en Nueva Jersey), era masón y trataba de llevarnos a nosotros a las reuniones. Era una organización nacional y cada logia masónica auspiciaba una logia de jóvenes. Él pertenecía a la «Prudencia n.º 2», en Santiago de Cuba, que auspiciaba, a su vez, a una logia de jóvenes que se llamaba «Luis María Buch». Esta última a mí me llamó la atención porque era el nombre del fundador del colegio donde yo estudiaba, y la medalla al mejor estudiante que yo me había ganado ahí era, precisamente, la medalla «Luis María Buch».

Mis padres tenían razón: ¿por qué estaba yo metido en eso, habiéndome criado en colegio militar? Y la ciudad donde había nacido, en septiembre de 1939, en la provincia de Oriente, no era cualquier cosa ni estaba alejada de las grandes influencias: nada menos que Santiago de Cuba, la segunda ciudad en importancia del país, dicen. Creo que la educación primaria en un colegio militar me había ayudado a formar mi carácter, sobre todo por la disciplina y la vocación al trabajo. Era aquella enseñanza donde te obligaban a aprenderte las cosas de memoria. Recuerdo, sobre todo, a dos profesores, de apellido Ibarra, dos sabios de esos de entonces, que enseñaban desde historia y geografía hasta matemáticas. Eran sabelotodos de una exigencia horrible, que te obligaban a estar impecablemente vestido, andar en puntas de pie y hablarle al oído a la gente. El resto de mis hermanos —éramos cinco nosotros— se educaron en colegio de jesuitas. El único que no estuvo en colegio religioso fui yo. Al terminar la educación primaria, me fui por un año al Instituto de Segunda Enseñanza de Santiago, pero en seguida volví al colegio privado Juan Bautista Sagarra (así era como se llamaba el colegio militar), donde estudié el bachillerato. Qué misteriosa conexión había entre la disciplina del colegio militar y el «ajefismo», nunca la sabré, pero la cosa es que, al entrar a tercer año, mi amigo un día me invitó a una de sus reuniones raras y acepté ir. Fue así que acabé haciendo unos comentarios por Radio Santiago, que tenía un programa que se llamaba «La voz del "ajefismo"» (AJEF era la juventud masónica y quería decir Asociación Jóvenes Esperanza de la Fraternidad). Me destaqué mucho dentro del «ajefismo», y me gustó porque había mucha disciplina. Lo más que hacían en las sesiones era la liturgia, porque aquello era como un templo y se seguía el ritual masónico. Pero lo que se discutía era la cuestión cívica local y los asuntos políticos, y cosas de ese tipo. Fue mi interés por esta materia lo que me colocó a cargo del programa radial de la logia. A los quince años, pues, tuve mi primera relación con las comunicaciones.

Un día, fiel a mi espíritu oriental, hice un comentario contra Batista. Santiago siempre ha sido una ciudad rebelde: ahí comenzó el movimiento independentista contra España, de ahí salió Antonio Maceo y de ahí salieron 28 generales de la guerra de independencia. Y contra Batista la cosa fue igual: ahí en Santiago nació el Movimiento 26 de Julio, ahí se produjo el «30 de Noviembre» y la ciudad era un constante foco de tensión para el régimen. Se producían de tanto en tanto crímenes, porque Batista era un dictador inescrupuloso que tenía un grupo de matones alrededor de él. Ese día mataron a alguien ahí en Santiago de Cuba. Salió la foto, no como ocurre en estos países, con una sábana que lo cubriera, sino descubierto y todo, espeluznante. Sin pensarlo dos veces, yo hice un comentario fuerte contra las autoridades locales y los matones del gobierno. Cuando yo salí de la estación, me cayeron encima. Me arrestó un teniente coronel del Ejército que se llamaba Salas Cañizares, muy conocido (el hermano fue jefe nacional de la policía en Cuba y hombre de confianza de Batista: lo mataron en el asalto a la embajada de Haití).

Mi padre llevaba treinta años en el Ejército, desde mucho antes de Batista. No era militar de carrera sino un veterinario profesional que lo que se ocupaba era de atender a los caballos y esas cosas ahí, y que había ascendido a comandante. Gracias a eso, mi padre me pudo sacar, pero pasó por la vergüenza de que el propio Salas Cañizares fuera a registrar mi casa. A los pocos días yo estaba camino a los Estados Unidos. Mi padre tenía pánico que a mí me fueran a matar y, con toda razón, me mandó a estudiar aquí a un colegio. Pero fíjense cómo sería la desesperación suya que, para mayor confusión espiritual mía, me metió en un colegio presbiteriano. La culpa la tenía un señor que se llamaba *mister* Richardson, que viajaba por las ciudades de Cuba dándoles consejo a los padres que querían enviar a su hijos a los Estados Unidos. Uno de esos días que habían anunciado una reunión presidida por él en no sé qué hotel para recomendar los pasos a seguir a los padres que querían enviar a sus hijos a los Estados Unidos, mi padre asistió a la convocatoria. El resultado fue que yo terminé en un pueblucho entre Carolina del Norte y Carolina del Sur que se llamaba Matson (no está ni en el mapa, hay cuatro o cinco casas allí). Sin hablar una palabra de inglés, llegué a Miami ese año de 1958, me monté en una guagua de la Greyhound y luego de varias horas comprobé que Matson existía. Me pusieron en el último año de *high school*. Estuve ahí hasta el 59, salí muy bien a pesar de todo, y me gané una beca para ir a la universidad. Cubano al fin y al cabo, sin hablar casi inglés hasta gané un concurso de debates en ese colegio.

En mis vacaciones de verano volví por unos días a Santiago porque quería ver a mi novia Irma. Mi padre no me dejaba salir a ninguna parte, me tenía muy controlado, pero yo me las arreglaba para ver a Irma, a la que había conocido en el colegio Sagarra, que era de hembras y varones. Como ya en el octavo grado se reunían hembras y varones, nos habíamos conocido cuando tenía trece años. Cómo es la mentalidad política, que yo siempre digo que cuando murió Stalin es que yo conocí a Irma: en el 53. Después que yo la conocí, ella se mudó frente a la casa de un compañero mío de estudios. Yo iba a estudiar donde él y me la encontraba por ahí. Sólo en ese momento me empezó a gustar, porque cuando era tan niñita no me gustaba. Fuimos novios dos años más tarde. No la pude olvidar durante mi viaje a Matson, así es que en esas vacaciones de verano del 58 regresé para visitarla, pero después del verano tuve que volver a los Estados Unidos, porque el curso empezaba en septiembre. No sabía que meses más tarde (lo de los barbudos no se veía, todavía, como algo inminente), al triunfar la Revolución, cambiarían mis planes. Yo no quería vivir aquí, aunque me llevaba bien con los americanos (en mis vacaciones me había llevado a tres o cuatro profesores pa' Cuba). El colegio presbiteriano era muy duro para mí. Eran prácticamente fundamentalistas. El profesor de Biblia llegaba en avioneta a las clases, porque era piloto y predicador itinerante. Lo mejor que se me ocurrió, aparte de aprender inglés, fue trabajar. Mi padre era un hombre de clase media baja, con pocos recursos; tenía su pequeña clínica de veterinario y ganaba trescientos dólares en el Ejército, y con todo eso podía vivir. Pero yo he sido siempre de trabajo; hablé con el director del colegio y le dije que quería trabajar, estudiar y trabajar, porque a mí me gusta producir. Cogí y convencí a los americanos aquellos de que me dejaran tumbar las casas donde habían funcionado unas barracas para los soldados en la Segunda Guerra Mundial, en una base militar que había por ahí. Yo desbaraté las casas a mano, agarré la madera esa y la llevé al colegio. Con la madera acabaron haciendo un gimnasio. Disfruté mucho con aquello porque me gustaba mucho crear.

El 2 ó 3 de enero de 1959 volví a Cuba. Desde el primer día, a mí me asfixió aquella atmósfera, algo que me libró de tener un solo segundo de entusiasmo o participación en el proceso. Me lució injusto que se desarrollara aquel ambiente de presión social donde todo el que no fuese barbudo, no hubiera tenido experiencia revolucionaria o hecho alguna contribución al 26 de Julio era como un extraño en su propia tierra, estaba marginado socialmente, en el ostracismo. Si no te mostrabas a tono con el ambiente, te hacían la vida imposible. Todos los estribillos —«si tú eres comunista, ponme a mí en la lista»— me produjeron horror, para no hablar, por supuesto, de los juicios y los fusilamientos aquellos. No tenían nada que ver con el carácter del cubano que yo había dejado. Yo me había ido de una Cuba afable y cariñosa, donde había diferencias políticas pero la gente se tiraba la toalla, se daba la mano, sin ese odio que yo vi al volver en el 59.

Había, por ejemplo, el Ministerio de Bienes Recuperados: a todo el que se sospechaba que pudiera haberse beneficiado por haber sido amigo del gobierno de Carlos Prío (de la época democrática anterior a Batista) le ponían en la casa un letrero: «Esta casa está intervenida y es propiedad del Ministerio». En mi casa, felizmente, no pasó nada. Con mi padre no se metieron porque él no había tenido nada que ver con el régimen batistiano. Aunque lo retiraron en el 62, él estuvo ahí adentro en Cuba hasta el 65. Pero el ambiente me asfixió. Yo sentí que necesitaba libertad para actuar contra el régimen. Por eso, además de mi vocación de abogado, yo me matriculé en la Escuela de Derecho de la Universidad de Santiago. Ahí me encontré con un grupo de estudiantes afines, entre ellos uno que sigue en Cuba, Nicolás Bello Chávez, que había bajado de la Sierra Maestra y era teniente del Ejército Rebelde y barbero —y muy buena gente.

Un incidente decisivo pone, entonces, a prueba el temple político de todos nosotros. Se produce, en marzo de ese mismo año, el famoso juicio de los 44 pilotos de la Fuerza Aérea de Batista que tanta repercusión nacional e internacional tendría. Yo me había metido en Derecho con la ilusión de ser abogado y hacer prevalecer la justicia, me llenaba de emoción mi carrera. Yo no tengo nunca punto neutro, sólo velocidades, y el juicio de los pilotos a mí me horrorizó. Los llevaron a la Audiencia de Santiago de Cuba, pero no había abogados para defenderlos porque con la intimidación social llegaban las turbas y a cualquiera que se ofreciera de abogado le caían encima a golpes. Se formó el tribunal para juzgarlos y, sorprendentemente, de secretario nombraron a mi amigo Nicolás Bello Chávez. Empecé a ejercer una influencia grande sobre Nicolás, y tenía por qué: él pasaba de año porque yo le hacía los exámenes. No había quien defendiera a los pilotos, así que un profesor de la universidad que se llamaba Carlos Peña Justiz se prestó para defenderlos (a ese hombre le hicieron horrores después: lo amarraron de una soga a un helicóptero y mientras el helicóptero volaba él se iba dando golpes contra los pedruscos de la playa, y luego lo volvían a subir y lo volvían a bajar). Otro abogado del Ejército (del Ejército regular) que se llamaba Arístides Acosta Caleiro, de un valor enorme, también se prestó. Entonces yo organicé a dos o tres estudiantes del primer año de la Escuela de Derecho para ir a ayudar a estos abogados. Yo no sabía si los pilotos eran culpables o no, pero los acusaban nada menos que de genocidio, y los métodos me repugnaban, en aquel fervor irracional. Después de todo, un reo convicto y confeso tiene derecho a un abogado y a un sacerdote, ¿no? Lo que yo contemplé ahí fue un pisoteo de los derechos constitucionales y los derechos humanos: lo más abusivo del mundo.

Durante el juicio, yo ayudo pasando papeles, cogiéndoles la cartera a los abogados y haciendo pequeñas labores de esas. Termina el juicio y los miembros del tribunal se encierran en el hospital civil de Santiago a deliberar sobre la sentencia. Los tienen ahí virtualmente secuestrados. En plenas deliberaciones, Nicolás Bello Chávez me pasa un mensaje: ¿podríamos mandar una nota ayudándolos desde el punto de vista legal para hacer la justificación de una resolución absolutoria basada en ciertos principios jurídicos? Voy a ver a Peña Justiz, que me prepara la nota. Se la hago llegar. Horas después, ellos absuelven a los pilotos.

Aquello fue un escándalo: Fidel Castro montó en cólera, se fue para la CMQ, puso en cadena a todas las estaciones de televisión y empezó a decir horrores al tribunal. Y acabó gritando: «Al igual que la defensa tiene derecho a apelar una sentencia, nosotros, el tribunal del pueblo, también tenemos ese derecho.» Conclusión: a Félix E. Peña, que había presidido el tribunal, lo mataron (apareció suicidado tres días después); a Bello Chávez lo botaron del Ejército, y el tercero, Michel Yabor, un libanés, salió al exilio. Yo me dediqué todos los días en la universidad, junto con unos cuantos ahí, a defender a los pilotos. Pero no sirvió de nada: Fidel Castro montó un nuevo tribunal y les dio treinta años.

Por aquella época, vienen a organizarse en la universidad las elecciones para elegir a la Federación Estudiantil Universitaria. Casi al mismo tiempo, se organizan las elecciones masónicas para lo que se llamaba el Comité Oriental de Superación «Ajefista» (COSA), que abarcaba, como su nombre lo indica, a toda la provincia de Oriente. Se abría, pues, en medio de aquel laberinto, la perspectiva de dos elecciones, una para el comité provincial del «ajefismo», la otra para la FEU. Ya yo estaba en un volumen importante de militancia contra Castro y contra la Revolución y andaba buscando instrumentos para oponerme. Al ver la oportunidad que se me abría, me presenté a las elecciones «ajefistas» del COSA. Yo acababa de llegar del exilio, era lampiño, blanquito, hijo de un comandante del Ejército, y aspiraba también a presidente del COSA un capitán rebelde, J. J. Núñez. Parecía imposible, pero lo arrasé en las elecciones: él sacó votos sólo en su logia. Aquello me concitó el odio del periódico que se publicaba en Santiago de Cuba, *Sierra Maestra* (antiguo *Diario de Cuba,* que habían confiscado). Desde el comité provincial de Oriente hice una resistencia horrible contra los intentos de Castro de controlar la cámara nacional del «ajefismo». Duró un año y pico la lucha aquella. Utilicé mi presidencia como fuente de oposición; visité todas las logias, ciudad por ciudad; reorganicé el «ajefismo», señalando metas y objetivos. Esa actividad me abrió puertas al mismo tiempo que odios y llegó el momento, a mediados del 59, en que la gente del Movimiento Demócrata Cristiano, la organización de José Ignacio Rasco, se acercaron a mí. Mi vida dio entonces un vuelco.

Desde ese momento José Fernández Badué y yo nos dedicamos a organizar a la juventud demócrata cristiana en Oriente, algo para lo que la experiencia en el «ajefismo» me ayuda mucho. El Movimiento Demócrata Cristiano está a cargo de Rasco, pero luego, cuando él se va al exilio a fines del 59 o comienzos del 60, queda a cargo de Enrique Ros, padre de la hoy congresista norteamericana Ileana Ros (su hija tiene cuatro años en ese momento y no sospecha el curso que tomará su vida unos años después). El Movimiento no es en ese momento clandestino sino público, y nosotros estamos inscritos en el concejo provincial de Santiago de Cuba. Rasco se va para ponerse de acuerdo con los que están organizando aquí en el exilio el Frente Revolucionario Democrático con apoyo de los americanos y hace una declaración en Venezuela anunciando que el Movimiento Demócrata Cristiano se pasa al clandestinaje. A Fernández Badué y a mí, que hemos publicado los nombres de los miembros de la organización, nos llevan presos y empiezan a hacernos preguntas. Nosotros decimos que vamos a seguir públicamente y que no es verdad que nos hemos pasado al clandestinaje. Pero lo cierto es que ya estamos obligados por las circunstancias a actuar en la clandestinidad. Nos contacta la gente del Movimiento Demócrata Cristiano de La Habana y veo a Enrique Ros, que ha asumido, en reemplazo de Rasco, la jefatura del Movimiento, ya clandestinamente.

Al mismo tiempo, se empiezan a organizar las elecciones para la presidencia de la Federación Estudiantil Universitaria. Generalmente a esto aspiraban los estudiantes del cuarto o quinto año. Yo era estudiante de primer año, pero con ayuda de la gente del Movimiento Demócrata Cristiano un grupo empezó a preparar mi candidatura. En la universidad había también gente rica, hijos de terratenientes, porque esa universidad era la segunda después de la de La Habana, y como yo mantenía una actitud radical contra Castro se creía que entre toda esa gente descontenta yo podía tener apoyo. Aspiré, entonces, a la presidencia de la FEU en contra de un capitán rebelde que se llamaba Willy Hoche, de origen jamaiquino, que había estado con Fidel y con el Che en la Sierra (todavía está en Cuba; ahora es general). Esas elecciones nunca se celebraron: ellos sabían que yo iba a ganar porque, con excepción de la Escuela de Filosofía, que controlaba él, yo controlaba todas las escuelas de la universidad. Además yo era un militante del carajo; llegaba a la universidad a las siete de la mañana, recibía a todos en la puerta y me quedaba el último: una intensidad horrible. Monté una campaña grande, tuve confrontación permanente con los comunistas. Cuando iban a hablar a la Universidad Juan Marinello, el presidente del Partido Socialista Popular (el Partido Comunista), o Blas Roca, su gente les organizaban sus foros en la Escuela de Filosofía, y nosotros ahí les montábamos unos piquetes que los triturábamos. Éramos jóvenes, estábamos enamorados de la dialéctica y el estudiantado tenía una militancia enorme, así que aquello era un fandango permanente. Pero no hicieron las elecciones hasta una semana después que yo me fui de ahí.

Toda esta actividad me dio una base de militancia y me enseñó a conocer el peligro, a esforzarme en resultar efectivo a la hora de contrarrestarlo. También —y lo que es más importante— me obligó a aprender a llevar a vías de realización lo que yo quiero. Desenvolverme en los primeros años de mi vida, por razón de mis convicciones ideológicas, en un ambiente extraordinariamente hostil me agudizó un cierto instinto práctico. Yo era el hijo del militar, el tipo que no había subido a la Sierra Maestra, que venía del exilio (a pesar de los dieciocho años que tenía, porque, aunque tuvieras quince años, si no habías estado en la Sierra Maestra eras blanco de todo el mundo), y defendía a los enemigos de la Revolución, pronunciaba arengas contra los excesos del gobierno, aspiraba en contra de candidatos respaldados por el gobierno. Me moví en un clima de acoso permanente. Eso me permitió desarrollar mecanismos de autodefensa y me obligó a buscar la forma de lograr que cada acción tuviera éxito en el objetivo que se planteaba, porque en ese ambiente no podías fracasar, ya que fracasar era acabar preso veinte o treinta años, o fusilado.

Ya en los últimos meses en Cuba me arrestaban a cada rato. Me interrogaban y me ponían en libertad inmediatamente. La última vez que me arrestaron, lo hicieron en mi casa. Fue el día que intervinieron todas las refinerías de petróleo en Cuba. Yo en Santiago había organizado una campaña poniendo *stickers* en toda la ciudad, que decían: «No consumas ICP gasolina rusa» (ICP eran las siglas, creo, del Instituto Cubano de Petróleo). Se me metieron como a las seis. No me encontraron nada, pero me llevaron preso. Mi pobre padre se fue detrás de mí en el *jeep,* más preocupado que el carajo. Me metieron en el Palacio Municipal, donde me entrevistó un capitán al que le decían *el Mexicano.* Me sentó frente a una colombina (una cama de hierro con un bastidor muy rústico) y, mientras se palmoteaba la pierna, me dijo: «Bueno, muchachito, empieza a hablar todo lo que tú sabes, que de aquí no sales más o te vamos a fusilar.» Me causó tanto rechazo la prepotencia de aquel hombre que le dije un disparate: que a mí él no me podía hablar así, que no se había hecho la Revolución para esto, y cosas peores. En medio de aquel discurso, en un descuido del tipo, me paré y me fui. *El Mexicano* quedó por un momento desconcertado. Yo bajé por una escalera de caracol que había ahí, mi papá me siguió atrás, y yo diciéndole: «Vamos a montarnos ahora mismo en el automóvil.» Había una piquera en el automóvil, así que me metí por ahí y arrancamos inmediatamente. Me fui pa'casa de Irma. Cuando la policía del DIER reaccionó y se dieron cuenta que yo estaba en el barrio, cayó una jauría en mi casa. Pero mi padre me alertó a tiempo: «Oye, ni te acerques por ahí que te van a coger.» En ese momento me di cuenta que la cosa era seria. Decidí irme para La Habana en el carro de unos amigos. Irma y su familia no sospechaban nada de lo que estaba pasando conmigo. Dos sacerdotes amigos y la esposa de Fernández Badué me acompañaron hasta Bayamo. Ahí seguí por los canales clandestinos hasta Matanzas, donde me recogió Rafael Bergolla (también de la Democracia Cristiana), siguiendo instrucciones de Ros, y de ahí al Nuevo Vedado, en La Habana. Una vez en La Habana, me escondí en casa de un tío mío. Ahí, con el hermano de José Fernández Badué, que trabajaba en el aeropuerto de Rancho

Boyero, averigüé que yo no estaba en la lista de los fichados. El 15 de julio de 1960, cogí un avión y me vine para Miami.

Traía la cabeza cargada de imágenes. Por ejemplo, no se me borraba la imagen de un pobre hombre que tenía su casita frente al colegio mío y que tiraba fotografías, y al que íbamos todos los años cuando el colegio nos mandaba a tirarnos una fotografía para el carnet escolar o para el libro anual del colegio, o lo que fuera. Zenén, se llamaba el hombre. Pues a él lo acusaron, en los primeros meses, de ser un chivato, un confidente del gobierno de Batista. Dijeron que le pasaba los negativos a la policía política de Batista y lo sacaron de allí. Lo montaron con su mujer en un camión, lo pasearon por todo Santiago de Cuba en el camión a él con la mujer y lo llevaron pa'l campo de tiro. Sin más, lo fusilaron ahí mismo. Experiencias como esa me habían dado un conocimiento de primera mano sobre la entraña del sistema. Era una cosa horrible, yo vivía espantado en Cuba. Y era curioso porque, a pesar de esto, yo no vivía atemorizado por mi propia familia. Debe ser que yo desde el comienzo me di cuenta de que no iba a haber represalias contra mi padre ni contra mi familia. Pero lo que veía con los demás era espeluznante. Con toda esa carga emotiva, ese 15 de julio, yo llegué al exilio decidido a volver a Cuba tan pronto pudiera.

Llegaba también con cierta experiencia de organización clandestina. Había hablado con grandes segmentos de la juventud gracias a que me había movido con el «ajefismo» y, luego, con la Democracia Cristiana y con Fernández Badué y Laureano Garrote habíamos contactado a mucha gente para montar la cosa. En los varios meses que estuve aquí en Miami, participé activamente en la organización que se estaba montando para agrupar a toda la oposición y preparar una acción de más envergadura contra Castro: el Frente Revolucionario Democrático, que se formó oficialmente en México en mayo de 1960. Sobre todo participé en su rama estudiantil, el Frente Revolucionario Democrático Estudiantil, creado en junio de ese año, y del que fui el primer secretario general. El Frente Revolucionario Democrático lo formaron Antonio de Varona, a nombre de los «auténticos»; Justo Carrillo, a nombre de la

Organización Montecristi; José Ignacio Rasco, a nombre del Movimiento Demócrata Cristiano; Manuel Artime, a nombre del Movimiento de Recuperación Revolucionaria (católico militante, había sido inspector del Instituto Nacional de la Reforma Agraria de Castro y fue el que hizo los primeros contactos con la CIA), y Aureliano Sánchez Arango, que era la Triple A. Se estableció también el Frente dentro de Cuba y se encargó la coordinación militar allí dentro a González Corzo *(Francisco).*

Meses después, cuando se aceleran los planes de invadir Cuba, con la ayuda de la CIA el Frente se abre para dar participación a más gente, con lo que adopta a fines del 60 el nombre de Consejo Revolucionario Cubano, bajo la presidencia de Miró Cardona, un hombre muy ilustre y talentoso que había sido primer ministro, brevemente, con Castro. Tanto el Frente como el Consejo coordinan, por supuesto, a la gente de la resistencia dentro de Cuba. El Consejo, además, crea también su rama juvenil, el Directorio Revolucionario Estudiantil, que preside Alberto Müller (que está ahora aquí en Miami), y en el que está gente conocida como Juan Manuel Salvat y Fernández Travieso, que se habían destacado mucho en La Habana en la lucha dentro de la universidad, en particular contra la visita de Gromyko. Al igual que me había involucrado con los jóvenes del Frente, yo paso a ser director de organización del Consejo Revolucionario. Pero en ese momento ya yo estoy camino a los campamentos: lo que quería era irme a entrenar, por lo que mi actividad en la organización disminuyó mucho. No me importaba nada, ni siquiera la penuria económica —compartía cuarto con doce refugiados—, más que irme a entrenar para volver. Oía de otros que entrenaban y estaba impaciente porque creía que había que pasar de una vez a la acción.

Cuando decido irme para los campamentos, donde se está entrenando la gente que, bajo la sombrilla del Consejo Revolucionario y en coordinación con la CIA, va a ir a la invasión a Cuba, tengo que tomar una decisión: si irme con el grupo principal o con *Nino* Díaz. *Nino* Díaz había sido un comandante de la Sierra Maestra, de Santiago de Cuba, y había estado en la columna de Raúl Castro. Se había rebelado contra Castro en Sierra Cristal al ver la desviación del proceso. Luego Raúl Castro lo había cogido preso a fines del 58 porque él lo había desafiado en un momento determinado mostrando muy firmemente su desacuerdo con el camino que estaba tomando la acción revolucionaria. Cuando huyó Batista y triunfó la Revolución, pasó un tiempo, pero lo soltaron y vino para el exilio en el 59 o comienzos del 60. Su nombre era Higinio Díaz Anné. Un guajiro bruto, pero un guajiro muy hábil en la cuestión esa del monte y de la lucha de guerrilla (ahora es un constructor por aquí; mantengo relación con él, es buena gente). En ese momento era el comandante *Nino* Díaz. Vino a organizar a un grupo de personas de Santiago de Cuba, de Oriente en general, para tratar de coordinar con los de la invasión un desembarco paralelo en Oriente de él y su gente. La cuestión regionalista de uno primó en esa oportunidad: yo me fui a verlo y a decirle que estaba dispuesto a irme con él para desembarcar en mi provincia. «Yo quiero regresar a Cuba a pelear», le dije, y me sumé a él.

La Brigada de Asalto 2506, que era como se llamaba el grupo de cubanos que preparaba la invasión principal, eran 1.443 hombres y estaban siendo adiestrados en Guatemala, igual que lo seríamos nosotros, los de *Nino* Díaz, en Nueva Orleans, por especialistas del Ejército americano, veteranos de la Segunda Guerra Mundial y de la guerra de Corea (la Brigada se llamó así en homenaje a Carlos Rafael Santana, que murió entrenando, y cuyo número de serie era 2506). Los primeros entrenamientos para la invasión de los que se convertirían en la Brigada habían sido, en realidad, en la isla Useppa, cerca de Fort Lauderdale, en la Florida (en ese primer grupo había estado, por ejemplo, Manuel Artime). Luego habían ido a Panamá y de ahí por fin a Guatemala, donde se quedaron entrenando hasta el final. Usaban una finca en el noroeste del país, propiedad de Roberto Alejos, hermano del embajador de Guatemala en Washington. Se construyó especialmente para los entrenamientos la base Trax, cerca de la finca, y la base Halcón. La Brigada 2506 era un buen muestrario de la sociedad cubana: campesinos, pescadores, abogados, médicos, banqueros, gente casada, con hijos, gente soltera, mulatos, blancos, una mayoría de católicos pero también protestantes y judíos. Sólo 140 eran militares de carrera, o sea que la gran mayoría no tenían formación militar. Uno de esos pocos que tenían carrera militar detrás era, precisamente, el jefe de la Brigada, José Pérez San Román. Como los planes iniciales no habían sido hacer una invasión formal, sino una guerra de guerrillas, el nombre formal de Brigada de Asalto 2506 sólo se adoptó en noviembre de 1960, cuando Kennedy aprobó el cambio de plan, cinco meses antes de la invasión. La Brigada se organizó en seis unidades o batallones, que iban desde la unidad de tanques hasta la de paracaidistas, un poco según la organización convencional. Muchos de los que la integraron luego tendrían una carrera fulgurante. Ahí estaba, por ejemplo, José Basulto, el hombre que ha dirigido Hermanos al Rescate muchos años y que en los noventa se salvó de milagro de ser abatido por los cazabombarderos de Castro que acabaron con la vida de cuatro pilotos de esa organización.

Todos los esfuerzos para la invasión estaban, por supuesto, coordinados por el Consejo Revolucionario (cuando éste reemplazó al Frente) y por los americanos. Como dije, el Consejo se formó como consecuencia de los problemas en el Frente tras la presión de la CIA, a partir de febrero del 61, para forzar una ampliación y contar con nuevos miembros, en especial Manuel Ray y su Movimiento Revolucionario del Pueblo, que provocaba resistencias porque se decía de él que encarnaba al «fidelismo sin Fidel» (había sido ministro de Obras Públicas de Castro). El Consejo Revolucionario Cubano se anunció formalmente en marzo del 61, poco antes de la invasión. Tanto los entrenamientos en los campamentos de Guatemala como los entrenamientos del grupo de *Nino* Díaz en el que yo me metí, estaban bien coordinados por los americanos. La CIA tenía en total 95 consejeros actuando en esto, y el jefe máximo de la CIA encargado de supervisar toda la operación de invasión era Richard Bissell; pero, por supuesto, eso sólo lo sabía la jerarquía nuestra: nosotros lo ignorábamos completamente. Tracy Barnes y Howard Hunt —cosa que entonces también ignorábamos los soldados rasos— eran hombres clave en las relaciones entre la dirigencia cubana y la CIA, y debajo estaban los otros asesores. Recuerdo que entonces tú veías a uno de aquellos gringos y te parecía superpoderoso («coño, este es el tipo de la CIA») y te quedabas con la boca abierta. Te impresionaba (algunos hasta se acomplejaban). Aunque los cubanos que tenían más relación con ellos eran los de la jerarquía, los mayores, yo llegué a tener contacto con dos o tres de ellos, antes de irme a los campamentos, porque en ese período previo a mi entrenamiento me acerqué a los que hacían las infiltraciones de grupos nuestros en Cuba para llevar armas, explosivos, propaganda y otro material útil para el esfuerzo de aquel momento. Yo no llegué a infiltrarme, pero estuve a punto de participar en una infiltración. El americano que organizaba a los grupos que se infiltraban se llamaba Mr. Lawrence (o así le decían, al menos), y lo llegué a conocer: un tipo alto y adusto. No sé bien por qué no funcionó la cosa, pero no llegué a entrar con esos grupos. Creo que fue porque tenía que entrar por un lugar llamado Cayo Mono en Matanzas y yo no conocía a la gente de Matanzas, y tenía la obsesión de mi feudo de Santiago de Cuba y Oriente, así que no me metí con ellos. Pero participé en aquella cosa, estuve con el americano, sabía perfectamente lo que ocurría, y los ayudé a coordinar. Además, tuve contacto con otra gente, como Tony Cuesta, que estaba infiltrando armas a través de un barco llamado el *Tejana*. Cuesta trabajaba con Humberto Sorí Marín, que había sido ministro de Agricultura de Castro en Cuba, pero había roto con él y estaba asociado al Consejo Revolucionario del exilio (después sería fusilado por Castro, que unos minutos antes de dar la orden vería a su madre y le diría: «Viejita, tú sabes el cariño y el amor que yo te tengo; tu hijo tiene unos problemas, pero esto se soluciona entre amigos, no te preocupes»). Sorí Marín había sido mandado desde el exilio a tratar de unificar a los grupos de la resistencia interna, que eran —por lo menos los significativos— como seis. El hombre clave dentro de Cuba era Rogelio González Corzo, *Francisco,* y con él era que debía Sorí Marín coordinar la distribución de las armas y el material incendiario que venían de fuera. La Marina americana, además, para apoyar a la resistencia interna, había montado también Radio Swan, frente a las costas de Honduras, en una operación parecida a la que se había hecho en 1954 contra Jacobo Arbenz en Guatemala. Le habían dado a la radio el carácter comercial para disimular la mano militar de la Marina detrás de la operación (la Marina «vendía» espacios en la programación a los diferentes grupos cubanos para que transmitieran).

Yo decidí, pues, irme con *Nino* Díaz, que iba por su cuenta pero en coordinación con el grupo principal de la invasión. Los de *Nino* Díaz se suponía que debíamos desembarcar cuatro o cinco días antes de la invasión en un punto de Oriente que se llamaba Imías del Sur, al este de Guantánamo. Era una operación para distraer la atención, lograr que se desplazaran tropas cubanas hacia esa zona y facilitar así la invasión principal en Bahía de Cochinos. Nosotros no fuimos a entrenarnos a Guatemala como el resto de los participantes de la invasión, sino a Nueva Orleans, en los pantanos de Louisiana. Todos los del grupo fuimos a una base abandonada de la Segunda Guerra Mundial, ahí, pegada al Misisipí. Había una cantidad de armamento y explosivos enorme en aquella base, grandes instalaciones para entrenarnos, y el americano que se ocupaba de aquello era *Clarence*. Yo era jefe de patrulla y sargento (era de risa aquello de los rangos entre nosotros). Los instructores eran buenos, americanos todos. Nos dieron, dentro de las circunstancias, un entrenamiento completo. Fueron un par de meses sólo, porque no había mucho tiempo.

En el campamento se creó la lucha, como en todas partes. Resulta que para ir ahí uno se inscribía en las oficinas de reclutamiento en Miami, como me había inscrito yo (la información era remitida al Estado Mayor; la cara militar del Frente funcionaba en Coconut Grove y ellos procesaban la información. Muchos de los oficiales del Estado Mayor eran antibatistianos y una de las responsabilidades era impedir que se metieran los batistianos a controlar el aparato militar, algo que, claro, fue también motivo de todo tipo de fricciones). Pero unos cuarenta que se habían inscrito en el grupo de *Nino* creían que iban para Guatemala, y cuando terminaron en los pantanos de Nueva Orleans se pusieron furiosos. Una vez que se dieron cuenta de que se habían inscrito en la invasión paralela de *Nino* Díaz, los cuarenta cubanos formaron un escándalo, se pusieron violentos y hubo que embarcarlos a Guatemala para evitar que se echara todo el entrenamiento a perder. Cuando se fueron, nos quedamos por fin los ciento cincuenta. De esos ciento cincuenta, entre un 60 y 70 por 100 éramos de Oriente.

El plan de la invasión principal, Operación Pluto, cuyos detalles nosotros no conocíamos en ese momento, y que incluso los propios oficiales cubanos nuestros no conocieron hasta el día 14 de abril, en vísperas de la invasión, después que la Brigada 2506 había sido transportada por aire de Guatemala a Nicaragua, era complicado. Al norte de Girón estaba la Ciénaga de Zapata. Sólo había tres carreteras que comunicaban a la costa con el interior; la tierra era cenagosa, con mosquitos, lagartos. Los paracaidistas debían tirarse sobre las tres carreteras para impedir el acceso prematuro del enemigo a la cabeza de playa. Las tropas debían desembarcar en tres puntos a lo largo de 65 kilómetros de costa, el grueso en Playa Girón, y otros destacamentos treinta kilómetros al noroeste y al este. El primer desembarco despejaría la pista del aeropuerto y los navíos mercantes de la flota de la invasión descargarían la gasolina, las municiones y los suministros. La aviación atacaría a las tropas enemigas que se acercaran y destruiría puentes y caminos. En la segunda etapa del plan, se debía interrumpir los servicios de energía y comunicaciones al atacar seis transformadores, lo que acabaría con el suministro de agua y electricidad. Al bombardear los transformadores maestros situados cerca de las plantas eléctricas de las refinerías, éstas se pararían y Castro no podría acceder al combustible. También se atacarían las instalaciones de almacenamiento de combustible. El total de armamento del que se dispondría el día de la invasión serían 72 toneladas de armas, municiones y pertrechos, suficientes para apoyar a cuatro mil hombres (contando los que se sumaran desde dentro de Cuba). En los días siguientes a la invasión llegarían muchas más armas y municiones: como mil quinientas toneladas en tres partes (considerando que de enero del 59 a noviembre del 60 unas dos mil ochocientas toneladas de armas habían ido a manos de Castro, no era mucho). Poco después, los políticos de la dirigencia del Consejo serían transportados por aire para formar el gobierno provisional y obtener reconocimiento diplomático. No se esperaba la derrota inmediata de Castro, sino inmovilizarlo y estimular el levantamiento de la población. Luego, se produciría la caída del régimen.

A los de *Nino* Díaz nos montaron un buen día, cuando todavía entrenábamos, en un avión hasta Cayo Hueso, en el extremo de la Florida. Eso fue el 9 ó 10 de abril de 1961. Pocos días después, convertidos ya en batallón especial (no nos habían asignado un número a sus integrantes, a diferencia del resto de la Brigada que se entrenaba en Guatemala), nos montaron en Cayo Hueso en un barco que se llamaba el *Santa Ana* y arrancamos. Recorrimos todo el norte de Cuba y dimos la vuelta por Haití, por la punta Maisí. Cuando llegamos a Imías del Sur, el punto de desembarco, el 14 ó 15 de abril, nos dimos cuenta de que la costa estaba tomada por Castro: estaban ahí sus tropas y la artillería. Eso frustró los planes. Nuestra misión era entablar combate y seguir tomando posiciones, avanzando, mientras llegaba la invasión, pero el factor sorpresa era clave, de tal modo que pudiéramos lograr distraer a las tropas cubanas mientras ocurría lo de Playa Girón. Nosotros llevábamos en el barco armamento para mil quinientos hombres, así que teníamos que disponer de la cabeza de playa con relativa rapidez para poder desembarcar todos los pertrechos y armas, y empezar a sumar gente a nuestro esfuerzo y darle armas a la población. Más que una invasión, nosotros veíamos lo nuestro como una operación de guerrilla, pero había algunos expertos que decían que éramos muchos para una guerrilla y muy pocos para una invasión.

Aquello fue un desastre, frente a las costas de Oriente. Con los radios de campaña (los PRG-7) nos dimos cuenta de la cantidad de tropas de Castro que había en la costa. En el barco apenas había comunicaciones, casi no había comida, el agua se acabó. Al no poder desembarcar aquel día, se nos empezó a acabar el abastecimiento. Esa noche desembarcó discretamente un grupo y revisó la costa, sacó fotografías y películas y con ese material, que mostraba que aquello estaba tomado, *Nino* Díaz dio la orden definitiva de no desembarcar. Yo creo que si yo hubiera sido jefe yo hubiera dado orden de seguir por la costa hasta encontrar un punto donde poder desembarcar. Pero, bueno, eso es historia pasada: él era el jefe y decidió eso. Se recibieron, entonces, instrucciones de los americanos. Había en el barco un solo americano. Estaba todo acobardado: le dio una diarrea que no le paraba. Él fue el que transmitió las indicaciones: «Tenemos que salir de aquí e irnos para Playa Girón.» Nosotros ni sabíamos bien cómo era lo de Playa Girón. Ya la invasión estaba ocurriendo en ese momento en Bahía de Cochinos, pero, claro, nosotros, al habernos preparado para un desembarco distinto, no teníamos conocimiento de los detalles de lo que debía ocurrir ahí y ni siquiera sabíamos con precisión en qué punto estaba.

Poco antes de llegar a Playa Girón, el barco nuestro lo detectó un avión de Fidel Castro y nos cayó arriba. Nosotros llevábamos una ametralladora 50, y con ella le hicimos varios disparos al avión. Afortunadamente no pasó nada con el barco nuestro porque se lo pudo ahuyentar. Pero cuando llegamos a Playa Girón se creó un problema gravísimo: nosotros íbamos vestidos de verde olivo, el barco era negro con las torretas rojas arriba —los colores del Movimiento 26 de Julio— y nadie de la invasión sabía quiénes éramos nosotros. Creyeron que podíamos ser gente de Castro que les estábamos cayendo por atrás, así que sacaron pa'tirarnos pa'nosotros y caernos pa'arriba. No había señales ni comunicación, podía ocurrir ahí cualquier cosa. Uno de mis compañeros en el *Santa Ana* de repente cogió e improvisó una gata con una linterna y empezó por la clave de Morse a hacerles señales. Por fin, pudimos, por la gracia de Dios, identificarnos como gente que estábamos con ellos y paró la cosa. Cuando pudimos acercarnos, nos explicaron que la invasión había fracasado. Aunque los paracaidistas habían logrado tomar la pista de aterrizaje y los invasores habían logrado controlar como mil millas cuadradas de territorio, Castro dominó los cielos con apenas tres «chorros», dos B-26 y dos *Sea Fury*. Al ver eso, los americanos habían ordenado a tres buques de carga que se alejaran, lo

que hizo que los cubanos se quedaran con el 10 por 100 de los suministros y armamentos (había una flotilla americana que había
acompañado la invasión, pero manteniéndose a distancia; estaba en
esa flotilla el portaaviones *Essex*). El jefe de la Brigada había supli-
cado una y otra vez por radio apoyo aéreo, y un piloto americano le
había dicho varias veces: «Ya llega», pero no llegó nunca. Unos
cuantos aviones norteamericanos habían sobrevolado la zona sin
atacar. Los cubanos sólo tenían tres aviones (habían perdido la mitad en la primera jornada, al enfrascarse en combate). En la derrota,
la mayoría de la Brigada cayó presa o murió (murieron unos 120 y
cayeron prisioneros 1.125). Unos pocos lograron escapar y esos fueron los que nos encontramos al llegar nosotros.

Aquello fue terrible. Yo recuerdo haber oído en el barco que la
Unión Soviética había lanzado el *Sputnik* —la primera vez que
había entrado un hombre de ellos en órbita—, o sea que se nos jun-
taron el éxito de la Unión Soviética, el no desembarco de nosotros
en Oriente, el desembarco de Playa Girón fracasado: la moral nuestra se derrumbó. Y cuando tú tienes ciento cincuenta hombres en
un barco sin comida, sin agua, derrotados, con malas noticias, el
ambiente es muy desagradable. Aquello se volvió una bronca cada
segundo, peleas entre nosotros, un ambiente horrible. Yo lo ayudé
mucho a *Nino* a tratar de poner un poco de orden y disciplina en
aquella situación. Afortunadamente, llegó poco después un destruc-
tor americano y nos rescató en alta mar.

Nos llevaron a la isla Vieques, al sudeste de Puerto Rico, ahí
mismo en las Antillas. Nos pusieron a todos en un campamento y
llegaron todos los dirigentes principales del Consejo Revolucionario: Miró Cardona y Tony de Varona, y los demás. Miró Cardona se
echó a llorar porque tenía al hijo preso, que había caído con los que
habían desembarcado en Playa Girón. Tony de Varona fue más
enérgico, más fuerte, y aguantó las lágrimas.

De regreso en Miami, se desmoviliza la Brigada 2506, la moral
está por el suelo, el exilio destruido. Y, para colmo, la Revolución

había logrado acabar con la oposición dentro de Cuba. Esa fue una consecuencia terrible del fracaso: Castro cogió presos a miles y miles de opositores y desarticuló toda la resistencia. Era una resistencia que tenía alguna implantación y había crecido ayudada por todos nosotros desde fuera. Durante meses se había lanzado ayuda a los resistentes en el Escambray desde aviones otorgados por los americanos y pilotados por cubanos. También se habían enviado armas, por supuesto, por mar. En pequeñas embarcaciones se iba hasta un punto frente al Náutico de Marianao y se soltaban ahí las armas, que bajaban a siete pies de profundidad. Pescadores submarinos salían de Cuba a recogerlas. Esa resistencia dependía de la capacidad de los de fuera, y por momentos habían tenido mucha dificultad. Pero con la invasión, Castro aprovechó para caerles encima y arrestó a cien mil personas. Gracias a eso, justificó varios de sus años siguientes en el poder y se consolidó.

El razonamiento que yo pude hacer al poco tiempo fue la constatación de la inconsistencia de los Estados Unidos en política exterior y en el grado de su respaldo a las diferentes naciones y pueblos. Se confirmó una vez más que las grandes naciones no tienen grandes alianzas o solidaridades, sino grandes intereses. Todo aquello fracasó por la falta de palabra y la falta de compromiso del gobierno de los Estados Unidos. Nosotros todos habíamos ido convencidos de que íbamos a tener cobertura aérea. Era una locura pensar que una operación como ésa podía triunfar sin cobertura aérea. Si tú exponías tus barcos, y exponías tu logística y exponías a tu gente al ataque aéreo impune de Castro, estabas liquidado. Nuestros aviones no eran de combate. Eran unos B-26 muy pesados, presa fácil de los «chorros» de Castro, y cuatro tetramotores C-54 y cinco bimotores C-46, inermes y que sólo servían para transportar paracaidistas y suministros. Todos nuestros aviones eran remanentes de la Segunda Guerra Mundial. Era indispensable la cobertura aérea de los americanos. Precisamente, en vista de la inferioridad aérea, el plan de la invasión había sido bombardear antes de que se produjera la invasión con el propósito de destruir los aeropuertos de Castro para que no pudieran despegar sus aviones, pero eso no funcionó porque Kennedy mandó suspender los bombardeos prematuramente. Se logró destruir algunos de los alrededor de treinta aviones de Cuba, pero los americanos ordenaron interrumpir el plan original, que consistía en tres ataques aéreos, el primero el 15 de abril, el segundo el día 16 y el tercero el 17. La Casa Blanca redujo los vuelos, que en el plan eran cuarenta y ocho, a apenas ocho, asustada por las reacciones internacionales. Sólo se hizo el del 15 de abril, cuando tres aviones atacaron las pistas de San Antonio de los Baños, dos atacaron los aeropuertos de Santiago de Cuba y tres atacaron el campamento de Columbia en La Habana. Ese bombardeo no fue todo lo exitoso que se esperaba, pero redujo la fuerza aérea de Castro en un tercio o la mitad. El 16 de abril, cuando debía ser el segundo bombardeo contra los aviones cubanos, fueron convocados los pilotos nuestros en Happy Valley (así se llamaba la base aérea, en Puerto Cabezas, Nicaragua, desde donde operaban los aviones de la invasión) y se les explicó que ya no iba a haber un nuevo bombardeo. Todos ellos creyeron que era porque el primero había resultado suficientemente efectivo y, lo que era más importante, porque los americanos habían decidido dar la cobertura aérea indispensable al momento del desembarco en Playa Girón. Al igual que con otros aspectos de la operación, los de *Nino* Díaz no habíamos estado al tanto de esto, aunque sí suponíamos que se produciría la ayuda de la aviación americana.

Ocurre que con el primer bombardeo de nuestra gente Cuba acudió a las Naciones Unidas por medio de Raúl Roa a denunciar el ataque. Estados Unidos se asustó con las reacciones (el propio embajador americano, Adlai Stevenson, a quien no se había informado del ataque aéreo auspiciado por los americanos, había reaccionado furioso, en privado, contra su propio gobierno). Todo esto mató el plan de seguir bombardeando a los aviones de Castro en los aeropuertos y ese cambio resultó mortal para la invasión. Entre otras cosas, se suponía que, una vez tomada la cabeza de playa, la escuadrilla nuestra la usaría como base para no tener que volar desde Puerto Cabezas, un vuelo muy largo, pero antes de poder establecer a los aviones nuestros ahí debía poderse desembarcar bajo protec-

ción aérea para tomar, precisamente, la cabeza de playa. Los americanos sabían muy bien esto. El 4 de abril se reunieron Kennedy y
sus asesores. Y delante de todos ellos Richard Bissell explicó que la
clave de toda la operación era aérea. Él tenía cómo saberlo: después
de todo, uno de los grandes méritos de Bissell para ser nombrado
a cargo de la operación había sido su éxito en el programa de satéli-
tes de reconocimiento para espiar a la URSS. El único que objetó el
plan en ese momento fue el senador Fulbright, que seis días antes
en una carta a Kennedy había dicho esta frase terrible: «Tenga
siempre presente que el régimen de Castro es una espina en la piel,
no una daga en el corazón», como cuenta Mario Lazo en su libro
Dagger in the Heart [1]. Pero luego la gente del entorno de Kennedy,
incluidos los que habían estado en la reunión, presionaron para disolver al máximo el plan, en especial el aspecto aéreo. Así, una semana antes de la invasión se cancela el segundo ataque aéreo pla-
neado para inmovilizar a la fuerza aérea de Castro.

Hay que decir que cuando se habla de «los americanos» en
aquella tragedia se da una impresión de coherencia y unanimidad
que no era tal. Luego se han sabido muchas cosas, incluyendo revelaciones que no se hicieron en la comisión que investigó los hechos
después del fracaso y en la que estuvo hasta el hermano de Kennedy, Robert Kennedy, que no tenía demasiado interés en emitir un
informe que condenara a su propio gobierno (él era ministro de
Justicia). Porque a lo largo de todos los preparativos para la invasión hubo una pugna muy grande entre la CIA y el Estado Mayor,
por un lado, y la Administración Kennedy, por el otro. En realidad,
esa administración había heredado de Eisenhower un encargo que
no le gustaba mucho, porque había sido Eisenhower, en 1960, el
que había tomado la decisión de liberar Cuba y había asignado la
misión a la CIA en el entendido de que el presidente debía aprobar
los planes. Esos planes no fueron presentados por la CIA hasta enero de 1961, época en la que asume Kennedy. Antes de la transición

---

[1] Esta y todas las demás referencias bibliográficas y periodísticas figuran en la Bibliografía.

de gobierno, ya había habido entre 400 y 600 cubanos entrenándose en algunas partes, como Louisiana, Florida o Fort Meade (cerca de Washington), así como Panamá y Guatemala. Es cuando Kennedy ya está en el poder, en el 61, que se formulan los planes concretos, y desde el primer momento los funcionarios de Kennedy entran en pugna con los estrategas militares, al punto que Kennedy cambia muy temprano los primeros planes y decide que en vez de que la invasión sea por Trinidad, en Las Villas, al pie del Escambray, sea en Bahía de Cochinos, terreno mucho más complicado para la misión (Trinidad tenía la ventaja de estar cerca de las montañas, adonde se podían infiltrar los invasores en caso de emergencia, y contar con una población militantemente anticastrista). Kennedy se decide por algo nocturno y discreto, «sin espectacularidad».

Yo no quiero ser injusto a la hora de juzgar, treinta y ocho años más tarde, a aquella gente tan noble y patriótica que estaba en la dirigencia del exilio, en el Consejo Revolucionario, pero sí creo con toda convicción que si, en aquel momento, en vez de existir el Consejo Revolucionario hubiera existido la Fundación Nacional Cubano Americana, con la independencia económica, la libertad de criterio y de decisión y con el conocimiento que tiene del americano y de su sistema político, eso no hubiera ocurrido. Nosotros nunca hemos puesto en manos de los americanos lo que hemos querido hacer: hemos usado a los americanos, hemos promovido a los americanos por el mundo, hemos entusiasmado a los americanos y hemos respaldado a los Estados Unidos para hacer determinadas cosas que nosotros creemos que responden a los intereses de Cuba y también de los Estados Unidos; pero nosotros nunca hemos dejado la iniciativa del tema cubano en manos de los americanos, que fue lo que ocurrió con el Consejo Revolucionario y la invasión de Playa Girón. De los cinco líderes principales que habían integrado el Frente originalmente, Aureliano Sánchez Arango es el único que se retiró porque pensó que se había dado demasiado poder de decisión y depositado demasiada confianza en los americanos. Es la razón por la que él no integró el Consejo Revolucionario al momento de sustituir al Frente. Yo recuerdo cómo me impactó aquello, cuando le oí a Sánchez Arango decir: «Nosotros no podemos entregar toda la estrategia militar y no podemos entregar todo el prestigio político nuestro en manos de los americanos.» Nadie lo comprendió en ese momento, pero qué visión tuvo ese hombre.

Aunque creo que hubo un grado de responsabilidad de aquellos dirigentes cubanos, la historia tiene que ser muy condescendiente con ellos porque hay que acordarse que estábamos hablando en ese momento de un poder imperial en el apogeo de su fuerza militar. Era el año 60, cuando todavía la superioridad sobre la Unión Soviética era absoluta. ¿Quién iba a pensar que sería posible que el jefe de Prensa de Kennedy, Pierre Salinger, pudiera decir en su libro *With Kennedy* que «ocho días antes, los únicos datos que le faltaban a Castro eran el lugar y la hora de la invasión»? (En octubre del 60, casi seis meses antes de la invasión, *La Hora,* de Guatemala, publicó una información detallada sobre los campos de entrenamiento, y poco después el *New York Times* se hizo eco de la misma información.) Si nos ponemos dentro del contexto histórico en que operaron aquellos hombres, cuando los Estados Unidos eran el único verdadero poder mundial, no confiar en lo que los americanos podrían hacer era casi imposible. Y si algo no les faltó a los cubanos fue entrega. Hasta el propio Arthur Schlesinger, que tanto hizo por frenar el esfuerzo, admitió después que los «hombres de la Brigada combatieron con tanto valor contra fuerza muy superior y causaron más bajas de las que sufrieron». Yo creo que una de las grandes lecciones fue que el estado de dependencia histórica de los cubanos con respecto a los americanos llevó al fracaso de Playa Girón. Porque ese estado de dependencia se mostró con absoluta nitidez en la subordinación total del Consejo Revolucionario a lo que los americanos decidían. Y, por supuesto, el aspecto de la dependencia económica limitaba enormemente al Consejo (según las versiones más exageradas, los americanos daban 500.000 dólares mensuales, y según las investigaciones del historiador Hugh Thomas y otros testimonios el financiamiento no pasaba de 135.000 al mes para todos los efectos). Es en ese momento en que yo empiezo a ver al americano distinto. Lo empiezo a mirar con recelo, no como alguien superior a mí, sino como alguien con algunas desventajas, incluso, con respecto a mí. La derrota fue para mí una transformación absoluta. No solamente en cuanto a las emociones y sentimientos, que, por supuesto, nos envolvían a todos en ese momento, sino desde el punto de vista político. Ahí alcanzamos una madurez política los cubanos. Fue un momento fronterizo. En esa experiencia no sólo se produce un resentimiento frente a los americanos, sino que se abre la posibilidad, encausando bien el resentimiento, de utilizarlo para ventaja nuestra en las experiencias que tendremos en las siguientes décadas de exilio. Sin odios (ya que los beneficios y la acogida que hemos tenido aquí hay que tomarlos como parte de nuestra historia, de nuestra tragedia, y uno no puede vivir amargado todo el tiempo y frustrado en este proceso), había que aprender de todo aquello ciertas lecciones, y las aprendimos. Yo no guardo ningún rencor contra Kennedy ni el gobierno norteamericano. Fuimos a la guerra, y en la guerra tú ganas o pierdes. En esa guerra nos tocó perder, no tuvimos el liderazgo, no tuvimos la visión, no tuvimos la entereza, no supimos defender nuestros intereses con el celo que debíamos. Lo que quedaba en ese momento, pues, era utilizar la experiencia. Es lo que intentaríamos veinte años después al constituir la Fundación Nacional Cubano Americana, con la obsesión de ser independientes económicamente, y por tanto políticamente, de los americanos, para poner al sistema al servicio de Cuba y no, como siempre hicieron los americanos, a Cuba al servicio de ellos. Porque, como diría Mario Lazo en su libro: «La contienda que desembocó en el fracaso no se llevó a cabo en Girón sino en Washington.»

Al llegar a Miami tras la derrota, recuerdo haber participado todavía en algunos eventos internacionales representando a las juventudes de la Democracia Cristiana; por ejemplo, en Venezuela, tratando de colocar al desnudo a Castro y la realidad del sistema comunista. Ese año, 1962, fue importante porque ocurrió la crisis de los cohetes, un nuevo golpe a la moral del exilio justo cuando estaba dedicándose a tratar de sacar de la cárcel en Cuba a los que habían caído en la invasión y que habían recibido penas de treinta años (al final de 1962, por fin, casi todos ellos fueron liberados por Castro a cambio del pago de un rescate en tractores americanos. En la negociación, los familiares de los combatientes de Playa Girón y el exilio en general jugaron un rol conmovedor y desgarrador. El gobierno americano y muchas empresas privadas los ayudaron y, finalmente, lograron que todos salieran para el exilio, con excepción de cinco que fueron fusilados y siete que quedaron presos ahí adentro).

Pero, en lo personal, lo más importante de ese año de 1962 es que me casé. Irma había estado en Cuba en el momento de la invasión, con conocimiento de que yo iba a la guerra. Había sufrido muchísimo porque tenía el presentimiento de que a mí me iban a matar. Para ella fue terrible. Yo no le había contado que iba a desembarcar por Oriente, pero de alguna manera se había enterado, y eso la había puesto más inquieta. Ella estaba terminando su carrera de contadora pública y estaba trabajando en una oficina de construcción ahí en Santiago. Se había empezado a cerrar el proceso de las salidas de Cuba con motivo de la invasión, y le escribí y le dije que me quería casar con ella, que saliera de Cuba y se viniera para Miami. Una absoluta irresponsabilidad: no tenía trabajo ni nada, pero estaba enamorado y quería casarme. Por fin, en mayo del 62 Irma llega a Miami. Resulta, sin embargo, que yo estaba en ese momento en un congreso de las Juventudes Demócrata Cristianas allá en Venezuela y a ella le disgustó muchísimo eso. A los dos días yo llego a Miami y me recibe con este reproche: «Tú siempre de loco por todas partes, ¿cómo es posible?» El tirón de orejas aceleró las cosas y nos casamos en junio de ese mismo año. Yo en ese momento estaba todavía en el Consejo Revolucionario y vivía de los doscientos dólares mensuales que recibía de ellos: una miseria. Me quedé un corto tiempo ahí, pero hice otros trabajos para ayudarme, como lavar platos en Miami Beach, en los hoteles de la zona, por ejemplo en el Fontainebleau, y vender zapatos en Pix, allá en Coral Gables. Vivía en condiciones extremadamente modestas. Fui también estibador en el río de Miami un tiempo. Organicé una cuadrilla de cubanos: cuando había un barco que no podía desembarcar en Miami porque era muy grande y tenía que desembarcar en Cayo Hueso, a tres horas de Miami, yo me montaba en el automóvil, me iba para allá y descargábamos los barcos.

Pero, meses después, un acontecimiento me obligó a buscar un trabajo más estable: Irma salió encinta. Fue el hecho que me decidió, a fines de 1963, a hacerme lechero. Fui a trabajar a una compañía lechera que se llamaba la Foremost: me pagaban 75 dólares a la semana más el 12 por 100 de comisión, y me daban mi leche, mi pan, mi huevo. Era una ruta muy mala (se estaban yendo los americanos de esa ruta y estaban entrando los cubanos, un proceso económico que en los años siguientes tuvo su reflejo en casi todas las áreas de la economía ahí en Miami). La ruta empezó siendo desde Brickell Avenue, por la calle 8, hasta la 12 avenida. Luego mi zona se amplió hasta abarcar la calle 8 por el norte, Brickell por el este, la 12 avenida por el oeste, y todo Key Biscayne. Yo iba manejando el camión; era un camión que se manejaba parado, sin asiento. Tenía un solo pedal, que era freno y embrague, y el acelerador estaba en la velocidad, en los cambios, que estaban arriba. Yo hice una gran ruta, porque llegué a vender casi mil ochocientos dólares semanales de leche. Si se piensa que me ganaba el 12 por 100, era una fortuna para mí. Empezaba a trabajar a la una de la madrugada, cargaba mi camión de leche, con la pala lo llenaba de hielo y me iba a vender. Recuerdo que tenía entre mis clientes a la iglesia de St. Peter y St. Paul. Fui también el lechero del señor Maytag, que era el dueño de las lavadoras Maytag esas. Él vivía en la casa que tiene Sylvester Stallone hoy en día, ahí en Vizcaya, y era el dueño de National Airlines, la línea aérea. Y había en mi ruta cantidad de cubanos que me encuentro todavía a cada rato, como los Peñalver, el papá y la mamá de Rafaelito Peñalver. Fue una de las épocas más felices de mi vida, hice una tremenda ruta y muchas cosas creativas con mi trabajo. Por ejemplo, tú tenías que llevar la leche y hacer los recibos, y sólo después que repartías la leche todos los días de la semana por la madrugada tú les ibas a cobrar. Aquello era interminable. Hablé con la gente de la compañía y les dije que quería cambiar el sistema y que en lugar de perder el tiempo a cada rato yendo a cobrarle a la gente quería dedicar mi tiempo a buscar clientes nuevos. Propuse acostumbrar a la gente a que me dejaran el dinero en una liga, ahí, en la tapa del pomo. Yo les dejaría una notica con la factura. Al principio, dos o tres clientes me dijeron que habían dejado el dinero en la tapa del pomo y que se lo habían robado. A ésos los eliminé y más nunca les repartí ni una botella de leche. Desde ese momento yo comencé a llevar mi leche, dejar mi recibo y cobrar mi dinero: en una sola operación dejaba la leche y cobraba. A las ocho de la mañana, yo me iba a buscar clientes nuevos, hasta las diez, once de la mañana. Así, amplié la ruta y obligué a la McArthur, que era la competencia mía, a poner a Pepito Simón, que era amigo mío de Santiago de Cuba (ahora enseña en Carolina del Norte), fijo en la ruta porque yo le estaba quitando todos los clientes de su empresa. Al ampliar la ruta, tuve a gente importante de Key Biscayne, me hice el lechero de los cubanos ahí en la isla. El otro día, justamente, me encontré con uno de ellos, que fue presidente de la Federación Estudiantil en Cuba. Yo le dejaba leche a su mujer todos los días.

Así que, casado, con un hijo en camino y con la derrota de la invasión a cuestas, mi vida empezó a tomar un rumbo gracias a la leche. Con toda la energía y el tiempo que yo le ponía a eso, mi cabeza seguía en Cuba, mis preocupaciones estaban todavía en volver para allá. Ya me había hecho a la idea de que el regreso iba a tomar un poco más de tiempo del que había creído, pero no había abandonado la esperanza de que fuera pronto. Había aprendido lecciones importantes y no era la hora de dejarse abatir. Me prometí a mí mismo seguir adelante y seguir buscando fórmulas, y no desmayar hasta encontrarlas. Me prometí también que más nunca dependería nuestra lucha de manos ajenas a nosotros mismos. Esas lecciones importantes que había aprendido en la invasión se habían visto ratificadas poco después, durante el año 63, antes de volverme lechero, con ocasión de mi fugaz paso por el Ejército americano, que no hizo sino fortalecer las convicciones con las que había vuelto de la invasión.

Al regresar de Playa Girón, el presidente Kennedy había llegado al estadio del Orange Bowl y ahí se había reunido con la Brigada. Ante decenas de miles de personas, la Brigada le había entregado al presidente Kennedy, en depósito, la bandera que había izado en Playa Girón. Kennedy, a su vez, había prometido devolver esa bandera en una Cuba libre. A los pocos días de su acto en el estadio de Miami, Kennedy anuncia que va a establecer un programa en Fort Benning, en Georgia, y en Fort Jackson, en Carolina del Sur, para reentrenar a los cubanos de Playa Girón con el propósito de tomar una nueva iniciativa militar contra Castro y desembarcar en Cuba. Yo creo que el 50 por 100, el 60 por 100, de los que habíamos estado en la invasión nos fuimos para allá. Mi hijo tenía cuatro días de nacido, pero, creyendo la convocatoria, yo cogí y me fui pa' Fort Benning. A los que calificamos con un cierto nivel en el examen nos mandaron como oficiales a Fort Benning; el resto se fueron a Fort Jackson y Fort Knox, a la tropa (por ahí pasó gente que después se haría conocida, como Carlos Alberto Montaner, por ejemplo). Allí en Fort Benning nos dieron un curso para oficiales del Ejército. Yo cogí Infantería, otros cogieron la Fuerza Aérea, otros la Marina, algunos los *Marines*. Nosotros fuimos ahí totalmente convencidos de que íbamos al Ejército americano a entrenarnos para volver a Cuba, según la promesa hecha por el presidente. Y allí estuve yo desde marzo del 63 hasta fines de ese año, coincidiendo con mucha gente del exilio, entre ellos Pepe Hernández, a quien años después el destino uniría a mí de un modo tan cercano.

Mi problema era que yo no tenía vocación militar. Yo había ido a Playa Girón y luego a Fort Benning para defender a mi país contra una dictadura. De la misma manera que si aquí el día de mañana desembarcan los rusos o los marcianos yo me alistaría para defender a este país. Yo no tengo vocación militar, no me gusta marchar, no me gusta la disciplina marcial, ni estar derecho como un palo, ni dar gritos todo el día (ni recibirlos): soy civilista. En Fort Benning, empecé desde temprano a darme cuenta de lo mismo que había ocurrido en el Frente y luego en el Consejo: que nos estaban engañando otra vez más los americanos. Yo seguí entrenándome un tiempo, mientras pasaban los meses, y salí entre los primeros expedientes. Pero a fines del curso yo hablé con unos amigos ahí y les dije que me iba a ir. Me dijeron que estaba loco, que tenía un futuro brillante en el Ejército americano, hablando inglés, teniendo veinte o veintiún años, con un expediente tan bueno, ganando ya entre trescientos y cuatrocientos dólares, y entorchado con un grado de teniente. Podía llegar a coronel o general. Creían que tenía algo en Miami y les dije que no, que prefería pasar hambre a ser militar, que yo sólo me había metido ahí para volver a Cuba, no para quedarme en el Ejército americano. Erneido Oliva, que era el jefe entre los cubanos, se molestó un día que estábamos en un ejercicio militar. El *negro* Oliva era un tipo de temperamento militar y teníamos una jodienda del carajo. Estábamos ahí en un campamento y me dio un grito: «¡Mas Canosa!» Y yo respondí inmediatamente: «62312444», que era mi número. Me llamó al lado suyo. Me cuadré militarmente. Parado yo ahí delante de todos, me acusó: «¡Estás conspirando para destruir este lugar donde nos estamos preparando todos para ir a Cuba! ¡Te has insubordinado!» Yo le respondí, sorprendido: «Jefe, eso no es cierto. Yo tengo mis opiniones, pero eso que usted dice no es cierto.» Me cuadré y me fui. El tipo se quedó resentido y yo me quedé muy incómodo también con mis compañeros y todo. Pero llegó al fin el término del curso y, como lo había decidido de antemano, cogí y anuncié que me iba de ahí. Sólo se fueron conmigo dos más. Todos los otros se quedaron. Se la cogieron conmigo. Me acusaron de querer romper el grupo y de insolidaridad. En realidad ya me tenían rencor. Yo no era de los que había desembarcado en Bahía de Cochinos, y del grupo de *Nino* Díaz habíamos muy poquitos en Fort Benning (dos o tres): la mayoría eran de la invasión principal. Por eso yo era ahí el más anónimo, el más oscuro, el más apagado. Cuando dije que me iba, se creó una gran tensión. Me fueron a ver mucha gente. Yo no me daba cuenta en ese momento, me faltaba malicia, pero era el mismo aparato de inteligencia del Ejército americano el que me mandaba a preguntar por qué yo me iba y a averiguar todo sobre mi vida. Yo les explicaba que no tenía vocación militar, que nos estaban engañando y que Kennedy no nos estaba preparando para Cuba. Eso me representó un regaño duro del comandante de ahí, que era un puertorriqueño. Pero con todas esas visitas que me hacían para interrogarme, me di cuenta de que me estaban investigando. No pudieron encontrar ninguna conspiración mía contra la institución. Ocurría que yo simplemente me había dado cuenta de que no nos estábamos preparando para nada de lo que me interesaba a mí (y a los demás). Al final del curso, nos habían dado, además, la mejor demostración de que mis sospechas eran fundadas. Habían decidido dividirnos para darnos cursos de especialización: iban a mandar a tres para Pensacola, cuatro para New Jersey, siete para Carolina del Norte, ocho para Oklahoma, nueve para Houston: era obvio que nos estaban desintegrando y que no había Brigada ni grupo cubano, ni nada, sino una tomadura de pelo de los americanos. No es de extrañar que después de ese hecho se fueran casi todos del Ejército. Sólo creo que seis o siete continuaron hasta el final y llegaron a coroneles. Mis relaciones con Oliva quedaron muy frías: quedó resentido con el choque conmigo. Pero yo creo que le había respondido con respeto cuando él me había acusado de insubordinación y conspiración.

Un poco tiempo después resultaríamos Oliva y yo elegidos para conducir el RECE, el nuevo esfuerzo de organización política del exilio que surgiría en los sesenta. Cuando me lo encontré en esa ocasión, no resistí la tentación de decirle: «¿Pero qué tú haces aquí? ¿No ibas a quedarte en el Ejército para ir a invadir Cuba?» Desde ese momento nos hicimos muy buenos amigos. Es uno de los tipos que más admiro por la entereza con la que combatió, por la dignidad con la que soportó la cárcel después que cayó prisionero en Bahía de Cochinos y la fuerza con la que llegó al exilio a seguir luchando. Pero ni él ni yo hemos olvidado aquel encontronazo que tuvimos en Fort Benning.

Terminado el 60, salgo del Ejército y regreso, ya definitivamente, para Miami. Era muy bonito llegar en esas circunstancias a la ciudad de Miami: te ponías tu guerrera y tu gorra y la gente te miraba con admiración, y tú te dabas cuenta de que tenías prestigio.

Pero yo estaba muy claro con respecto a que mi futuro no era de naturaleza militar. Estaba decepcionado por la promesa incumplida y, a pesar de mi incurable optimismo, era consciente de que el regreso a Cuba no iba a ser tan pronto como lo había creído después de la reunión en el Orange Bowl. Pero no estaba dispuesto a quedarme con los brazos cruzados, especialmente con una familia que iba creciendo. Me quité la guerrera y la gorra militar para siempre y me puse mi uniforme de lechero. Así es como pasé, en menos de lo que canta un gallo, de teniente a lechero.

Los apuros de Robaina

Ninoska Pérez, que dirige la Voz de la Fundación, estación de radio creada con el fin de proveer a los cubanos de la Isla la información y la opinión que la propaganda oficial han eliminado de sus vidas, es experta en penetrar las filas enemigas mediante el teléfono. Concibe como una de sus tareas principales el poner en evidencia ante los propios cubanos de adentro el abismo entre el discurso del poder y la realidad de todos los días, así como dar voz impune a quienes pagarían con la cárcel o la vida si dijeran lo que no pueden decir y ella dice por ellos. Con humor, a veces de grueso calibre, va corroyendo lentamente la verdad oficial mediante el arte de travestirse en mil personajes distintos que, íntimamente, son el mismo: el cubano de a pie. Durante una visita de Fidel Castro y de su canciller Roberto Robaina a Colombia, Ninoska quiso llamar al ministro cubano para ponerlo en conocimiento de unos «disturbios» en La Habana. Haciéndose pasar por su vicecanciller, Isabel Allende, lo ubicó en el hotel más lujoso de Bogotá, el Tequendama, y llamó a su habitación. Contestó un ayudante:

—Oigo.

—¿Robertico está ahí? Es Isa, que estoy llamando de aquí de La Habana.

—Ah, Isa, no, no está aquí en este momento.

—¿Dónde está, que la cosa está malísima otra vez?

—Ya salió en dirección al aeropuerto.

—Que está la gente botada en el malecón, esto está aquí que es un caos, yo te digo que todo el mundo se ha rajado, esto es de madre...

—¿Tremendo? No, no... es de madre...

—Si Robertico llega, que me llame, no voy a estar con este rollo armado yo sola.

—Le voy a decir que te llame. Voy a llamar al celular del embajador. Chau, Isa.

* * *

Unos minutos después, Mirta Iglesias, haciéndose pasar por Laura, de la oficina del ministro del Interior, Abelardo Furri *Colomé Ibarra, llamó también a la habitación de Robaina:*

—*Oigo.*

—*¿Robertico?*

—*No, él no se encuentra.*

—*Mira, llamo de la oficina de* Furri*, es Laura, dile que nos llame, que tenemos una situación aquí muy delicada, todo el mundo se ha ido, esto está al garete.*

—*Sí, ya sé, estoy tratando de ubicarlo por tres celulares, pero ninguno me sale. Voy a llamar al puesto de mando a ver qué comunicación tienen ellos con el aeropuerto para pasarles urgentemente el mensaje.*

—*¿Ustedes tienen una conferencia de prensa? Porque, oye, nosotros tenemos que seguir una misma línea. La cosa está encendida, y no solamente en el malecón.*

—*Sí, anoche él hizo algunas declaraciones pero sobre todo a la prensa cubana que estaba aquí.*

—*No, pero están llamando de todo el mundo ahora...*

* * *

Ninoska (Isabel Allende) *vuelve a llamar y esta vez la llamada coincide con la llegada de Robaina del aeropuerto, adonde había ido a recoger a Fidel Castro. Contesta el asistente principal del ministro:*

—*Oigo.*

—*Oye, ¿ya apareció Robertico?*

—*¿Quién habla?*

—*Es Isa.*

—*¿Qué Isa?*

—*¿Cómo qué Isa, chico? Estoy llamando desde La Habana, ya llevo tres llamadas tratando de localizarlos, ¿cuál es el relajo de ustedes que no contestan ni el celular?*

—*Ah, Isabel, oye, es Carlos, vieja, espérate, es que Robertico está allá abajo. Ya él sabe, espérate, espérate.*

Carlos habla por radio con Robaina, que está en el lobby *del hotel. La conversación está interferida por el* scrambler, *pero puede con esfuerzo entenderse algo de lo que le dice Carlos a su canciller:*

—No, yo le oí la cara de preocupación... que están en el malecón... Sí, hay candela.

El ministro Roberto Robaina sube rápido y se pone al teléfono con voz urgente:

—Oigo...

—Oye, ¿dime qué se supone que yo diga aquí, chico? Todo esto es un relajo aquí, todo el mundo se ha ido, todo el mundo está botado a la calle.

—¿Qué es lo que tú quieres saber?

—¿Pero qué es lo que quiero saber? Que qué es lo que voy a decir aquí adentro. Todo el mundo está botado pa' la calle, aquí nadie viene pa' este lugar.

—¿En qué lugar estás?

—Chico, pero ven acá, ¿cómo que en qué lugar? ¿Tú, a pesar de enano, también eres bobo?

Después de un silencio, Robaina, advirtiendo su error, contesta:

—¿Quién es la inteligente persona que habla?

—Isa.

—¿Tú crees que es Isa?

—¡Payaso! ¡Payaso!

II
EL RON, EL RING Y EL RELEVO

Había salido al exilio, entre tanta gente, Pepín Bosch, capitoste de la Bacardí. Tenía participación en la propiedad de la empresa porque su mujer, Enriqueta Schueg, era la hija de don Enrique Schueg, uno de los fundadores de Bacardí y uno de sus accionistas más importantes, pero su figura desbordaba la estructura accionaria de la compañía. Había sido también ministro de Hacienda, antes de Batista, durante el gobierno de Carlos Prío (1948-1952), convirtiendo un déficit de 18 millones de dólares en un superávit de 15 millones, algo tan insólito entonces que *Time* lo llamó «el mejor ministro de Hacienda que ha tenido Cuba». Tanto siendo ministro como en su vida de empresario, Bosch se había dedicado a dar charlas por los municipios del país, tratando de predicar un mensaje de modernidad. Algunos recuerdan, el año 1955, cuando campeaba en América la filosofía económica de mirarse el ombligo, una esotérica conferencia suya en el municipio de Santiago de Cuba en la que explicó por qué Bacardí había decidido saltar las fronteras e introducirse en otros países. Habló de por qué los cubanos tenían que dejar atrás la mentalidad parroquial, la manía insular, y salir al asalto de otros mundos con un producto que podía apresar el paladar de la humanidad. Las conferencias eran casi para iniciados, ante auditorios de apenas quince, veinte personas.

¿Había habido en el ánimo de Pepín Bosch sólo visión de mundo o también un olfato anticipatorio del rumbo que tomaría su vida y la de los suyos poco tiempo después? Lo cierto es que, media década más tarde, cuando Fidel Castro confisca la Bacardí, Pepín Bosch se encuentra con que tiene por lo menos tres centavos afuera. Una pequeña fábrica en Recife, en el noroeste brasileño, una refinería modesta que produce algo de alcohol en México y una planta en las Bahamas, la más importante. Esa cabeza de playa en el exterior le permite, tras el triunfo de la Revolución, emprender la resurrección de la empresa desde sus cenizas. El golpe de genio lo da, casi instantes después de poner Fidel Castro las manos sobre su empresa con intención de apropiarse la marca Bacardí, llevando al usurpador a los tribunales de justicia en Inglaterra. Al ganar el pleito, Pepín recupera el nombre de Bacardí, comienzo de una verdadera epopeya empresarial que llevará a esa compañía a ser el imperio que es en la actualidad y convertirse, gracias a su fusión de 1993 con Martini & Rossi, en una de las cinco con mayor facturación en el mundo.

Pepín Bosch tenía algo más devastador que aliento de mundo (y dotes proféticas): conciencia política. Superada ya la etapa de la invasión pero no su vocación de combate, se le ocurre una fórmula inédita: reunir a un grupo de mirlos blancos, de hombres prominentes de la Cuba republicana, y someterlos a referéndum para obtener una representación mundial del exilio. Respaldados por un acto democrático multitudinario, esos hombres estarían mandatados para hacer gestiones en favor de la libertad de Cuba. El asunto requería dos procesos simultáneos: las nominaciones de los hombres que iban a ser sometidos a referéndum y la inscripción de los cubanos dondequiera que estuvieran exiliados. Bosch reunió entonces al catedrático más ilustre de la Universidad de La Habana, al empresario más limpio de Cuba, al miembro más pulcro del Tribunal Supremo de Justicia y a otras personalidades. Ese comité deliberó por espacio de dos o tres meses y escogió a cinco cubanos. A Erneido Oliva, que había sido el segundo jefe de la invasión de Bahía de Cochinos; a Ernesto Freyre, que había sido un abogado conocido en Cuba; a Vicente Rubiera, el más respetado de los líderes obreros; a Aurelio Fernández Díaz, otro profesional de nota; y a Manuel Salvat (hoy librero y editor en Miami), que se había destacado como líder de los jóvenes. Manuel Salvat fue el único que no aceptó. Su negativa le abría las puertas a uno de esos veinte curiosos que, pocos años antes, en un recinto fuera de tiempo, escuchaba con reverencia a Pepín Bosch disertar acerca de las ambiciones planetarias de una empresa tropical anclada en un rincón de las Antillas. Se trataba de un muchacho menos destacado que Salvat en el activismo juvenil de las primeras jornadas del exilio: Jorge Mas Canosa. No era la primera vez, ni sería la última, que este hombre llegaba segundo.

Jorge había estado con Bosch sólo una vez gracias a un tío suyo que había sido administrador de la cervecería Hatuey, propiedad de Bacardí, en Manaca. Cubano con alguna historia (todavía está vivo, a sus noventa años), había participado en la caída del dictador Machado en el año 33 como el miembro más joven del Directorio Revolucionario. Amigo y hombre de confianza de Pepín Bosch, había llevado a Jorge Mas Canosa, un buen día de 1961, a conocer al hombre de Bacardí en el exilio.

El tío de Mas lo llamó a contarle que en vista de la decisión de Salvat el comité de nominaciones lo había escogido a él. No era, ni mucho menos, una decisión obvia. Es verdad que Jorge Mas había seguido activo y tenido ocasión de hacer, algún 10 de octubre o 24 de febrero, un discurso patriótico por aquí o por allá, aprovechando su curiosidad por la historia de Cuba. Curiosidad en buena parte interesada: su abuelo había sido un comandante independentista. Dado su rango, no era fácil encontrar en los libros de historia referencias al abuelo. Tendrían que pasar más de treinta años para que, habiendo el gobierno cubano decidido poner en venta parte del patrimonio nacional, Jorge Mas pudiera adquirir en el mercado el famoso libro *Mi mando en Cuba,* de Valeriano Weyler, las memorias de guerra del jefe de las tropas españolas, uno de los poquísimos testimonios de época en los que se habla de Florentino Mas y Miraré, que sirvió de comandante en el Estado Mayor del general Maceo durante la guerra. Jorge había tenido también algún acercamiento a los políticos de las distintas tendencias, desde los «auténticos» hasta los batistianos (trataba de imitar, por ejemplo, a Rafael Guas Inclán, un viejo político cercano a Batista, famoso por sus bengalas declamatorias en el exilio), pero nada de esto lo hacía un candidato natural al quinteto. Pepín Bosch lo mandó a buscar con su tío. Enfundado en su uniforme de lechero de almidón —blanquísimo y con un filo de aspecto militar—, el nuevo dirigente se montó en el camión y se fue a ver a Bosch y al presidente del comité de nominaciones, el ex profesor Alberto Blanco, que había enseñado Derecho Penal a cuatro generaciones.

La inscripción llegó a reunir a sesenta y cuatro mil cabezas de familia, lo que significaba casi trescientos mil cubanos, afincados en lugares tan distantes como Australia, Hong-Kong, Indonesia o Andorra. Bacardí contrató a la IBM para que llevara adelante el aspecto técnico del referéndum, que, a pesar de la época —1963—, se hizo enteramente por computadores. El juez Philip Malspens supervisó la santidad de la consulta, el primer ejercicio democrático que hacían los cubanos en el exilio. Aunque el resultado fue más de república bananera que de democracia avanzada —alrededor del 90 por 100 votó a favor de los cinco propuestos por el comité de nominaciones—, nadie duda que el proceso fuera serio y lógico su resultado, en ese momento en que la fraternidad de la experiencia común de tantos exiliados recientes y el prestigio que confería el haber sido combatiente de Playa Girón militaban en favor del experimento. Bajo las siglas del RECE, la Representación Cubana del Exilio inauguró una nueva etapa. Atrás quedaba el Consejo Revolucionario, en vías de disolución.

Y atrás quedaba, también, la relación que había tenido el exilio «oficial» con los norteamericanos, que miraron todo esto con indiferencia y, más tarde, hostilidad. Ya ellos estaban resignados a no hacer nada significativo con respecto a Cuba. Recibían con respeto, de tanto en tanto, a los cinco líderes del RECE en el Departamento de Estado, pero a los funcionarios la bulla de sus visitantes les entraba por un oído y les salía por el otro. Los gringos tampoco tenían que ver con las arcas del RECE. Bacardí, que daba a la organización diez mil dólares mensuales y pagaba a cada uno de los cinco líderes seiscientos dólares al mes, era su fuente de sustentación primordial. Jorge Mas había pasado así —por un período breve— de lechero a político profesional. Su mujer tuvo una última oportunidad para intentar disuadirlo de esta aventura sin retorno. Concha Freyre, la esposa de uno de los cinco jefes del RECE, la encaró: «Tu marido está joven, tiene todo por delante. La vida de ustedes va a ser muy triste. Que el mío se meta en esto a su edad está bien, pero evita que el tuyo lo haga mientras está a tiempo.» Desde la seguridad que sólo dan los veintitantos años y consciente de que ni ella ni la madre de Jorge Mas habían podido disuadirlo años antes de participar en la invasión a pesar de un pertinaz chantaje de súplicas, Irma contestó a esa advertencia como una mujer con la vida a sus espaldas: «Yo no puedo permitir que el día de mañana él diga que no realizó sus ideales ni persiguió sus objetivos por culpa mía.» Aunque Jorge dice que si ella se lo hubiera exigido, habría abandonado la responsabilidad por no separarse de Irma, su mujer sabe más: «A la larga, quién sabe, quizá hasta me habría dejado.»

El RECE era una expresión, en cierta forma, de la cascada demográfica cubana que había caído sobre los Estados Unidos con motivo de la Revolución. Hacia fines de 1966 ya los refugiados sumaban 266.000, de los cuales 130.000 estaban concentrados en el área de Miami. La tendencia se acentuaría en los años siguientes, pues Castro estaba interesado en disminuir los focos de resistencia, reales y potenciales, al interior de la Isla, y los parientes de los que estaban fuera aspiraban a salir del país. Desde que, a partir de 1965, Castro permite la salida por el puerto de Camarioca, un nuevo chorro de exiliados cae sobre Miami año tras año, y hacia 1972 la población cubana en el sur de la Florida sumará medio millón de personas. El exilio abarcaba primordialmente a la clase media y a un sector menos acomodado de obreros, agricultores y pequeña burguesía. Al llegar, fundaban sus clubes (inauguraron más de ochenta) y recreaban sus municipios. Como el de 1868, era un exilio con conciencia política. El RECE aspiraba a darle una nueva militancia a una población que no se veía como inmigrante, sino como exiliada y a la espera de volver a su país. La irrupción cubana en Miami puso el censo cultural —o «étnico», como se dice hoy en día— de cabeza. Los anglosajones empezaron entonces a emigrar hacia el norte del condado de Dade, especialmente a Broward y Palm Beach. Los cubanos fueron constituyéndose en una base de poder demográfica, primero, económica luego y, finalmente, política (hoy en día hay seiscientos mil cubanos en el sur de la Florida, diez cubanos en el Congreso estatal de la Florida, tres congresistas nacionales de origen cubano e innumerables alcaldes).

El RECE empieza a buscar respaldo en países de América Latina y hacer gestiones, por ejemplo, con el gobierno militar del Brasil, que, según las probabilidades políticas, debía inclinarse por los adversarios de Castro. Los exiliados trataban de lograr un consenso continental para aislar diplomáticamente a Castro. Querían, esta vez sí, ser efectivos, promover, mediante el aislamiento del régimen, una insurrección en Cuba, darle el incentivo necesario al Ejército para poner fin a la aventura comunista. Resultado, después de dos o tres años de gestiones: fracaso sin atenuantes. Castro disfrutaba de la impunidad cuando no de la popularidad internacional y de un respaldo irrestricto por parte de la URSS, cuyo subsidio impedía a la población palpar en toda su magnitud el desastre de la gestión económica. Huérfanos de socorro en Washington y el resto de las Américas, los exiliados deciden, a partir de mediados de los sesenta, actuar por la libre, sin contar con el mundo. ¿Cómo podían alentar la subversión interna sin aislamiento diplomático? ¿Cómo debilitar al régimen y provocar cambios al otro lado del estrecho? No había que buscar demasiado lejos la respuesta: entrenados para ello en el ejercicio de las armas y motivados por la impotencia política, decidieron embarcarse en una secuencia de «operaciones irregulares». Con los recursos del exilio cubano y los conocimientos prácticos se podía montar una gran flota de barcos rápidos alrededor de Cuba para atacar constantemente objetivos militares y económicos en la Isla, e infiltrar comandos especializados en guerra de guerrillas.

Aunque ya había una proliferación de grupos realizando operaciones comando en el exilio, RECE empezó en 1965 a coordinar estos esfuerzos dispersos, dándoles una sombrilla. La transición hacia la acción armada requirió una decisión difícil: hacer público, sin escamoteos, el fracaso de las gestiones políticas y asumir de cara al exilio la total orfandad internacional de su causa. El *Diario Las Américas,* fundado en 1953, proclamó: «Recesa el RECE». La organización devolvió a sus contribuyentes el íntegro del dinero recaudado entre ellos y advirtió mediante cartas personales enviadas a cada uno de los miembros que las nuevas contribuciones serían destinadas a fines militares. RECE volvió a casar ron y política, y la Bacardí se hizo una vez más cargo de casi todas las cuentas. El quinteto no sobrevivió al fracaso político: Erneido Oliva anunció que partía a Washington para incorporarse al Ejército norteamericano, donde llegaría un día a general en la Guardia Nacional. Concluidas las gestiones políticas, también dijo adiós Aurelio Fernández Díaz. De los otros tres que se quedaron a cargo del RECE, el nuevo grado de pugnacidad de la organización confería al fogoso Jorge Mas una preponderancia.

Establecieron, por razones prácticas, una coordinación con otras organizaciones del exilio, como la Brigada, los Comandos L de Tony Cuesta, los Pinos Nuevos de Zacarías Acosta, y el 30 de Noviembre. Tony Cuesta era el hombre clave. Conocía el mar como un pez, había realizado operaciones comando anteriormente, y era de un arrojo suicida. Asumió en el campo de batalla el liderazgo natural que Mas Canosa reclamó para sí en las labores de intendencia. Arrancó un movimiento de infiltraciones y de ataques armados a la Isla que los ocuparía hasta fines de la década. Tenían barcos, lanchas rápidas, de 25, 26, 27 pies de eslora. Las armas se compraban en parte en el mercado clandestino —era fácil entonces— y en parte en la armería. Estas últimas luego se modificaban para convertirlas en automáticas. Se usaban, por ejemplo, los AR-15, versión deportiva del M-16. Los explosivos estaban al alcance de la mano porque había mucha explotación de canteras comerciales. La fiebre del compromiso político impidió que RECE se deslizara hacia el tráfico de armas. No se usaron las armas y los explosivos para otra cosa que para su guerra contra el régimen cubano.

Los Estados Unidos ya no sólo ignoran al exilio: ahora persiguen sus actividades, abierta y por momentos brutalmente. El amparo de otros tiempos ha desaparecido por completo: la CIA, a pesar de que su estación en Miami, la JM/WAVE, es en ese momento la segunda después de la base principal en Langley, se lava las manos de lo que ocurre, más concentrada en el sudeste asiático. Mantiene lazos con algunos grupos del exilio (como se verá después en Chile, Angola, El Salvador y Nicaragua), pero se trata de casos muy aislados. Da una idea del distanciamiento de la CIA con respecto a la dirigencia institucional del exilio una carta del 21 de marzo de 1969 que dirige Jorge Mas a Proctor Jones, asistente del senador Richard Russell, un amigo de la causa de la libertad de Cuba, en la que le dice que la CIA «podría hacer mucho para contribuir a un levantamiento interno dentro de la Isla, que conduciría a la caída de Castro... todo lo que pido es ayuda logística para ayudar dentro de Cuba a aquellos que desesperadamente esperan que les demos las armas que necesitan». Los propios cubanos se habían alejado de la CIA, cuyo abrazo había dejado de conferir en el exilio el prestigio de antaño. Los grupos cubanos fueron infiltrados por el Federal Bureau of Investigation (FBI), que les confiscó lanchas y armas. Los agentes visitaban a los jefes de RECE constantemente. No negando lo que hacían, explicaban que trataban de combatir a una dictadura y que cada vez que fuera posible hundirle un barco a Fidel Castro, lo harían. Jorge Mas no participaba en los comandos; los organizaba desde Miami, se ocupaba de la logística, de la compra de armas y, sobre todo, de levantar el dinero indispensable, que no era poco (el 12 de marzo de 1970, según un memorándum interno de la organización, la junta del comité ejecutivo del RECE aprobó un crédito de 600.000 dólares para «actividades bélicas»). Viajaba por todos los Estados Unidos, organizando a los cubanos en Los Ángeles, en Chicago, en Nueva York, para crear comités de recaudación y apoyo. También dirigía, y lo haría por siete años, el periódico de la organización.

No era fácil entusiasmar a los cubanos dispersos por el país. La desmoralización se abatía sobre ellos. La crisis de los misiles había sido un nuevo golpe al exilio: la respuesta de Washington había dolido como una nueva traición. No sólo habían llegado tropas rusas a Cuba (primera vez que una fuerza no americana se establecía en las Américas desde la expedición de Napoleón III a México), sino que las fotos de los aviones espía U-2 americanos habían detectado plataformas de hormigón para misiles de alcance intermedio, así como quince emplazamientos de baterías antiaéreas preparadas para proteger a los cohetes de un ataque americano. ¿Y qué había hecho Estados Unidos? Aparte de un bloqueo temporal, dar a Moscú la promesa permanente de no invasión y el retiro de sus misiles *Thor* y *Jupiter* de Turquía (esto último se supo un poco después de la crisis). Castro había conseguido cancha libre. Sabiendo que las acciones de los dirigentes se hacían forzosamente a espaldas del país que les daba cobijo, muchos exiliados empezaron a optar por la prudencia, que no rimaba con RECE.

La organización tuvo tres grandes intentos de infiltración, para los que estableció contacto con la resistencia interna, y que resultaron tres monumentales fracasos. Uno de ellos, la infiltración por Oriente del comandante Yarey y Tico Herrera (el primero había entrado y salido de Cuba un par de veces clandestinamente), en la que los soldados cubanos mataron a todos los comandos. Habían ido allí con la idea de crear un núcleo subversivo dentro de la provincia de Oriente; eran ex oficiales en la guerrilla de Castro y conocían el mundo de las armas, pero fracasaron sin piedad. Vino luego la derrota del mismísimo Tony Cuesta, que trató de desembarcar con un grupo en La Habana por la zona del litoral, donde están ahora los hoteles Neptuno y Tritón, para ajusticiar a Fidel. Les mataron a cuatro, incluyendo al sobrino de Celia Sánchez (la mujer de confianza de Fidel Castro), y cogieron presos a dos, entre ellos a Tony Cuesta, ciego y más muerto que vivo en el agua. A partir de este revés, las operaciones comando se harían cada vez más infrecuentes hasta desaparecer[1].

A mediados de los sesenta, se produjo un intento de sabotaje contra las refinerías de petróleo cubanas. Pepín Bosch pensaba que volando las refinerías de petróleo en Cuba se paralizaría la Isla y, con el país a oscuras, se crearía un estado subversivo nacional. Compró, para ese fin, un bombardero B-26, que debía ser pilotado por Gonzalo Herrera y al que debían ponérsele cohetes. Bosch intentó adquirirlos en Venezuela. Una delación puso al descubierto al pájaro y sus propósitos *non sanctos,* y el presidente de Venezuela le pidió que se lo llevara. Bosch trasladó su B-26 a Costa Rica, país al que Pepín llevó a Mas Canosa como acompañante. De allí partieron al Brasil, y otra vez a Venezuela, en busca de los esquivos cohetes. Encontraron sólo un par, que no infundían demasiado respeto. Una

---

[1] En los años noventa, algunos han querido ver la resurrección de las operaciones comando. Pero hechos como la incursión, el 22 de enero de 1992, de un grupo dirigido por Eduardo Pérez Betancourt, o el ataque de Comandos L en 1993 contra el hotel Sol-Palmeras en Varadero, o la penetración que, según versión de La Habana no corroborada por fuentes independientes, realizó el 15 de octubre de 1994 un comando de siete exiliados cubanos en Villa Clara, no configuran un esfuerzo representativo, organizado y serio por retomar una vía que demostró su fracaso hace ya décadas. Tampoco las bombas de pequeña potencia colocadas en los hoteles Cohiba —abril de 1997—, Capri y Nacional —12 de julio del mismo año—, que dejaron un saldo de tres heridos leves, ni la que mató a un turista italiano en septiembre de 1997 en el hotel Copacabana, emanan de las corrientes significativas del exilio, si es que —algo que La Habana no ha probado por más que Washington lo ha requerido públicamente— ellas fueron colocadas por personas provenientes de los Estados Unidos. Lo más probable es que estos intentos, en los que obviamente participan cubanos que están en la Isla, tengan la complicidad de miembros de las fuerzas de seguridad cubanas. El grupo «Ejército Rebelde en la Clandestinidad», que, según su portavoz Manuel Sánchez Escobar, está compuesto por ex miembros del Ejército cubano, anunció en junio de 1997 que emprendería una campaña de actos de violencia y pidió a los países cuyos empresarios tienen intereses en la Isla que disuadan a los turistas de viajar allí. Aunque la afirmación de que este grupo reúne a «83.000 militantes jurados dentro de la Isla, organizados en células de tres personas» suena muy exagerada, los hechos sí dan la impresión de alguna forma de estructura, por precaria que sea, esencialmente interna, por más que pueda tener alguna asistencia exterior.

mañana apareció, retratado en la segunda página del *New York Times,* nada menos que el trashumante avión, adornado con una leyenda que hablaba del B-26 que tenían unos exiliados cubanos escondido en Costa Rica para hacer operaciones en Cuba. Costa Rica, como antes Venezuela, se vio de pronto con la papa caliente en las manos. Prudente, Pepín Bosch desmanteló el avión.

El eclipse militar de RECE coincidió con el de otros grupos de acción armada que se habían desmoronado, aunque algunos seguían su particular guerrita. Manuel Artime y Manolo Ray lograban más publicidad que efectividad. En 1963 Artime se había mudado a Centroamérica, estableciendo seis campamentos en Nicaragua y Costa Rica, donde había recibido dinero norteamericano y entrenado a doscientos hombres, hasta que la CIA le puso el candado a sus campos. Manuel Ray y su Junta Revolucionaria Cubana, fundada en Puerto Rico en 1962, no habían recibido dinero de la CIA, a diferencia de Artime, pero la pureza no los hizo más efectivos.

Se podían extraer rápidas lecciones de esta nueva derrota. Si, a pesar de todos los recursos reunidos gracias a la relativa libertad de los dirigentes de la organización dentro de los Estados Unidos y de sus contactos dentro de Cuba, no habían podido rasguñar siquiera al enemigo, las acciones armadas no eran la vía. Aprendizaje costoso, que implicó la pérdida de vidas humanas, pero meridianamente claro: los exiliados no podían, en un escenario que no fuera el de la fantasía, medir fuerzas con Castro. Les gustara o no, Cuba tenía el segundo ejército más poderoso del hemisferio (según Henry Kissinger, el noveno del mundo), una organización militar de primer orden, con un avituallamiento y una ferretería, provistas por la Unión Soviética, que no tenían paralelo en la orilla de enfrente.

La primera lección tenía que ver —está dicho ya— con la indolencia de América Latina ante las tribulaciones del pueblo cubano. América Latina usaba el tema de Cuba para sacar ventajas propias en sus relaciones con los Estados Unidos (el subsecretario de Estado para Asuntos Interamericanos, Thomas Mann, se lo dijo sin mayor sutileza a Mas Canosa: «Los países que ustedes más creen ser amigos de su causa son los primeros en pedirnos una revisión de nuestra política»). Los latinoamericanos tenían pánico a ser llamados anticastristas por sus guerrillas y oposiciones, y sabían que Cuba se prestaba como ficha de chantaje frente a los norteamericanos. La segunda lección no era menos importante: no hay guerra que uno pueda ganar sin un santuario. Los exiliados no tenían santuario porque ningún país de América Latina lo daba. Los recursos, en definitiva, se podían levantar, pues ante la evidencia de algún éxito militar contra Castro habría suficiente entusiasmo para sostener el empeño. Pero, dadas las maromas latinoamericanas y el giro copernicano de los yanquis, seguir adelante era pisar el vacío. La ausencia de un santuario fue la gran causa del fracaso armado del RECE.

Cobró forma, a partir de ese fracaso, un conflicto generacional que existía ya de manera larvada. Los nuevos dirigentes empezaron a sentir a la vieja clase política como un peso muerto. Se plantearon de un modo más consciente lo que antes callaban o almacenaban en el subconsciente: que lo ocurrido en Cuba era, en parte, consecuencia de las faltas de muchos cubanos que estaban en el exilio. «Castro no cayó en paracaídas», comentaban los cubanos de la nueva generación. Aunque constituía uno de esos fenómenos de la historia que ocurren de vez en cuando, Castro era, sin duda, el resultado de un desbarajuste nacional, en el que se codeaban la dictadura de Batista, la corrupción de los demócratas, la mediocridad de las instituciones; clima bien aprovechado por la demagogia y el oportunismo de supervivencia de Fidel Castro para colocar al régimen al servicio del comunismo, como hubiera usado el fascismo o el nazismo de llegar al poder en los cuarenta. Y el exilio había reproducido a la vieja clase política de Cuba: se estaba convirtiendo él mismo en un factor de fracaso en el cuerpo a cuerpo con el régimen. La vieja retórica, incluyendo la arenga patriótica, empezaba a cansar incluso a quienes, como Mas Canosa, habían bebido de sus fuentes. Los dirigentes con aspiraciones de tomar el relevo eran muy conscientes de que no se podía mirar siempre atrás, al pasado, so peligro de quedar, como la mujer de Lot, petrificados en sal. Todo esto sonaba a herejía en los oídos de una vieja guardia que solía invocar su pasado reciente («yo fui presidente, yo fui senador») como un santo y seña que abría las puertas de la eternidad. El resultado de este *impasse* generacional fue, por supuesto, la desvertebración del exilio y su abandono a la apatía. De pronto, era como si al exilio lo hubieran narcotizado. Algún acto, como la marcha de diez mil personas al Lincoln Memorial en Washington, rasgaba de vez en cuando el velo del silencio y la inacción; pero eran manifestaciones sueltas, sin mensaje, objetivo u organización.

La recaudación del RECE iba mermando —Bacardí había reducido sus contribuciones—, y los dirigentes del exilio se daban cuenta de que debían buscarse medios de vida más permanentes. En el caso de Jorge Mas, habían transcurrido siete u ocho años de matrimonio, cargaba con un hijo de seis años y otro de tres, y era la hora de poner los pies sobre la tierra. El azar le puso frente a los ojos una oportunidad medio envenenada bajo la forma de una compañía, Church & Tower, propiedad de Héctor Torres, un cubano que era el delegado del RECE en Puerto Rico. El nombre era la traducción al inglés del apellido del propio Torres y del de Iglesias, su socio. Se trataba de dos ingenieros que habían trabajado para la compañía de teléfonos en Cuba y, al salir exiliados a tierras del Borinquén, habían montado una empresa para hacerle trabajos a la compañía de teléfonos de Puerto Rico. A Iglesias se le había presentado una oportunidad en Venezuela, por lo que Torres había pasado a controlar la Church & Tower. Delegado del RECE en Puerto Rico, más de una vez Torres había acompañado a Mas Canosa a hacer gestiones en la isla, como recaudar dinero y comprar barcos para las operaciones comando contra Cuba. Torres acababa de ampliar su empresa y había establecido una filial en Miami, con resultados catastróficos. Tenía que trabajar en el sur de la Florida con empleados traídos de Puerto Rico —más baratos que los otros y no sujetos a las complicaciones del mercado laboral del lugar— a los que escondía en un motel, de donde salían furtivamente todas las mañanas a hacer labores de campo. Al borde de la bancarrota, Torres encaró a Mas Canosa con este reto: «Estoy a punto de fracasar, de quebrar aquí en Miami. Tengo garantizadas estas deudas de noventa mil dólares con el negocio en Puerto Rico, o sea que si sigo aumentando mi fracaso aquí yo pierdo mi negocio allá. Quiero que me ayudes a sacar esto del pozo.» Mas le respondió algo que Torres sabía: que no tenía ninguna experiencia en negocios, que no sabía absolutamente nada de cables ni de postes, que la ingeniería y los teléfonos le sonaban a chino. Torres buscó argumentos donde no los había: «Tú tienes una intensidad tremenda, y talento y, además, no vas a perder nada; yo te quiero dar esta oportunidad.» Más loco que cuerdo, Jorge Mas se reunió con su mujer: «Yo nunca he fracasado en nada y esto de Cuba a mí me tiene enfermo. Yo necesito triunfar en la vida para poder dedicarme a lo de Cuba con éxito. Las oportunidades no se presentan dos veces. Yo voy a aceptar esto, sacar la compañía de la bancarrota y hacer un negocio próspero.» Irma, que lo conocía bien, no se atrevió a ponérsele en el camino. Torres estaba en Miami esperando la respuesta. La recibió: «Acepto, pero con una condición: que me des una participación en la compañía si triunfo. Estando como está la compañía, no te cuesta nada.» Torres le ofreció la mitad de las acciones si la salvaba.

«Estos contratos parecen esas hojas de contadores que están llenas de cuadritos y de rayitas. Yo he sido bueno en historia, en geografía, en filosofía, pero muy malo para los números toda mi vida», se dijo Mas Canosa en el momento en que tuvo en sus manos los papeles. Decidió irse al campo, en Fort Lauderdale, con los puertorriqueños que Torres había traído como mano de obra, no precisamente príncipes de la ingeniería telefónica, pero sin duda más competentes para hacer huecos, tender cables y colocar postes que el principiante. Se metió a trabajar con ellos. El trabajo consistía en abrir zanjas, colocar conductos de plástico por los cuales se pasaba el cable de teléfono, y fabricar registros de concreto bajo tierra. Esto último era bastante complicado porque era preciso, antes, drenar el agua, que abundaba en la zona. Abrir los huecos era lo de menos; luego había que montar un sistema de bombas alrededor de los huecos para extraer el agua mediante unos tubos largos que se introducían en la arena unas doce pulgadas. Los tubos eran conectados a una manguera de succión, de una potencia enorme por su motor de gasolina. El sistema de succión expulsaba el agua a veinte pies, con lo que el hueco quedaba seco y se podían fabricar los registros. Mas Canosa cogió pico y pala, y, planos en mano, se dedicó a hacer registros. Era la forma de evitar que los traviesos puertorriqueños lo engañaran y de obtener los conocimientos que le permitieran entender algo de lo que se hablaba en las reuniones con la compañía de teléfonos donde se le encargaban los trabajos.

Con un negocio endeudado, las tareas de administración no eran menos urgentes. Sonó un día la puerta de Arístides Sastre en el Republic National Bank en Miami. «Mire, Arístides —no le dio tiempo de saludarlo Mas Canosa—, me he hecho cargo de esta empresa que está al borde la bancarrota y yo sé que voy a triunfar, pero necesito su ayuda.» Después de oír la infeliz historia de Church & Tower, Sastre le pidió su estado financiero, como se pide un certificado de antecedentes penales a un sospechoso: «Mi única propiedad es una bicicleta que le compré a mi hijo en Navidad y un carro de ochenta dólares, porque mi casa es alquilada.» Sastre, poco impresionado por su interlocutor, cuyas audacias políticas, de las que tenía alguna noticia, le parecían poca garantía de éxito empresarial en este negocio arruinado, y cuyos conocimientos del mundo de los números no superaban la etapa del ábaco, le dijo que no le podía dar crédito así. Es probable que negarle un crédito a Mas Canosa fuera entonces más imprudente que embarcarse en una operación comando del RECE: Mas volvió a verlo dos, tres veces por semana, hasta que, mediante la irresistible tortura del cansancio, una tarde insoportable lo convenció. Sastre (que logró sobrevivir al acoso de su prestatario y todavía mueve hilos en el banco) pidió todos los contratos de la empresa y sacó las cuentas. Mas Canosa le aseguró que tenía al alcance de la mano trescientos mil dólares en contratos para el resto del año, de los que iban a quedar como ganancias netas unos cuarenta mil, con los cuales podría pagar parte de la deuda. Luego conseguiría más contratos. Sastre prefirió volar bajo: «Te doy diez mil dólares.» El préstamo cubrió un sobregiro bancario y pagó la nómina. Si el deudor lograba cumplir con Sastre, la línea de crédito podría sostenerse.

¿Ha pensado alguna vez algún estratega militar en las sutiles conexiones que puede tejer el azar entre una guerrilla desmovilizada y la infraestructura telefónica de una ciudad, de un país? Allí mismo, en los campos de Fort Lauderdale, las huestes abatidas del RECE las revelaron en toda su magnitud. Después de todo, ¿quién, si no muchachos como Juan Francisco Díaz, que se había ocupado en parte de la logística y de guardar las armas y los explosivos, podía irse a trabajar con Mas Canosa en esa aventura sin salario? También Ramón Font, que había sido la mano derecha de Tony Cuesta en los Comandos L, aceptó irse a tender cables para Mas Canosa con la vaga promesa de un sueldo cuando hubiera para pagarlo. «Aprendan a poner cables y hacer registros de concreto bajo tierra y algún día habrá dinero», les ordenó su nuevo jefe. Cogieron pico y pala, y los tres se fueron al campo. A las dos o tres semanas, el trío ponía más cables y conductos que los puertorriqueños. Ramón Font fabricaba los sistemas de succión de agua y los registros, mientras Mas y Juan Francisco colocaban conductos y cables de teléfono.

A los pocos meses, irrumpió como un *Maelström* el sindicato que controlaba con mano de hierro toda la zona. Mas era el enemigo perfecto: incapaz de pagar los costos del mercado de trabajo regulado y socializante, todos sus empleados eran informales y ajenos al sindicato. Sus costos así lo exigían. Los equipos de bombas de agua no sólo drenaban la tierra: también las arcas de la empresa, pues su alquiler, todavía impagable, suponía quince mil dólares de deuda. La cara angelical del sindicalismo hizo su aparición en la oficina de Mas. El hombre de Church & Tower, que con dos niños y una esposa y muchas deudas tenía pensado un mejor destino para sus magros recursos y no estaba de humor para amenazas, echó a la visita con el argumento de que no tenía dinero para pagarles y que no le podían quitar el derecho al trabajo. La respuesta llegó a la mañana siguiente en el campo de batalla: al llegar a trabajar, Mas y los suyos se encontraron con que todas las bombas estaban fundidas. Habían disparado con un rifle 3006 al motor, abriéndole un hueco por donde se había caído todo el aceite. Con los registros, se habían echado a perder unos diez, quince mil dólares, incluyendo la madera y el concreto, y con las bombas, otros diez mil. Mas Canosa decidió devolver al sindicato el cumplido de la víspera. De un manazo abrió la puerta de la oficina del presidente del sindicato con tal cara de yo-no-voy-a-permitir-que-usted-nos-arruine-a-mí-y-a-mi-familia-y-a-mis-sueños que el sindicalista se quedó petrificado. Entre temblores de ira, Mas alcanzó a disparar una ráfaga verbal en la que se mezclaban Playa Girón, la traición de Washington, la marginalidad del exilio, la miseria de la condición del refugiado y el derecho al trabajo, es decir, a la vida. El estupor más que la sensibilidad social hizo que el destinatario tuviera un súbito rapto de ternura: «Siéntese, que en seguida vamos a arreglar esto.» No menos súbita fue la transformación del ofendido, cuyos rasgos pragmáticos ya entonces empezaban a asomar. Viéndose ante la oportunidad de negociar, recogió el guante: «Conversemos.» Ignoraba en ese instante que la decisión había sido doblemente pragmática: Mas estaba trabajando sin licencia en Fort Lauderdale y el sujeto sentado enfrente de él era también el presidente del tribunal que examinaba las solicitudes y otorgaba las licencias. Minutos después, salía de allí con una licencia y un contrato sindical, en el que la empresa quedaba libre de fijar los sueldos de sus obreros, algo que no tenía precedentes en la historia laboral de la zona. Treinta años más tarde, Church & Tower tiene todavía contrato con el mismo sindicato. El implacable fundidor de registros era un italiano del que Mas se hizo con los años buen amigo. Al morir, fue reemplazado por Minos Sheers, ya retirado y a su vez reemplazado por un nuevo líder sindical, que, al igual que sus hombres, es protegido por la empresa del dirigente cubano.

No fue posible salvar el registro, pero se hizo otro, y otro, y otro. Empezó el personal a enriquecerse: a los guerrilleros se sumaron médicos, ingenieros, profesores universitarios, contadores y otros desterrados que debían bajar algunos peldaños en la escala social y volverse obreros. También, un buen número de trabajadores estadounidenses. El destierro crea, a veces, una clase obrera de exquisita calificación, lo que tiene sus ventajas. Como había médicos asfaltando tierras y poniendo cables, si algún obrero se golpeaba un dedo sus compañeros lo atendían, y si alguno tenía problemas para llegar a fin de mes, algún compañero con sentido de los números lo introducía en el mundo de la magia contable y le daba un respiro. Los puertorriqueños, de más está decir, fueron devueltos a casa, y con ellos, los moteles, las dietas, los pasajes y... el robo. Las cosas habían cobrado un mal cariz cuando, una tarde, habían sido sorprendidos por el jefe cortando con una sierra los moldes para adosar el concreto, y, poco después, encaramados en un poste, hurtando la electricidad por medio de un cable.

Empezó a entrar dinero a la empresa, a pagarse la deuda reciente con Arístides Sastre y la antigua de noventa mil dólares, y el banquero, más confiado, aumentó la línea de crédito a cincuenta mil. No siempre los pagos le habían llegado a Sastre puntuales: Mas había desarrollado la táctica de evitar el incumplimiento con el recurso de presentarse en la oficina del banco cuatro días antes del vencimiento del pagaré a pedir dos semanas más de respiro y pagar una vez vencida la prórroga. Ante semejante situación, a Torres no le quedó más remedio que darle el 50 por 100 de la compañía a Jorge Mas. A los dos años, en 1971, éste le compró el otro 50 por 100 y pasó a ser dueño absoluto de la compañía en la Florida. Torres se quedó con la empresa de Puerto Rico, que cerró un tiempo después.

La empresa era todavía pequeña, con veinte empleados y ganancias muy marginales. La había ayudado a salir del rojo un contrato que Mas Canosa había ganado en Fort Lauderdale, al encargarle la compañía de teléfonos unas obras en University Drive que habían sido despachadas de modo fulminante. La primera reacción de la compañía de teléfonos no fue el aplauso, sino la alarma: «Estos indios de abajo no pueden hacer estos registros tan rápido, tienen que estar metiendo un forro aquí, están haciendo algo indebido», aseguran los improbables obreros haber oído comentar a los sajones. A la alarma sucedieron las inspecciones. Con un ritmo de tres registros semanales (unos dos mil cien dólares), no era para menos.

En 1971 se produce un salto cualitativo: la Church & Tower arranca a Southern Bell un *Master Contract,* término que usa la compañía de teléfonos para describir un contrato por área geográfica y que es la gran aspiración de cualquier contratista. Hasta ese momento, los encargos habían sido puntuales: cien postes en determinada área, con tantos pies de tendido aéreo, tantos registros soterrados y tantos pies de cable. Contratos esporádicos, por cien, doscientos mil dólares. Acabado el trabajo, se terminaba el contrato. El *Master Contract* era distinto: le asignaban un área a la empresa —en este caso, el sur de la Florida— y ella se encargaba de los trabajos correspondientes a la zona. Todos los contratos de esa índole habían estado en manos de los norteamericanos, hasta que Church & Tower le ganó la presea a una compañía, Harrison & Wright, que era de las más grandes del ramo en los Estados Unidos (a fines de 1996, un cuarto de siglo después de arrebatarle el contrato con Southern Bell, que todavía mantiene, Mas Canosa compraría, en Carolina del Norte, la Harrison & Wright). Al recibir de Southern Bell un contrato exclusivo, el nuevo propietario de Church & Tower se había visto de pronto, sin capital ni infraestructura, en serios aprietos para estar a la altura del compromiso. Montó en el carro, y por la US-1 enrumbó hacia el sur de Miami, en busca del sitio más barato para encontrar máquinas y montar su operación. Conocía a un sujeto con unos cuantos terrenos y algunas máquinas, y le alquiló las segundas, a la espera de comprar los primeros, cosa que hizo poco después, a diez mil dólares cada uno. Instaló la Church & Tower allí, de donde no se mudaría hasta 1993.

No es posible entender el despegue de Church & Tower sin mencionar el nombre de quien más ha contribuido al éxito empresarial de su dueño: Ricardo Cajigas. Había sido, en Cuba, el hijo único y niño lindo de don Pancho Cajigas, uno de los hombres más ricos del país, dueño de las minas de manganeso de Santa Rita de Bayamo, de compañías de seguro, de buena parte de Isla de Pinos y de mansiones habaneras que, a juzgar por las maniguetas de oro en las puertas, no siempre brillaban por su buen gusto. Don Pancho había mandado a estudiar minería en Salt Lake City, en Utah, a su hijo Ricardo, que había regresado a La Habana convertido en un ingeniero minero de primera. En Cuba no habían sido los dispositivos soterrados sino la *dolce vita* lo que había colmado los días y las noches de Ricardo. Al caer Batista, había partido al exilio con el padre y descendido, de repente, de una vida encumbrada de aviones y de yates, a una existencia del montón, que lo había llevado a oficiar de *barman* en Miami. El encuentro de Ricardo con Mas Canosa, por recomendación de un amigo, en 1971, catapultó a la empresa y al dueño, a quien Cajigas transmitió buena parte de sus conocimientos. Con una capacidad de disciplina insospechada en él hasta entonces y una lealtad poco común, este hombre, que llegaba a las cinco de la mañana al trabajo y se quedaba hasta las diez, once de la noche, puso orden a la caótica organización de la producción. Le enseñó a Mas Canosa desde cómo tratar a los empleados de la construcción («hay que ser muy justo, pero muy duro con ellos») hasta las sutilezas del arte del servicio telefónico y de las telecomunicaciones en general. Mas Canosa pudo entonces delegar el trabajo diario de la producción en el terreno y dedicarse a las relaciones con la compañía de teléfonos, al manejo financiero de la empresa y a la expansión del negocio. En esta combinación estaba la clave: Cajigas, al que le dio el 10 por 100 de la compañía, dirigía la producción y manejaba al personal, mientras Jorge se ocupaba de las finanzas y las relaciones con potenciales fuentes de contratos. No tardaron en llegar nuevos contratos, mayores beneficios y la posibilidad de ofrecer a las empresas mejores precios por los servicios.

Ya había llegado a Miami el padre de Mas, procedente de Puerto Rico, donde había empezado su exilio en 1965 ejerciendo su profesión de veterinario. Lo incorporó, también, a la empresa. La peripecia política había alterado el orden natural de la familia, y Jorge Mas Canosa había tenido que ocuparse de sus hermanos durante los años en que su padre había permanecido en Cuba y, luego, Puerto Rico (sus padres acabaron divorciándose). También la madre, a la que todavía mantiene, había pasado a depender de él. Las relaciones con los hermanos no serían siempre buenas. En los años ochenta, al trasladarse a Washington durante un tiempo para encargarse de la operación de lanzamiento de Radio Martí, dejaría a Ricardo a cargo de Church & Tower, punto de partida del fin de sus relaciones y de desagradables procesos judiciales («al regresar, me encontré un caos en la empresa», diría entonces el presidente de Church & Tower). Pero en ese momento la ruptura era un fantasma del porvenir. Sus tres hermanos —Ramón, Ricardo y Raúl— se formaban ya en Church & Tower (su única hermana, Nancy, no estaba en la empresa). Igual destino tendrían con el tiempo sus hijos: a los doce años empezarían a trabajar todos los veranos en el campo, adonde, en contra de las resistencias tenaces de Irma, los mandaría a hacer lo mismo que había hecho él: tirar pico y pala, tender cables, abrir huecos, convivir con los obreros —entre los que había americanos e hispanos, blancos y negros— y encajar frases como «ahora méate la mano para que se te quiten las ampollas» cada vez que se les llenaban las manos de sangre en la brega. El aprendizaje surtiría efecto: hoy, Jorge, Juan Carlos y José Ramón conducen las empresas de la familia.

No, la política no había desaparecido. Mas Canosa había seguido manteniendo su relación con Pepín Bosch (que no moriría hasta los años noventa), y entre mediados de los sesenta y comienzos de los setenta había seguido visitando a los presidentes de los países de la OEA y viajando a Washington para intentar el ilusorio aislamiento de Castro. Ya no actuaba a nombre del RECE, cuya etapa consideraba superada en buena parte por el conflicto generacional, sino por su cuenta. Lo inquietaban algunas intuiciones, atisbos de una convicción que iría ganando en sustancia: no hay movimiento de liberación que pueda tener éxito si no alcanza la independencia económica, si no plantea una tesis propia y diferenciada de las otras, y si no puede elaborar un procedimiento de lucha con posibilidades de éxito, capaz de dar credibilidad a sus defensores y desterrar la sospecha, nada infrecuente entre los escépticos que en estas situaciones abundan, de que sus promotores aspiran al manicomio. Otros pueblos se habían organizado bien en los Estados Unidos. Los judíos, por ejemplo. Los cubanos, siendo un exilio con capacidad de organizarse, ¿no podían acaso hacer las cosas igual de bien que ellos? ¿Cómo alcanzar la independencia con respecto a todos los demás poderes, de tal modo que el éxito o el fracaso estuvieran supeditados a sus propios aciertos y errores? Se hacía indispensable lograr una influencia en los Estados Unidos para impedir que la primera democracia del mundo fuera engañada como un niño por los totalitarios apostados a apenas noventa millas de allí. El miedo a un entendimiento de Cuba con los Estados Unidos no era gratuito. En los años de Richard Nixon y Gerald Ford, con Kissinger de demiurgo de la política exterior, se habían producido avances importantes. Entre ellos, el levantamiento de la prohibición que impedía a las subsidiarias norteamericanas en terceros países hacer negocios con Fidel Castro. Al levantar Kissinger, en un intento de apertura «a la china», esa prohibición, se había empezado a producir la venta de camiones y automóviles de la Ford de Argentina a Cuba, y muchas filiales norteamericanas en Londres ya comerciaban con la Isla. Se había firmado también un tratado contra la piratería aérea entre Washington y La Habana. Todo apuntaba a un romance, y el exilio se veía perdido.

No era, evidentemente, el sentido de la realidad sino la obsesión por no perder a Cuba a manos del comunismo lo que llevaba a Mas Canosa a insistir. Las circunstancias lo llevaban a plantearse algo tan aparentemente absurdo como que los exiliados cubanos estaban llamados, en esa guerra fría donde el enemigo sacaba cada día un punto de ventaja a la primera democracia del mundo, a movilizarse para impedir que los Estados Unidos fueran derrotados por el clima de cosa irreversible que se iba creando. Estas pulsiones ya no eran sólo instintivas. Empezaban a articularse como mensaje político en público. El 31 de agosto de 1975, en *Índice,* Mas Canosa propone librar la batalla «en los círculos de la nación norteamericana donde se forma la opinión pública a fin de crear la toma de conciencia colectiva que necesitamos no sólo para regresar a Cuba sino para salvar a los propios Estados Unidos de la catástrofe del comunismo». Frases como ésta dicen menos sobre lo grandilocuente de los objetivos que se proponían un puñado de exiliados cubanos que sobre la sensación de resignación que transmitían los países libres en ese entonces, a pesar de tener al frente a un enemigo que controlaba medio planeta. «No siento ninguna humillación en acudir a testimoniar en comités del Senado y la Cámara de Representantes de los Estados Unidos», continuaba. «Acudo al Departamento de Estado con frecuencia para persuadir a estos señores de lo que estimamos son grandes errores» (cuando decía «humillación», sabía de lo que hablaba: la secretaria del congresista Philip Hart le había dicho, un 27 de febrero de 1969, que su jefe no lo podía recibir pero que podía hablar con un asistente, lo mismo que le mandaron decir poco después Walter Mondale o el senador Fulbright). Influir en la política de los Estados Unidos permitiría también neutralizar la insolidaridad latinoamericana. Parecía lógico confiar en que América Latina seguiría por lo general la línea de los Estados Unidos hacia Cuba si los cubanos forzaban una línea inflexible de Washington con respecto a la Isla. Cuba había sido suspendida de la Organización de Estados Americanos (OEA) a partir de 1962, pero en 1975 sus miembros quedaron en libertad de reanudar relaciones diplomáticas, cosa que en verdad ya habían hecho Chile, Perú y Argentina. La llegada del dictador Pinochet al poder había prometido hacerle a Castro las cosas difíciles en la OEA. El gobierno de Chile había logrado a medias que, en una reunión de la organización en noviembre de 1974, un grupo de exiliados, entre los que se destacó Humberto Medrano, hiciera un pronunciamiento contra la readmisión de Cuba. Meses después, la OEA rompía el veto.

Para aspirar, por ejemplo, a la creación de Radio Cuba Libre, versión cubana de las anticomunistas Radio Free Europe y Radio Liberty, el exilio tenía que introducirse en los pasillos del poder y hacer el trabajo de hormiga. Pequeñas victorias, hechas más de tenacidad que de cambios reales en Washington, habían dado a los exiliados, en sus constantes esfuerzos para conjurar los intentos del Congreso por entenderse con Fidel Castro, la sensación de que la conquista de la capital del imperio no era imposible. En febrero de 1976, Mas Canosa invita a Miami a Jesse Helms, Richard Stone, William Buckley, Lawton Chiles y el teniente general Daniel Graham, que hasta enero de 1976 había sido director del servicio de inteligencia de las Fuerzas Armadas norteamericanas, a un acto de mil quinientas personas que todavía no habían sucumbido al desánimo.

Los exiliados consiguen que en 1978 los senadores Howard Baker y Richard Stone presenten una resolución en el Senado para detener el turismo a Cuba. A remolque de esta iniciativa, promueven la creación de un comité de senadores partidarios de una Cuba libre y anuncian que el exilio lo dotará de doscientos cincuenta mil dólares. Gracias no tanto a esta respetable dotación como al hecho de que hubiera todavía políticos norteamericanos anticomunistas, diecisiete senadores aceptaron incluir sus nombres en este intento de usar las instituciones de la democracia para influir en la política exterior. Entre los blancos del exilio no faltaban, por supuesto, los periodistas, raza en la que la confusión con respecto a Cuba era comparable a la de los políticos. Con frecuencia los periodistas viajaban invitados por Castro y regresaban del turismo revolucionario con la boca llena de flores. Mientras más destacados eran, más indignación despertaban: Barbara Walters fue víctima del severo reproche de un exiliado en su propio programa, en mayo de 1975. «Tenemos totalmente abandonada —diría Mas poco después en otra tribuna— la batalla de la propaganda en las universidades, los sindicatos, la clase dirigente», y volvería a la carga en un debate con Tad Szulc, que apoyaba a Fidel Castro, en el programa de la PBS *Firing Line,* de William Buckley. Alguna vez era posible colarse en la oficina de Kissinger e inocularle algún propósito que sirviera por lo menos para equilibrar el peso de sus instintos demasiado conciliadores y de los influjos que Washington —y su debilidad por Metternich, ese príncipe de la *realpolitik*— ejercían sobre su visión de la política exterior hacia América Latina. Más tarde, tocaría ver al mismísimo Jimmy Carter, todavía muy lejos de ser el amigo de Mas Canosa en que se ha convertido hoy (las gestiones con Carter durante su gobierno prometían poco: de ese presidente decía el historiador británico Paul Johnson que era como un cojín porque siempre lucía las marcas de la última persona que se había sentado sobre él). Eran años de conocer los entresijos del sistema, y sonaban ya los primeros tambores de lo que Eduardo Suárez, padre del actual dirigente de la Unión Liberal Cubana, llamaba «la batalla de Washington», aunque los viajes a la capital de una Juana Castro (la hermana de

Fidel), un Carlos Prío y el propio Jorge Mas Canosa eran cabalgatas de llanero solitario, no acciones organizadas.

No estaba el clima en Miami, después de todo, para mucha organización. Se había producido una acefalía en el exilio como resultado del fracaso de los años sesenta y la consiguiente desmoralización. Los cubanos que se habían entrenado para invasiones y operaciones comandos, gente cuya impotencia política ni siquiera tenía el filtro de la expresión verbal porque carecían de la cultura o de los medios para ello, empezaron a buscar en la violencia la manera de manifestar su descontento. Se estrenó la era de las bombas y los atentados personales. Durante un período de dos años, fueron famosos los «viernes fatídicos» con su procesión de cadáveres. Las bombas retumbaban incluso fuera de Miami. La más espectacular fue la del 6 de octubre de 1966 que hizo volar un avión de Cubana de Aviación al poco de despegar del aeropuerto de Barbados con setenta y tres personas a bordo. El nombre de Orlando Bosch salió inmediatamente a relucir. No por su ciencia de pediatra —que la tenía—, sino por su prontuario político. Fundador del MIRR en 1961, Poder Cubano en 1968 y, poco después, Acción Cubana, había sido condenado en los Estados Unidos en 1968 por disparar una bazuca contra un barco polaco. Lo habían dejado, tras cuatro años de cárcel, en libertad condicional y se había escapado en 1974 al recaer sobre él la sospecha por un crimen contra un exiliado. Tras viajar a Chile y vincularse a la DINA de Pinochet, había fundado CORU en 1976. En los dos años precedentes, Acción Cubana, organización también fundada por él años antes, se había atribuido una serie de atentados. Por la bomba contra Cubana de Aviación lo arrestan en Venezuela y lo procesan. Aunque el juez no encuentra suficientes pruebas, queda preso unos diez años mientras se revisa su caso en tribunales civiles y militares, hasta 1987 (en ese lapso lo absuelven dos veces por falta de pruebas, pero sigue preso). Durante su presidio algunas organizaciones del exilio lo defienden y exhiben sus dibujos en las galerías. Cuando Bosch regresa a Estados Unidos en 1988 es arrestado por haber violado la libertad condicional relacionada con el caso del barco polaco. Como no pueden deportarlo, queda bajo arresto domiciliario.

Entre 1970 y 1978, la escuadra antibombas del condado de Dade contabilizó ciento treinta bombas que no explotaron y restos de ciento veintinueve que sí. Ocho hombres fueron asesinados y, entre enero del 75 y junio del 76, ciento cuatro personas fueron heridas. A Juan José Peruyero, ex presidente de la Brigada 2506, le dispararon seis veces desde un auto. Ramón Donestévez publicó en su periódico *Verde Olivo,* dos días antes de que muriera acribillado un 31 de octubre, una amenaza contra Rolando Masferrer, connotado pistolero. Donestévez, famoso por sus expeditivos métodos de comercialización —obligaba a muchos comercios, a punta de pistola, a ofrecer su periódico gratuitamente— murió, él también, asesinado. El intento de unidad política conocido como el Plan Torriente, de José Elías de la Torriente, acabó con la muerte del propio Torriente, un Viernes Santo en su casa. Igual suerte corrieron Arturo Rodríguez Vives en Nueva York y Héctor Díaz en Union City, y, en Miami, Luciano Nieves, de cuarenta y dos años, un ex capitán rebelde que se había rebelado contra Castro y al que dos hombres segaron la vida al salir de un hospital infantil. Un caso sonado fue el de Emilio Milián, periodista radial y uno de los pocos que se había manifestado contra la violencia, a quien un coche-bomba pulverizó una pierna en el estacionamiento de la WQBA. Junto con los cadáveres, volaba por los aires el mito de la Cuba festiva, si es que no había volado ya, antes, por efectos de esa empresa guerrera en que se había convertido la Cuba de Fidel Castro, verdadera fábrica de enviar hombres a la guerra en otras latitudes. El movimiento nacionalista desataba la tesis «por los caminos del mundo» y colocaba una bomba en la tumba de Carlos Marx en Londres. Se multiplicaban los atentados contra embajadores cubanos, entre ellos el acreditado ante las Naciones Unidas, en cuyo edificio explotó un cohete en julio de 1976. Hubo por esos años siete ataques a misiones de la ONU y a líneas aéreas como Aeroflot.

No es difícil imaginar a Jorge Mas Canosa, aquellos años, saliendo de un estacionamiento con su propia pierna en el hombro o con la cabeza estampada contra un muro como una granadilla. Desde el primer día, su rechazo a la violencia en el exilio le concitó el odio de los responsables. Su mensaje en favor de una sociedad con leyes y orden, que fuera la negación de la otra Cuba, chocaba frontalmente con el terrorismo de Miami y otras partes. No tardaron en llegar las amenazas. Su nombre alcanzó pronto las listas negras que circulaban muchas veces bajo la forma del rumor y en algunos casos en letra de molde, como las que publicaron el *Miami Herald* el 25 de febrero de 1975 y, por esas mismas fechas, el *Diario Las Américas* (el director, Horacio Aguirre, también figuraba) y las agencias AP y UPI. Tampoco se libró de verse en una foto, en el periódico de Donestévez, yaciendo dentro de un cajón bajo una cruz ominosa. En una ocasión, hubo un impacto de bala en su casa del 6305 de la SW 128 St. No es de extrañar que en septiembre de 1978, en el diario *Floridian,* la periodista Yvette Cardozo lo describiera en su oficina con una 357 Mágnum, una 45. en su cajón izquierdo y una ametralladora semiautomática en su auto —y la peligrosa credencial de ser amigo de Milián, cuyas proclamas contra la violencia, semejantes a las del propio Mas, le habían valido perder la pierna, así como de otras dos víctimas que no habían tenido esa suerte—. «El miedo —concluía Cardozo— ha equipado a varios hombres de negocios cubanos con guardaespaldas e innumerables pistolas.»

Acompañado del entonces presidente del *Miami Herald,* algunos miembros de la Cámara de Comercio de Miami y otras personalidades, Mas Canosa tuvo cita con el ministro de Justicia y fiscal general de Nixon, Eduard Levy, y su lugarteniente, Harold Tyler, para exigir una investigación. El 12 de noviembre de 1975, ante el Subcomité de Seguridad Interna del Congreso, en la habitación 4A del salón Russell del Senado, declaró a los investigadores Alfonso Tarabochia y David Martin, según las minutas de la sesión, su frustración por la indolencia oficial ante la violencia en Miami y volvió a pedir una investigación federal de esos crímenes: «Las actividades del crimen organizado aquí no tienen nada que ver con los verdaderos combatientes y revolucionarios que luchan limpiamente por la libertad de Cuba. Condenamos el terrorismo en todas sus formas.» El 30 de mayo del 76, cuando ya era obvio que no habría investigación federal y que, por tanto, los exiliados estaban librados a su propia suerte,

Mas Canosa volvió a la carga, criticando «a quienes hacen el juego a Fidel Castro por ser aspirantes a Fidel Castro». Tampoco los pedidos locales de investigación, por ejemplo ante el Departamento de Seguridad Pública de Dade, habían logrado suerte. ¿Era síntoma de discriminación contra los cubanos el que no hubiera ninguna investigación seria ante semejante ola de sangre, cuando incidentes de menos alcance hubieran movido a cualquier Estado en una sociedad civilizada a actuar resueltamente? En 1977, un Gran Jurado de Miami cerró la investigación del terrorismo sin un solo auto de acusación. El Gran Jurado es la instancia que reúne documentación de la policía y de los particulares para determinar si se ha violado la ley federal. ¿Cabía alguna duda de que la racha de crímenes políticos no era menos susceptible de atención nacional que las emergencias civiles y catástrofes naturales que inmediatamente suelen movilizar a la capital del imperio? La desconfianza política que había herido la sensibilidad del exilio y afectado su relación con Washington ahora revestía las formas de la ira. Tendría que pasar un tiempo para que, por actos de terrorismo no tanto contra los exiliados sino contra objetivos del régimen de Cuba, el FBI arrestara a quince personas asociadas con Omega 7, la temible organización basada en Nueva Jersey.

¿Cuánta de aquella violencia estaba instigada por Cuba con el afán de criminalizar la imagen de los exiliados? La dosis no es posible determinarla, pero alguna existió. Según cuenta Howard Hunt, el ex funcionario de la CIA, en su libro *Give Us This Day,* durante los años sesenta Castro había infiltrado a doscientos agentes en la Florida (hubo casos como el de Manuel Espinoza, pastor evangélico en Hialeah, que confesó en 1980 su condición de agente cubano). El momento era propicio: la imagen del exilio estaba debilitada por la violencia que indiscutiblemente salía de un sector de su propio seno, por escándalos como el de Watergate (tres cubanos habían sido arrestados en relación con aquellos sucesos) y por el asesinato del ex ministro chileno de Salvador Allende, Orlando Letelier, en Washington (también se había implicado a cubanos). La satanización del exilio era una de las líneas maestras de la propaganda de La Habana.

El propio Donestévez, que había sido muy cercano a Raúl Castro, suscitaba sospechas. Alberto Tarabochia contó, poco después de las sesiones, que el Subcomité de Seguridad Interna del Congreso había recibido información de que en uno de sus viajes Ramón Donestévez se había reunido en el Varadero Beach Hotel por más de una hora con tres funcionarios del DGI, entre los que estaba un tal *Ajeo,* jefe de la contrainteligencia. Los gérmenes de la incitación introducidos por La Habana no enfermaron a un cuerpo sano: ya el exilio, presa de la frustración, estaba aterrorizado por la demencia de algunos de sus propios hijos. Esa violencia es la que usarían desde entonces hasta hoy no sólo La Habana sino todos los propagandistas del régimen cubano y sus tontos útiles en las Américas, en España y en otras partes de Europa, para referirse al exilio cubano con los términos con los que se exorciza un demonio. No es la primera vez en la historia que los cubanos que luchan contra la opresión deben luchar también contra la mentira: todos los héroes de la independencia de Cuba pasaron en su día por lo mismo. Arsenio Martínez Campos, el temible general español al que se llegó a llamar «el pacificador de la Isla», autor del Pacto de Zanjón de 1878 que puso un hiato a las luchas de independencia, acusó a José Martí y Antonio Maceo de terroristas y bandidos. Lo mismo hicieron varios capitanes generales españoles en Cuba.

La reacción de muchos cubanos de los Estados Unidos fue el abandono total de los asuntos de Cuba. Llegó un momento en que no se podía hablar de este tema sin ser visto como un marciano. Del «olvídate ya, no sigas en esa bobería», se pasaba con facilidad al «ese hace negocio con el tema de Cuba». Los pocos activistas supérstites pasaron a ser marginales entre los marginales que eran todos los exiliados. Por debajo del desinterés aparente por las cosas de Cuba, seguían descargando su corriente eléctrica el rumor y la conspiración. Algunas teorías conspirativas gozaban de fundamento, otras menos. El asesinato de Kennedy, cuyo misterio se había enriquecido con el paso de los años, era la mayor fuente de teorías conspirativas. Seguía causando mucha sorpresa el que no hubieran sido revelados ante la Comisión Warren, que había investigado el asesinato del presidente, los atentados de la CIA contra Castro, de los que se había sabido sólo recientemente y que podrían haber llevado a Cuba a tomar represalias contra Kennedy. También, que no se hubiera hecho uso de las informaciones que daban cuenta de las amenazas de Oswald, el asesino, proferidas tiempo antes del crimen. Ilustra bien el desasosiego del *affair* Kennedy en el exilio por aquellos tiempos una carta de Mario Lazo —abogado norteamericano que había representado intereses privados de Estados Unidos en Cuba—, escrita el 24 de noviembre de 1975 y dirigida a Carlos Márquez Sterling, en la que se contaba algo interesante. Ese mismo mes, el senador Schweiver (republicano por Pensilvania) había contactado a Clare Boothe Luce, una mujer acaudalada que había tenido contacto con tres exiliados a los que, tiempo atrás, les había financiado operaciones comando. El senador la invitó, en su calidad de presidente del subcomité que investigaba el controvertido informe Warren, a testificar en el Congreso. La razón era que los individuos a los que ella había financiado la habían llamado la noche del 22 de noviembre de 1963 (día del asesinato) para decirle que conocían a Oswald y sus antecedentes comunistas, y que disponían de documentación y grabaciones de sus viajes a Rusia y México, pues el propio Oswald los había contactado en Nueva Orleans tiempo antes de cometer el crimen ofreciéndose para matar a Castro, lo que, después de averiguar que el individuo pertenecía en realidad a una célula comunista y estaba intentando infiltrarse en los movimientos del exilio, ellos habían rechazado. Clare había sugerido a su interlocutor por el teléfono que fuera al FBI y no había vuelto a saber de los tres desde aquella conversación. Cuando el senador le pidió en 1975 que testificara, ella trató, sin éxito, de ubicar al joven cubano que dos años antes le había contado lo de Oswald. Dio, por fin, con un amigo suyo, al que pidió que lo ubicara y lo persuadiera de testificar a puerta cerrada. «No —le respondió la voz al otro lado del hilo telefónico—. No puedo decirte dónde está porque, aunque testifique detrás de trece puertas, igual se haría público y perdería su vida como muchos otros cubanos.»

Estos rumores y cambios de información circulaban en el pequeño grupo de exiliados todavía activos. En la comunidad más amplia se iba abriendo, poco a poco, la perspectiva de una mayor integración al lugar de adopción y los cubanos no sólo se empezaban a hacer ciudadanos norteamericanos sino a participar en la política local: hacia 1976 ya constituían el 10 por 100 de los votantes inscritos en Dade. Es posible que en aquella deserción Cuba perdiera a buena parte de sus mejores hombres.

Eran también años de organización de las colonias de cubanos fuera de Miami, porque se había producido, con los «vuelos de la libertad», una llegada masiva de nuevos refugiados: doscientos, trescientos cubanos todos los días. Los vuelos, que habían arrancado a comienzos de los sesenta y continuado hasta comienzos de los setenta, habían sido negociados por el presidente Johnson con Cuba. Las disposiciones norteamericanas enviaban a la mitad de los que llegaban a otras zonas, fuera de Miami. Aunque la ayuda oficial a todos esos refugiados, por un total de dos mil cien millones de dólares, les sirvió como punto de apoyo en su aventura de exilio, el proceso tuvo el efecto de entorpecer los planes del activismo político, al dispersar a los potenciales dirigentes y militantes aún más de lo que ya la necesidad de ganarse la vida los estaba dispersando.

Para quien quería impedir el abandono de la lucha, el reto era viajar. Es lo que hizo Mas Canosa, hablando de Cuba y de la necesidad de organizarse en los Estados Unidos para influir en Washington, en recorridos constantes por Texas, California, Nevada, Albuquerque, Nuevo México, Chicago y otras partes donde había colonias cubanas. En esa búsqueda con lupa para encontrar cubanos dispuestos a tomar el relevo a la vieja dirigencia política, se iba perfilando una generación que no había tenido participación política en Cuba por demasiado joven o porque no había pasado de un entusiasta activismo juvenil sin consecuencias, gentes que no tenían compromisos con el pasado. Ninguno de ellos había estado en el gobierno con los «auténticos», con Batista o con Fidel Castro, ni adoctrinado a los jóvenes ni servido en los campos de la UMAP. En aquel momento escéptico, centrífugo, por el que pasaba el exilio, la limpieza biográfica era el único instrumento posible para dar a la renovación generacional la credibilidad necesaria. Los resultados no serían obvios inmediatamente, ni los acontecimientos que después darían a esa generación política un lugar de avanzada responderían a un cuidadoso designio surgido de los esfuerzos de aglutinación de Mas Canosa y otros, pero aquella búsqueda todavía incierta iría gestando un embrión de dirigencia política a la espera de oportunidades para insertarse en la democracia capitalista más poderosa de la tierra. Proceso doble: por una parte, descubrimiento de instituciones que no habían estado presentes en Cuba sino de un modo falso a lo largo del siglo; por la otra, gracias a la vitalidad de ese exilio, fecundación de un sistema salvajemente contestado por sus propios hijos legítimos.

Había empezado a reproducirse en el exilio el gran desfase entre los logros económicos y el subdesarrollo político de Cuba. El desarrollo económico cubano venía de atrás. Los españoles y la tolerancia de Cuba con los vencidos contribuyeron a él gracias a que, al terminar la guerra, los cubanos permitieron que los españoles siguieran en los puestos públicos, dirigiendo en cierta forma la república. A su vez, el cubano obtuvo una ventaja: el emigrante español, sobre todo el que venía de Galicia y de Cataluña y era muy trabajador, enseñó a sus anfitriones la ética y la disciplina del trabajo. Y Cuba, a partir de 1933, empezó a prosperar. En 1959 estaba en el tercer o cuarto puesto en América Latina. El empresario cubano se creció. Los medios de producción, que habían estado muchos años en manos norteamericanas y españolas, comenzaron a pasar a manos cubanas, y hacia la llegada de la Revolución ya casi el 50 por 100 de los centrales azucareros y otros medios de producción estaban en poder de los lugareños. Y, sin embargo, políticamente la Isla estaba en Babia, incapaz de traducir la pujanza económica en civilización política, condenada a la dictadura o la democracia corrompida. En los años setenta el exilio parecía cada vez más un espejo de ese fenómeno.

Ya estaba en marcha en Estados Unidos el milagro económico de los exiliados (con los años el espíritu empresarial del exilio sería más y más notorio: hoy en día hay más de diecinueve mil setecientos negocios cubanos sólo en el condado de Dade). Pero era evidente el desfase entre la riqueza que se iba creando en el exilio y la mediocridad de su expresión política. Por eso, una mezcla de visión económica de la política y visión política de la economía parecía insinuarse como la forma de embarcar a gente de la nueva generación detrás de un proyecto de organización enfrentada a Fidel Castro. No era con el uniforme de miliciano tirando tres tiros en los pantanos de los Everglades, ni con las bombas que estallan en Miami, como se iba a poner a la política del exilio a la altura de su economía. En quienes, como Mas Canosa, se movían en ambos medios, el empresarial y el político, no hacía falta mucha percepción para advertir lo que ocurría. Ya su empresa tenía ventas de seis y siete millones de dólares anuales, y empleaba a ciento cincuenta personas, por lo que tenía ocasión de codearse con la elite económica: «Yo iba a un banco en una junta directiva por la mañana, y en la noche iba a las reuniones políticas con un Carlos Prío, o cualquier otro, y me daba cuenta de que el contraste era horrible. En parte el problema era que el cubano tenía dificultades de expresión y no sabía medir sus palabras. Pero la diferencia acentuada entre la gente de talento empresarial y los políticos me parecía nuestra gran tragedia. Había una clase empresarial pujante, que creaba riqueza y trabajo, que generaba un mercado dinámico en una sociedad competitiva como la americana, y, sin embargo, cuando ibas de la retórica empresarial y económica del cubano a la retórica del militante político tradicional te quedabas aterrado.» ¿Sería posible aprovechar el éxito económico, el talento de esa clase empresarial, para sacar al exilio del caos político?

Había modelos a la mano. El judío, por supuesto, pero también otro mucho menos conocido aunque casi tan exitoso: el griego. Los griegos de los Estados Unidos estaban muy organizados, motivados esencialmente por la cuestión de Chipre, para lo cual habían logrado el apoyo de innumerables instituciones norteamericanas, incluidas las políticas. El núcleo de representantes y senadores de origen griego iba haciéndose sentir y sus grupos de presión eran poderosos (se conoce, fuera de los Estados Unidos, el nombre de Michael Dukakis, porque fue candidato presidencial, pero hay muchos otros, como Paul Sardanes, senador por Maryland, el segundo congresista en importancia del decisivo Comité de Relaciones Exteriores del Congreso hoy en día). Tenía que ser posible, como los judíos y los griegos, incrustarse en el sistema para ponerlo al servicio de la causa propia. El modelo griego tenía la ventaja de que, siendo la comunidad griega más pequeña que la judía, se prestaba mejor como paradigma para los cubanos en aquel momento (el abogado de los exiliados en el nacimiento de Radio Martí en los años ochenta sería, precisamente, un hombre de origen griego). Los viajes a la capital también permitían, además de contactos con miembros de estas comunidades de inmigrantes organizadas, descubrir a cubanos que andaban en lo mismo por su cuenta. Uno de ellos, Frank Calzón, ya hacía *lobby* en Washington.

Castro, sin saberlo, actuaba en favor de Mas Canosa. Cada vez circulaban más noticias acerca de las violaciones de los derechos humanos, información que abría las puertas de las oficinas de los congresistas: no podían negarse a atender evidencias documentadas. El Consejo Nacional de Iglesias de los Estados Unidos calculaba, entre mediados y fines de los setenta, que había en Cuba diez mil presos políticos. El Departamento de Estado, sin embargo, sostenía que había veinte mil. Ya en abril de 1969, Jaime Caldevilla, consejero de Información de la embajada de España en Cuba, había sostenido que a lo largo de la década se habían registrado 45.350 presos políticos, habían muerto torturados o fusilados 22.480 presos y sufrido prisión preventiva 630.000.

Para los exiliados movilizados no estaba en duda el que los de fuera de Cuba pudieran jugar un papel en la democratización de su país. La historia mostraba que la oposición había sido desplazada por las dictaduras cubanas al exilio, siempre a los Estados Unidos, y que en todos los casos esos exilios habían cumplido un rol al regresar a su país. José Martí vivió más tiempo en el exilio que en Cuba, de donde salió a los diecisiete años, después de pasar por el presidio unos meses (murió a los cuarenta y dos años). En ese lapso sólo estuvo en Cuba unos meses, tras del Pacto de

Zanjón y al final de su vida. En 1892, en Nueva York, Martí dejó constituido el Partido Revolucionario Cubano con delegados fuera de Cuba. Viajaba con pasaporte español, como los exiliados de hoy viajan con pasaporte americano (cuando no español). Antonio Maceo, el cubano que más se destacó en la guerra contra España, fue un exiliado en Jamaica, Honduras y Costa Rica, donde tenía fincas, mientras que Máximo Gómez, bajo el cual sirvió Maceo, era un dominicano que vivía en su país. El primer presidente de Cuba, Estrada Palma, era ciudadano estadounidense y pasó casi toda su vida en Nueva York.

Las relaciones entre Cuba y Estados Unidos son muy antiguas —antes de su descubrimiento por el español Ponce de León, ya había comercio entre los tequestas y los aborígenes cubanos por medio de canoas— y no siempre su signo fue el dominio norteamericano. Los españoles controlaron la Florida desde Cuba durante siglos (sólo quedan, de las viejas culturas precolombinas, seis reservas semínolas y una hermosa toponimia: Tallahassee, Okeechobee y otros nombres). El asentamiento de San Agustín de la Florida fue fundado en 1565, antes de la llegada de los ingleses a Jamestown, por Pedro Menéndez de Avilés, cuya expedición permitió la colonización española hasta la región de Georgia y las Carolinas, por el norte, y hasta el Misisipí, por el oeste. Durante la colonia, la Florida tuvo cuatro gobernadores cubanos (pasó a ser de los norteamericanos sólo en 1821). Es más: los cubanos ayudaron a la independencia de los Estados Unidos, para cuya causa muchas mujeres levantaron fondos. Durante esa guerra, Juan de Mirallas, un exitoso comerciante, ofreció a George Washington una fórmula para evitar la deserción de sus tropas: la obtención de suministros a través del comercio con Cuba. Con buen ojo, De Mirallas estableció relaciones comerciales con las trece colonias, gracias a lo cual varios barcos de mercancías norteamericanos llegaron a La Habana y escaparon al control de los ingleses. Estos intereses, entre otros, animaron a España a declarar la guerra a Inglaterra. Batallones cubanos ayudaron a Gálvez a derrotar a los ingleses en Pensacola, creando el frente sureño que debilitó a las tropas que combatían a Washington.

A partir de ese momento, Estados Unidos y Cuba impulsaron una sociedad económica y política casi natural. ¿Tenía, por tanto, algo de anormal que en el siglo XIX la migración cubana viajara a los Estados Unidos y tratara de utilizar el sistema en favor de su causa? ¿Debía extrañar que por aquellos tiempos las factorías de tabaco cubanas en Tampa y Key West, entre cuyos obreros había alguno de nombre José Martí, apoyaran la lucha de independencia de los cubanos? De 1868 en adelante los independentistas harían *lobby* por su causa en los Estados Unidos, empezando por la «república en armas» de Carlos Manuel de Céspedes, empeñada en lograr que el presidente Grant propiciara una declaración en favor del derecho de beligerancia de los cubanos. No menos intensas serían, en 1895, las gestiones de un Estrada Palma, que lo llevarían a anunciar a los cubanos la disposición de la firma Christy & Janney, influyente ante varios congresistas, a gestionar una declaración de independencia de Cuba y cobrar veinticinco millones de dólares por la tarea (el monto sería luego rebajado a dos millones en bonos de la nueva república con un interés del 6 por 100). Los independentistas cubanos, abandonados por los latinoamericanos, se insertaron tanto en el sistema de los Estados Unidos como empresarios y como políticos que... ¡hipotecaron a la república! (esa dependencia no estaba exenta de riesgos: Martí muere luego de desembarcar en Playitas sin las armas ni el avituallamiento necesarios, que le han sido confiscados en La Fernandina por los gringos). ¿Y quiénes denunciaron en aquellos tiempos las crueldades de los españoles, como la famosa «reconcentración» de Valeriano Weyler, el comandante de las tropas españolas que hizo morir de hambre a ciento cincuenta mil personas? Fueron —bien informados por el *lobby* cubano— los propios norteamericanos. Estaba allanado el camino para que, en 1898, tras la voladura del acorazado *Maine* de la Armada de los Estados Unidos, en el puerto de La Habana, se desatara la guerra hispano-norteamericana que desembocaría en la independencia (limitada hasta 1933 por la intervencionista Enmienda Platt). Curiosa ironía: los españoles, al saberse vencidos, pidieron a los Estados Unidos que se anexionaran la isla: creían que era la forma de proteger sus inversiones. ¡Qué ironía que, un siglo después, los españoles acusen a los cubanos, que han usado el sistema norteamericano contra Fidel Castro, de anexionistas y a los norteamericanos de imperialismo por querer impedir que otros trafiquen con las propiedades que les fueron expropiadas!

En tiempos de la república, cuando hay dictadura, por ejemplo bajo el general Machado, toda la oposición se desplaza a la Florida. Ella sólo regresa a Cuba tras la caída del dictador, a la que ha contribuido decisivamente desde afuera enviando armas. También la dictadura de Batista crea un exilio numeroso en Miami. ¿Adónde va Fidel Castro? A Nueva York y a Miami, lugares donde levanta fondos, y luego a México. Y, en los últimos años de Batista, Estados Unidos contribuye como nadie a la victoria de Castro. El 14 de marzo de 1958 Washington impone un embargo de armas a Batista y suspende el envío de las que ya están pagadas. «Nuestras tropas no pueden combatir con palillos de dientes», se plañe el dictador, según versión del ex embajador en La Habana Earl Smith en *The Fourth Floor.*

A fines de los setenta, cuarenta mil soldados cubanos estaban en Angola, miles más en Etiopía y Somalia; había caído el gobierno de Afganistán y asumido el mando un comunista; los soviéticos habían concluido tratados de amistad con Vietnam, que, dos meses después, había invadido Camboya; los comunistas habían matado al líder de Yemen del Norte; Estados Unidos había detenido la ayuda a Pakistán y empezaba a negociar con los soviéticos la desmilitarización del océano Índico; y Jimmy Carter coqueteaba con Fidel, se abría la Sección de Intereses de los Estados Unidos en Cuba y se hablaba ya de un diálogo, bendecido por el gobierno norteamericano, entre un grupo de cubanos del exilio y el régimen de La Habana. ¿Podía extrañar que, con los precedentes históricos antes mencionados, un grupo de exiliados siguiera recorriendo los enclaves cubanos del imperio para convencerlos de que ese desolador estado de cosas era reversible y de que ellos tenían un destino en una nueva Cuba?

En 1978, Mas Canosa entró una mañana a comprarse una caja de puros a la tienda Padrón, donde se vendían los mejores. El dueño era uno de los que organizaba junto con Bernardo Benes a la delegación que se preparaba para dialogar con Fidel Castro. «¿Te gustaría venir con nosotros?», lo sorprendió la pregunta desde el otro lado del mostrador mientras crepitaba la primera capa del tabaco que le colgaba de los labios.

La foto del comandante

Ninoska llamó a la estación de policía de Picota, en La Habana, donde contestó el teléfono una mujer.

—Buenos días, compañera. Mire, el vecino de mi casa quitó la foto del comandante en jefe, compañera.

—¿Que quitó la foto de la sala? A lo mejor quiere hacer otra cosa...

—Sí, compañera, ¿sabe lo que tiene puesto? La foto de Mas Canosa.

—Un momento... Oiga, permítame, que le van a coger la dirección. Dígale todo lo que pasó para que le coja la dirección una persona que le va a hablar.

Se pone otra persona.

—Compañera, el vecino de mi casa ha quitado la foto de Fidel de la sala y ha puesto la de Mas Canosa.

—Bueno, dígame, dígame la dirección.

—Gervasio 451, entre Zanja y San Martín. Yo le dije algo y se puso bravísimo.

—¿Tiene otros antecedentes?

—Imagínate, ellos se pasan la vida oyendo la radio enemiga.

—¿Qué municipio?

—Centro Habana.

—Usted no va a ir a la casa del vecino y decir más nada. Nosotros nos vamos a hacer cargo de eso, porque si le hace una bachata no se sabe la reacción que tenga.

—No, yo no voy a hacer más nada. Él me dijo hasta ¡abajo Fidel!

—Mire, ya le di la dirección a la patrulla. Va para allá ahora.

—Compañera, tiene una foto de Mas Canosa a todo color ahí puesta.

—¿Y quién le dio la foto? Hay que ver de dónde la sacó. A ése por lo menos hay que llevárselo hoy.

—Apunta ahí, él se llama Lino Fernández. Aquí están pasando cantidad de cosas, todo el día con el programa ese contrarrevolucionario de la CMQ a la una de la tarde de Ninoska Pérez, todos aquí la oyen.

—No, no, esto es horrible, lo que estamos viviendo ahora, vaya, y lo que espera... ¿Y dice que tiene la emisora puesta ahora? Porque hace falta que cuando llegue la perseguidora tenga la emisora puesta también... ¿Y en colores la foto?

—En colores, compañera, fíjese qué descaro...

—Es que también no vaya a ser que estén mandándole propaganda y fotos de ese país... Bueno, gracias por su llamada.

* * *

En seguida, Ninoska llamó a la Seguridad del Estado en Santiago, Oriente, cuyos teléfonos son 28640 y 26364.

—Sí, compañero, mire... a mí no me gusta meterme en la vida de la gente, pero es que mi vecino ha quitado la foto del comandante en jefe de la sala de la casa y ha puesto una foto de Mas Canosa a colores. La está viendo todo el barrio.

—¿Y dónde es eso?

—Mire, le voy a dar la dirección, él vive en la casa de al lado.

—Dígame cuál es su nombre y dónde vive.

—Fita López. Yo vivo en 1354 de la calle 4, entre 13 y 14 en Vista Alegre. La casa de él es la blanca pintada de azul. Compañero, eso es constantemente con la radio enemiga, con el cuadro de Mas Canosa, que si es un hijo de Santiago de Cuba, etc...

—¿Y cómo se llama el individuo?

—Mire, él se llama Felipe Gómez.

—¿Entonces este ciudadano quitó la foto del comandante y puso una de Mas Canosa?

—Sí.

—Ajá... y entonces allí constantemente tiene la radio enemiga puesta...

—Constantemente, mi hijo... y se entera todo el barrio.

—*¿Entonces también hace manifestaciones?*

—*Déjame decirte, es toda una falta de respeto a todo lo que es la Revolución. Mira, el otro día dijo: «¡Ahí está el enano de Robaina!»*

—*Mmm... ajá... ¿Y cuántas personas viven ahí? ¿Usted sabe?*

—*Yo veo mucha gente.*

—*¿Se mantiene un entra y sale de gente que no son del barrio?*

—*Bueno, algunos que no son, pero también entra gente del barrio. No quiero seguir dándote nombres porque yo no soy...*

—*Pero de todas formas es un aporte que usted hace, para tener más elementos, ¿usted me entiende? Nosotros vamos a enviar un oficial que atiende el área esa a que vea eso. ¿Usted puede llegarse aquí para conversar aquí?*

—*Pero si voy yo a que digan que fui yo, ¿cómo quedo yo?*

—*Usted está hablando con el departamento de Seguridad del Estado y nosotros nos caracterizamos por cuidar la identidad de las fuentes informantes.*

III
EN LAS ENTRAÑAS DEL MONSTRUO

De muchacho, aun cuando era bastante religioso, yo, Pepe Hernández, era radical y emotivo, tenía tremendas broncas todo el tiempo y las resolvía a piñazos, como lo hacen la mayor parte de los jóvenes a esa edad. Ese espíritu lo mantuve al ingresar a la universidad. Una vez, en el 55, bajé las escalinatas del Alma Mater desde arriba, donde está la estatua de la universidad, hasta abajo, fajado a golpes con el jefe de la Juventud Comunista en aquel momento, y tuvieron que detener el tráfico y todo con el alboroto que se formó en la calle. No sabía todavía que eso era un juego de niños comparado con los piñazos que caerían después. En realidad, la cosa me venía de antes. Yo tuve una preocupación social más que política desde que era muy, muy joven, tanto que a los doce años comencé a trabajar en la Federación de la Juventud Católica Cubana. Había empezado en la iglesia cerca de mi casa y al llegar al instituto a estudiar el bachillerato en los años cincuenta, en plena época de Batista, había entrado a la organización. A los catorce años me convertí en secretario del comité nacional. La cosa no me venía exactamente de familia: mis padres no eran muy religiosos (mi madre lo era más que mi padre, un militar de carrera profesional). La verdad es que no sé bien de dónde me vino esta militancia católica.

La Juventud Estudiantil Católica me llevó a tener una serie de actividades políticas. Incluso como presidente de la asociación de alumnos del Instituto del Vedado, en La Habana, durante el bachillerato, tuve mucha actividad. En América Latina, los estudiantes de bachillerato son prácticamente tan activos en la cosa política como los estudiantes universitarios, y yo también lo era. Organicé huelgas contra Batista y líos en el colegio. Luché en toda esta cuestión desde su golpe de Estado en 1952, aun cuando mi padre era militar; él se mantenía al margen, no era batistiano y no tenía relación de ninguna clase en ese sentido. Veíamos, eso sí, las cosas de manera diferente, teníamos discusiones y conversábamos, pero él nunca se opuso a mis actividades. Estaba muy en conocimiento de ellas y, además, como eran mayormente religiosas, las toleraba bien. Yo antes de entrar en la universidad, el último año de bachillerato, estuve aspirando al sacerdocio: me vestía de sotana los fines de semana y estaba en un seminario durante el tiempo libre mío y en época de vacaciones, mientras terminaba el bachillerato. Al ingresar a la universidad en 1954, aumenté la militancia contra Batista y seguí con mis actividades católicas. La universidad era un espejo de las luchas que había en todo el país. Religión y política estaban mezcladas. Es interesante: en La Habana, una gran parte del movimiento de rebeldía en contra de Batista, y luego en contra de Fidel Castro, surgió de la Juventud Católica. Era la organización que frente a la Juventud Comunista estaba más organizada, y había unos choques tremendos. La frontera entre las dos cosas a mí también se me borraba muchas veces.

Al llegar la Revolución, cuando no andaba en la universidad yo estaba trabajando en la compañía cubana de electricidad, porque yo me había ganado una beca para terminar mis estudios con la que trabajaba al mismo tiempo que estudiaba. Yo estudiaba ingeniería eléctrica y era miembro de la Federación Estudiantil Universitaria y secretario de la Escuela de Ingeniería de la Universidad de La Habana, donde había mucho movimiento político. El presidente, Marcelo Fernández, era coordinador nacional del 26 de Julio, el movimiento revolucionario de Castro, y el delegado de quinto año, Pedro Luis Voitel, que era un gran amigo mío, era su coordinador estudiantil (luego murió en la cárcel). O sea: estábamos todos los sectores ahí entreverados y en plena lucha.

Todavía yo no había terminado la universidad y me preparaba para entrar al quinto año cuando Batista huyó y los revolucionarios entraron a La Habana (la universidad había sido cerrada por dos años y yo había estado estudiando en otras universidades y, a veces, por la libre con una serie de profesores). Yo no tuve ninguna posición con el gobierno, ni siquiera al principio, porque, además de dedicarme a la compañía de electricidad y a mis estudios, las actividades mías durante esos años en la Universidad de La Habana me habían identificado mucho como un anticomunista rabioso y yo había tenido muchos enfrentamientos conocidos con algunos de sus miembros. Y no sólo yo: habíamos todo un grupo de gente identificados así. Por ejemplo, estaba conmigo en la universidad —y habíamos coincidido desde los catorce años en la Juventud Estudiantil Católica— el conocido sociólogo y profesor Juan Clark, que vive aquí en Miami.

Mi padre había estado, durante los primeros meses de la Revolución, en Columbia, con Camilo Cienfuegos, que era uno de los principales líderes, arreglando algunas cosas, y él fue el que le entregó el mando al Che Guevara en Las Villas. Luego vino para la casa. El Che Guevara le dio un salvoconducto a mi padre para que no tuviera problemas, cosa que le permitía estar en mi casa sin que lo molestaran. No había tenido conflicto de ninguna clase desde la Revolución, pero en marzo, súbitamente, lo pasaron a retiro, y desde ese día empezó a ganar su pensión. En abril lo vuelven a llamar, de manera sorpresiva, para servir. Y la misión que le encomiendan es que vaya a testificar en contra de un coronel. Mi padre era teniente coronel del Ejército, y le pedían que fuera a testificar contra un coronel de Batista al que estaban juzgando en Las Villas. Es una historia que aún ahora me emociona. El juicio duró cuatro, cinco horas. Mi padre se negó a testificar, a declarar en contra: sencillamente, dijo que no sabía nada. Inmediatamente pasó de testigo a acusado. De lo que lo acusaron fue de encubrir al coronel, porque era un individuo con el cual él había trabajado durante mucho tiempo (el juicio está en un libro que publicó en 1961 la Comisión de Juristas de Ginebra: fue uno de los casos que se mencionaron). Yo llegué un poco tarde al juicio porque yo estaba buscando a un capitán rebelde que era amigo mío en la universidad. Cuando lo encontré, fuimos allá. Yo estaba preocupado: no había sucedido antes que a mi padre lo hubieran llamado. Cuando llego, me entero de que en medio del juicio lo han acusado a él. En eso veo que le piden diez años de cárcel. De buenas a primeras el fiscal se para y le pide diez años de cárcel. Ahí mismo, al capitán rebelde este, que era abogado, yo le digo: «Ve a ver cómo puedes arreglar esto» (entonces así eran los juicios en Cuba). De inmediato comienza el capitán rebelde a defenderlo. Se para ahí y empieza a hablar, y se pasa media hora defendiéndolo: que es inocente, que nunca ha tenido problemas, que la Revolución le dio un salvoconducto, bla, bla, bla. Termina de hablar y el tribunal resuelve darle a mi padre treinta años (tres veces más de lo que el fiscal había pedido).

Para mí —se podrán imaginar— aquella cosa fue traumática. Yo decidí, entonces, con el capitán rebelde que estaba conmigo, hacer esa misma noche las seis horas del viaje de regreso a La Habana para ir a ver al Che Guevara. Me despedí de mi padre después del juicio, que terminó a las nueve de la noche («no te preocupes, yo voy a arreglar esto, esto es una locura»), y me fui para La Habana. El Che Guevara conocía a mi padre, había testificado quién era él y, además, era el que le había facilitado el salvoconducto para volver a la casa unos meses antes. A la mañana siguiente, a eso de las siete (había dormido tres horas con la llegada tarde y todo) me preparaba para ir a La Cabaña, donde estaba el Che Guevara, cuando sonó el teléfono. Me llamaban para decirme que a las seis de la mañana a mi padre lo habían fusilado.

Esa llamada cambió mi vida. Y no solamente la mía, sino la de toda mi familia. Aquello desarmó completamente toda nuestra situación. La muerte es un acto definitivo, ¿no?, y de ahí en adelante no tienes recurso de ninguna clase para devolverle a tu padre la vida. Yo comprendí en ese momento —aun cuando ya me había dado bastante cuenta del rumbo de las cosas desde el principio— lo que ocurría en Cuba. Yo no había pensado que algo así podía suceder. De otro modo, yo hubiera montado a mi padre en un avión y se hubiera ido de Cuba, ¿no?

Lo que había sucedido realmente es que alguien al que yo en aquel momento no identifiqué, que había tenido un problema personal conmigo y con mi padre, había hecho que a él lo fusilaran. En ese momento, perfectamente consciente de que el juicio y la sentencia no podían ser revertidas, empecé, de una manera no muy desafiante —más bien discreta—, a averiguar quién era el responsable. Pronto, lo pude identificar. Y no sólo a él: también a las demás personas que habían tenido que ver con el fusilamiento, y que se pueden contar con los dedos de una mano.

Al mismo tiempo que yo investigaba este asunto comenzamos a trabajar dentro de Cuba, a hacer una serie de labores de resistencia. Yo actuaba con la organización de Tony de Varona (que había sido primer ministro de la época democrática), es decir, de los «auténticos». El grupo se llamaba Rescate, uno de los que poco después formarían el Frente Revolucionario Democrático en los Estados Unidos para preparar la acción contra Cuba. Yo me convierto en el líder estudiantil de ellos, actuando desde La Habana y coordinando las acciones de mi gente. En el verano del 60, cuando ya tengo a mi cargo labores bastante grandes, como la de organizar el suministro de armas y demás a Plinio Prieto y a la gente de los «auténticos» que están alzados en el interior, yo viajo a los Estados Unidos. Vengo a Miami para buscar una serie de recursos y conversar con Tony de Varona, que estaba aquí organizando el Frente. Recuerdo muy bien que era julio del 60, porque el 26 de julio de ese año yo estuve en una manifestación en el parque de las palomas aquí en Miami en contra de la desviación revolucionaria en Cuba.

Yo estaba con la gente de Varona en ese momento porque yo era muy amigo del sobrino de Tony de Varona. De jóvenes habíamos ido juntos al bachillerato; luego estuvimos juntos en la universidad. Yo iba mucho por la casa de Tony de Varona y lo conocía. Hablábamos cuando él era senador en Cuba y era una de las figuras del país. El sobrino, que se llama Abel de Varona, estaba también en esta conspiración, y trabajábamos en muchas cosas juntos. Yo estaba trabajando dentro del movimiento como desde mediados del 59. Ya desde lo de Micoyán, a finales del 59, en la universidad, habíamos estado haciendo algunas cosas también con la Agrupación Católica Universitaria, aunque yo no pertenecía a esa organización, sino a la Juventud Estudiantil, una rama diferente de la Juventud Católica. Luego Abel salió al exilio a principios del 60 y yo me quedé dentro de Cuba hasta mi viaje a Miami ese mismo año.

El caso es que yo vine acá cerca del verano. Fue en mi estancia aquí, en ese momento, que yo conocí a Jorge, en una reunión de los dirigentes estudiantiles de la resistencia. Creo que fue al día siguiente de la llegada de Jorge a Miami. Y estuvimos también en aquella reunión bautismal del Directorio Estudiantil que se estaba organizando en ese momento en Miami. Había varios líderes estudiantiles, varias gentes de otros lugares, y yo no lo conocía a él, por supuesto. Él era oriental, un oriental tan efusivo, y a los habaneros los orientales no nos caen muy bien, y viceversa, así que la primera impresión no fue muy positiva, ¿no? Hasta creo que tuvimos algún intercambio de palabras. Nos vimos un par de veces más, y luego cada uno siguió por su camino. A mí me dieron la tarea de volver a Cuba, de infiltrarme de nuevo en la Isla.

Hasta ese momento, yo no había tenido contacto directo de ninguna clase con los americanos. Pero cuando me piden que me infiltre nuevamente en Cuba para organizar una serie de células clandestinas y hacer labores de sabotaje, conozco, por primera vez, a los gringos, a la gente que estaba con la Compañía. Me dan un entrenamiento muy rápido, de un par de semanas, en Miami. El entrenamiento es en las habitaciones de un motel, ya desaparecido, en la calle 8 y la treinta y pico avenida. Éramos ocho personas las que nos entrenábamos ahí, todos de veinte o veinte y pico de años. Un día se nos aparece una muchacha de veintitrés o veinticuatro años, una americanita lindísima. ¡Alabado!, pensé, éstos nos la mandan aquí pa' relajarnos... Pero ¡qué va! La muchacha lo que era es una experta de la Compañía que venía a enseñarnos una serie de tácticas. Lo primero que hizo —nosotros con la boca abierta, que se nos caía la baba— fue llegarse hasta un cuadro que había en la pared y agarrar, ¡zas!, sacar el cuadro de la pared, y quitarle el alambre ese que está detrás. Entonces llamó a uno de nosotros, ahí, para enseñarnos cómo matar a un individuo con un alambre quitado a un cuadro. ¡Imagínense ustedes! Yo veía a aquella chiquita y no lo podía creer: «Coño, pero qué cosa más extraordinaria, ¿qué es esto?» Era totalmente surrealista aquella muchacha que lo que uno quería era llevársela de ahí y meterla en el cuarto, y que creíamos que venía a alegrarnos la vida un poco, pero que en realidad venía a enseñarnos cómo matar a un tipo con un alambre. Y, para colmo, hablaba un poco de español. Entrecortado, pero lo hablaba (nosotros hablábamos algún inglés).

El entrenamiento era poca cosa, bastante mediocre. Los americanos de aquel momento no creo yo que estuvieran muy interesados en el destino de ninguno de nosotros ni mucho menos. Lo que sí recuerdo es que antes de irme me reuní por última vez con Tony de Varona, ahí en una casa que tenía un amigo de él por atrás del motel. Yo ya estaba separado completamente de los políticos (habían separado a los políticos y a los que teníamos que entrenarnos e infiltrarnos). Lo último que me dijo fue: «Pepe, cuídate mucho porque los americanos están en esto, están comprometidos con nosotros, hay algo muy importante que se va a desarrollar. No te arriesgues demasiado porque esto no va a durar mucho y te necesitamos para después, para la reconstrucción.» Años después se lo recordé, y hasta que él murió le hice siempre recuerdo de aquella frase. Llevamos casi cuarenta años y todavía andamos cuidándonos para la reconstrucción...

Pero la realidad es que me fui a Cuba, me infiltré. Entré por el aeropuerto con una identificación falsa, con toda una serie de cosas falsas. Fue la primera vez que entré en Cuba de esa manera. Después, en dos ocasiones más entré y salí, pero ya sí en embarcaciones diferentes, no por el aeropuerto. Ese día, llego yo al aeropuerto ahí de Rancho Boyero, con mi maleta y demás, llevando algunas cosas que no eran demasiado significativas, como escritura secreta y mensajes cifrados. A la persona de Inmigración que me vio el pasaporte yo no la conocía, así que no hubo ningún problema con ella. Pero el que me tocó para que me revisara las maletas era un individuo que había sido estudiante junto conmigo y me conocía perfectamante. El tipo estaba ahora de agente. Yo vi la cosa fea. El recibimiento no pudo ser peor: «¡Hey, Pepe! ¿Qué tal, cómo tú estás? ¿Y tú qué haces por aquí?» Y yo: «Nada, nada.» Pensaba: ¿en qué momento me pide el pasaporte falso? Me insistió: «¿Y tú qué andas haciendo, que hace tiempo que no te veo?» Yo le dije: «Nada, estoy estudiando en los Estados Unidos, y vine unos días a pasarme un rato de vacaciones.» El pasaporte mío decía que era estudiante y tenía una identificación de la Universidad de Miami, donde estaba yo matriculado como estudiante. La fecha de mi entrada a Cuba coincidía con el receso del verano. «¿Y cómo tú andas?», le pregunté. Todavía sin pedirme el pasaporte, me dijo: «Bien, todo aquí perfecto», y me habló un rato de la Revolución pa'aquí y la Revolución pa'allá, que esto y que lo otro, y acabó diciéndome: «Tienes que venir a ayudarnos...» Sin mostrarle nada, me despedí. Hasta noviembre de ese año seguí con mis salidas y mis infiltraciones, pero las dos veces restantes no pasé por el aeropuerto ni por ningún control de pasaportes, porque vine por agua y me metí por la costa. Pero la más peligrosa fue aquella del aeropuerto. Si ese tipo me hubiera mirado el pasaporte, hubiera visto —«coño, Pepe Hernández, éste no eres tú»— lo que estaba ocurriendo. Son las cosas de la vida.

En Cuba organicé una serie de golpes y estuve todo el tiempo viviendo en la clandestinidad. Era una época extraordinariamente interesante de mi vida, pero yo era perfectamente consciente de que nadie puede vivir por mucho tiempo en esas condiciones, veinticuatro horas al día expuesto a una serie de riesgos, haciendo todo el rato maniobras preventivas y buscando la forma de actuar sin ser visto. Hicimos varios ataques y actos contra el régimen. Incluso el secuestro de un profesor de la universidad, y cosas relacionadas con atentados. Lo más que se hacía en aquel entonces era poner bombas. En la universidad, un día al cual se le llamó «el día de las cien bombas», hicimos que durante un discurso le explotaran bombas a Fidel Castro hasta detrás de la escalinata. Hubo doce que explotaron alrededor de la universidad, desafortunadamente ninguna cerca de él. Estas cosas se hicieron mucho, se organizaron en aquel momento por casi toda la Isla. Son cosas de las que, obviamente, en este momento, como dicen, no es políticamente correcto hablar. Pero la verdad es que para organizar un atentado no le temblaba el pulso a nadie. Era algo que teníamos nosotros dentro, porque lo habíamos aprendido de lo que había sucedido anteriormente en Cuba, de ese clima de violencia que habíamos vivido.

Era muy fácil acceder a las armas y las bombas. Había arsenales enormes. Pero recuerdo que lo único que los americanos no querían era que se hiciera algún tipo de atentado contra las instalaciones eléctricas. Yo había trabajado en la compañía cubana de electricidad y, por supuesto, me conocía sobre todo Tallapiedra, en La Habana, al fondo de la bahía, donde había una usina (por encima estaba lo que le llamaban «el elevado», por donde pasaba el ferrocarril). No nos lo decían en ese momento, pero era obvio que la verdadera razón por la que nos prohibían volar instalaciones eléctricas era que esas instalaciones eran propiedades norteamericanas. La CIA como tal tenía un impedimento de atacar propiedades norteamericanas. Mil veces yo pedí autorización para poder volarla, pero, como dependíamos de los recursos que venían de fuera y del Frente que los americanos estaban apoyando, teníamos que obedecer. Nunca logré autorización para atentar contra esos blancos.

En una ocasión la policía me cayó encima. Yo estaba junto con otros dos muchachos, uno de ellos Piquín Gutiérrez, que era amigo mío (luego vivimos por mucho tiempo uno al lado del otro, acá en Miami). Él era el chofer mío dentro de la organización y alquilábamos carros para transportar armas. Los fines de semana era que hacíamos este trabajo. Cambiábamos todas las armas, las transferíamos de un lugar a otro, y las preparábamos para llevarlas al Escambray. Se podía conseguir toda clase de armas, lo mismo que dinamita y demás, y habían los lapiceros letales aquellos que también se habían traído y clandestinamente se habían entrado en Cuba en cantidad muy grande. Ese día era un sábado que habíamos alquilado un nuevo carro. Estuvimos transportando armas para llevarlas a una casa de seguridad que teníamos cerca de la Universidad de Villanueva; reparto Flores, se llamaba. A eso de las siete, cuando ya habíamos hecho el trabajo, de buenas a primeras llega una perseguidora y nos manda parar. Nosotros íbamos tres en el carro, y uno de mis compañeros era un muchacho que había sido teniente rebelde, que todavía tenía el carné de teniente del Ejército rebelde aunque él andaba de civil y ya se había ido de aquella cosa (en ese momento estaba en lo mismo que nosotros). Se bajan los individuos y tranquilamente nosotros les decimos: «Oigan, ¿qué hay?, no tenemos nada...» Nos habíamos quitado las pistolas y las habíamos puesto debajo del asiento de atrás del carro. «No, ¿qué pasa?, no se preocupen, déjennos ver, vamos a ver qué es lo que hay», suelta uno de ellos. Después de un momento, me dice: «Óyeme, muchacho, tengo que ponerles un *ticket,* porque tienen un bombillo, el bombillo de la chapa, que está apagado.» «Coño, pero imagínate tú, no me digas...», me alarmo yo. Entonces Piquín lo trata de convencer: «Óyeme, mira, esto no es posible, yo no soy responsable porque yo alquilé el carro este hoy a las doce del día.» Uno de los policías le dice: «Bueno, mira, vamos a llamar por teléfono y si la agencia se hace responsable de esta cuestión, entonces no hay problema, yo no te pongo la multa.» El otro policía se queda mirando la chapa, hace un chasquido y se pone a ver los números de los carros que estaban circulados. Yo estoy parado al lado de él y el otro muchacho que queda está al otro costado mío. El policía tiene la pistola atrás de la cintura. Saca la pistola con la mano derecha (preciso esto porque yo soy zurdo y la saco con la zurda), nos apunta a los dos y nos dice: «Miren, muchachos, lo siento pero este carro está circulado por sospechoso y tienen que acompañarme.» En eso llega el otro compañero nuestro con el policía y se forma el alboroto, y nos acaban montando en la perseguidora y nos llevan para allá. «Bueno —le insisto en el camino—, no puede ser, no podemos ser nosotros porque nosotros alquilamos este carro a las doce del día, o sea que tiene que haber sido alguien que estaba anteriormente.» Me respondió con severidad: «Coño, explícaselo al oficial de guardia.» El teniente rebelde este que va con nosotros de todas formas me da un poco de tranquilidad. No debe haber problema ninguno con este teniente, andaba pensando yo. Pero estando yo infiltrado en

Cuba, el riesgo era grande. El teniente rebelde leyó mi pensamiento y me dijo: «Óyeme, Pepe, déjame esto a mí, que yo lo voy a arreglar.» Y él era el que hablaba más con los policías, les enseñaba el carné y todo. «Vamos allá —le dijo uno de los policías—, y ustedes le explican esto a la gente.»

Cuando habíamos avanzado un buen trecho, les pregunté: «Coño, ¿y dónde es que nos llevan a nosotros?» «No, vamos para la quinta y catorce», me dice, como si nada, uno de ellos. Quinta y catorce era el G-2, famosísima porque el que entraba allí no salía. Pienso: yo voy a ser fusilado aquí inmediatamente, porque en cuanto se sepan todas las cosas que yo he hecho... es grave la situación. Una vez que llego y entro ahí, yo me siento en una sala de espera, después de darles el carné mío falso. El teniente me dice: «Oye, ni te aparezcas por adentro, déjame hablar a mí y conversar yo.» Hay una viejita al lado mío, sentada ahí, que me pregunta: «M'ijito, ¿qué cosa es ésta? ¿Por qué te trajeron a ti aquí?» Yo le digo: «Nada, por un carro mío que era sospechoso, me dicen que estaba circulado por sospechoso.» Y la mujer: «¿Tú sabes que hace dieciséis días que mi hijo está aquí por lo mismo y todavía no lo he podido ver?» Me quedo mudo un instante. Coño, pienso, qué horror, ahora aquí sí nos jodimos, yo no salgo más nunca vivo de aquí.

El teniente fue, habló, le explicó al oficial de guardia qué era lo que había, y el oficial habló con nosotros cinco minutos. Y, para nuestra sorpresa, acabó diciéndonos: «Está bien, yo creo que es verdad que ustedes no tienen problema. Váyanse, pero váyanse rápido.» Y ni nos buscaron el carro. Si hubieran buscado en el carro hubieran visto también las pistolas. Por esas cosas de la vida —otra vez— no hicieron nada y nosotros nos perdimos en un segundo.

Un par de años más tarde, después de la invasión, al venir yo de la cárcel, todavía a comienzos de los sesenta, me encontré al oficial de guardia aquí en Miami. Yo lo recordaba. Parece que él me recordaba a mí también, y conocía bien al teniente rebelde. Nos saludamos: «Hola, ¿qué tal? —le preguntó el teniente rebelde al oficial de guardia—, ¿tú no te acuerdas de él?» «Sí, ¿cómo no me voy a acordar?», dijo el tipo. Y añadió: «¿Tú sabes que yo sabía que ustedes estaban en algo? Pero, ¿saben?, yo también estaba infiltrado.»

Después de este episodio a mí finalmente me identifican, me cogen, pero también me salvo de milagro. Una de esas cosas que son extraordinarias, que lo hacen a uno pensar que ciertamente Dios lo lleva de la mano hasta el momento en que el destino de uno está cumplido. En aquel momento no estaba cumplido porque, si no, me deberían haber matado ahí a mí (igual que me deberían haber matado después, en la invasión). Sin embargo, no sucedió así. El caso es que, viéndome identificado, tuve que asilarme en la embajada del Perú, y estuve como un mes asilado ahí adentro. Primero no me querían dar la salida porque me habían vinculado a un atentado, a una muerte, y me tuvieron mucho tiempo con eso. Había rumores de que iban a asaltar la embajada o que me iban a entregar. Pero al cabo de algunas semanas me dejaron salir junto con tres individuos más que se habían metido conmigo en la embajada, y logré irme al Perú. Llegué a Lima, estuve como unos veinte, veinticinco días en el Perú, pero ahí no pasó gran cosa. Y del Perú vine a Miami.

Llegué a Miami, pero la cabeza la tenía siempre en Cuba. Estuve durante treinta días o algo así pensando en irme de vuelta para Cuba, meterme otra vez con los *teams* de infiltración en la Isla. Y hasta en dos ocasiones salimos al mar y vimos las luces de La Habana, pero no pude —no pudimos— entrar porque no había la gente adecuada. La segunda vez, frustrado, decidí: mejor me voy a la invasión ya. Yo tenía impaciencia, nadie sabía cuándo sería la invasión y si de verdad se iba a realizar, y, como yo había dejado un montón de gente en Cuba, quería ayudarlos: por eso me traté de infiltrar otras dos veces. Pero me resigné a intentar la invasión, cuando me dijeron: «La invasión está cerca, es una cuestión de tres meses.» Pensé: bueno, me voy a los campamentos entonces, y me fui para allá.

De los campos de entrenamiento en Guatemala me fui a la invasión en abril del 61, a bordo del *Houston*. Yo estaba en el batallón 2 y en una avanzada de un grupo de alrededor de treinta y seis hombres que debían hacer contacto con los paracaidistas, que se iban a tirar como a las seis ó siete de la mañana por ahí cerca del Cen-

tral Australia, y tomar el Central Australia (si lo hubiéramos tomado, yo creo que las cosas hubieran sido diferentes). Yo desembarqué por Playa Larga, no por Playa Girón. Playa Larga es la que
está más adentro, al final; Playa Girón está a la salida de la bahía.
Nosotros teníamos que entrar hasta adentro. Fue algo verdaderamente dramático porque la lancha mía fue de las primeras tres lanchas (las tres llegaron juntas). Teníamos las instrucciones de ir, caminar durante toda la noche, avanzar durante la madrugada y
llegar al punto de encuentro; pero, claro, nos recibieron a tiros.
Cuando yo desembarqué, había un pobladito ahí, y se produjo una
pequeña escaramuza y demás con algunos milicianos. Lo primero
que yo oí en suelo cubano, y todavía no se me olvida, fue: «¡Viva
Fidel Castro!» Yo no sé quién lo dijo, porque no le vi la cara. Pero
no lo repitió nunca más.

Yo digo que la guerra es maravillosa cuando tú estás ganando,
sobre todo cuando eres joven. Ya cuando eres más viejo no, pero la
guerra es quizá la experiencia más emocionante y terrible que ha
podido descubrir el hombre, ¿no?, y quizá por eso es que es tan
adepto a ella. Realmente te enerva la sangre. Yo pienso que no hay
nada que ayude más a la circulación que estar en una situación de
esas, y en especial cuando tú crees que estás ganando. Y yo creía,
nosotros creíamos, sobre todo durante las primeras veinticuatro horas,
que estábamos ganando, porque no veíamos lo que estaba pasando en
la playa, detrás nuestro. Yo estuve avanzando durante toda la noche
hasta que se hizo de día, y combatí de vez en cuando en alguna escaramuza. La más importante la tuvimos ya cuando estábamos
como a ocho o diez kilómetros tierra adentro y se estaba haciendo
de día, todavía sin ver qué era lo que estaba pasando atrás. Nosotros creíamos que lo que sucedía con toda la invasión era lo mismo
que nosotros estábamos viendo con nuestra avanzada, y nosotros lo
que hicimos en ese momento fue extraordinario: verdaderamente
fuimos capaces de penetrar hasta una distancia bastante grande y,
con treinta y dos hombres (los otros cayeron), paralizar un batallón
entero de Fidel Castro durante toda la tarde y toda la noche. Pero
poco después nos dimos cuenta de la verdadera situación. Cuando

me enteré de lo que había pasado con la invasión, yo traté de seguir infiltrándome hasta el Escambray —quería llegar a Trinidad y de ahí ver cómo llegar al Escambray—, porque yo pensaba que había allí alguna gente con las cuales yo había tenido contacto anteriormente. De ahí podría con ellos realizar algunas acciones. Pero luego de dos semanas de andar infiltrado, me cogieron prisionero.

Me llevaron al Palacio de los Deportes, donde tenían a los otros que habían cogido. Allí estuvimos durante dos semanas. Yo estaba herido, sobre todo por una explosión de gasolina que me había quemado la cara y también las piernas. Luego estuve en el Hospital Naval y de ahí nos llevaron al Castillo del Príncipe, y después yo estuve durante todo el tiempo, poco menos de dos años, en el Castillo del Príncipe, en La Habana. Hubo dos o tres ocasiones en las cuales me sacaron un rato y me dijeron que ya ellos habían reconocido quién yo era y demás, y en algunas ocasiones me dijeron que no, que yo no me iba y que incluso me iban a fusilar. La noche antes del juicio me sacaron y me enseñaron una sentencia bajo mi nombre con pena de muerte. Los que estaban conmigo en el Castillo del Príncipe comenzaron a salir, finalmente, después de las gestiones hechas para el rescate nuestro desde Estados Unidos, el 23 de diciembre de 1962. De pronto, por la noche del 23 de diciembre se paralizó todo y no hubo más viajes. Yo me quedé ahí, sudando frío, varias horas. Y hasta el instante final de montarme en el avión yo no estaba seguro de nada, yo creía que me iban a separar en ese momento del resto y no me iban a dejar salir. Había varios oficiales que llegaban y me decían: «No, no, tú no; a ti te trajimos para acá, pero fíjate que tú no te vas.» El caso es que, finalmente, me monté en el avión y salí. Así es que me vine para acá —por última vez— el 24 de diciembre de 1962.

En marzo del 63 yo me voy con un grupo de los que habían estado en la invasión al Ejército americano, a Fort Benning, a entrenar como oficial. Ahí vuelvo a ver a Jorge, a quien no había visto desde poco después de la invasión cuando coincidimos en alguna reunión del Consejo. Y allí estuvimos juntos durante los casi ocho meses que nos entrenamos como oficiales de las diferentes armas.

Como yo había elegido a los *Marines,* después de terminar a mí me mandaron a tomar un curso en Quántico, en Virginia, que es donde está la escuela del FBI y la escuela básica para oficiales de los *Marines,* además de la escuela de inteligencia de los *Marines.* Durante ese curso nos hicieron una evaluación, un test de inteligencia de esos, y (esto es algo que yo no debería decir y no tiene mucha importancia) me dijeron que el mío había sido muy alto: había sido el primero de todos los que estaban ahí. Poco después me pusieron en el Pentágono a trabajar con Alexander Haig, que era en aquel entonces teniente coronel. Alexander Haig había visto el test mío y se hizo bastante amigo mío, antes de que Kissinger se lo llevara a trabajar con él, que fue cuando él empezó a subir. «Lo único que yo no te perdono —me dijo Haig— es que el examen tuyo fuera más alto que el mío.»

Estuve trabajando en el Pentágono y en algunas labores de inteligencia, hasta que me topé con la guerra de Vietnam. Como militar de los americanos la guerra era ineludible, ¿no? Así que durante la guerra de Vietnam estuve en algunas labores de inteligencia también con el gobierno, dentro de los *Marines* siempre, pero con los servicios de inteligencia. Yo no viajé realmente a Vietnam, sino a Camboya, donde ocurría buena parte de esa guerra. Me pusieron a cargo de una unidad de interrogación de prisioneros. Pudimos detectar que los pilotos norteamericanos que caían prisioneros eran interrogados por los interrogadores cubanos, que tenían fama de ser los más violentos, los más fuertes. Teníamos noticia de las atrocidades que los cubanos cometían con los pilotos norteamericanos. La labor nuestra eran varias cosas. Primero, identificar a aquellos que estaban haciendo los interrogatorios. Segundo, seguir más o menos de cerca y analizar la forma en la cual ellos estaban haciendo esos interrogatorios. Y tercero, de una manera ya menos oficial, la idea era, una vez que los tuviéramos identificados, coger a algunos de ellos cuando salieran de allí, de regreso a Cuba. Y debo decir que sí, que a algunos se logró agarrar...

De vuelta en los Estados Unidos, yo seguí en algún contacto con organizaciones del exilio. Yo no estaba vinculado a la principal,

RECE, pero ayudaba a algunos grupos de vez en cuando, estaba en una labor, digamos, paralela, y sobre todo podía ayudarlos con entrenamiento. Pero mis ocupaciones con los *Marines* me seguían tomando casi todo el tiempo. Por ejemplo, durante la invasión americana a Santo Domingo yo también participé. Entré con los *Marines* a Santo Domingo el año 65. Mi actividad estuvo sobre todo, como siempre, en la parte de inteligencia, pero ahí la tarea fue menos complicada que en la guerra de Vietnam porque era un asunto menos complejo. Luego mi carrera militar siguió ocupándome la mayor parte del tiempo.

También estudiaba. Me pagaron para ir a la universidad, para terminar mis estudios. Lógicamente, por mis actividades en los servicios de inteligencia con los *Marines,* esos estudios tomaron bastante tiempo. No era cosa en la cual yo estaba de manera ininterrumpida. Primero hice un *BS* en la Universidad de la Florida, luego en Duke University un *Master,* y luego un *PhD* en Economía. Termino todo esto hacia el año 72 ó 73, y, considerando que ya tengo la preparación suficiente y, por supuesto, que lo de Cuba no es inminente, en ese momento yo ya me separo formalmente de mis labores militares y empiezo a trabajar con dos individuos americanos. Formamos una compañía de agroindustria, Agrotec Internacional. Uno de ellos era un veterinario y el otro era un nutricionista, ambos con doctorados. Empezamos a hacer labores en un montón de países, incluyendo algunos del África. Y durante el resto de la década esa empresa crece y es nuestra principal ocupación económica. Al formar esta empresa yo ya vuelvo a Miami definitivamente. En Miami hago algunas cosas políticas, pero informales, y vuelvo a tener algún contacto con Jorge. Algunos trabajos esporádicos hacemos con alguna organización, pero sin tener los dos vinculación más allá de eso. Ya no se hacen infiltraciones realmente en aquella época, aun cuando hay gente que sigue con esa idea.

La CIA ya ha disminuido en ese momento mucho su presencia en Miami. La presencia realmente notoria de la CIA había sido a lo largo de los años sesenta, hasta el año 67. Ellos llegaron a tener seiscientos agentes aquí y un montón de casas de seguridad por todas partes. Nunca se han ido del todo, claro; la agencia tiene aquí un buró y siempre lo va a tener. Yo me imagino que debe tener seis o siete agentes trabajando aquí ahora. La gente está equivocada en cuanto a realmente cómo funciona la Compañía. La Compañía tiene, por un lado, agentes que son agentes formales, que se identifican como tales, ¿no?, y que tienen el carné. No te lo van a estar enseñando, pero usualmente ellos se identifican como funcionarios del gobierno. Al mismo tiempo, ellos tienen otros individuos que son no informantes sino contratistas, pues trabajan bajo contrato. No son informantes con los que tú te reúnes simplemente de tanto en tanto para que te den información sobre un grupo político o un gobierno, sino que tienen un contrato para una labor específica. Le dicen al contratado: «Bueno, mira, tú vas a realizar tal labor y entonces yo te voy a pagar doscientos cincuenta dólares, mil dólares, diez mil dólares o cien mil dólares por hacerla.» Y estos son individuos que tienen contrato por uno, dos o tres años.

Retrospectivamente, puedo decir que, en general, la labor de la CIA entorpeció enormemente nuestra causa. Durante todo este tiempo, yo creo que una gran responsabilidad por los fracasos que se han producido la tiene la CIA. No porque lo hayan hecho a propósito, ni tampoco porque hayan sido inefectivos, sino porque la intromisión de ellos en el desarrollo del proceso desvirtuó totalmente la capacidad nuestra de tomar las decisiones adecuadas en los momentos correctos. El hecho de que la CIA estuviera participando en el proceso, utilizándonos a nosotros y por lo tanto neutralizando la labor independiente nuestra, a la vez sirviendo intereses que son muy buenos, que son muy honestos, porque son los intereses de los Estados Unidos, pero que no son los intereses nuestros, pues sencillamente desvirtuó la situación, cambió completamente el sentido e impidió que se hicieran las cosas realmente en la forma en que debían hacerse. Otra cosa hubiera sido si ellos hubieran dado los recursos y hubieran dicho: ustedes hagan lo que deben hacer, y listo. Pero ellos tenían limitaciones, limitaciones extraordinarias, que dieron al traste completamente con todos los esfuerzos que se realizaban. Por otra parte, si me preguntan a mí la responsabilidad por la división tan grande que en la mayor parte del proceso ha existido entre los diferentes grupos en el exilio, yo digo que ella se debe, precisamente, a la intromisión de la CIA, porque el interés de la CIA era que no existiera nunca una organización o un grupo que fuera independiente, primero, y, segundo, que lograra aglutinar a todo o a una gran parte del exilio, porque de lo contrario hubiera surgido una fuente de decisiones que hubiera podido en un momento determinado contradecir las suyas. Ellos no estaban dispuestos a ver eso, y por tanto te pagaban y te mantenían para que tú no hicieras nada o para que tú fueras dependiente. Esto es lo que sucede en gran parte con todos los servicios de inteligencia, pero que sucedió en el caso de la CIA con nosotros en particular. Tenían a un montón de los individuos más importantes, más significativos, dentro de la lucha, a los que mantenían y les pasaban algo para que se estuvieran tranquilos. Si iban a hacer algo, tenían que hacerlo bajo las condiciones y la supervisión de la CIA. Y les decían: «De aquí no puedes pasar.» Hubo casos en los cuales los paralizaron totalmente, ¿no?, en el momento en que los americanos lo creyeron conveniente. Así es que ellos fueron responsables de mucho del fracaso.

Por eso es importante lo que ocurre en el exilio a comienzos de los ochenta. La Fundación Nacional Cubano Americana es el primer organismo del exilio que es independiente, no sólo porque funciona con decisiones totalmente separadas de las de la CIA, sino porque además no necesita de los recursos de ella. Hay otras organizaciones que como no tienen recursos propios no pueden ser efectivas. Puede haber organizaciones independientes, y de hecho hay muchas, que realmente la CIA no subvenciona pero que no tienen recursos. Por tanto, a los de la CIA no les preocupa que estén ahí, porque a fin de cuentas no hacen nada. Nosotros, a ellos les cambiamos los esquemas, al surgir como la primera organización independiente que además tiene capacidad propia. Nosotros lo que somos, más bien, como dicen en inglés, es un *pain in the neck* para los americanos, lo peor que les podía haber sucedido. Un grupo que actúa por voluntad propia y dice: «No, no, ustedes de ahí pa' fuera.» Algunos de mis mejores amigos durante todo este proceso son individuos que han llegado a las posiciones más altas de la CIA, pero son individuos que saben muy bien que uno hace lo que le salga de los huevos, y me lo han dicho.

Nos hemos implicado en el proceso de toma de decisiones en la política exterior norteamericana. Eso es algo que viniendo de inmigrantes, o, casi peor, de civiles, como los llaman ellos, aunque seas ciudadano americano, es un crimen. Consideran una violación de la ley intervenir en la política exterior de los Estados Unidos, un ciudadano no puede hacer eso, y, sin embargo, nosotros hemos creado una organización que moldea la política norteamericana. Es, justamente, todo lo que trataron de evitar en los sesenta y setenta.

Pero, bueno, en aquel momento —ya en los setenta— esto está todavía alejado de mi cabeza. En esos años yo ayudo, como les sucede a otras personas, a una serie de individuos, de organizaciones, que siguen actuando en el exilio. A los cubanos que hemos tenido un expediente como el mío, y que además hemos hecho algún dinero, los combatientes, los individuos que están involucrados en la acción política y tienen ideas de hacer algo y demás, continuamente te están viniendo a ver: «Coño, mira, tenemos este plan, vamos a hacer este acto», y entonces tú los ayudas, tú les das lo que puedes, más bien desde cerca, pero no involucrándote personalmente. En ese momento tengo algunos recursos que me permiten este tipo de gestos, porque el negocio mío va muy bien. Es un negocio de agricultura, de producción de piensos para animales y demás, con inversiones en varios países de América Latina, con producción de pollo, por ejemplo, de leche, y otras cosas. Un negocio, pues, de tipo agroindustrial y agropecuario, que está en continua expansión. Aunque dedico el grueso de mi esfuerzo a la empresa, los recursos me permiten apoyar a organizaciones que siguen luchando.

En 1978 sucede algo que tendrá a la larga un impacto definitivo en la vida mía y la de otros exiliados: lo del «diálogo» con Fidel Castro. Aprovechando el clima que hay aquí bajo el gobierno de Carter, que quiere arreglarse con Cuba de una vez por todas, el régimen cubano trata de involucrar al exilio en un diálogo político con su gobierno. Al producirse el inicio de ese proceso llamado el «diálogo», en 1978, Fidel Castro invita como a setenta y cinco exiliados —un montón de gente— tratando de crear una dirigencia controlada, hecha a su imagen y semejanza, una representación del exilio que siguiera de alguna manera de acuerdo con los lineamientos de la Administración de Jimmy Carter y, específicamente, de algunos individuos, como Wayne Smith, o de cubanos como el banquero Bernardo Benes, que pensaban, yo creo que hasta de buena voluntad (tal vez algunos por hacer un poco de negocio, pero otros porque creían que esta era la forma de penetrar mejor y cambiar la situación de Cuba), que era posible dejar atrás la confrontación. El caso es que esta gente que apoyaba el diálogo desde Estados Unidos entendía que para poder llegar a restablecer relaciones y olvidarnos ya de toda esta confrontación con Fidel Castro los norteamericanos tenían que apaciguar al exilio, tenían que calmarlo, para que se quedara tranquilo y le diera la espalda al pasado.

No olvidemos que había habido, del 76 al 78, una época muy violenta aquí en Miami, donde gente eran víctimas de atentados, con un montón de bombas y muertos. Aquí se sucedían las explosiones, y los líos, y los americanos creían que la forma de llegar a resolver la situación cubana y lograr un entendimiento con Fidel Castro tenía que pasar por Miami, por un apaciguamiento de Miami, de toda esta gente revoltosa. Y la mejor forma de hacerlo, entendían ellos, era lograr que Fidel Castro aceptara soltar a todos los presos históricos, a esos entre tres mil y tres mil quinientos que habían estado durante más de veinte años en la cárcel. Eso derivó, entonces, por parte de Fidel Castro, que se daba cuenta bien de lo que estaba pasando en Estados Unidos, en una estrategia para, al mismo tiempo que entregarles los presos a los cubanos de Miami, darle crédito a una nueva dirigencia del exilio. Su idea era: vamos a potenciar a una dirigencia que vamos a escoger nosotros y a la que le vamos a dar ese presente, esos tres mil quinientos individuos, porque han venido y han hablado conmigo, se han sentado en una mesa y hemos llegado a resolver nuestro problema. A través de eso, Cuba solucionaba dos problemas: primero, el de apaciguar la situación dentro de Miami, calmar toda esta locura, y, al hacerlo, darles a los Estados Unidos un pretexto, una razón para llegar a un acuerdo. Porque si Cuba le hacía ese favor a Estados Unidos y la gente de Miami estaba tranquila, se creaba la ocasión para negociar un restablecimiento de relaciones y dejar toda la confrontación del pasado. Había, pues, una excepcional confluencia de intereses entre Washington y La Habana.

Pero resulta, claro, que hubo un pequeño problema: como siempre, no contaron con Fidel Castro. Ni los americanos, ni los cubanos que entraron en eso.

Cuando este diálogo se produce, y empiezan a anunciar que van a dejar en libertad a los presos y demás, yo, junto con algunos compañeros míos de la Brigada 2506 —los veteranos de la invasión— y también con la participación de Jorge, hago un grupo para levantar el dinero y poder pagar los vuelos de esos presos que vienen para acá. Es mi primera participación personal, activa, en el exilio después del tiempo que ha pasado y la primera vez que coincido con Jorge en un esfuerzo de este tipo. Hacemos una organización para pagar y ocuparnos de todos los vuelos. Yo hablo con la Eastern, porque uno de los que estaban organizando esto, Rafael Gutiérrez, era vicepresidente de la Eastern en aquel entonces (también tenía vínculos con la empresa otro que murió hace poco, José Ignacio Smith). No creíamos en el proceso político, pero tampoco aprobábamos la intolerancia que una minoría mostraba contra los del diálogo. Por otra parte, los presos estaban siendo liberados y no se podía ser insensible a eso: había que ayudarlos. Así nacieron los «vuelos de la dignidad».

Sánchez Parodi era jefe de la sección de intereses de Cuba en los Estados Unidos en aquel momento. Un día él me llama a mí (habíamos estado juntos en la Escuela de Ingeniería): «No, Pepe, mira, vamos a olvidar todo lo pasado; nosotros estamos dispuestos a olvidarnos de eso si tú vas a Cuba y hablas con Fidel. Podemos resolver este problema y te vamos a dar a todos los presos estos para que tú los traigas.» Y yo le contesto: «Bueno, mira, tú sabes que no, yo no voy a ir a Cuba. Si tú me vas a dar a los presos, yo te mando dos aviones, tú me los montas en los aviones y me los traes pa'acá.» «Ah, no —insiste él—, pero eso no puede ser porque eso lo tienes que hablar directamente con Fidel Castro.» Y yo le repito: «Bueno, yo no voy a ir a hablar con Fidel Castro, y punto.» El tipo sigue: «No, no, no; te garantizamos todo, te doy toda clase de garantías, todo lo que te dije no existe ya, ya todo eso está pasado, no hay problema de ningún tipo.» Por fin, yo doy por terminada la conversación con esta frase: «No, no existe, yo no voy; yo lo único que te digo es: tú me dices cuándo estén en el aeropuerto y yo te mando los aviones.» Y paramos ahí.

Llegó el año 80 y con él vino la salida de cubanos por el puerto del Mariel. En abril de ese año, ante el lío en que se había convertido lo de la embajada del Perú (el gobierno había desprotegido la entrada y se habían metido más de diez mil personas), Castro había anunciado que dejaría irse al que quisiera. Más de cien mil personas salieron en los meses siguientes. Ese episodio volvió a exigir de parte del exilio una dedicación y una organización grandes, pero esta vez a una escala mucho mayor. Durante esa masiva operación hubo nuevamente un grupo de cubanos que trabajaron para tratar de resolver la situación de los miles de gentes que venían para acá. La Casa Blanca no sabía qué hacer, estaban desesperados. Había tres o cuatro cubanos que tenían bastante cercanía con la Casa Blanca y demás, pero tampoco sabían cómo manejar la cosa, y nos llamaban y nos llamaban para ver si podíamos ayudar. La misma gente que habíamos coincidido en el esfuerzo anterior, incluido Jorge, nos pusimos a trabajar de alguna manera en esta cuestión y nos dedicamos a tratar de resolver la llegada a la Florida de todos esos refugiados que salían del Mariel. Incluso íbamos a Tamiami, que era donde mandaban a los que llegaban, y yo personalmente estuve una vez más poniendo en práctica mi entrenamiento en asuntos de inteligencia al interrogarlos a todos los cubanos porque entre los que traían había algunos que eran verdaderamente criminales. Aquello era espantoso, espantoso. Los traían esposados y todo, desde Cayo Hueso, y te los tiraban ahí a ti, como si nada. Entonces, yo, que tenía un grupo de individuos especializados, los interrogaba a fondo.

En los interrogatorios determinábamos quiénes eran esta gente. Nos dimos cuenta de que muchos eran tipos que habían sacado de la cárcel (comunes) y que Fidel Castro nos quería meter en el exilio (detectamos también a varios infiltrados). Esta labor la realizábamos en coordinación con el FBI. Estuvimos como dos o tres meses ahí, junto con el resto de la organización, que se ocupaba de los asuntos logísticos para todos estos refugiados. (César Odio, que era subdirector de la Ciudad de Miami, se metió a trabajar como loco en aquello.) Imagínense lo que fue para Miami esa llegada en masa de gente de Cuba: toda la ciudad, en verdad todo el estado de la Florida, recibió el impacto del acontecimiento.

Había varios factores que nos iban empujando a hacer algo más permanente. En el 80, por un lado, nos encontrábamos en medio de ese gran acontecimiento, la campaña presidencial de Ronald Reagan, que cambiaría el clima político en el país, incluida la manera de enfocar el problema de Cuba. Por otra parte, el Mariel estaba teniendo un impacto enorme, terrible, en la imagen del exilio, con todos esos delincuentes que nos había mandado Cuba y con esa llegada masiva de gente a un país que no sabía bien qué hacer con todos ellos (el entonces gobernador de Arkansas, Bill Clinton, les dio cobijo a algunos de ellos en su estado y ese mismo año perdió las elecciones). A gente como el novelista Reinaldo Arenas le montaron delincuentes en el barco (él salió en el *San Lorenzo,* un bote pequeño, y el gobierno forzó la cosa para que entraran ahí treinta personas, incluyendo un psicópata: el bote se partió y estuvieron dos días a la deriva hasta que los rescataron). Hubo conflictos en algunas ciudades; en Liberty City, en Miami, hubo disturbios. Y todo el asunto del Mariel se prestó, claro, para muchas exageraciones, como que había veinte mil homosexuales, cuando no había, creo, más de mil.

Pero en general el problema era cómo dar cabida a toda esta gente. Era obvio ya para nosotros que necesitábamos hacer algo para resolver aquella situación y aprovechar los contactos y las oportunidades que se habían abierto en todo ese tiempo durante la crisis. Hablábamos con Jorge, y yo iba bastante a Washington. En realidad, yo no había dejado de ir a Washington, porque incluso durante toda esa época de expansión del negocio mío había tenido algunas relaciones también con los servicios de inteligencia norteamericanos. Hay servicios que los negocios independientes norteamericanos, las empresas privadas, realizan voluntariamente para las agencias de inteligencia de los Estados Unidos. Es algo que ocurre bajo todos los gobiernos, ¿no?, y bajo el gobierno norteamericano ocurre también, aunque es una cuestión voluntaria, porque depende de que los empresarios estén de acuerdo. Individuos que tienen negocios en diferentes países, pues, hacen arreglos discretamente con las agencias de inteligencia. El sistema funciona así: si tú vas a ir al África y tú tienes negocios en Egipto, tienes negocios en Kenia o en Nigeria —y yo tenía negocios en todos esos países— y los puedes ayudar, vas a prestarles un buen servicio haciéndolo. Así que yo les daba lo que en términos de inteligencia se llama «cobertura». Cobertura se les da a algunos individuos que trabajan por su cuenta pero que de alguna manera están en las empresas. Pueden ser, por ejemplo, como representantes de las empresas, o tener algún cargo más específico. Es algo que hacen todas las agencias de inteligencia, por lo menos las de los países con la capacidad para hacerlo, pero cada uno usa su propia versión del sistema. Que yo sepa, los americanos nunca te los meten en la empresa sin que tú sepas. A ti te piden: «Mira, ¿tú no puedes hacer esto?», y entonces ellos lo que hacen es pagar por todos los gastos de los individuos que necesitan cobertura. A un extranjero tal vez le metan a alguien sin que sepa, pero no a un ciudadano americano. Además, en mi caso se trataba de alguien que había tenido vinculación con la comunidad de inteligencia norteamericana en los *Marines,* así que algunas veces me pedían el favor. No era mucho, claro, lo que hacían en mi empresa estos individuos, aunque usualmente sí venían al trabajo y tenían oficina. Los demás, por supuesto, no lo sabían. Por lo general, en una compañía de esas nada más que lo sabe el presidente y alguien más. Hay cientos de empresas en todo el mundo en esas condiciones, porque es una labor realizada bastante frecuentemente.

El caso es que por estas y otras razones, y por mi antigua carrera militar, yo viajaba mucho a Washington. En todos esos viajes, en los que yo muchas veces me juntaba con cubanos allá, nosotros vimos la necesidad de tener un grupo de cabildeo en Washington. Fue ahí, en la capital norteamericana, que vimos cómo es que se producía este fenómeno del cabildeo, del *lobby* famoso, que tiene tanto impacto en el proceso de toma de decisiones en la política norteamericana. Vimos, por ejemplo, cómo Fidel Castro y su gobierno habían montado ellos mismos un poderoso *lobby* en el corazón del imperio (para no hablar del que, indirectamente, le servía a las mil maravillas ahí). Jorge, sobre todo, tenía una experiencia mayor, porque él personalmente, a través del tiempo, había desarrollado relaciones con gente del Congreso o que tenía acceso al Congreso. Por ejemplo, con el senador por la Florida Richard Stone. Como siempre había estado muy activo en la cosa política, tenía muchas amistades entre los políticos y demás, y ya entendía que el Congreso era el lugar decisivo en la política exterior.

Así que llegamos, por un lado, a la concepción de que era necesario hacer algo con respecto a la imagen del exilio, y, por otra parte, nos dimos cuenta de que se presentaba una oportunidad con esta nueva Administración de Reagan, si es que ella finalmente se producía. Al mismo tiempo, éramos conscientes, por experiencia propia, de los fracasos que habían ocurrido por la dependencia enorme que siempre había tenido el cubano, el proceso de Cuba, con respecto a la CIA y los estamentos de toma de decisiones de los Estados Unidos. Todas estas cosas, pues, fraguaron en la mente —de manera independiente, por caminos paralelos— de un grupo de individuos del exilio que con ocasión de las crisis políticas de fines de los setenta y comienzos de la década del ochenta nos encontramos compartiendo una acción más o menos organizada. Esta es la semilla que poco tiempo después daría nacimiento a la Fundación Nacional Cubano Americana.

En el momento en que se nos encendió el bombillo a todos y nos dimos cuenta de que era necesario hacer algo, estábamos ya preparados porque teníamos cierta capacidad y cierta independencia económica que nos permitía hacerlo. La idea original yo no sé exactamente de quién sale, porque en estas cosas al comienzo todo es muy difuso y se producen muchas conversaciones muy inciertas, pero sí recuerdo que en las discusiones con Jorge, en dos o tres ocasiones, inclusive en la oficina mía, cuando estábamos hablando de la organización de los «vuelos de la dignidad», él me menciona repetidamente el asunto: «Pepe, tengo que hablar contigo acerca de una idea: tenemos que sentarnos, y discutir cómo organizarnos y empezar a influir en las decisiones como grupo, ya no como individuos ni cada uno por su cuenta.» Como en ese momento estábamos en otra cosa, pues dejamos pasar un tiempo (pasaron como seis meses o algo así). Pero al cabo de ese lapso, él llama por teléfono: «Óyeme, Pepe, vamos a sentarnos porque yo creo que ya ha llegado el momento, ahora sí pasamos a la acción. Tenemos que hacer algo en Washington, tenemos que ir allá y llevar la voz nuestra al sitio donde se toman las decisiones, tenemos que tener una presencia, hay que ver cómo nosotros podemos influir en ese proceso.» Y, por primera vez, yo oigo hablar de una emisora de radio para Cuba, porque él es el que me dice que entre las cosas para las que tenemos que empezar a presionar está una radio para transmitir hacia la Isla. No existe todavía la Fundación, no hay ni el nombre, pero en esas conversaciones está naciendo, un poco a tientas, nuestra organización, empujada por la ansiedad de hacer cosas y la motivación de todo lo que ha ocurrido en esos últimos años.

Así fue que Jorge un buen día me presentó a Mario Elgarresta. Me habían hablado de él, yo sabía que algunos del exilio tenían contacto con él, y sabía que Jorge tenía algún tipo de vínculo más o menos lejano con el hombre. Elgarresta trabajaba en la campaña de Ronald Reagan, era un activista clave en el sur de la Florida. Él siempre ha estado en eso de la coordinación electoral, metido en campañas, y es uno de los individuos que más conoce del asunto: lo ha demostrado a través de América Latina, donde ha asesorado candidaturas, y ahora en Alemania también. En aquel entonces él estaba metido en la campaña republicana y, además, era muy cercano a Richard Allen, que iba a jugar un papel tan importante a la cabeza del Consejo de Seguridad Nacional del gobierno de Ronald Reagan. La campaña electoral los había acercado a ambos. Empezamos, entonces, a recibir información de que, a través de Elgarresta, Allen estaba enterado de los planes nuestros. Es más: Elgarresta les transmite, a algunos de los que están en nuestras conversaciones preliminares, que Allen está decididamente a favor de lo que tenemos pensado hacer. Se produce, entonces, una reunión con Richard Allen, en la cual yo no estoy, pero a la que asiste Jorge y en la que están ya otros individuos más presentes, como Raúl Masdival y Carlos Salman, y, por supuesto, Mario Elgarresta. Ese es el núcleo inicial, digamos, pero inmediatamente Carlos Salman trae a algunas de las otras gentes, y Jorge trae a los demás. El círculo, pues, se expande a siete u ocho personas y se forma el grupo de iniciadores de la Fundación, en el que ya yo estoy metido. Entre nosotros, con ayuda de otras tres o cuatro personas, poco después fundaremos formalmente la organización.

Se ha especulado un poco sobre esto, pero la idea concreta yo creo que salió de Jorge con Carlos Salman, porque Raúl Masdival era demócrata y obviamente no podía tener la vinculación con la gente de los republicanos. La relación de Elgarresta con Carlos Salman, y, en menor medida, la que tenía con Jorge, permitió impulsar la cosa. Fueron ellos los que le llevaron esta idea a Richard Allen la primera vez. Luego ya un pequeño grupo fuimos y tuvimos una siguiente reunión con Richard Allen en Washington, cuando ya estaba elegido Reagan, esto es, a principios del 81. El clima político en el país había cambiado totalmente, había un nuevo espíritu y una nueva confianza después de la depresión del final de la época de Carter, que coincidían con la convicción nuestra de que era la hora de actuar. La necesidad de la formación de un instrumento netamente cubano de influencia no surge de la elección de Ronald Reagan tanto como de la experiencia anterior, y sobre todo de la situación del 80, incluyendo la visión de los propios cubanos demócratas desencantados con la Administración de Jimmy Carter. Pero ocurrió que la llegada de Reagan abrió contactos para nosotros. Gente como el académico Roger Fontaine, que se hizo cargo de América Latina en el Consejo de Seguridad, y que había hablado también en público de lo importante que sería un *lobby* cubano, y, por supuesto, Elgarresta, que desde que había estado en el equipo de transición de Richard Allen había hecho esfuerzos para vincularnos con el nuevo gobierno, contagiaron a la administración Reagan de ese espíritu receptivo que nos iba a ser muy útil. Luego, mucha otra gente dentro de la administración compartiría la idea de enfocar de otra manera la política hacia Cuba.

Durante todo el tiempo del destierro, desde la Revolución, ha habido cubanos que han tenido acceso a algún presidente: con Richard Nixon había cubanos que tenían acceso, igual que con Jimmy Carter, igual con Ford, con Kennedy, pero no había una organización que, como tal, en representación del exilio cubano, tuviera esa conexión con los poderes del sistema. Ciertos individuos tenían acceso, pero les presentaban a esta gente norteamericana y se convertían en instrumentos, aun cuando se tratara de mí o de Jorge. Porque estos señores norteamericanos lo que querían era que nosotros les trajéramos nuestra visión del exilio y de lo que estaba pasando en Miami; estaban dispuestos, a través de los individuos que tenían el acceso en un momento determinado, a hacer algunas de las cosas que les pidiéramos, pero sólo como un favor personal, algo que podía ser de interés personal mío o de fulano, pero no necesariamente del exilio como tal. Había que cambiar esto, y encontramos (incluyendo a los demócratas cubanos desencantados) una oportunidad para ese cambio en la nueva situación política tras la victoria de Reagan.

Fuimos cobrando forma. Pusimos a un grupo de personas, algunas de las cuales en ese momento ni se conocían, manos a la obra en Washington. Se trataba de no seguir hablando en español entre nosotros todo el tiempo y de empezar a hablarles en inglés a los que tomaban las decisiones. Por ejemplo, Frank Calzón, que tenía su propio grupo de presión ahí en Washington, asumió nuestra representación. Él se movía como pez en el agua en ese mundo. José Luis Rodríguez, que había hecho *lobby* en Washington para la Florida Fruit & Vegetable Growers Association, sabía también algo del tema del cabildeo, y se integró. Total, unas doce personas nos juntamos en la organización y empezamos con un presupuesto de doscientos mil dólares.

La conjunción formal se produce el 24 de julio de 1981 en una reunión en la cual algunos de nosotros nos vemos por primera vez. Yo sabía quiénes eran, conocía a la mayor parte de ellos, pero había tres o cuatro, por ejemplo, a los que yo no había tratado personalmente. Esta reunión de los doce tiene lugar en la oficina de Luis Botifoll en el Republic National Bank. Además de los ya mencionados, estaban Tony Costa, Feliciano Foyo, Domingo Moreira, Carlos Pérez, Diego Suárez, Alberto Mariño, Alberto Hernández y Jorge Garrido. Y también estaba una persona que fue determinante en toda esa primera etapa, porque conocía muy bien los mecanismos del cabildeo y estaba muy vinculado al *lobby* judío, enormemente poderoso en los Estados Unidos, y del cual extrajimos muchas enseñanzas. Se llamaba Barney Barnett. Desde el primer momento nos orientó en cómo constituir la estructura de nuestra organización, cómo adecuarla a los mecanismos legales y políticos de los Estados Unidos. Él nos llevó de la mano en los comienzos para enseñarnos bien los usos de Washington y ayudarnos a aprender del *lobby* judío la forma de estructurar el esfuerzo nuestro en los distintos frentes. Era un abogado judío en Washington, el *lobbista* de los ganaderos lecheros de la región de Kentucky y Middle America en general, y nos lo había presentado José Luis Rodríguez, uno de los directores nuestros, que era su cliente. Dicen de Barnett que era tan bueno que murió del corazón (falleció hace pocos años). Barnett llevó a Jorge al AIPAC, el American Israeli Public Affairs Committee, el *lobby* judío más importante, que dirigía Tom Dyne. Ellos nos hicieron, a todos los directores de la Fundación, un seminario en un hotel de West Palm Beach y nos enseñaron cómo funcionaba el organigrama. Siguiendo el mismo modelo judío, nosotros hicimos nuestras tres estructuras: la Cuban American National Foundation, a la que contribuyen los miembros (con exención de impuestos) y que se dedica a la parte de investigación y divulgación; la Cuban American Foundation, que es la organización exclusivamente de cabildeo en Washington, inscrita allí legalmente y cuya función es influir en el proceso político; y, finalmente, el Free Cuba Political Action Committee, que es la que hace las contribuciones a las campañas electorales (también con exención de impuestos). Aprendimos, por ejemplo, que la Fundación no podía hacer contribuciones porque la ley exige que sean los «comités de acción política», debidamente inscritos, los que las hagan (también se pueden hacer contribuciones individuales directamente a tal o cual candidato, por un monto de cinco mil dólares).

Antes de la reunión ya sabíamos que teníamos que formar una corporación, pero no sabíamos, por ejemplo, qué cosa era un 50163, no sabíamos qué es lo que era, desde el punto de vista jurídico, una Fundación en el sistema americano, ni muchas otras cosas, y nos las tuvieron que explicar. El que presidió la reunión fue Luis Botifoll, a sus más de setenta años, en su oficina en el banco, institución emblemática del exilio cubano. Y el caso de Botifoll encerraba una de las grandes cosas que tenía esa reunión. Era la evidencia de que la compensación para esta gente que empezaba la Fundación no se podía ver en términos de futuro personal. Estaba bien que pensáramos en eso cuando nosotros teníamos treinta y cinco, cuarenta años, cuando como individuos veíamos todavía un gran porvenir, político y de cualquier otro tipo, por delante, pero ya cuando tú llegas a una edad un poco más madura, los cincuenta y tantos años, sesenta y tantos años —nosotros tenemos directores de setenta y cinco y, en algunos casos, como el de Luis Botifoll, ochenta y tantos años ahora—, la compensación es otra. Y eso lo sabíamos desde aquella primera reunión. Teníamos todos demasiada experiencia en el exilio como para hacernos ilusiones fácilmente de un cambio rápido en Cuba. Lo que sí teníamos era la exaltación de saber que se había producido un momento distinto, una circunstancia diferente, que permitía darle a la labor del exilio un cambio cualitativo, sacarla de la conspiración inútil y la dependencia con respecto a los estamentos de poder norteamericanos y empezar una tarea nueva, que sin duda iba a llevar algún tiempo.

Al comenzar la reunión, nos planteamos que hacía falta un presupuesto, un presidente, un *chairman,* es decir, alguien que presidiera la junta de directores, y por supuesto hacía falta tener directores. Porque desde el arranque decidimos darle una organización corporativa, ya que ese era el campo de donde nosotros salíamos. Se nombró *chairman* de la junta de directores a Jorge, que desde entonces ha mantenido el cargo. Se escogió también a un vicepresidente, porque se decidió no nombrar a un presidente como tal en ese momento. El cargo de presidente —que es el que ahora ocupo yo— se creó después. El vicepresidente al que se nombró fue José Luis Rodríguez, y luego a un secretario y, finalmente, a un tesorero, Feliciano Foyo. Todo con un espíritu de empresa, pero puesto a disposición de una causa de tipo político y humanitario. Y yo creo que este tipo de estructura corporativa es algo que funciona muy bien en el sistema dentro del cual tiene que moverse un grupo como el nuestro en los Estados Unidos, porque, después de todo, este es un país hecho de grandes empresas dentro del espíritu corporativo.

Unos cuantos de los primeros participantes ya no están con nosotros. Diferentes personas vinieron por diferentes razones, y algunos de los que llegaron se han separado porque se equivocaron. Los que nos hemos quedado hemos hecho espíritu de cuerpo, y esto es algo que quizá yo particularmente aprendí en los *Marines,* donde, por supuesto, el *esprit de corps* es un elemento esencial. Al principio hubo algunos que pensaron que esto era un organismo que ellos iban a poder manipular para sus propios intereses. Y no resultó así porque encontraron que es difícil llevar este grupo de individuos hacia un lado o hacia otro, y es difícil incluso para Jorge, con todo el carácter que tiene, hacerlo. Y Jorge es un hombre de un carácter bien autoritario, no cabe duda de ninguna clase; o sea, un individuo al que le gusta hacer su voluntad. Ningún hombre que llega a una posición como aquella a la que ha llegado él es una masa boba, ¿no? Los hombres que no son así son amorfos, y el problema aquí adentro es que no se encuentra a ninguno de esos individuos. Yo probablemente soy más autoritario que él. Y pienso a veces en Elpidio Núñez, un señor que tiene setenta y cinco años, que es el dueño de Northwestern Meat aquí. Fue guagüero en Cuba (hace poco le dio un homenaje la Confederación de Trabajadores de Cuba en el

124

Exilio), porque él empezó de conductor de guagua, compró un día
las guaguas y llegó a ser tesorero de la Cooperativa de Ómnibus
Aliados de Cuba (la COA), que era una cooperativa formidable.
Pues este individuo es extraordinariamente autoritario en su empresa en Estados Unidos y gracias a esa fuerza, luego que se lo quita-
ron todo y llegó aquí sin un centavo, pudo crear una empresa tremenda como la Northwestern Meat. Y como él hay muchos otros.
Nadie acepta aquí que le levanten la voz.

Aquí hay hombres de empresa, individuos que han tenido que
venir al exilio a luchar y a hacerse contra viento y marea, que no
aceptan que les digan que no, o que vayan en contra de su voluntad
porque, no importa los obstáculos que se les crucen en el camino,
los vencen. Como dice Jorge: no es fácil presidir una junta de directores como ésta e imponerle un criterio a gente que ha tenido que
fajarse contra todos los problemas del mundo para poder hacerse,
en algunos casos, millonarios. Esta gente de éxito, poderosa en sus
respectivos campos, han llegado a la organización y todos siguen
una misma línea, sin rivalidades ni celos, ni choques de poder. Nadie se resiente por el autoritarismo del otro, por más que hay discusiones todo el tiempo, y a veces feroces. Más problemas tiene uno
en su casa con su mujer de los que se dan dentro de la Fundación
entre todos estos individuos de carácter duro.

La bolsa o la vida

Servimed, un organismo de Cubanacán en La Habana, invita a los turistas —en páginas a todo color— a curarse en Cuba con la última tecnología médica. Ninoska, en su mejor acento argentino, llamó al Centro Internacional de Restauración Neurológica, «único en el mundo» —según Servimed— «y dedicado con integridad básico-clínica al complejo ámbito de la neuro-restauración». El centro está situado en la Avenida 25, número 15805, en el reparto Cubanacán, Playa Habana. Habló allí con el doctor Miguel Avellanet.

—Doctor Avellanet, soy Silvia Ocampo, estoy llamando de Buenos Aires porque el doctor Zevallos Meza me refirió a usted. Mi padre tiene un envejecimiento muy avanzado. Padece de Alzheimer. Ya me dieron los números de fax. Pero, lógico, hay preguntas que tengo interés que alguien me conteste.

—Bueno, dígame usted.

—Primero, ¿existe la posibilidad de que un tratamiento para Alzheimer lo mejore o es solamente un lugar para que él esté? Ya a él se le olvida todo.

—Realmente, posibilidades de tratamiento existen para el Alzheimer. No es un lugar para que él esté, sino que se va a evaluar su condición neurológica, se va a analizar por un grupo multifactorial de especialistas su situación y en base a las conclusiones se va a diseñar un tratamiento personalizado.

—Sí, ¿los seguros cubren allá en Cuba o cómo es esto?

—Bueno, realmente a nosotros lo que nos llega es el resultado final de la gestión que cada paciente haga acerca de dónde él recibe su financiamiento.

—Más o menos déme una idea del costo.

—Bueno, el costo... hay una semana que es de evaluación y diagnóstico, que debe estar interno el paciente. En esa semana se hacen los estudios necesarios, se analiza por la comisión médica la situación específica del paciente y en el costo que le voy a dar está incluida una habitación individual y por supuesto la alimentación, etc. El costo para esa semana es dos mil ochocientos ocho dólares. Si tuviera un acompañante, el acompañante debería pagar cuarenta y tres dólares diarios.

—Mire, le voy a ser franca. El problema es que todos estamos sumamente ocupados y no estamos seguros de que podamos viajar con él. Usted comprenderá que para nosotros esto es terrible, porque él es como un niño, totalmente indefenso, se le olvida todo.

—Bueno, en ese caso, independientemente de la enfermería clásica que pudiera tener, nosotros ofertamos servicios especiales de enfermería. Es decir, si usted tiene interés en que permanezca un personal de enfermería calificado todo el tiempo o parte del tiempo con el paciente, nosotros contratamos ese servicio.

—Ahora, mire, dígame algo, y disculpe, pero es que una escucha todo tipo de cosas, lee la prensa, los problemas de la alimentación en Cuba, esto me preocupa... quiero estar segura de que no le va a faltar nada con esto del bloqueo.

—No, aquí no le va a faltar nada. Ambos países tenemos cultura y tradiciones alimentarias diferentes en cierta medida, ¿no?, en algunos aspectos... pero en sentido general la clínica nuestra tiene un número muy elevado de pacientes argentinos que se sienten muy satisfechos.

—Claro, pero yo lo digo porque una lee que faltan cosas en los hospitales, que si la alimentación, que si el bloqueo, usted sabe.

—No, aquí no falta nada. Aquí no falta nada.

—Mire, el doctor recientemente nos ha dicho que él cree que está comenzando a padecer la enfermedad de Parkinson. Otra cosa que le quería preguntar: me dijo que la primera semana eran dos mil ochocientos; ¿y suponiendo que el tratamiento de él fuera de varios meses?

—Ya si él es tributario a recibir los tratamientos multifactoriales, el costo del paciente cada veintiocho días es seis mil setecientos, incluida la alimentación, el alojamiento y el tratamiento. De quedarse el acompañante, se queda con el mismo precio de cuarenta y tres.

—¿Es una habitación privada?

—Sí, nuestra clínica no tiene en modo alguno, prácticamente, que ver con un hospital. Todo parece un hotel con bastantes comodidades.

Las habitaciones tienen baño independiente con agua fría y caliente, televisor a color con control remoto, aire acondicionado, todas las comodidades.

* * *

Ninoska se convirtió luego en una simple cubana desesperada porque su padre padecía de la misma enfermedad en una etapa avanzada. Llamó también a Servimed.

—Sí, señorita, mire, la estoy llamando de Pinar del Río, yo tengo a mi papá muy malo y necesito comprar las medicinas de él ahí, si me las pueden vender, porque no las hay en ninguna farmacia.

—Bueno, mi vida, ¿de dónde usted llama? Porque esto es Servimed, esto no es farmacia.

—Pero yo sé que ustedes tienen medicinas y tienen ahí oportunidad de meterlo en el hospital, y lo tengo muy malo.

—Mi vida, pero esto es la agencia de turismo de salud.

—Yo sé, pero si ustedes atienden a los turistas, ¿por qué no pueden atender a mi papá?

—Usted tiene que ir al Ministerio de Salud Pública, yo no tengo culpa de eso, yo no puedo hacer nada.

—Ya me dijeron que no me lo pueden seguir teniendo en la Clínica Cira García, que está muy avanzado, muy senil. ¿Por qué no lo pueden atender a él?

—Bueno, pero ¿usted va a pagar en dólares?

—No, yo no tengo dólares.

—Entonces, mi cielo, yo no puedo hacer nada.

—Pero ¿cómo es posible que en mi país yo no pueda pagar si no tengo dólares?

—Bueno, mire, compañera, esto es turismo de salud. Diríjase al Ministerio.

IV
CUATRO CUBANITOS EN WASHINGTON

Cuando se emprende una conquista desautorizada por el Senado de Roma, hay un punto en que se cruza el Rubicón y se dice: la suerte está echada. ¿Cuándo llegó ese momento en la conquista de Washington? No llegó en una fecha precisa, sino con un asunto preciso: Radio Martí. Los exiliados cubanos acariciaban la idea de una radio para penetrar la muralla de la información oficial cubana, algo que también excitaba la imaginación de algunos miembros de la Administración Reagan (el nombre partiría de ella, pues la Fundación pensaba en Radio Cuba Libre). No tardó Radio Martí en convertirse en el epicentro de la actividad de los cubanos en Washington, y en el eje de rotación de las relaciones entre ellos y el sistema de poder. Desde el momento en que fue evidente una de las resistencias legislativas más férreas de que se tenga memoria, Radio Martí fue el Rubicón político de la nueva dirigencia del exilio en los Estados Unidos.

Fidel Castro, cuyo conocimiento de los repliegues y debilidades del sistema democrático es inspirado, amenazó con interferir las señales de emisoras norteamericanas si el proyecto veía la luz. No era broma: había recibido para ello, de manos de la URSS, dos transmisores de 500.000 vatios cada uno. El proyecto original del gobierno norteamericano daba a Fidel un pretexto, al otorgar a Radio Martí la misma frecuencia de la estación de Des Moines que escuchaban los productores de leche para anticipar el estado del tiempo y averiguar los precios del mercado. La amenaza, que abarcaba un ámbito mayor que el de la radio de Des Moines, ¿soliviantó a los congresistas de los estados del Este y el Medio Oeste cuyos agricultores dependían de esos boletines para informarse sobre las condiciones que afectaban a sus cosechas? Por supuesto que sí. ¿Contra el autor de la amenaza, obviamente? No: contra sus adversarios. Nadie brilló tanto por su florentina exquisitez en el arte del sabotaje parlamentario como el senador por Nebraska Edward Zorinsky, que dedicó sus días y sus noches a dilatar y enmarañar el proyecto de Radio Martí. No tardó el virus del apaciguamiento en apoderarse de otros espíritus. Y de otros más. Y de otros. La Asociación Nacional de Radiodifusores, un musculoso *lobby* presidido por John Summers, considerando al país más poderoso de la tierra ya derrotado por el David de las ondas hertzianas, exigió compensaciones económicas al Tío Sam. De las cien cartas enviadas por la Fundación Nacional Cubano Americana a senadores y diputados, sólo doce recibieron respuesta: los cubanos eran la peste. Ya lo había comprobado en carne propia Jorge Mas Canosa, de la mano de Barney Barnett, en la oficina del senador por Minnesota Rudy Boswitch. El senador había comentado a Barnett en un aparte: «Óyeme, tú no me traigas a estos cubanos aquí. Esta gente está envuelta en droga, son narcotraficantes.» No era la vileza sino la desinformación lo que lo movía a semejante alarma (lo que explica que, tiempo después, se volviera un asiduo compañero de *jogging* de Pepe Hernández, presidente de la Fundación). Algo menos de ingenuidad movió a Zorinsky a encarar un día a Mas Canosa: «Usted tiene una empresa que se llama Church & Tower, ¿no?» El acusado confesó. «Usted fabrica torres, ¿no? —continuó el inquisidor—; por eso está en este proyecto: porque quiere construir las torres de Radio Martí.» Washington no recibe a nadie que venga a cambiar hábitos de política exterior —o de política doméstica— con los brazos abiertos. Y si viene del sur del río Grande y habla español, menos. Pero —como irían descubriendo poco a poco los cubanos— el sistema es una arcilla con la que sus escultores pueden hacer lo que quieran.

La senadora por la Florida Paula Hawkins se había convertido en el principal contacto con la Administración, al reemplazar a Richard Stone no sólo en el escaño sino también en el padrinazgo de los exiliados después de que el Senado autorizara una exhibición pública del documental *En sus propias palabras* sobre la estampida del Mariel. Junto con Reagan había llegado al poder una buena disposición en el tema de Cuba, al punto que Constantine Menges, asesor principal para América Latina en el Consejo de Seguridad, había propuesto crear un gobierno cubano en el exilio. Ya Richard Allen había discutido con Mas Canosa el proyecto de Radio Martí, que contaba con el respaldo del subsecretario de Estado, Thomas Enders, y de figuras del Congreso de ambos partidos, entre ellas Richard Stone, Jesse Helms, Henry Scott Jackson y Lawton Chiles. Los entusiasmos de una Casa Blanca con otras prioridades —los cohetes que debían colocarse en Europa, por ejemplo— por una causa que drenaba demasiadas de sus energías iban mermando. Cuando la fe de la Casa Blanca en el éxito de la empresa sufrió el brusco asalto del *establishment,* se enfrió rápidamente el entorno de Reagan, quien estaba muy comprometido con la idea pero dependía en no poca medida de los espíritus de fe quebradiza que lo rodeaban para traducir sus deseos a la realidad. Ese enfriamiento mudó en hostilidad cuando en 1983 fue aprobada Radio Martí en el Congreso con un presupuesto anual de catorce millones de dólares. Todo parecía ir viento en popa. Ronald Reagan firmó la ley y nombró a Jorge Mas —que se había hecho ciudadano norteamericano en noviembre de 1981— miembro del influyente comité presidencial encargado de supervisar Radio Martí, cuya presidencia asumiría él mismo en 1986 por tres años, hasta bien entrado el gobierno de George Bush. Antes de concederle el visto bueno parlamentario, el senador demócrata por Rhode Island Clairborne Pell pidió que se le investigara por sus actividades anticastristas, cosa que se hizo y que concluyó con la aceptación de que no había violado las leyes del país. ¿Por qué, pues, la Casa Blanca se desentendía de la ley aprobada y dilataba *sine die* su puesta en práctica?

Una tarde de lluvia, en el Situation Room de la Casa Blanca, en una reunión a la que había acudido a diseñar con almas hermanas el triunfal lanzamiento de la emisora, Mas Canosa se dio de bruces con el enemigo. Un individuo que se palmoteaba la pierna lo miró con ojos de policía. ¿Volvía a la carga, un cuarto de siglo más tarde, el fantasma del «mexicano» de Santiago? No: era Robert McFarlane, consejero para la Seguridad Nacional de Ronald Reagan, al que oyó decir, sin que le temblara un párpado: «Tú tienes que hablar con Dante Fascell y todos estos amigos del Congreso para que dejen de insistir, porque Radio Martí no puede salir al aire.» Se refería al congresista demócrata por la Florida que presidía el decisivo Comité de Relaciones Exteriores del Congreso, hombre sensible a las realidades de un distrito electoral controlado por el exilio cubano, convertido en uno de los aliados clave de la Fundación en el Capitolio. «Yo no voy a recibir instrucciones de la Casa Blanca —se crispó Mas—; yo soy un ciudadano libre, que estoy respondiendo a los intereses de los Estados Unidos y de Cuba, mi patria de origen, y Radio Martí responde a los intereses de ambos. Si usted tiene miedo a Fidel Castro, es un problema suyo. Cuando salga de aquí, yo voy a ir a ver a Dante Fascell, sí, pero a decirle que hay que apretar más.» John Poindexter, el adjunto de McFarlane y su cómplice, miraba en silencio la escena, lo mismo que el general Colin Powell. Alguien rompió el hielo, y la sesión —sin acuerdo— se levantó. No eran los únicos escépticos en el entorno del presidente, como lo pudo comprobar en ocasión distinta Jorge Mas en la Casa Blanca, en presencia, esta vez, del propio Reagan. Ese día el secretario de Estado, George Shultz, se dirigió a Charles Wick, jefe de la Agencia de Información de los Estados Unidos (USIA, de acuerdo con sus siglas en inglés) y aliado del exilio cubano: «No estamos preparados para entablar una guerra electrónica contra Castro. Ha instalado potentes transmisores para interferir nuestras estaciones de radio.» Con buen sentido del arte dramático, Ronald Reagan zanjó las cosas: «Sé que dirás que soy terco, George, pero el hombre que decidirá si Radio Martí sale al aire o no despacha en esta oficina, no en Cuba.» Tres días después, el 20 de mayo de 1985, tras amenazar Reagan a Castro con un ataque aéreo si interfería emisoras norteamericanas, salía al aire, desde Cayo Maratón, la señal de Radio Martí.

Los temores de quienes, en la Casa Blanca, a pesar de sentir inclinación natural hacia el proyecto, eran incapaces de entender que el liderazgo no es casi nunca hijo del consenso, no eran gratuitos. Las resistencias habían continuado aun después de aprobada la ley, con la misma tenacidad con la que los cubanos habían seguido adelante cuando a fines de 1982 el Senado había votado en contra de Radio Martí a pesar de que el proyecto se había abierto paso contra viento y marea en la Cámara de Representantes. Unos —como el congresista Christopher Dodd— hablaban de «una idea infantil de política exterior». Otros —como Wayne Smith, que había sido jefe de la Sección de Intereses de Estados Unidos en La Habana— se oponían a Martí con el argumento de que dificultaba el acuerdo migratorio con Cuba. Empezaba a insinuarse un racismo que no decía su nombre. En más de una ocasión, se bordeó el pugilato. La agresiva representante de Colorado arrancó a Mas Canosa una reacción furibunda: «Tú estás acostumbrada a tratar a los mexicanos de Colorado como bestias y ahora nos vienes a nosotros con el mismo trato.» Más sutil fue el cruce de pareceres durante una audiencia preliminar en el Congreso entre el líder de la Fundación y el profesor John Spencer, que había llamado a Martí «la Enmienda Platt electrónica», y, según el lacrimoso testimonio propio, recibió un puntapié por debajo de la mesa.

La derrota inicial de Radio Martí había abierto los ojos de los cubanos con respecto a la naturaleza dúctil, moldeable, del sistema. Un año y muchas contusiones después, la Fundación había sacado adelante el proyecto con el apoyo del mismísimo Edward Zorinsky y otros que habían opuesto una pugnaz resistencia. El caso del congresista Robert Torricelli, cuyo nombre, una década más tarde, quedaría para siempre asociado a los asuntos de Cuba, fue instructivo. Entonces era un demócrata de la izquierda del partido, enemigo de Radio Martí. En las reuniones, en su oficina, Torricelli miraba las musarañas mientras los cubanos le hablaban; esperaba a que terminaran y los hacía salir del despacho en ascuas. Fueron necesarias muchas entrevistas, y un conocimiento de las interioridades del comercio político entre el mundo del *lobby* y el estamento legislativo, para persuadir a Torricelli. Pero no fue tanto la pica en Flandes de la victoria legislativa final de Radio Martí como el grado de sofisticación alcanzado en tan poco tiempo por el exilio en la domesticación de los súcubos del poder en Washington lo que, a partir de 1983, dio a los exiliados derecho de ciudad en la capital del imperio.

Ese derecho de ciudad empezarían pronto a reconocerlo, haciendo de tripas corazón y con toda clase de ejercicios compensatorios, los grandes medios de comunicación norteamericanos, espejo, ellos mismos, de las grandezas y miserias del estamento político. Sabiendo qué fondos removía y adelantándose a los hechos, el *New York Times* había advertido, el 1 de septiembre de 1982, que Cuba ya había interferido la señal de la WHO de Des Moines (donde Reagan empezó su carrera radial), junto con otras cuatro frecuencias AM en Fort Lauderdale, Chicago y Salt Lake City. Pero un año después de lanzada Radio Martí, decía el *New York Times* en un editorial contrito: «En contra de nuestros temores del año pasado, Radio Martí ha evitado la propaganda y complementado, en lugar de duplicado, las emisiones comerciales de lengua española de la Florida.» Menos tiempo había tardado en cambiar de opinión el *Miami Herald,* que en junio de 1983, cuando la aprobación era inminente, había sacado la cara por Radio Martí. Y en julio de 1996, en trance de mudar Radio Martí su sede a Miami, el *Washington Post* afirmará, para atacar el traslado, que sacarla de Washington, donde ha cumplido tan eficiente rol, es entregársela a Mas Canosa. El diario ya había dicho, antes siquiera de su existencia en Washington, que sería un instrumento personal de los exiliados (también otros medios, que para atacar el traslado a Miami sostendrán en 1996 que en Washington se ha preservado la independencia de la emisora con respecto a los grupos del exilio, olvidarán, con fulminante rapidez, las acusaciones de funcionarios de Radio Martí como Bruce Sherman y Bruce Boyd, ventiladas por ellos mismos, según las cuales el líder de la Fundación controla los puestos clave desde su jefatura en el comité presidencial que asesora a la Oficina de Transmisiones a Cuba). Tampoco se mencionarán los ataques similares de la controvertida ex inspectora general de la USIA Marian Bennet, que una investigación pública del Departamento de Estado dejará sin piso en febrero de 1997. ¿Había tenido algún efecto en la iluminación de estos medios la serie de actos académicos y seminarios patrocinados por los exiliados que habían corrido paralelos a la intriga política en pos de las conciencias? No: se había impuesto la fuerza de los hechos. La misma que permitirá luego al presidente demócrata Bill Clinton defender en el forcejeo anual de los presupuestos del Estado la asignación para Radio Martí, casi un intocable del sistema.

En 1985, como queda dicho, Radio Martí empezó a transmitir por onda corta y larga, diecisiete horas y media diarias, bajo la supervisión de La Voz de América y su sombrilla, la USIA, concesión que los patrocinadores de la ley habían hecho a sus adversarios, compensada por el hecho de que el presupuesto de la emisora se manejaría de manera independiente. Pronto, los pilotos de Cubana de Aviación, la línea aérea cubana, seguían los informes meteorológicos por Radio Martí. No era para menos: las encuestas decían que el 85 por 100 de los radioyentes sintonizaban esa emisora en Cuba, pues, aunque la onda larga fue interferida con éxito por Castro, la escurridiza onda corta se abrió paso como una culebra. Empezaba a ser contrapesada, así, la desventaja de uno a diez que tenían las emisiones de los países democráticos hacia Centroamérica y el Caribe con respecto a la URSS (contando a la BBC, La Voz de América y Radio Vaticano). Ricardo Bofill, activista cubano de los derechos humanos, políticamente distante de quienes la impulsaron, resumió así al director de Radio Martí, Rolando Bonachea (que reemplazó a Ernesto Betancourt), su impacto: «Habrá un día, en relación con la situación cubana, en que tenga que hablarse de un antes y un después de la salida al aire de Radio Martí.» Más tarde, Hubert Matos y su Cuba Independiente y Democrática compraron diez horas diarias a Radio Clarín de República Dominicana para transmitir a Cuba bajo el nombre de Radio Máximo Gómez. Y en noviembre de 1989 empezó a transmitir por onda corta la propia radio de la Fundación Nacional Cubano Americana, La Voz de la Fundación, a un costo inicial de un millón y medio de dólares.

«En lugar de invadir Cuba con tanques, bombardearemos a Cuba con la verdad. Esto es lo único insoportable para un gobierno totalitario», había dicho Mas Canosa. No hacía falta ir muy lejos para palpar el grado de desinformación en la Isla. Las entrevistas a los nuevos refugiados habían revelado que los cubanos ignoraban, por ejemplo, que Svetiana Alliluyeva, la hija de Stalin, había pedido asilo en los Estados Unidos. En 1990 pudo empezar a operar Televisión Martí —otro parto con fórceps— gracias a una nueva victoria en el Congreso, que logró para ella 32 millones de dólares para los primeros tres años, casi lo mismo que vale un avión F-18 y algo más de lo que cuesta un tanque M-1. A pesar de que se utilizó para enviar la señal un aerostato cautivo ubicado a diez mil pies de altura con un transmisor de alta potencia y una antena direccional, Castro logró cazar su señal: por los horarios en los que es posible captarla en algunos rincones de la Isla, puede afirmarse que su audiencia la conforman el club de los sonámbulos. Pero allí está, eterna promesa de ver en las tinieblas.

Las complicidades humanas, las debilidades del carácter o las lagunas del conocimiento permiten a quienes influyen en los políticos embarcar a éstos en causas que no los motivan *a priori*. Ocurrió con el caso de Angola y los esfuerzos del exilio por derrotar a Cuba en África derogando la Enmienda Clark de 1976 que impedía al Congreso suministrar armas a los resistentes enfrentados a la dictadura marxista del MPLA, apuntalada por Fidel. El 4 de julio de 1985, un hombre vestido de domingo tocó la puerta de una casa en Miami. Abrió un venerable viejo con ayuda auditiva que veía poco. «Adelante, Jorge, qué sorpresa», dijo Claude Pepper, el congresista demócrata de la Florida, mientras hacía un gesto al líder de la Fundación indicándole que se sentara. «Claude, tenemos que derogar la Enmienda Clark para derrotar a Castro en Angola e impedir que acaben con Jonas Savimbi y la UNITA.» Pepper se levantó y desapareció por unos segundos, al cabo de los cuales regresó con una enorme bola en las manos. Señalando el mapamundi, preguntó: «Diablos, ¿dónde está Angola en el mapa? Explícamelo, y explícame también por qué quiere la gente de Angola ayuda nuestra.»

Quince días después, un orador con voz cascada pero firme pronunciaba uno de los discursos más elocuentes que se hayan escuchado en la Cámara de Representantes de los Estados Unidos pidiendo la derogación de la Enmienda Clark. Era la voz de Claude Pepper. No siempre es el desconocimiento lo que coge desprevenidos a los hombres más poderosos de la tierra. A veces es el Alzheimer. En uno de sus varios viajes de conspiración política a El Salvador en los años ochenta, Mas Canosa llevó en el avión de su colaborador Diego Suárez —un *jet* de turbopropulsión que sirvió de instrumento de viajes para numerosas gestiones por el continente americano— al presidente del Comité de Asignaciones de Fondos de la Cámara de Representantes a ver al presidente Napoleón Duarte. Bien entrada la discusión, cuando se debatía con ardor acerca del uso más apropiado para la ayuda destinada al país anfitrión en su lucha con la guerrilla —ayuda que acababa de salvarse en Washington—, el congresista acercó la cabeza al oído del dirigente cubano: «Oye, ¿dónde estamos nosotros? Ese señor que está ahí enfrente, ¿quién es?» «Ese es el presidente del Salvador —lo iluminó Mas—, y estamos en San Salvador.» «Llévame al baño, que tengo que orinar», hizo gala de sus reflejos el padre de la patria. No siempre son méritos inmediatamente perceptibles lo que moviliza a los políticos del sistema en favor de una causa. Muchas veces la despreocupación o la ignorancia es la arteria por donde la minoría comprometida logra deslizarse hasta el nervio del sistema político para ponerlo a su servicio.

Angola tenía motivos para ser un asunto urgente en Washington, en esa guerra por poderes que fue la guerra fría. Con mayor razón, lo era para los cubanos: La Habana había mandado cuarenta mil soldados y los estaba dejando morir como moscas. Cuenta el general Rafael del Pino, el desertor militar cubano de más alto rango, que el 4 de febrero de 1976 un grupito de reconocimiento con trece cubanos y dos angoleños penetró el frente sur y se pudo colocar detrás de las filas enemigas. La UNITA (la guerrilla anticomunista de Savimbi) y las tropas sudafricanas que daban apoyo a los resistentes angoleños los sorprendieron. Eran trescientos y habían colocado sesenta morteros de 60 milímetros. Del Pino, que servía en Angola, anunció a sus superiores desde su base que iría al rescate en un helicóptero. A pesar de que le ordenaron que no lo hiciera, abordó un Mig-21 y los rescató. Colomé Ibarra, el hombre que dirigía a las tropas cubanas, lo castigó y degradó en el acto. Fue sólo uno de los muchos incidentes que delataron el escaso compromiso de los jefes con unos muchachos enviados a Angola a cumplir su servicio militar muriendo sin honor. No es de extrañar que sólo en Luanda haya diez mil tumbas cubanas (murieron unos veinte mil cubanos de un total de más de cien mil que, en turnos sucesivos, estuvieron en Angola, sin contar los que cayeron en otras partes de África, Indochina y Oriente Medio).

El combate era una prolongación de las luchas entre Portugal y las tres guerrillas —la UNITA, el MPLA y la FNLA— que habían desembocado en la independencia del país. Los acuerdos de Alvor de 1975 para celebrar elecciones se habían evaporado por el avance armado del MPLA y la FNLA, que habían seguido recibiendo armas de la URSS y Yugoslavia. Un tiempo después, Portugal había abandonado el territorio, dejando en pie la guerra civil. En Luanda, la capital y por tanto centro del poder político, mandaba el MPLA, pero en Huambo se había hecho fuerte la UNITA, que empezaba a dar la bienvenida a cualquier asistencia venida del anticomunismo, incluyendo la sudafricana y —en menor medida— la marroquí y la iraní. Mientras en 1976 Estados Unidos aprobaba la Enmienda Clark que prohibía suministrar armas a cualquiera de las partes en Angola, desde el río Kuanza Savimbi repelía como podía los intentos de tropas cubanas por cazarlo. A fines de la década del setenta, muerto Agustín Neto, Eduardo dos Santos se había colocado a la cabeza del MPLA.

Hasta qué punto los valores occidentales que estaban en juego en el sudoeste de África eran ignorados por quienes debían ser los aliados naturales del esfuerzo contra un nuevo títere de la URSS en el continente negro fue expresado por el propio Jonas Savimbi en una declaración al periodista norteamericano Jack Wheeler: «Es el Tercer Mundo el que debe dar al Occidente el coraje de oponerse a la Unión Soviética y defender sus ideas, no al revés.» Algo de eso mismo intuían los cubanos en su extraña peripecia en un país que se resistía a defender sus propios valores en política exterior incluso a propósito de su patio trasero. No todos los estadounidenses eran ciegos al respecto. El 17 de noviembre de 1982 Jeane Kirkpatrick había resumido sus propias ideas en una carta personal dirigida al líder de la Fundación: «Debo decirte que después de veintiún meses en mi actual cargo oyendo constantemente la satanización del sistema americano fue particularmente refrescante conocer (la otra noche) a tantos individuos que, por su éxito personal, demuestran la vitalidad todavía vigente de nuestro sistema.» Sistema que iba a ser puesto —otra vez— a prueba en el caso de Angola.

Savimbi tenía amigos en Washington. El propio presidente Reagan había expresado su simpatía por él, y Jeremías Chitunda y Figueredo Pardo, enviados de la UNITA, habían hecho contacto con la Fundación a comienzos de los ochenta a través de Black, Manafort & Stone, el mismo estudio de abogados que había ayudado al *lobby* cubano a montar su estructura legal en Washington. Black, Manafort & Stone se encargó, por un monto de seiscientos mil dólares, de administrar la imagen de Savimbi en los Estados Unidos; y la Fundación y Pepín Bosch se encargaron de los gastos de los comités de la organización angoleña en distintas ciudades del país. En una reunión en la Casa Blanca, Mas Canosa cambió ideas con el presidente Reagan sobre la posibilidad de movilizar a los congresistas para derogar la Enmienda Clark. «Imposible —lo paró en seco uno de los asesores—, no lo lograrás nunca».

En julio del 86, gracias, en buena parte, a los senadores Pepper y Simms, y a los representantes Dante Fascell y Larry Smith, se derogó la Enmienda Clark. Pero no fue a ellos, sino a Jorge Mas Canosa, a quien Savimbi envió un AK-47 de mármol en reconocimiento. El líder de la UNITA había aprendido la naturaleza del juego: lo que había puesto en marcha el mecanismo legislativo había sido el pequeño grupo de instigadores de la idea original. Tras la abolición de la Enmienda Clark, el gobierno autorizó treinta millones en fondos encubiertos para la UNITA. Savimbi visitó los Estados Unidos para ver a

Reagan y pedirle el arma más codiciada por los suyos: los cohetes antiaéreos tierra-aire indispensables contra la aviación rusa. Poco después, el líder de UNITA hacía retroceder a los comunistas hasta Cuito Cuanaberale, donde siete regimientos cubanos eran cercados por sus tropas. La Fundación creó un comité de apoyo organizado por su tesorero Feliciano Foyo (un ex combatiente de Bahía de Cochinos cuyos conocimientos contables lo llevarían a ser vicepresidente de Banner Beef). La consigna: conseguir equipos médicos, equipos de pesca y cacería, purificadores de agua y libros sobre técnica guerrillera. Desde antes del fin de la Enmienda Clark, Savimbi había pedido con insistencia a la Fundación una planta transmisora de diez mil vatios, pero los cubanos sólo disponían de una de mil. En abril de 1988, por fin, Mas Canosa y sus colaboradores viajan a Jamba, la capital rebelde de Angola, donde se firma un acuerdo por el que ambas partes se comprometen a asistir a la otra (Savimbi devuelve la visita a Miami, donde habla ante mil doscientas personas). Roberto Martín Pérez hace un segundo viaje a Angola para inaugurar Radio Siboney, cuyas ondas deben servir de incentivo a las tropas cubanas para desertar.

Esta ascendencia sobre la UNITA —¿y acaso un chispazo pragmático similar al que había hecho su aparición décadas atrás ante el fogoso dirigente sindical en Fort Lauderdale?— explica que el 20 de septiembre de 1990, en la canícula de Rio de Janeiro, uno de los anticomunistas más convencidos del planeta compartiera un *tête-à-tête* con el ministro de Asuntos Exteriores de Angola, el marxista Pedro de Castro dos Santos van Dunem, conocido como *Loy,* que venía de regreso de La Habana. Junto con las cintas musicales de Celia Cruz y Johnny Ventura, Mas Canosa ofreció a *Loy* hacer de mediador entre su régimen y Savimbi, con el que, ante la imposibilidad de derrotarlo, la inminencia del cese de la ayuda de Moscú y la bancarrota de Cuba, Luanda tendría tarde o temprano que conversar. *Loy* partió en seguida a Luanda con una propuesta que incluía terminar con el partido único, dar pruebas de voluntad de paz y democracia, y reconocer a la UNITA como partido de oposición. A cambio, Mas Canosa había garantizado a Angola que la guerrilla reconocería al gobierno de Luanda. A los pocos días, Dos Santos anunció los acuerdos preliminares a la prensa.

El 6 de octubre, en la burbujeante habitación de un hotel neo-
yorquino (habían salido disparados los corchos del *champagne), Loy,*
Chitunda y Mas Canosa celebraban el incipiente proceso de paz y
acordaban incorporar a Washington y Moscú a los acuerdos. Mas
Canosa —dispuesto ya a la última indignidad— fue el encargado de
gestionar ante el secretario de Estado, James Baker, una audiencia
para el vicepresidente del gobierno comunista de Angola. El 12 de
diciembre, en Washington, los cancilleres de Estados Unidos, la
URSS, Luanda y UNITA sellaron un primer acuerdo formal que incluía la salida de las tropas cubanas de Angola. La firma del acuerdo definitivo, en Lisboa, el 31 de mayo de 1991, fue el puntillazo
final para la aventura de Fidel Castro en África. Invitado por
Savimbi y el presidente socialista Mario Soares, Mas Canosa sabo-
reó lentamente ese extraño triunfo personal contra Fidel —que ni
siquiera había sido invitado a la ceremonia— en la costa occidental
del continente africano.

Lo que consagra una victoria en Washington no es una votación, una partida presupuestaria, una orden ejecutiva presidencial.
Cuando los congresistas por Nueva York Charles Rangel y José
Serrano recurrieron al FBI para investigar a Mas Canosa (una de las
acusaciones atribuía al cubano intenciones homicidas en perjuicio
de Serrano), los cubanos entendieron que era esa su consagración.
Habían aprendido a conocer el sistema y a responder a la pregunta:
¿dónde está la clave de la influencia: en el Congreso o en la Casa
Blanca? Es por la ascendencia que se tiene en el Congreso que se
gana el respeto del Departamento de Estado y de la Casa Blanca
(descontando la simpatía de un presidente por una causa, que de
todas formas es inútil sin el aparato burocrático detrás). Anteriormente, las palabras del exiliado que llegaba a la oficina de asuntos
cubanos del Departamento de Estado se las llevaba el viento. Más
influencia real tenía la opinión del asistente de un congresista —los
famosos *staffers*— que la del dirigente cubano que iba a defender
sus intereses. Sólo al saber que el dirigente era capaz de influir en

las decisiones del Congreso, Myles Frechette —y sus sucesores en la oficina de asuntos cubanos del Departamento de Estado— empezó a retener el discurso de su interlocutor en el tímpano. Esa función de bisagra entre el poder legislativo y el ejecutivo es la que conferirá al exilio cubano, el día de mañana —si se da el caso—, la autoridad para negociar el cambio de política en Washington y el fin del embargo a partir de una transición en La Habana que no sea hechiza. Porque quien promueve las leyes se viste, paradójicamente, tanto de cara a su propia base de poder local como al sistema político en Washington, de la autoridad y la sabiduría políticas para pedir que ellas se deroguen. Influir en el Congreso empieza por construir una base de poder local (que a su vez se refuerza con la influencia en Washington), determinante si —como en el caso de la Florida— se trata del cuarto estado más poblado del país. El gobernador Bob Graham fue muy útil, lo mismo que los propios legisladores oriundos de allí, o, en otros temas, el fiscal David Bludsworth. Jerome Berlin, un urbanizador judío del condado de Dade, hizo de puente con los judíos en el Congreso. A partir de 1989 Ileana Ros, primera cubano-americana elegida para ocupar un escaño en la Cámara de Representantes (Jeb Bush, hijo del presidente, fue su jefe de campaña), se hizo clave para las siguientes etapas de la lid. No menos combustible fue más tarde la energía de Lincoln Díaz-Balart, otro cubano-americano que llegó al Congreso. Y si la red local puede tejer alianzas con otra base de poder regional hispana, mejor. Eso mismo ocurrió gracias a la afinidad que, desde la costa oeste del país, unía a Tirso del Junco, presidente del Partido Republicano en California, con el exilio de Miami.

El ingreso al *establishment* político tuvo diversos signos: fueron admitidos al Republican Senatorial Trust, de la mano de Barney Barnett, Tony Costa (dueño de un negocio de plantas ornamentales con ventas anuales de quince millones de dólares al que el huracán *Andrews* devastaría años después), Domingo Moreira (un empresario cubano cuyo negocio de pollos y camarones representa el 30 por 100 del mercado guatemalteco y que también se dedica a la captura y venta de productos marinos en Nicaragua y Miami) y otros exiliados de la Fundación, además del propio Mas Canosa. Costa y Moreira cumplían una función literalmente de vanguardia: educados en los Estados Unidos y más familiarizados con la cultura norteamericana, parecían una carta de presentación en la laberíntica procesión por los pasillos del poder. Pero la presencia de los cubanos desencadenó la imaginación más osada de los anfitriones, a juzgar por los primeros minutos de la reunión del Republican Senatorial Trust: «Hicieron una comida en la biblioteca de Washington», recuerda Moreira. «No conocíamos el ambiente. En medio de nuestro desconcierto, Pepe Hernández se acerca y anuncia: "Tengo aquí un senador que quiere invadir Cuba." Pareció de película aquello.» Una película nada franciscana: cada miembro debe aportar diez mil dólares al círculo senatorial. «La tercera vez —apunta Moreira— que ves a un político de estos, ya sabes por dónde cogerle y anticipas su respuesta. Claro, tienes que haber estudiado cómo ha votado antes, y si puedes llevarle una carta de alguien de su distrito electoral presentándote, mejor.» Amenaza velada que quiere decir: puedo tirar de la alfombra que está bajo tus pies.

La presencia de la familia era muy importante en el designio político de los cubanos. Había que mostrar a esos interlocutores escépticos, desconfiados, que los cubanos eran, como otros mortales, gente de familia, con esposas y esposos, hijos e hijas. «Íbamos mucho a Washington —recuerda Irma Mas una mañana de primavera en Miami— para que nos vieran como seres normales, para que vieran que nuestros esposos tenían responsabilidades familiares y eran tan respetables como cualquier otro grupo de personas. Nos esmerábamos mucho en que vieran ese lado humano, común y corriente del exilio, para ir quitándoles de la cabeza todos aquellos prejuicios. Siempre los invitábamos a venir a Miami a nuestras casas, no a las oficinas ni a otra parte, sino a los hogares. Eso tuvo impacto.»

Frank Calzón, que en los setenta había montado el Cuban American Public Affairs, un *lobby* prácticamente unipersonal, mientras hacía estudios de posgrado en Georgetown («una oficina tan pequeña que tenías que caminar de costado para entrar y salir de ella»), había sido reclutado por la Fundación como su hombre en Washington. Calzón entendía que la estrategia era «no antagonizar», porque «para ser escuchados había que parar de gritar y bajar el tono un poquito». Su eficacia fue enorme, pero efímera. «Era de vocación tan solitaria —recuerda Mas Canosa— que cuando lo traje a la Fundación y le puse treinta personas lo perdí, porque teníamos como treinta empleados nuevos cada día. A veces ocurre eso cuando el intelectual pasa al mundo pragmático. Hay gente a la que tú le das un rifle y lo encaramas en una azotea y no hay quien pase, capaz de parar a una guarnición de veinte mil hombres sólo con su rifle; pero le pones tres soldados al lado y se matan entre ellos. Sé que habla horrores de la Fundación ahora, pero lo quiero mucho y lo admiro.» La labor del relacionista público en Washington era decisiva. ¿Cómo reemplazar a Calzón? Bebiendo de las fuentes: después de un interludio, Jacqueline Tillman, ex miembro del Consejo de Seguridad Nacional, asume la tarea y sella la compenetración de la Fundación con el Washington puro y duro. A esa misión contribuye otro hombre de cualidades anfibias, capaz tanto de hacer política como de influir en ella, José Sorzano, que hace el viaje de Tillman a la inversa al dejar la presidencia de la Fundación en 1987 para pasar a formar parte del último Consejo de Seguridad de Ronald Reagan.

¿Estaba asegurada la influencia política con el partido del gobierno? La respuesta a esta pregunta fue un momento fronterizo y acarreó renuncias sensibles: Raúl Masvidal, Carlos Salman y Carlos Pérez, enemigos de colaborar con el Partido Demócrata. La euforia republicana hacía impensable la necesidad de trabajar con la oposición. Para Mas Canosa, en cambio, hipotecar el trabajo político a un solo partido era desconocer la mecánica del Congreso, donde residía la posibilidad real de influir en la política exterior. Cuando abogó por la necesidad de trabajar con Claude Pepper —a quien el presidente Truman había llamado *Red* Pepper por considerarlo un compañero de ruta del comunismo—, además de Dante Fascell y Ted Kennedy, también demócratas, le estalló una revuelta interna. Aunque no todos los fundadores eran republicanos (Alberto Hernández, uno de los directores, es demócrata y pertenece desde entonces al «círculo de amigos de Ted Kennedy»), las circunstancias daban fuerza a las razones de éstos. Mas Canosa oponía las suyas: «Si sólo vamos a trabajar con republicanos, no vale la pena seguir con la Fundación, porque a los republicanos ya los tenemos. Hay que lograr una mayoría y un consenso, porque la política exterior se hace a base de consenso y mayoría en el Congreso. Hay que llegar, para ese consenso, a los izquierdistas republicanos y a los demócratas.» Se impuso la línea bipartidista: en la campaña electoral de 1988 la Fundación dio más dinero a los demócratas que a los republicanos, a pesar de que se sabía que ganaría George Bush. En su carta de renuncia, Carlos Pérez atacaba a Mas Canosa por haberse vinculado a Claude Pepper. A fines de la década, al morir Claude Pepper, hubo varios aspirantes al escaño vacante por la Florida. Apareció en los diarios un anuncio en el que uno de ellos se declaraba el heredero lógico del gran estadista y patriota americano Claude Pepper. ¿Quién firmaba el anuncio? Carlos Pérez. Con más olfato que fortuna electoral —ya que no logró calzar los zapatos legislativos del difunto—, había aprendido las virtudes del bipartidismo en los fueros del cabildeo.

El hecho de que —salvo en momentos de crisis— América Latina no sea una prioridad para los Estados Unidos ha trabajado en favor de los cubanos. Cuando el exiliado expone sus razones ante un congresista cuyo electorado no siente mayor inclinación en un sentido u otro por el tema cubano, y, de paso, le ofrece mimar sus finanzas, a ese senador o representante no es muy difícil convencerlo. Alguien como Mervyn Dymally, representante demócrata por California, se había opuesto a Radio Martí, por lo que pareció sorprendente que en marzo de 1989 apoyara Televisión Martí. No lo fue tanto para los miembros del «comité de acción política» de la Fundación que, meses después, gratificaban con un total de siete mil dólares la campaña de reelección del converso. Parecida suerte corrió Howard Metzenbaum, cuyo voto se logró cambiar en el Senado, y que recibió dos mil dólares del «comité de acción política» y mil dólares como contribución personal de su presidente. En ambos casos, el que Cuba no fuera una prioridad en la agenda propia y la de sus electores abrió una oportunidad. Salvo resistencias de idiotez política —nada menospreciables—, mientras el asunto no sea, como el aborto o la tenencia de armas, materia conflictiva en su distrito electoral o en su estado, el congresista tarde o temprano es sensible al intercambio con el cabildero. Para el político es natural que haya contribuciones económicas a su campaña por parte del grupo de presión, y escribir cartas como la que, a fines de 1981, Paula Hawkins envió al líder de la Fundación: «La manera más efectiva de demostrar que tengo apoyo (para mi reelección) es recaudar fondos de una vez. ¿Puedes contribuir con mil dólares a mi campaña ahora mismo?» Entre 1980 y 1990 la Fundación hizo contribuciones a campañas electorales por un millón cien mil dólares. Jorge Mas Canosa fue el mayor contribuyente hispano del país. ¿Sus donaciones personales? Sumaron —en las distintas modalidades— 171.525 dólares, según *Hispanic Business,* la revista especializada en el mundo de los negocios en la comunidad hispana.

Pero el sistema no sólo practica el sablazo contra los grupos de presión. A veces hace lo contrario. Hija del Proyecto Democracia de Ronald Reagan, la National Endowment For Democracy, un fondo para financiar a instituciones motivadas por la defensa de la democracia en el mundo, puso recursos en manos de numerosos grupos latinoamericanos, entre ellos la Fundación y varias otras organizaciones del exilio. Se prohibía el uso de los fondos recibidos para hacer propaganda destinada a influir en decisiones de política pública en los Estados Unidos. Cuando el que recibe fondos para financiar la divulgación de ideas políticas ejerce, además, una acción de *lobby,* no es raro que sus adversarios quieran establecer una relación de causa y efecto entre los fondos recibidos y los que, por otra vía, otorgan los miembros de la institución a las campañas electorales. Como entre 1983 y 1988, según el profesor de Pensilvania Spencer Nichols, la Fundación gastó en financiar campañas una cantidad parecida a la del monto recibido de la National Endowment For Democracy —390.000 dólares—, los adversarios del exilio no tardaron en morder lo que ellos creían que era carne viva. La proveniencia de la acusación original (hecha en octubre de 1988) no ayudaba mucho a quienes querían denunciar que Reagan financiaba al exilio para que éste reciclara el dinero hacia los republicanos: la magra credibilidad de la publicación progresista *The Nation* en verdad convertía los ataques de esta publicación en certificados de buena conducta. Mientras el dinero recibido —porcentaje menor del presupuesto de la Fundación— fuera gastado en proyectos tangibles, que paralelamente los exiliados financiaran campañas con otros fondos era algo autorizado. Tendría ocasión de comprobarlo, años más tarde, Wayne Smith en un juicio por difamación que la Fundación Nacional Cubano Americana le ganaría por una acusación similar. ¿Tenían algo que ver estas sospechas con la puntería electoral de las finanzas del exilio? El 75 por 100 de los que recibieron dinero de la Fundación en todos estos años ganaron las elecciones.

Arma esencial, el dinero no es el factor que por sí solo pone en marcha el engranaje de Washington hacia el objetivo trazado (el ya senador Torricelli me hizo esta descripción del problema: «Esta es una nación próspera en la que la política mueve mucho dinero y son muchas las fuentes de los recursos económicos en el mundo de la política, por lo que si los exiliados no hicieran sus propias contribuciones otros las harían en su lugar y llenarían el vacío, tal es la naturaleza del sistema»). Durante los años ochenta, los presupuestos de la Fundación eran de cientos de miles de dólares anuales, para aumentar a un millón y, luego, a dos millones de dólares en la segunda mitad de la década (el de 1989, año superior, fue de tres millones). Presupuestos infinitamente más robustos han obtenido menos resultados. Repartidos entre cuatrocientos treinta y cinco representantes y cien senadores, es decir quinientas treinta y cinco personas, los fondos anuales de la Fundación representaban migajas. Cómo eran dirigidos y concentrados esos fondos, y de qué otras maneras se ejercía la presión sobre los que tomaban las decisiones, eran factores sin los cuales las contribuciones no resultaban suficientes, habida cuenta de que casi siempre se trataba de contribuciones (en sus distintas formas) de cinco mil, diez mil o quince mil dólares, cuando no de dos mil o tres mil. ¿Cómo eran obtenidos esos dólares destinados a las campañas? Esencialmente, de las aportaciones de los propios exiliados. Los directores (al comienzo, catorce, luego varios más) pagan diez mil dólares al año por serlo, mientras que los fideicomisarios pagan cinco mil. El que quiera aportar más, lo hace. Cada año, sin que ello sea un requisito, unos cincuenta mil miembros donan algo. Con sus comités gestores y delegados en varias ciudades del país, la Fundación no ha tenido nunca demasiada dificultad en llenar la bolsa. En 1983, por ejemplo, organizó una jornada intensa para solicitar mil dólares a doscientas empresas cuidadosamente escogidas. El viejo método de los desayunos —almuerzos, cenas— recaudatorios ha sido utilizado con frecuencia. Un estudio encargado por los dirigentes a Market Growth ayudó a identificar a otras fuentes de financiamiento: agencias del gobierno, fundaciones privadas y fundaciones corporativas. Empresarios como Diego Suárez, Alberto Hernández, Domingo Moreira, así como el propio Mas Canosa, han dado a la operación política un carácter de gerencia corporativa. Desde el comienzo, y todavía, Price & Waterhouse ha avalado, mediante una auditoría anual, las finanzas y la contabilidad de la Fundación.

Hubo muchas ocasiones en que la respuesta negativa de un congresista, justificada con argumentos, convenció a los cubanos de que no era necesario insistir por ahí o quemar todas las cartas jugando a esa opción. En tal caso, se buscaba que el congresista no pronunciara, el día de la votación, un discurso en contra ni ejerciera un liderazgo opositor, y, si era posible, se abstuviera o sufriera un ataque de almorranas. Consideraciones tácticas, como la necesidad de lograr una abstención, han hecho algunas veces que incluso senadores ideológicamente enemistados con la causa de la libertad de Cuba reciban ayuda de la Fundación. Y a veces era imposible ser insensible a las dificultades locales del congresista. Cuando se intentaba la aprobación de la ayuda militar a El Salvador, fue necesario entender la renuencia de los senadores y los representantes del distrito electoral de San Francisco, acosados por las organizaciones de izquierda. De las mil doscientas organizaciones registradas en el país que hacían *lobby* en contra de la ayuda, cerca de mil eran de San Francisco. Y cada victoria debía ser seguida por algún gesto magnánimo hacia el adversario de espíritu dúctil, en ese mundo donde los amores y desamores son un acertijo imposible. Cuando Radio Martí fue aprobada en el Congreso, Jorge Mas decidió escribir a Zorinsky, cuyo brazo había costado tanto torcer: «Estoy seguro de que, tratándose de un caballero, nuestro antiguo desacuerdo nos ayudará a la larga a construir una relación duradera.»

La llegada de Reagan al poder coincidió con un movimiento conservador muy vital en el mundo académico, del cual participaban cubanos, especialmente en la Universidad de Georgetown (centro de estudios que, junto con la Fundación Heritage y la Universidad de Miami, trabó alianza con la dirigencia del exilio). Al promover el presidente Reagan a un grupo de académicos cubanos a cargos políticos, facilitó la inserción de los exiliados. Además de Calzón, de la cantera de Georgetown salió José Sorzano, profesor de esa universidad que pasó a ser el adjunto de la embajadora Jeane Kirkpatrick ante las Naciones Unidas y, después, encargado de América Latina en el Consejo de Seguridad de la Casa Blanca. Trayectoria nada indecorosa: la primera ocupación de Sorzano había sido, en 1963, a poco de entrar a los Estados Unidos, la de freír papas en un restaurante de comida ligera en Washington. No menos útil para el proyecto del exilio fue la existencia de Otto Reich, un cubano que había cruzado el estrecho con cinco mil dólares en el bolsillo en 1960 y en los años ochenta pasó a ejecutar la política norteamericana hacia Centroamérica. José Manuel Casanova había perdido todas sus propiedades en Cuba y aterrizado en Miami como un proletario; en los años de Reagan, su voto fue decisivo para la asignación de los créditos del Banco Interamericano de Desarrollo, pues pasó a ser el delegado del gobierno norteamericano ante los regentes del banco. Aplicó —por primera y, al parecer, última vez en la historia del BID— un criterio democrático lo mismo que financiero en la distribución de préstamos, castigando, por ejemplo, a los sandinistas. Un total de veinte cubano-americanos se insertaron en puestos neurálgicos de la Administración republicana. La cercanía con los cubanos permitía a Reagan contrarrestar las acusaciones de desidia oficial para con el inmigrante que le hacía la izquierda (la inmigrante y la nativa). Los cubanos empezaron a desplazar a los mexicanos en la Asamblea Nacional Hispana, el grupo oficial republicano encargado de trabajar en la comunidad latina. Las matemáticas del sufragio no eran ajenas a este fenómeno. Reagan necesitaba el 35 por 100 del voto hispano para su reelección, y el entusiasmo demográfico del exilio cubano lo hacía electoralmente apetitoso. Ya en 1983 los cubanos representaban un tercio del condado de Dade, en la Florida. La empatía ideológica entre Reagan y el exilio llevó al presidente a visitar Miami cada vez que era indispensable movilizar al electorado. En mayo de 1983, ante los cubano-americanos que atestaban el Dade County Auditorium en Miami (veinte mil personas lo habían saludado en las calles), resumió así su visión: «La historia de éxito de Jorge [Mas Canosa] no es un ejemplo aislado. El marcado contraste entre la vida de ustedes y la de los vecinos y seres queridos que ustedes dejaron atrás en Cuba es una evidencia de la relación entre la libertad y la prosperidad... Los cubanos de Estados Unidos, con sólo la décima parte del número de gente, suministran casi dos veces la riqueza de los que quedaron atrás.» Reagan recordó que, tras pasar veinte años en la Cuba de Fidel Castro, Heberto Padilla había llegado a los Estados Unidos y, después de visitar algunas universidades, había celebrado la cualidad «invisible» que tiene la libertad. El afecto era recíproco: en 1980 y 1984 los cubanos votaron por Reagan en porcentajes de más de ochenta puntos, y de igual modo lo hicieron por George Bush. Lo que no era exactamente recíproco era el entusiasmo del exilio por los Estados Unidos: los disturbios de 1987 en las cárceles, protagonizados por refugiados cubanos que iban a ser devueltos a su país por delincuentes, afeó en parte la imagen que tanto había costado limpiar después del Mariel.

El ingenio criollo pronto hizo su risueña aparición por entre las solemnes columnas del Congreso, donde ya corrían los chistes de Miami. En el infierno coinciden Reagan, Gorbachov y Fidel, a los que da la bienvenida Napoleón: «Mister Reagan, lo admiro mucho;

si tuviera la tecnología de los Estados Unidos, no habría perdido en Waterloo.» Se dirige en seguida a *Gorby:* «Lo admiro; si tuviera un ejército con moral ganadora como usted, no perdía Waterloo.» Y, finalmente, a Fidel: «Te admiro. Si tuviera el *Granma* nadie hubiera sabido que perdí en Waterloo.»

Con sus siete mil quinientos asesores cubanos, de Europa oriental y del Medio Oriente, la Nicaragua de los sandinistas, situada en la cercanía del Canal de Panamá, por donde pasaba la mitad del comercio marítimo norteamericano, no tardó en volver a juntar a exiliados y republicanos. Dos años antes de caer el dictador Somoza, Mas Canosa había intentado el chantaje perfecto: «General, mejor introduce reformas o el comunismo se adueñará de esto.» Pero Nicaragua estaba ahora camino de la órbita soviética (con el sostén, por supuesto, de los Estados Unidos, que habían premiado a los muchachos de verde olivo con cuatrocientos seis millones de dólares durante los primeros dieciocho meses de su régimen). La Comisión Kissinger avanzaba en su designio de negociar con el totalitarismo. Mal armados y peor organizados, se habían alzado ya los «contras». ¿Podía Estados Unidos abandonar a su suerte a esa corte de los milagros anticomunista, o residía en ellos, con todas sus precariedades, una posibilidad de detener la consolidación comunista? ¿No era este un irresistible llamado a la acción para el exilio cubano? En el ruido de espadas que empezaba a dividir a los Estados Unidos a propósito de Nicaragua, y cuyo inesperado desenlace, en 1990, sería la derrota de los sandinistas y el triunfo del sistema democrático, ya podía distinguirse el sable de los cubanos del exilio. Nombres como Calero, Robles, Bosco o Chamorro empezaban a colarse en las agendas oficiales en Washington, donde, en representación de las fuerzas antisandinistas, ellos descubrían lo que antes habían descubierto los cubanos y su gente: que la naturaleza abierta de la sociedad democrática y la comodidad que ella ofrece a su clase dirigente le permiten a esta última con frecuencia obrar de modo diligente e impune en contra de los valores de aquélla. Los antisandinistas llegaron, en algunos casos por el puente de la Fundación, a centros de decisión como el Consejo de Seguridad de la Casa Blanca, desde donde Constantin Mengis les tendió una mano. Como siempre, una de las instancias cruciales era el recinto de las leyes: al grito de «el camino de La Habana pasa por Managua», la Fundación contribuyó a la aprobación de la ayuda militar para los «contras». Ella sería revertida pocos años más tarde en el propio Congreso, pero para entonces los sandinistas, no habiendo podido derrotar a los «contras», ya estarían atrapados en la tela de araña del proceso político centroamericano. Algunos hilos de esa tela de araña los tejería Bernard Aronson, subsecretario de Estado para Asuntos Interamericanos, con quien Mas Canosa trabó relación a partir del caso nicaragüense (los otros, ya se sabe, los tejieron los propios centroamericanos). La negociación de Aronson con el soviético Yuri Pavlov, salida de un libro de Conrad, que tendría, entre otros, el escenario bucólico y secretísimo de los parques de Londres, daría un golpe de muerte a los émulos (exagerados) de Sandino.

En abril de 1985, cuando la Casa Blanca requería la aprobación de la ayuda encubierta a los «contras», se diseñó un plan de influencia que incluía una visita del presidente a Miami. Hijo de ese diseño, vio la luz el Proyecto Democracia para Centroamérica, que, bajo la dirección de Charles Wick y con el respaldo del exilio cubano, actuó con sigilo en favor de la resistencia nica. Los orígenes de esta colaboración estaban en las postrimerías del primer mandato de Reagan, cuando Theodore Shackley, ex adjunto de la dirección de operaciones de la CIA y jefe de la sección de servicios clandestinos, pidió a los miembros de la Fundación apoyo a la política centroamericana. Los exiliados cubanos no necesitaban que les pidieran ayuda: ya estaban movilizados de distintas maneras.

Como todas las historias conspirativas, la de Nicaragua atrajo a personajes de fábula. Félix Rodríguez —veterano de infiltraciones en Cuba después de la Revolución, entrenado en Fort Benning en los años sesenta— había participado como asesor de las tropas bolivianas en la captura del Che Guevara el 9 de octubre de 1967 en La Higuera, en Santa Cruz. No como turista sino bajo cobertura norteamericana. A pesar de que, aquel día, Félix transmitió las instrucciones de mantenerlo vivo, el alto mando boliviano dio la orden: «500-600» («el Che muerto»). A veces los agentes de la CIA tienen corazón: le preguntó al condenado si tenía un último mensaje. De los labios del Che salió este recado político sentimental: «Dígale a Fidel que pronto verá una revolución triunfante en América, y a mi mujer, que se vuelva a casar y trate de ser feliz.» Después de ser contratado, en 1968, por el gobierno del Perú para entrenar al batallón «Los Sinchis» de la Guardia Civil, estuvo en Vietnam en misiones aéreas como experto en inteligencia y cayó herido. ¿Podía esperarse de él, diez años más tarde, que estuviera ausente del drama nicaragüense? Su robusta silueta hizo entonces su aparición en la base de Ilopango, en El Salvador, base de apoyo a los «contras», al lado de un general salvadoreño que era jefe de la Fuerza Aérea y con el que había colaborado en la lucha contra el Frente Farabundo Martí. Se había ofrecido ahora para ir a El Salvador, bajo el nombre de guerra de Max Gómez, a asistir en las tareas de logística y contrainteligencia.

La historia no es un mecanismo de relojería perfecto, como suelen pretender la retrospección política o la periodística. Los muchos cubanos que desde el lado militar, el político o el humanitario coincidieron en la movilización no eran todos piezas de un rompecabezas impecable: en el ajetreo del momento, los nombres iban de boca en boca, cruzaban mensajes gentes que se conocían y otras que no, a veces la ayuda humanitaria pasaba por conductos militares —única forma de llegar a destino— y a veces los hombres en armas lanzaban solicitudes angustiadas a los que actuaban desde la palestra política. En ese caos algunas cosas estaban organizadas, otras no. Por ejemplo: según el testimonio, ante un comité del Congreso, de Crecencio Arcos —responsable de la ayuda humanitaria para los «contras» en el Departamento de Estado—, Mas Canosa había sugerido el nombre de Félix Rodríguez a un miembro de la legación norteamericana en Honduras para que el cubano prestara asistencia en el programa de ayuda médica a los «contras», área en la que la Fundación estaba involucrada (contaban para ello, entre otros, con Alberto Hernández, médico y socio de importantes clínicas). Como parte de la ayuda humanitaria debía, en algún punto del camino, pasar por canales militares para llegar a destino, había un diálogo fluido entre los responsables de la asistencia y las bases militares que apoyaban a los «contras» en Centroamérica (Mas Canosa estuvo en contacto algunas veces con el general Gustavo Álvarez Martínez, jefe del Ejército de Honduras, que asesoraba a los antisandinistas). En las notas del diario de Oliver North aparecería, una vez estallado el escándalo «Irán-"contras"», un pedido de Félix Rodríguez para que se gestionara un envío de fondos por parte de Mas Canosa. Esta referencia es elocuente sobre la desesperación de los hombres en el teatro de batalla por conseguir un oxígeno que la creciente oposición contra la ayuda oficial amenazaba con cerrar. Cuando, en su testimonio ante el Congreso, Mas Canosa dijo: «Sólo brindé ayuda humanitaria a la "contra"», estaba incurriendo en un ejercicio de modestia: esa ayuda humanitaria —y el respaldo político que la acompañó— debieron parecer maná caído del cielo a quienes, vituperados por la humanidad, trataban de detener al ejército, infinitamente mejor armado, de los sandinistas. Que en la agenda de North —a quien el líder de la Fundación vio una vez en la Casa Blanca— se encontraran los teléfonos de Mas Canosa, y que en una nota de su diario, escrita en abril de 1985, North dejara constancia de haber sido informado acerca de las reuniones que había tenido Mas Canosa con los presidentes centroamericanos, indica que el responsable del suministro secreto de armas a los «contras» era mucho más eficiente a la hora de averiguar lo que ocurría en el frente político y humanitario que a la hora de borrar las huellas de su famosa y fracasada operación con los persas.

Los envíos de asistencia llevaron a Mas Canosa algunas veces a Ilopango. En uno de los viajes, se le cruzó en el camino Luis Posada Carriles, a quien había conocido en Fort Bennig y que luego del atentado contra Cubana de Aviación en las Bahamas había estado preso en Venezuela, de donde había escapado para terminar confundido con los asesores militares en la base militar salvadoreña. Ese encuentro salvadoreño con Mas Canosa excitó la imaginación de la propaganda cubana, que le atribuyó la fantástica proeza de haber diseñado, organizado y ejecutado la acrobática fuga venezolana de Posada Carriles desde Coral Gables.

La prensa de izquierda en los Estados Unidos, dándoles una representación que no tenían y haciéndose eco de la propaganda de Managua, elevó a unos cuantos somocistas y a sus aliados de la CIA a categoría de representantes de los «contras» para deslegitimar su empeño. Es interesante constatar, sin embargo, que no todos los que quisieron exorcizar de ese modo al demonio de la resistencia anticomunista nicaragüense han sido inmunes a la evidencia. En 1996, el *New Yorker,* ejemplar sublime de eso que, misteriosamente, llaman la prensa «liberal» en los Estados Unidos, hizo un *mea culpa* y reconoció que los «contras» no eran mercenarios, sino, en gran parte, campesinos rebelados contra los sandinistas entre los cuales, inevitablemente, se habían infiltrado otros intereses políticos, pero que no desnaturalizaban la genuina entraña antitotalitaria de los alzados. El artículo lleva firma: la de Paul Berman, que cubrió América Central en los años ochenta para publicaciones como *Village Voice.* Con el propósito de rastrear a los asesinos de un «mártir» norteamericano, Ben Linden, muerto por los «contras» en 1987 cuando trabajaba en proyectos hidroeléctricos en el poblado de Bocay y convertido de inmediato en una *cause célèbre,* Berman regresó en los noventa a Nicaragua. Descubrió que Linden había sido en verdad emboscado en una zona de combate, estaba armado al momento de caer y había muerto al instante. Los «contras» no sabían quién era. Berman afirma que no se había dado cuenta en la década pasada de algo que hoy le parece obvio: que el pueblo de la región era masivamente partidario de los «contras». Durante su viaje, se hizo amigo de los Talavera, pequeño clan de pobladores de donde salieron algunos comandantes clave de la «contra». Ni Somoza, ni la CIA: campesinos hartos del comunismo. Se habían rebelado cuando los sandinistas empezaron a expropiarles las tierras. Hacia 1980, antes de que llegara Reagan al poder, ya en esta zona del norte de Nicaragua estaban en pie de guerra los insurgentes por sí solos. En Managua misma, algunos «contras» no sabían escribir ni leer. Es algo que corrobora Robert Kagan, funcionario del Departamento de Estado que ayudó a formular la política hacia Nicaragua, quien culpa a la CIA de la decisión de instalar a algunos ex oficiales de la Guardia Nacional de Somoza en posiciones importantes. En su libro *A Twilight Struggle: American Power & Nicaragua 1977-90* presenta evidencias de que la composición primigenia y mayoritaria de los «contras» era la descrita anteriormente.

También en otras áreas de la política centroamericana —especialmente en relación con Guatemala y El Salvador— dejaron su huella los exiliados cubanos, convertidos en un moscardón en el oído reticente de tantos norteamericanos. El 20 de mayo de 1983, en presencia de Reagan, Mas Canosa delató la frustración: «Damos ayuda a Israel, que la merece. Pero nuestra clase política vacila en dar veinte veces menos a Centroamérica, donde el peligro es inminente para Estados Unidos.» Pronto, desde Hugo Bánzer, en Bolivia, hasta León Febres Cordero, en Ecuador, los latinoamericanos quisieron usar el vehículo del exilio cubano para galvanizar a ciertos centros de poder en Washington en favor de sus intereses. También empresarios de otras partes del hemisferio, obligados por las circunstancias a hacer política, como la Asociación Nacional de Empresarios Privados de El Salvador, creían ver en el modelo del exilio —en el matrimonio de la empresa y la política— una fórmula mágica.

Incorporar al empresario cubano a la cosa cívica no sólo había sido una función del *lobby* cubano: también un reflejo de la adaptación cultural del exilio a su país adoptivo. En enero de 1983, el *Miami Herald* realizó una encuesta entre sesenta de los cubanos más prominentes de Miami para seleccionar a los diez exiliados más influyentes en el condado de Dade. Fueron elegidos cuatro banqueros, un ejecutivo de seguros, un urbanizador, un empresario, un educador y sólo dos políticos. Cuando el periódico pidió a treinta y tres anglosajones que opinaran sobre los cubanos más influyentes, siete de los nombres coincidieron con la lista anterior. Las similitudes en la visión del éxito y el poder entre los estadounidenses y los exiliados cubanos no eran menos notables que las vidas de esos empresarios hechos a sí mismos que iban alcanzando notoriedad. En su primer año de universidad en Jacksonville (había llegado al destierro, como trece mil niños cubanos, sin sus padres y bajo el cuidado de la Iglesia católica), Armando Codina había logrado que un decano universitario le diera la lista con las fichas de nacimiento y las direcciones de los estudiantes que vivían en los dormitorios. Antes del cumpleaños de cada estudiante, escribía a los padres para preguntarles si les gustaría que sus hijos recibieran un pastel de cumpleaños. Compraba las tortitas en la dulcería local por dos dólares y a los padres les cobraba siete dólares. Para fines de año había ganado doce mil y abandonado los estudios. En 1968, el Southeast National Bank le había negado un trabajo de adiestramiento para ejecutivos por falta de título universitario: pocos años después de salir de la universidad, ya integraba la junta asesora del banco. Con dieciocho mil dólares que pidió prestados a la Administración de Pequeños Negocios, empezó su propia empresa de computadoras, que vendió en pocos años por varios millones de dólares. En 1983, a los treinta y tres años, Codina era el urbanizador del City National Bank Plaza, edificio de treinta y cinco millones de dólares en el centro de Miami, tenía inversiones en Vista Motors y era socio de Knight-Ridder Corporation en dos nuevas licencias federales para operar sistemas de teléfonos de automóvil en Orlando y Jacksonville. Ni falta hace decir que en esos años Codina era otra de las fuerzas vivas del mundo de la empresa entregadas al rescate político de su país. No era concebible desligar el destino individual de la responsabilidad cívica (y política). Generalmente, los principales grupos de interés —los médicos, los abogados, los defensores de la tenencia de armas— contratan a *lobbistas* profesionales. Salvo en contadas ocasiones —por ejemplo, en 1982, en plena batalla por Radio Martí, cuando contrató temporalmente a Gray & Co—, la Fundación no ha hecho un *lobby* vicario: sus dirigentes han preferido hacerlo ellos mismos. Fue una decisión que les abrió en los primeros años más puertas de las que dejó sin abrir, porque el senador tuvo ocasión de sentarse cara a cara con el afectado, es decir, la víctima. Al ver reflejados en los ojos del cubano la ira y el dolor —las hispánicas pasiones—, el congresista fue objeto no tanto de una revelación como de un hechizo. ¿Cuál era la novedad que representaban los cubanos en el Washington institucional? No el dinero, que existía ya en abundancia dentro del sistema; tampoco el interés gremial, que, sin ser ilegítimo, es por definición interesado; el elemento distinto, según los congresistas a los que se acercaron ellos en los primeros años, fue la pasión. El político norteamericano no la entendía, pero se fascinaba con ella. Algunos congresistas —el senador Byrd, de Virginia Occidental, por ejemplo—, que no habían visto cubanos de verdad anteriormente, llamaban a sus asistentes para que presenciaran el espectáculo exótico de un exiliado cubano en acción (el mismo Byrd pidió un día, en casa de Domingo Moreira, que le trajeran a un nicaragüense para palparlo —«yo quiero ver un nicaragüense»—, y los cubanos le trajeron a un nica vivo). El cubano entró a Washington por los ojos. Una vez prendido de su retina, la conmovió con su historia de desdichas y se apoderó de sus sentimientos, no excluido el de la culpa, devastador instrumento político en los países ricos. Eso explica, probablemente, mejor que otras razones, el que el archienemigo Edward Zorinsky acabara manducando fríjoles negros en el Centro Vasco de Miami.

Las relaciones de desprecio, hostilidad y prejuicio fueron mudando en afecto, comprensión. Siendo Washington un círculo reducido, cuando dos senadores empezaron a hablar entre ellos («oye, ¿te reuniste ya con esos cubanos?»), la voz se regó como pólvora. En ocasiones algún congresista les decía: «El senador por Vermont, que es mi colega, está loco por reunirse con ustedes», y continuaba la procesión parlamentaria. Esta especie rara —un lenguage nuevo, un grado de intensidad emocional poco común— cogió por sorpresa al sistema político. Al llegar Armando Valladares al exilio, en octubre de 1981, la Fundación y Zorinsky estaban en pleno combate. Valladares —que con sus veintidós años de cárcel a cuestas llevaba mucha prensa adondequiera que iba y cuyo testimonio a favor de Radio Martí en el Congreso electrizó a la audiencia— se apareció con Mas Canosa en la oficina de Zorinsky y propinó al senador un golpe de efecto que lo dejó resentido un buen tiempo. Encarar al adversario con limpia indignación es un arma práctica además de un desahogo moral: también en España, con ocasión de la nueva política frente a Cuba a partir de la llegada del Partido Popular al poder en 1996, la pasión del exilio descolocó a los compañeros de viaje de Fidel Castro e introdujo la duda, el desconcierto, en los espíritus de la neutralidad, que muchas veces son simplemente los del complejo o la timidez.

Ya en esa época los cubanos se proponen arrebatar a la izquierda el monopolio de la causa de los derechos humanos, perversamente capturada, en el caso cubano, por quien más la ofendía. Los exiliados tenían buena información sobre lo que ocurría dentro, no tanto por vía de Bill Casey, el jefe de la CIA, con el que tenían una relación de afecto, como de los representantes y senadores de los comités de Inteligencia del Congreso. El signo más visible de esta labor fue el apoyo exitoso a Armando Valladares para que fuera nombrado embajador de los Estados Unidos ante la Comisión de Derechos Humanos de la ONU en Ginebra, pero no fue el único. En el otoño de 1989, una delegación de exiliados se reunió con miembros de Amnistía Internacional en Londres. Mujer poco proclive al circunloquio, Teresa Zúñiga acusó a la organización fundada por Sammuel McBridd (premio Lenin de la Paz) de hipocresía y doble moral. Cuba gozaba entonces de la práctica impunidad en materia de derechos humanos y Amnistía Internacional, cuyo merecido prestigio en tantas áreas de la geografía de la opresión no se había confirmado en el caso de Cuba, optaba por la indulgencia frente a los compañeros de La Habana. En 1988, tres de sus miembros habían visitado la prisión Combinado del Este en La Habana por invitación de Castro, aceptando la condición de no hablar con nadie. Un error providencial quiso que los llevaran a una celda tapiada. Marion Marshens, una de las visitantes, no pudo contener el impacto de lo que vio y se echó a llorar. El incidente había empezado a debilitar la complacencia con respecto a Cuba, cuando cayeron por Londres los embajadores de la Fundación. Algún efecto debe haber surtido el encuentro, porque a partir de los meses y años siguientes el enfoque cambió. Diversos grupos del exilio empezaron a alimentar la información y guiar la sensibilidad de la organización en su vigilancia antillana, y una mayor preocupación por las víctimas del régimen se hizo notar.

Con sus doscientos cincuenta mil miembros (más sus familias) y oficinas allí donde hay un cubano desterrado, la Fundación es un curioso caso de amalgama social. Representa, en realidad, más que el Partido Comunista en Cuba, que no tiene un cuarto de millón de personas voluntariamente vinculadas a él, y, sin embargo, está dirigida por gentes cuyas actividades superan las marcas de éxito del común de los mortales, de eso que el lenguaje político llama «el pueblo» (y hay mucho «pueblo» en el exilio). El tipo de convivencia de «clases» que existe en una empresa en el sistema capitalista —donde el propietario o el presidente de la empresa requiere el complemento hasta del último empleado para conformar el organismo que respira en el mercado— parece haberse reproducido en la organización política del exilio. Aunque los directores no representan, evidentemente, a todas las clases, sino a la elite empresarial (es requisito absoluto aportar diez mil dólares anuales para acceder a ese estatus), algún oscuro vínculo de fe —quizá la fijación del común objetivo— une a la militancia, que sí es un microcosmos social del exilio, con las cabezas. Las reuniones y actos masivos convocados por la dirigencia en las calles o el estadio cuentan que el exiliado, con un impulso semejante a la emulación que en los Estados Unidos permite que gentes del montón, despojadas de toda envidia, se encanten con figuras cuyo éxito económico las coloca a años luz de la masa, va haciendo suya la ética social del país libre. El fanatismo participatorio de algunos actos supera el de los que en Cuba están obligados a asistir a convocatorias del partido. ¿Lo explica del todo la «sangre latina» hirviendo en la marmita del destierro o está en marcha, ya, un instinto creador de sociedad abierta?

La actividad política de Mas Canosa no detuvo la empresarial. Al estrenarse la Fundación, Diego Suárez, capitoste de Interamerican Transport, un imperio dedicado al diseño, fabricación y venta

de maquinaria en medio mundo, había sugerido a Mas, que era entonces aún un empresario de mediano tamaño, que aceptara que los
miembros más acaudalados de la organización le hicieran una contribución económica a modo de salario para dedicarse plenamente
a la tarea de Cuba. Un poco por orgullo, otro poco por independencia y en parte por su vocación de empresario, Mas Canosa declinó la oferta: «No quiero tener que estar en deuda a la hora de tomar decisiones y no quiero dejar mi vida de empresario», fue su
respuesta. En 1984, Church & Tower obtuvo el contrato de exclusividad de la Southern Bell para un área que se extendía por el norte
del condado de Dade hasta Broward; dos años después también el
condado de Broward cayó en la red de la empresa cubana. Licitaciones del gobierno local eran ganadas con alguna frecuencia por
Church & Tower, como el contrato del Miami Dade Water & Sewer, la entidad responsable del agua y el alcantarillado, para hacer
la pavimentación de la zona del condado, o, en 1986, un contrato
de dos millones novecientos mil dólares que la convirtió en la principal subcontratista en el área de las comunicaciones de la Comisión Metropolitana de Dade. ¿Cuánto tenía que ver con estos éxitos
en las licitaciones la creciente influencia política de Mas Canosa en
Miami? No siempre es fácil distinguir, y menos en el combate político, la operación dolosa de la otra, legítima por discutible que sea,
que permite a un empresario, si cumple las condiciones técnicas y
profesionales mínimas, impresionar más que un competidor de menor relieve a quienes toman las decisiones. En el condado de Dade,
como en todos los gobiernos de los Estados Unidos, se va a una licitación con un pliego de condiciones, un precio y, si es posible, un
Performance Bond, suerte de aval financiero que sólo se otorga a
contratistas de primera línea (y que implica que si la empresa deja
de cumplir con una obra millonaria contratada la compañía de fianza paga al gobierno local, estatal o federal el monto completo). Sin
ese bono de garantía, Church & Tower no hubiera podido ganar
tantas subastas como para lograr, a lo largo de los años, poco menos
de cien millones de dólares en contratos con el condado. Hay que
añadir que perdió más de las que ganó, nada de lo cual quita el que,

al momento de otorgarle los contratos que ganó (¿y acaso de negarle los que perdió?), los funcionarios supieran muy bien de quién se trataba. Hay que añadir que el sur de la Florida atestigua la presencia de otros poderes económicos con no menos capacidad de influencia en la vida local. Las lides por los contratos locales han enfrentado alguna vez a Mas Canosa con ellos. En 1991 entró en colisión con Armando Codina por un contrato de la ciudad de Miami de veinticuatro millones setecientos mil dólares para construir la extensión del trencito «portagentes» en la avenida Brickell. En la votación se produjo un empate, evidencia del dilema que afrontaba la comisión gubernamental ante el choque de titanes. En una segunda votación, Church & Tower obtuvo el contrato. Codina no quedó con las manos vacías: a su grupo fue a parar un segundo contrato de doce millones de dólares relacionado con el mismo «portagentes». Era la fórmula que en un principio Mas Canosa había considerado como solución salomónica y que Codina había rechazado por juzgar que Church & Tower no había adquirido los certificados adecuados para ese tipo de construcción a tiempo para la primera votación. Church & Tower rechazaba la objeción técnica como una excusa para sacarlo de la competencia.

¿Cuánto deslumbraba el ánimo de los comisionados, a la hora de votar contratos, la fosforescencia de la vida pública del grupo de dirigentes que habían conquistado Washington? Era inevitable que los adversarios de Mas Canosa hicieran esa conexión, síntoma de que la vida pública y sus sinsabores lo mismo perjudican que benefician la actividad profesional. El éxito no impide —más bien invita— la controversia. Hasta los más mínimos detalles de la vida privada se vuelven mercancía pública. Los incidentes en el trabajo aparecen en los diarios, lo mismo que las rencillas familiares. El 31 de enero de 1983, Eduardo Núñez, de veintitrés años, despedido de Church & Tower, increpa a Mas Canosa en la puerta de la empresa y saca un revólver. Un guardia alcanza a disparar tres tiros con una Mágnum Colt 357 y lo hiere en el brazo derecho, enviándolo al estrellato de la prensa enemiga. Ramón, corredor de la Bolsa y hermano del líder de la Fundación, critica a éste en el *Miami Herald* en 1988 —«Jorge ama la política, tiene un gran ego: el poder, está verdaderamente dedicado a eso»—, demostrando cómo la política despliega sobre las tablas del escenario público los dramas más íntimos.

Con motivo de la puja por un proyecto de desarrollo urbano en las islas Watson de ciento treinta millones de dólares, se había formado un consorcio al cual Mas Canosa había sido invitado por Tony Zamora y del que era parte, entre otros inversores, Jeane Kirkpatrick. José Carollo, concejal del gobierno local, no se limitó a mostrar su desacuerdo con el proyecto. Salió a vociferar en público contra todos los que estaban en él, acusándolos de propósitos turbios. Una tarde, Mas Canosa lo oyó decir por la radio que el consorcio estaba integrado por quienes, como el propio Mas Canosa y Pepe Hernández, explotaban desde la Fundación a los viejitos del exilio y querían utilizar los recursos para hacer negocios en lugar de dedicarlos a la libertad de Cuba. En una decisión de la que luego se arrepentiría («no debí sobrerreaccionar»), el líder de los explotadores se dirigió a la estación de radio y, apelando a la fama de guapo que tenía su rival, lo retó: «Eres un cobarde, tú no eres hombre. Te voy a retar a un duelo y voy a demostrar que eres cobarde. Escoge tú el lugar y las armas, maricón, que te vas a tener que batir conmigo.» El retador hizo su única visita no política a El Salvador —país donde estaban permitidos los duelos— en un cuarto de siglo: fue a ver a Napoleón Duarte y le pidió que le prestara la base militar de Ilopango para batirse con Carollo. Duarte, atacado de risa, le respondió que lo olvidara. Era inútil la negativa: «No me lo vas a quitar de la cabeza. Yo a este tipo lo voy a poner contra la pared y se va a tener que batir conmigo. Si no, me voy a ver al presidente Córdoba a Honduras, que es mi amigo.» Ante la insistencia de Mas Canosa, Duarte aceptó y, en un acto de exquisita diplomacia de padrinos, mandó al cónsul en Miami a ver a Carollo. Mas Canosa, acompañado por el periodista Tomás García Fusté, se dirigió a Ilopango. «Estoy esperándote en Ilopango», gritaba desde allí, cada media hora, en línea con Miami. Empezando a tomarse en serio el duelo en ciernes, Carollo preguntó a quien quisiera mediar cómo podía evitar el lance. El venerable monseñor Román, obispo auxiliar de Miami, parecía la persona indicada. Emprendió santo viaje a Ilopango, donde encontró a un alma decidida: «La única manera que tiene de resolver esto es pararse ahí en el municipio y darme satisfacciones públicas y desdecirse de todo lo que ha dicho.» Prudentemente, Carollo dio las satisfacciones del caso y añadió una gota de humor a la contienda: «Acepto el reto: escojo pistolas de agua.»

La academia no era un teatro de lucha menos influyente que los pasillos burocráticos. La Fundación publicaba estudios (a partir de 1990, seis al año) encargados a personalidades distintas, y organizaba conferencias, seminarios para diplomáticos y concursos. Con afán de contrapeso a lo que Allan Bloom llamaría en 1987 la «clausura de la mente americana» (el abandono, en los centros del saber estadounidenses, de los valores democráticos y humanísticos), incorporó a su consejo de asesores al historiador británico Hugh Thomas, autor de un libro clásico sobre Cuba. A través de una lista postal de ochocientos profesores y mil universidades, la información fue introducida en los centros de pensamiento y discusión pública. En 1983, los exiliados otorgaron un fondo al Centro de Estudios Estratégicos de Washington, con el que establecieron una asociación. Como de esa universidad habían salido buena parte de las cabezas pensantes de la revolución conservadora, la vinculación, además de desatar una ofensiva académica, cerraba una suerte de triángulo político e ideológico. Se sumaron a la carga, por medio del buró de conferencias creado en 1983, Carlos Alberto Montaner, Luis Aguilar León y Modesto Maidique. Este aparato intelectual puso los reflectores sobre presos políticos como Armando Valladares y Ángel Cuadra. Donde hubiera un artista digno de atención, se agitaba el ambiente. En 1984, Néstor Almendros (ganador de un Oscar a la mejor fotografía cinematográfica) y Orlando Jiménez Leal recibieron el XII Grand Prix Internacional de Derechos Humanos del Festival de Estrasburgo, algo insólito en el panorama cultural de entonces, en el que premiar a un artista «gusano» era premiar al «gusano» y no al artista.

Fue en esos años que se abrió paso en los Estados Unidos la información sobre los vínculos del régimen de Castro con el narcotráfico, que a fines de la década alcanzarían su desenlace político trágico con el fusilamiento del general Ochoa y compañía, chivos expiatorios de una maniobra preventiva. James Mitchell, adjunto del subsecretario de Estado para Asuntos Interamericanos, reveló que en 1982 Castro había reconocido a un colombiano con un auto de acusación por narcotráfico en Miami como «un buen amigo» de Cuba. En una rueda de prensa organizada por la Fundación, se dio una información detallada, emanada de la investigación sobre el colombiano Jaime Guillot Lara al que un Gran Jurado federal había acusado en Miami de tráfico de drogas. Tanto Estados Unidos como Colombia habían fracasado en el esfuerzo por traerlo de México, y él se había fugado. Acusado, en Colombia, de llevar armas de Cuba a las guerrillas colombianas, Guillot era responsable ante los Estados Unidos del envío a ese país, entre 1977 y 1981, de dos millones y medio de libras de marihuana, veinticinco millones de píldoras estupefacientes y ochenta libras de cocaína. La intermediación de Cuba en las operaciones era la primera gran prueba del vínculo entre La Habana y Medellín. Guillot se había entrevistado con gente del gobierno cubano en la embajada de Bogotá en 1979. Desde 1980 había recibido la protección de La Habana para su flota de embarcaciones cargadas de droga para los Estados Unidos. Los cómplices —miembros de la embajada cubana en Bogotá, miembros del comité central del Partido Comunista cubano y algún vicealmirante— también fueron objeto de autos de acusación en Miami. Era cada vez más evidente la relación de La Habana con la coca. Los nombres de Robert Vesco —a quien Castro metería preso en 1996 para impedir que fuera a Estados Unidos, donde la justicia lo reclama, a testificar sobre los nexos del régimen cubano con el narcotráfico— o de Jorge Cabrera, otro mafioso buscado por la policía que lograría en la campaña electoral de 1996 convertirse en un asunto de primeras páginas por tenderle una trampa al vicepresidente Al Gore, estaban ya asociados a las autoridades de la Isla. Y el propio Carlos Lehder, preso en Estados Unidos por delito de narcotráfico, había señalado a Raúl Castro como el principal contacto cubano en la cadena Guajira-Varadero-Florida. Un extenso trabajo de la Fundación sobre «Castro y las drogas» (y un informe que recogía multitud de versiones periodísticas de la izquierda norteamericana entregado a la publicidad por medio de la senadora Paula Hawkins) acabó de convencer a La Habana de que la dirigencia del exilio había ido demasiado lejos. Ya con anterioridad los exiliados habían golpeado el negocio del régimen comunista consistente en recaudar fondos de los exiliados que querían traer a sus parientes de Cuba. El 25 de septiembre de 1988 Mas Canosa había hecho público que tenía identificadas a cuarenta y cuatro personas y veintidós negocios en Miami y Hialeah dedicados a suministrar esos recursos a Cuba, provenientes de familias movidas por el ansia de rescatar a sus seres queridos. A oídos del Congreso habían llegado testimonios de cubanos extorsionados por estas empresas de fachada del gobierno cubano. Ahora, el exilio ponía en peligro la alianza con la coca y los fiscales y jueces del imperio tendían el cerco legal sobre el enemigo caribeño.

No es raro que, durante un almuerzo en Coral Gables, frente a un plato de ravioles, Alberto Hernández se dejara llevar por la ironía melancólica: «Todavía me parece mentira las revoluciones que cuatro cubanitos hemos hecho en este país.»

Tagliatelle con dólares

Ninoska decidió un buen día echar un vistazo a la situación de los restaurantes en la Isla. Buena aficionada a la comida italiana y enterada de que La Torre del Mangiare, *ubicado en la quinta avenida, en La Habana, ofrece magníficas pastas, llamó al restaurante para hacer una reservación. Contestó el teléfono una voz amable, ávida de clientes, pero, como veremos, no de cualquier cliente:*

—*Buenas tardes.*

—*Hola, ¿es* La Torre del Mangiare?

—*Sí, ¿en qué podemos servirla?*

—*Quería hacer una reservación.*

—*Dígame, ¿a nombre de quién?*

—*De José Luis Pérez y su esposa.*

—*¿Para cuántas personas?*

—*Para dos personas.*

—*¿A qué hora?*

—*¿Puede ser a las ocho?*

—*Sí, a las ocho de la noche.*

—*Óigame, ¿cuáles son los especiales de la casa?*

—*Bueno, esto es comida típica italiana... salsas italianas.*

—*Dígame una cosa... nosotros no podemos pagar con dólares.*

—*Sí, directamente con dólares.*

—*No, que no tenemos dólares.*

—*¿Y qué tienen?*

—*Bueno, tenemos pesos cubanos.*

—*Ah, no, no, ja, ja, ja, no, no, esto es solamente con dólares, con dólares, mi amor.*

—*Pero, mire, es que mi esposo y yo nos casamos y queremos comer en un restaurante.*

—*Ajá, sí... ¿dónde está hospedada?*

—*Nosotros vinimos aquí a La Habana de Santiago y estamos en casa de unos familiares.*

—Bueno, ellos deben conocer, aquí en La Habana hay distintos restaurantes donde ellos los pueden llevar, en moneda nacional.

—Pero, mire, señor, es que me dijeron que este restaurante es tan bueno...

—Sí, es muy bueno, pero es con dólares solamente.

—Pero, oiga, ¿cómo es posible que yo sea cubana y que no pueda ir a un restaurante en mi patria?

—No, no, no, las explicaciones yo no se las puedo dar, eso... llame al Consejo de Estado, ahí le van a decir cómo, ahí le van a dar las explicaciones.

—Pero ¿cómo el Consejo de Estado? Me acabo de casar, soy una mujer joven, he cumplido con mi país cuando me ha pedido labores, y ¿ahora yo no puedo ir a un restaurante?

—Yo no soy el indicado para darle las explicaciones, joven. Diríjase a los medios correspondientes, no yo.

—Entonces, si no tengo dólares, ¿no puedo comer?

En este punto, el exasperado interlocutor colgó el teléfono. Y la oriental recién casada se quedó con los crespos hechos (y las tripas crujiendo).

V
EL PLANTADO

Yo, Roberto Martín Pérez, me crié en un barrio muy pobre de Santa Clara, en el centro de la Isla, pero compartí en el mejor colegio de Santa Clara. Aunque mi mamá heredó mucho dinero de su padre, mi papá era un hombre pobre que quedó sin nada después de la guerra de independencia porque mi abuelo, Sebastián Pérez, coronel de esa guerra, un isleño aposentado en la costa norte de Las Villas, y que se alzó con Roberto Bermúdez, el jefe de avanzada del general Maceo, se encontró, al regresar de combatir, con que sus propiedades habían sido dadas por el gobierno de España a españoles (el Tratado de París decía que los que se alzaban contra la Corona perdían derecho a sus propiedades). Entonces puso una pequeña herrería en un lugar que se llama Capitolio y empezó a trabajar en ella. En el pedazo de terreno que tenía, puso unos bueyes para herrarlos, porque los bueyes se hierran cuando trabajan, y los Morales, unos hermanos que había por ahí, un día le picaron la cerca para que los bueyes se fueran. Al rato él se encontró con los Morales y terminaron matándose entre ellos: él mató a los Morales y los Morales lo mataron a él.

Mi padre quedó huérfano de padre antes de nacer, cuando mi abuela estaba en estado de él. Al cumplir algunos años y hacerse muchacho, se puso a trabajar como pescador de caña y estibador.

Vino luego la crisis de Machado en los treinta, mi padre se alzó contra Machado en Las Villas, y cuando bajó del alzamiento se hizo policía municipal en Placeta. Ahí conoció a mi mamá y se casaron. Mi mamá era de una familia muy poderosa en la zona —económicamente hablando— mientras que mi padre pasó a ser policía nacional cuando se vino la nacionalización de la policía municipal. Yo nací en Placeta, pero vine de cuatro años para Santa Clara y me crié en un fortín español de los que circunvalaban toda la ciudad. De doce años ingresé a bachillerato e hice seis meses en Santa Clara. Ya yo era un hombrecito: había habido una huelga de tabaqueros en Santa Clara y había tenido problemas con el Ejército, porque todos los muchachos de ahí con hondas tirábamos piedras y le había partido la cabeza a un guardia.

Vengo para La Habana y empiezo a estudiar en el Instituto n.º 2 del Vedado. A estas alturas, mi tía tiene varios comedores en La Habana, y yo empiezo a servir las mesas en el comedor del Vedado. Todos en mi familia teníamos que trabajar. Nos educaron en ese concepto. Al cumplir los catorce años, paso a trabajar en una compañía que se llamaba Azucarera Amazonas y ahí estoy dos años haciendo medio turno hasta que me presento para ingresar en la escuela naval del Mariel. Cogí plaza, pero mi papá era coronel y vi cierto favoritismo, y me fui de ahí porque a mí eso no me gustaba. Siempre me gustó ser independiente de mi padre. Luego empecé a trabajar en Crusellas, un 10 de abril de 1953 (Crusellas hacía productos de belleza como jabones y eso). Trabajaba en Crusellas por las mañanas y por las noches estudiaba ciencias comerciales, que dejé en cuarto año.

Por mi padre yo conocía a Fulgencio Batista desde que era un niño y Batista conmigo era excepcionalmente generoso. Yo llegaba a la finca Kuquine, por ejemplo, y el carro mío no lo revisaban y revisaban el de los generales. Él me decía a mí «el niñito» y, de verdad, yo le tenía simpatía a Batista. Mi papá había llegado a La Habana siendo Grau San Martín presidente y había pasado a trabajar al Buró de Investigaciones, porque decía que era muy buen policía. Al terminar la Segunda Guerra Mundial, había llegado a Cuba mucha gente belicosa y la Guerra Civil española había llevado también mucho rezago a Cuba de gente violenta. Se habían constituido en bandas que hacían destrozos por todas partes. A mi padre ellos le dieron veinte y pico de balazos. Estaba, el pobre, lleno de agujeros. En 1952, él es uno de los que dan el golpe de Estado de Batista (contra el presidente Carlos Prío). Es el hombre que toma La Habana y el primero que se hace jefe del Buró de Investigaciones. Pero el regimiento de Santa Clara no se entrega. Era el coronel Luis Batúa el jefe del regimiento, hombre «auténtico» (el nombre del partido). Yo tenía mucho conocimiento de lo que eran todas las tropas ahí por mis vínculos: yo jugaba pelota en el regimiento y siempre estaba metido en ese lugar, y comía en las distintas dependencias. Así que yo entro por la Cochiquera y prácticamente con dieciséis años el que toma el regimiento soy yo, alzándoles la escuela de reclutas. Cuando llega el general Pedraza a las doce del día, toma el regimiento y me dice a mí: «Vete para La Habana», y me da tres hombres y un carro y mil pesos. Cuando yo llego y le digo a Batista que yo tengo dieciséis años no cumplidos, me dice: «Pero tú eres un niño.» Me echo a llorar y le digo: «Ah, un niño ahora, ¿y cuando yo tenía que estar con Batista en los mítines esos era un hombre?», y cogí y me fui. Batista me hizo buscar, me mandó un carro del año, un convertible Oldsmobile, y me envió un sobre a casa de mi tía, pero no se lo acepté. Le dije que se lo llevara, que yo no quería nada de eso. El hombre siempre me decía: «Isleño, te necesito al lado mío», y yo le respondía: «No, señor presidente, yo no.»

Estoy trabajando en Crusellas cuando triunfa la Revolución. Nosotros salimos para acá, para el exterior. Aquí en Miami hago contacto con la gente que estaban ya reagrupándose para combatir a Castro y me voy para Santo Domingo. El que contacta conmigo es un abogado de Cuba que se llamaba Miguel Suárez Fernández, un hombre muy prominente de la política cubana, de ascendencia «auténtica», o sea antibatistiano. Le decían «el zar de Las Villas» porque era un tipo que controlaba lo que era la política en Las Villas. Él me da el pasaje para que yo vaya para Santo Domingo con mi padre. Cuando yo llego, voy a ver al general Pedraza, que era el jefe de los campamentos en la República Dominicana. Yo llego con el ánimo de ir para Cuba, de meterme en un campo de entrenamiento y entrenarme para regresar. Voy a lo que nosotros llamábamos el «kilómetro 21», que era en Yacó, una finca agrícola de Rafael Leónidas Trujillo, hacia el oeste. Lo primero que me dice el general Pedraza cuando me ve es que la gente de los campos de entrenamiento no podíamos tener ningún tipo de contacto con la gente de la ciudad porque la ciudad estaba patrocinada por Batista, que les pagaba dinero a ellos (Batista había huido a la República Dominicana, protegido por Trujillo). Yo le dije que yo tenía que hablar con Batista, que yo creía que Batista tenía que darles unas explicaciones a los hombres que habíamos creído ingenuamente en aquel proceso.

Efectivamente, el 10 de marzo de 1959 voy al hotel Jaragua. Él andaba en una *suite* con sus lugartenientes, que habían huido con él. Estaban el coronel Roberto Fernández Miranda, el general Pedro Rodríguez (jefe del Ejército de Batista), el comandante Torres Sagaste (hombre clave de palacio de gobierno hasta la caída del régimen), el capitán Labrada y el civil Rivero Agüero, que en paz descanse. Batista se estaba bañando cuando yo llego, y todos estos señores estaban con unas botellas de *champagne* oyendo La Solera de España, que estaba ahí abajo tocando *Abril en Portugal*. Más nunca se me olvidó. Los increpé, porque en esos momentos estaban fusilando hombres en Cuba y ellos ahí tomando *champagne* y oyendo música. Entro a ver a Batista, que se está bañando. Me siento en el banquito ese del baño y le digo que parecía mentira que él hubiera abandonado Cuba cuando él había predicado que lo que se venía era el comunismo. Él me respondió: «Mira, Roberto, tú eres muy joven, tú no entiendes esto y yo te necesito al lado mío.» Y yo le digo: «No, ustedes conmigo, no. Mi carrera terminó ya. Usted y yo no tenemos nada más en común. Yo vengo aquí a los campos de entrenamiento.» Me dice: «Roberto, vas a arriesgar tu vida por gusto y vas a cometer un gravísimo error; todo lo que sea contra Castro en un plazo menor de veinte años es un fracaso total. Tú tienes muy poca experiencia, estás, puf, ardiendo por dentro; pero no es así como se conquista una lucha de esta índole. Yo espero que seas más

benévolo cuando conozcas la realidad de todo lo que ha pasado.»
Cogí, salí de ahí, y más nunca lo vi.

En los campos de concentración estoy cinco meses. Yo soy jefe
del comando Cuba 1 cuando se produce la invasión contra Rafael
Leónidas Trujillo desde Cuba el 14 de junio del 59, alentada por Fidel Castro y en la que participan varios cubanos junto con unos
cientos de dominicanos. Se tiran por Estero Hondo, por Constanza,
en la costa norte de la República Dominicana (también iban americanos, argentinos, venezolanos). Yo participé en este combate contra los invasores, y en Estero Hondo hasta una locure hice. Me des-
licé con un lomo y agua pa'caerle arriba a esta gente, y aquello fue
el diablo. En la base se corrió que a mí me habían matado, y se pueden imaginar cómo se puso mi padre. En ese combate, ahí arriba en
Tirido, yo hago prisionero a un muchacho con un balazo metido en
la nariz. Este muchacho dijo que él había ido consciente allí de lo
que iba a hacer y que él no se arrepentía de nada, y me preguntó:
«¿Cuál va ser mi suerte?» Le contesté: «Yo no sé tu suerte cuál ha
de ser, yo tengo instrucciones de entregarte en el puesto de mando.» Me saca una fotografía y me dice: «Mira, ésta es mi hija. ¿Yo te
puedo pedir que en un momento determinado de tu vida, si te es
posible, tú le hagas llegar esta foto a mi hija y le digas la suerte que
yo corrí?» Lo miré, coño, me gustó la entereza de ese hombre.
Mientras los demás capturados estaban ahí degradándose como seres humanos, muchos de ellos virándose contra Castro cobarde-
mente ahora que habían sido derrotados, ese muchacho se portó
con una virilidad tremenda. Le dije: «Sí, yo se la voy a hacer llegar.»
Y le hago entrega de la foto a Arnoldo Alzogaray, que era el ejecutivo del comando mío, y hasta le firmo un documento y todo. Semanas después, al caer yo preso, la primera imagen que se me vendrá a
la mente será la de este hombre admirable que yo hice prisionero, y
trataré de imitarlo.

Yo me reintegro el 11 de agosto, luego de sofocada la invasión,
al campo de entrenamiento (ya lo habían trasladado para Punta del
Este, que es una ensenada que hay ahí en el este). Nosotros le pusimos a aquello «las calderas del infierno» porque había un sol tre-

mendo y era un arenal. Yo creo que es la base naval más grande que tenía Trujillo allí. Era mi cumpleaños el día que me llamaron por la planta y me dijeron que me trasladara de nuevo al campamento. Habíamos matado dos chivos para comérnoslos ese día y se quedaron los dos chivos ahí guindados. Cuando yo llego al campamento, me hacen saber que hay un movimiento fuerte en Cuba, que necesitan de mi presencia en la base aérea de San Isidro y que me viene a buscar un helicóptero a las dos de la tarde. Efectivamente, me monto en el helicóptero y cuando llego a la base aérea me está esperando Camaño Deñó, este muchacho que era coronel de los Cascos Negros de ahí de la base. Él es el edecán mío en los dos días que yo estoy ahí. Este hombre me lleva inmediatamente para el salón de conferencias de la base donde estaban el agregado militar norteamericano, el agregado naval norteamericano, Vladimir Cesén, que era el jefe de la legión, el jefe del Ejército (un checo que era refugiado político ahí en República Dominicana), el general Pedraza, el jefe de seguridad y el propio Trujillo. Todos ellos estaban en el salón de conferencias, frente a un mapa de Cuba. Pedraza me dice a mí: «Mira, Roberto, en Trinidad las fuerzas de dos comandantes rebeldes se nos han sumado.» «¿Cómo es esto?», le pregunto. Me dice él que había dudas de si esta gente estaba conspirando realmente y que necesitaban que se fuera a investigar el hecho, preguntándome si yo estaba dispuesto (yo conocía la zona, ahí en el centro de Cuba). Le dije que sí, que yo estaba en los campos para eso. Entonces, hacemos contacto con los comandantes rebeldes. Hablamos con uno de ellos, William Morgan (un americano que había luchado junto a Castro), a través de Roberto Pérez, que era el individuo que movía la planta del lado de allá. Johnny Abes, que es el que movía la planta del lado nuestro, a instancias mías le dice: «Ven acá, chico, la gente que tenía Fidel Castro ahí... ¿se entregaron o ustedes tomaron aquello?» Y dice William Morgan: «No, en ningún momento. *Me* ser jefe de tropa aquí, chico, esto nunca haber combate aquí ni nada de eso, *me* llegar y *me* tomar, gente mía.» Eso no me gustó a mí, me cayó como una patada en la cabeza. Le digo a Pedraza: «Yo creo que esto es una cosa de niños, que este hombre… ¿quién es este hombre?» Dice: «No, éste es un americano que es de absoluta confianza, que me lo han recomendado.» «Aquí hay gato encerrado —le insisto—; esto no está bueno.» Me dice: «Mira, Roberto, el caso es que nosotros necesitamos que alguien vaya ahí a verificar la situación esta, y de ser cierto, ustedes tendrán toda la ayuda.»

Esa noche dormí en la base y me pasé horas limando armamento. Al otro día, por la mañana, me recoge Camaño Deñó, me lleva a desayunar y nos metemos luego en un cine de la base. Estuvimos ahí viendo películas de guerra y esas cosas, y después nos metimos a la capilla. El 12 por la noche fuimos a un restaurante de la base, me comí jamón con una lasca de piña, un vaso de leche y cascos de guayaba con queso crema, y me tomé un café. Como a las diez y media de la noche, me fui a dormir. El día 13 me viene a buscar de nuevo. Había noticias de que el día 12 un avión había ido a Cuba llevando pertrechos militares pilotado por un dominicano de apellido Batista. Pero ese avión había regresado a la base. Por la mañana la gente que había ido en el avión nos levanta, y me doy cuenta que nuestra misión ha cobrado más importancia (yo no conocía a esa tripulación ni conocía nada de eso). Luego almuerzo, y a las cuatro y cuarto de la tarde estábamos montándonos en el avión nuestro cuando llega Luis Pozo. Luis Pozo, hijo del que fue alcalde de La Habana con Batista, no estaba en los campos de entrenamiento. Él viene porque el señor Eloy Gutiérrez Menoyo, que había sido un beneficiado por él (Eloy Gutiérrez Menoyo tiene incluso una botella de Batista dada por él en el Ayuntamiento de La Habana), lo llama desde Cuba para que vaya para allá, diciéndole que están alzados contra Castro (él es el otro comandante rebelde que nos dicen que se ha virado contra Castro) y que les hace falta refuerzo. Así que Pozo nos viene con la idea de que, efectivamente, en el Escambray está esperando la gente nuestra.

Nosotros volamos en un C-46. Llevábamos pertrechos militares para entregárselos a esa gente y yo tenía instrucciones de atacar Santa Clara con una tropa que se me iba a dar. Iban ocho instructores de armamento y yo en calidad de jefe de la misión. Pasando por encima de Santiago de Cuba, se nos incendia el tanque auxiliar de combustible que llevábamos dentro para que pudiera ir y venir (ellos tienen el avión como museo allá en Cuba, y esto está cubierto en la revista *Bohemia* del 13 de agosto). Cuando se incendia el equipo auxiliar de combustible, me dice el coronel Soto: «Roberto, estamos en mitad del camino y está incendiado el tanque. ¿Qué hacemos?» Le digo: «¿Se puede apagar?» Me dice: «Sí.» «Bueno —le ordeno—, si estamos a mitad de camino, sigue pa'allá.»

Al llegar, inmediatamente se puso un camión al lado del avión, como para no dejarlo despegar si queríamos alzar vuelo. A mí no me gustó aquello. Al instante se pone otro camión en la puerta del avión para bajar los pertrechos y yo veo a dos o tres muchachos de Santa Clara, amigos míos, criados conmigo, allí mismo. Me separan a mí del grupo y me llevan para el cuartel. Estando en el cuartel, me suben adonde estaba la torre de comunicación y allí empiezan a hablar con la gente de la base nuestra en la República Dominicana, diciendo que habíamos llegado bien. Yo era el único que tenía una clave para que vinieran los aviones de Miami y siguieran viniendo aviones de Santo Domingo. Ninguno de los demás tenía la clave, y yo no había hablado todavía. Me propongo demorar la cosa porque a mí no me gusta cómo está aquello, no me gusta el giro que toman los hechos. ¿Por qué nos separaban a los que habíamos venido? Por otra parte, yo oía disparos cerca. Cuando tú estás en los campos de entrenamiento, tú tienes el oído adaptado al calibre de los disparos, y analizando de dónde salen los disparos te puedes equivocar, como es lógico, pero el error no es tan grande como el del tipo que no está acostumbrado a oír muchos disparos. Y yo sentía un tiroteo enorme cerca. Tengo a William Morgan al lado mío todo el tiempo (también tengo a Carrera, uno al que fusilarán con Morgan más adelante, y a Baza Bazencio, que ahora está en Miami). Le pregunto a Morgan: «¿Y ese tiroteo?» Me dice: «No, esto es de Delicia.» Le digo: «¿Cómo Delicia? Esos disparos están aquí a doscientos metros.» Y en eso William hala la pistola, me la pone en el cuello, diciendo: «*Me* no contra la *Revolution*. Mi jefe es Fidel.» Yo le cojo la pistola y le digo: «Oye, esta broma a mí no me gusta.» Yo estoy armado y tengo una 45 puesta. Estoy sin camisa, tengo dos granadas de mano colocadas. El tipo me coge, casi me parte el cuello, y me dice: «*Me* no bromeando, *me* te meter bam-bam.» Yo me le quedo mirando, y en eso llega Ramiro Enzo (ahora está aquí en Miami), me pone una Thompson montada en el estómago y me dice: «Ustedes mataron a *Frank* allá en la República Dominicana.» Me va a meter mano, yo le desvío la ametralladora y mete los tiros en la pared. El capitán Vives Vásquez (también está aquí ahora) prácticamente me salva la vida porque él aguanta la cosa. Entonces me amarran a un buró, al brazo del escritorio, y me ponen unas esposas, una en cada pie y otra en el brazo.

A la media hora, tres cuartos de hora más o menos, se aparece Fidel Castro con Celia Sánchez (la mujer más cercana a él, que era su secretaria y su todo). Vienen también Camilo Cienfuegos, Crecencio Pérez (un traficante, prófugo de la DEA, que les suministraba marihuana a los revolucionarios en la Sierra Maestra y era conocido como delincuente antes de ser revolucionario) y un general. Fidel Castro les ordena a ellos que me suelten, que me quiten las esposas. Me quitan las esposas, me quedo sentado, y me dice Crecencio Pérez: «Si te levantas de ahí, te vamos a matar.» Yo me levanto y le digo: «Óyeme, a mí no me vas a meter miedo, yo vine aquí a fajarme a los tiros perdidos y perdí, y ustedes me van a matar y yo me voy a morir, pero no me vas a meter miedo de ningún tipo, ni me vas a desprestigiar, para que te lo metas en la cabeza que conmigo no es así el juego, ¿tú ves?» En eso Fidel Castro dice: «Tu padre tiene una cuenta pendiente conmigo.» Yo lo miro y le digo: «Yo la conozco.» Saca un tabaco que tenía y se lo pone en la boca. Le queda un tabaco en el bolsillo. Yo se lo saco y me lo pongo en la boca. Se me va a ir encima y le digo: «Oye, espérate, ¿tú no dices que Cuba es para todo el mundo? Yo me quiero fumar un tabaco también.» El tipo se me queda mirando (la mayoría de los que vivieron eso están aquí, yo no estoy exagerando). Fidel Castro se coge el bigote y me dice: «No te doy una galleta por no sentar precedente.» Le digo: «No me das una galleta porque te meto un trompón, a mí no hay un hombre que me dé una galleta. Si me das una galleta, te meto un trompón. Tú me puedes matar a mí, lo que no me puedes es vejar.» Empezó a dar zancadas de aquí pa'allá y de allá pa'acá, enfurecido. Pero Celia Sánchez fue la madrina mía esa noche y lo paró. Esa mujer, que Dios la tenga donde ella quiera, conmigo fue excelente, un ser dulce, tranquilo, apacible, y me salvó la vida. Yo estoy seguro de que me iban a matar. Cómo habrá sido mi actitud aquella vez que ellos pusieron en la revista *Bohemia,* donde dieron cuenta de la captura de los que veníamos de la República Dominicana, que Roberto Martín Pérez cultivó una postura insolente y cínica en todo momento y otras cosas más. Un *cameraman* que estaba ahí (y ahora está aquí también) dijo que el que parecía general era yo. Si no hubiera sido por Celia, yo no estaba aquí hoy.

Esa noche llega Camilo Cienfuegos y coge las cartas que yo tenía de mi esposa, que ella me había enviado a República Dominicana y que yo traía en el fondo del maletín. Las empieza a leer y yo se las quito, y lo encaro: «Tú no vas a leer las cartas privadas de mi mujer.» Y me dice: «¿Qué tú pensabas? ¿Que la Revolución esta que nosotros hemos hecho en dos años, con esta barba que yo he echado ahí peleando, ahora tú me la vas a derrotar aquí en media hora?» Le digo: «Esa barba la has echado de ladilla y carángano y tú no te fajas na' un carajo, y si es verdad que tú eres bravo, mira, aquí están toda tu gente, coge una pistola y vamos pa'allá abajo a ver si es verdad que tú eres bravo. Si me vas a matar, me matas.» Entonces nos cogen a mí y a un señor que era presidente de los industriales de Cuba que se llama Tulio Díaz, un hombre que vive en Miami ahora a sus ochenta y seis años y que estaba preso también allí, pero que no había ido con nosotros en el avión porque estaba al margen de estas cosas. Lo sacan también a él afuera a fusilarlo conmigo y con el cura Pérez, un cura que vive también aquí ahora en Miami, en la calle 7. Afuera, nos hacen la descarga, ¡puf!, de salva (o le tiraron a la pared, no sé, el caso es que a mí no me dieron). Camilo se hecha a reír y me dice: «¿Qué, te cagaste?» Y le digo: «No, la madre tuya, si ustedes a mí me van a matar, me van a matar parado.»

El caso es que ya llega la mañana y nos sacan a nosotros del cuartel de la guardia rural para trasladarnos para La Habana. El sol

sale del este y la puerta del cuartel está orientada hacia el este. Luis
Pozo, que lo han tenido toda la noche en jaque, no tiene los espejuelos y él sin espejuelos es un gato, no ve nada, así que me dice:
«Roberto, bájame las escaleras.» Yo lo cojo y a él le da un vahído,
pero le da un vahído por la fuerza del sol, no por otra cosa. Dice:
«Roberto, ponme en el suelo que me siento mal», y yo lo pongo en
el suelo. Le empiezan a tomar unas fotos que por ahí están, donde
yo le estoy dando café a Luis, que había sido congresista en Cuba y
secretario del padre cuando él era alcalde de La Habana. Cuando
llegamos al lugar donde vamos a abordar el avión, hay como seiscientas personas pidiendo paredón para nosotros, en coro. Salgo
del grupo (soy el único que está todavía de uniforme porque no me
lo he dejado quitar) y me le acerco a la gente que están pidiendo
paredón y grito: «Ven acá, ¿tú me conoces a mí?» Una muchacha
trigueña, bellísima la muchacha, de dieciocho años (yo tengo veintidós en ese momento), me mira. Le pregunto: «¿Tú me conoces a
mí? ¿Por qué tú me pides paredón a mí si tú no me conoces a mí?»
La muchacha se echa a llorar. Y siento que se rompe aquel hechizo
que tenía la gente, cuando llega Fidel Castro, pero loco el tipo, y
pregunta: «¿Quién ha dejado a este tipo allá...?» Ni bien ha terminado de preguntar, que me han hecho un ovillo y me han metido,
¡bum!, para el avión. Les ponen esposas a los demás, y, bueno, para
La Habana.

   Cuando llegamos a La Habana nos meten en el Estado Mayor.
Esa noche (es el 14 de agosto) llevan a un grupo de nosotros a la
televisión. Cuando nos sacan a nosotros para llevarnos a la televisión, nos pasan por la casa de Raúl Castro en Columbia. Los que
me llevan a mí son: Augusto Martínez Sánchez —este señor que
después se da un balazo—, Joel Iglesias —un tipo que era muy prominente en la Revolución— y otro más. Ellos tres, con mucha es-
colta, me llevan a la casa de Raúl Castro. Esa casa yo la conocía porque era la antigua casa del general Tabernilla, que había sido jefe
del Ejército, y yo había andado en esa casa bastante. Nos llevan al
salón de conferencias. Estaba Fidel Castro sentado en la punta,
Raúl cerca de él; había un asiento vacío, había tres fruteros llenos

de frutas y Raúl se estaba comiendo una manzana con una sevillana. En la habitación están también Celia Sánchez, Vilma Espín (la mujer de Raúl Castro), Armando Hart, Haydée Santamaría, Juan Almeida, Raúl Roa García y Pastorita Núñez, una señora que era de un proyecto de casas que ellos tenían. Yo llegué y, sin voz de mando, me senté y cogí un plátano. Raúl da la vuelta por mi lado, coge una tonga de papel que estaba ahí a la derecha de Fidel Castro, me lo pone y me dice: «Apréndete eso.» Yo ni lo miré: «Yo no tengo que aprenderme nada.» El tipo me pone la cuchilla: «¿Qué tú dices?» Le digo: «Que yo no tengo que aprenderme nada.» Dice: «¿Quién te ordenó a ti coger el plátano ese?» Le contesto: «Yo, chico.» Providencialmente, alguien interviene: «Deja a éste que tiene la leche muy caliente.» El tipo se quitó y siguió comiéndose el pedazo de manzana (cuando aquello él tenía una colita que se dejaba antes). Y Celia Sánchez me dice: «Roberto, ¿cómo se te ha metido venir aquí, qué tú haces aquí? Tú no encajas en este grupo...» Le digo: «No, mire, no me dé consejos, ustedes hicieron su Revolución y yo tengo derecho a hacer lo que a mí me dé la gana, ustedes tomen la actitud que ustedes deseen, yo soy un prisionero de ustedes, no tengo problema alguno.» Me dice Fidel Castro: «¿Y tú no vas a leer eso siquiera?» «No, señor», le respondo. Me dice: «Tú vas a ir a la televisión.» Le digo: «Bueno, vamos, pero vamos a dar un *show* tremendo, aquí hay muchas verdades que no se saben y tú has metido aquí el comunismo y lo voy a decir en televisión...», y le sigo metiendo la descarga. Todo lo que yo sabía de comunismo lo había leído en *Selecciones,* yo no sabía de comunismo casi nada ni me interesaba esa mierda ni un carajo. Como muchacho joven en Cuba yo vendía cosas de Crusellas, tenía dos casas de efectos eléctricos y era representante de una firma de abonos comerciales, hacía deporte, tenía mi casa, ¿qué coño iba a estar preocupándome de comunismo? (todos los compañeros míos de Crusellas ahora son multimillonarios aquí, mantenemos unas relaciones muy estrechas. Ellos me regalaron una casa cuando yo vine, me regalaron dinero y yo puse una empresa con eso. Son los ángeles guardianes míos). Raúl Castro se pone a increparme: que me iba a matar y que Batista esto, que papá lo otro, que papá les debía muchas deudas a los revolucionarios, y que carajo. En eso Fidel vuelve a sacar el lío de la deuda que tenía con mi padre, y le digo: «Fidel Castro, yo sé la deuda que tiene mi papá contigo, la vez que te cayó a puñetazos y a patadas ahí en el despacho de…» (un señor que después fue embajador en París). Raúl se pone violento y me dice: «A ti hay que matarte…» Le digo: «Raúl, ven acá, ¿tú no crees que es mejor que me dejes vivo?» (yo con un cinismo del coño de mi madre, delante de toda la gente). Y me dice: «¿Pa' qué que te dejen vivo?» Y digo: «Sí, chico, tú eres maricón, pa'yo ser marido tuyo…» ¡Pa' qué contarles! Ese tipo empezó a brincar como un mono. Yo me quedé con una sangre fría, y todo el mundo mirándome. Yo quería que me mataran, porque yo daba por mi cabeza un kilo prieto (imagínense: mi nombre era Martín Pérez, metido en una invasión a estas alturas, yo los había combatido a ellos allá en República Dominicana, no tenía salvación posible). Celia Sánchez inmediatamente hace un gesto. En seguida me entero que Celia Sánchez es la cuñada de Delio Gómez Ochoa, que había sido el jefe de la invasión contra Trujillo del 14 de junio, porque era casado con una hermana de ella (ahora está de jefe de suministros de todo lo que es el comité central en La Habana). Yo no tenía idea del parentesco con Celia, que era tan cercana a Fidel. Ni creo que en Santo Domingo lo supieran tampoco. Me dice Celia: «¿Tú no has oído hablar del comandante Delio Gómez Ochoa?» «Sí, cómo no, yo fui el que lo capturé», le contesto. Todo el mundo se quedó helado. Dice Fidel Castro: «¿Y tú participaste en aquello?» Le digo: «Sí, yo era jefe del comando que participó, del Comando Cuba 1.» Y luego me dirijo a Celia Sánchez: «Por cierto, el hombre se ha portado muy mal porque ha ido a la televisión y ha degradado a la Revolución…» Y era verdad: yo estuve presente el día ese en el hotel Hispaniola, en Santo Domingo, en la habitación 406, que era el cuarto del coronel Ángel Sánchez Mosquera, un hombre que había luchado en la Sierra y que después luchó mucho contra esta gente, muy valiente, con el que yo compartía la habitación. Un fin de semana que yo vengo a buscar el correo, Delio Gómez Ochoa está hablando para Cuba, increpando a Fidel

Castro, con Pablito Rodríguez, un muchachito de catorce años que también fue a la invasión y que era como un hijo adoptivo de Delio Gómez Ochoa. Cuando yo les cuento eso a Fidel Castro y su gente, aquello fue un jarro de agua fría. Dice Fidel Castro: «Nosotros tenemos que tratar de sacar a Delio Gómez Ochoa de allá en la conferencia de Punta del Este y ya tenemos a esta gente pa'canjearla.» En seguida pensé pa'dentro de mí: «Por lo menos la cabeza parece que no va a oler a pólvora.» Me dice Fidel Castro: «¿Entonces tú no vas a hacer lo que ha hecho Delio?» Le digo, «No, señor; si me llevan a la televisión, yo voy a decir lo que a mí me dé la gana.» Me queda mirando. Se coge el bigote, porque él tiene esa costumbre, se lo muerde y le dice a Augusto Martínez Sánchez: «Llévatelo.»

Me llevaron para el Estado Mayor. Cuando llego, me dice un capitán que me han puesto ahí: «¿Qué quieres comer?» Le pido: «Bueno, tráeme un bistec, tráeme unas papitas fritas y una malta.» El tipo sale y cuando me trae eso me ofrece: «Allá afuera está tu esposa, está tu hermana, y si necesitas algo, si quieres hacer una nota, se la haces.» Yo le hago la notica. Recuerdo como hoy lo que le puse en la nota: «No trates de averiguar por mí, no te presentes en estos lugares. Cualquiera que sea mi suerte, te sigo amando.» Y, qué carajo, se la mando con el tipo (el tipo se la llevó, yo sé que se la dio). Nos llevan después a todos nosotros para lo que se llamaba antes el SIN, que en este caso era el DIER, en Columbia, que es Ciudad Libertad hoy. Esto es un edificio anexo al regimiento, a lo que es Columbia, y yo soy el único individuo del grupo que está en completo uniforme verde olivo, que es el uniforme que yo utilizo para ir para Cuba. Cuando nos van a sacar de lo que son los calabozos para trasladarnos para La Cabaña (que funciona como cuartel general del Che Guevara), yo veo que hay una fila de guardias a ambos lados y que los presos están saliendo y metiéndose en las guaguas, en transporte urbano, y pienso: coño, si yo estoy vestido así, yo voy a atravesar la fila. Y, efectivamente, atravieso la fila de guardias, y estoy llegando a la puerta para irme, cuando un compañero mío que después moriría aquí en el exilio, Raúl Díaz Prieto, me dice: «Oye, macho, macho, es por aquí, estás equivocado...» Y yo de estúpido me mando a correr, que si yo no miro ni pa'atrás yo me hubiera ido. Cuando me mando a correr me cae atrás todo el mundo, *jeeps* y el carajo. Empiezo a correr por Marianao. Veo una parejita enamorando en un portal y me meto en el portal. Pero ahí me cogen. Me apresa un hombre, el capitán Rodríguez, que después volverá a aparecer en mi vida. Había estado en la Sierra Maestra, un serrano de esos que no hablaba: ladraba ese hombre, pobrecito, y usaba un tabaco. Me quieren golpear los guardias, pero él les dice que yo tengo todo el derecho a fugarme y ellos a impedir que yo me fugue.

Cuando llego yo a La Cabaña, tras el intento este de fuga, me meten en «el chinchorro». Ese fue realmente mi estreno en la prisión. «El chinchorro» era una celda que habían hecho los españoles debajo de la tierra, un cepo donde te amarraban las manos arriba y te dejaban en cuero, en pelota. A mí me tuvieron diecisiete días en la punta del pie ahí con los brazos colgados. Ahí te orinabas, te cagabas, y todo. *La China,* una señora que daba el tiro de gracia, era la que me asistía a mí allá abajo. Yo no sé por qué, se portó conmigo, vaya, como mi mamá, de una forma increíble. Los presos protestaron por mi estadía ahí a los diecisiete días, y me sacaron. Yo no recuerdo mucho, ese lapso para mí no está claro, yo estoy desconectado totalmente de cuándo me sacaron y cuándo yo desperté. Lo que sé es que me tuvieron que dar mucho masaje en las muñecas —las tenía muy hinchadas— y los tobillos, y la columna vertebral parecía que tenía corriente por dentro. Se tuvieron que fajar conmigo ahí pa'curarme. Un médico que hay aquí en Miami, que se llama Dupoté, me dio bastantes fricciones.

A la semana siguiente tengo mi primera visita. Había un hombre que se llamaba Ortelio Rodríguez, que era de la gente del Che Guevara y que estaba preso en La Cabaña, pero en el patio militar, por haber matado a otro compañero de él. La historia es que ambos habían querido posesionarse del carro de la viuda de Ramón Crusellas (el jefe mío en Crusellas & Cía.). Frente al Tropicana, ellos vieron el carro de la mujer (que vive hoy en Puerto Rico), y le iban a quitar el carro los dos a la vez, pero este señor Ortelio Rodríguez se adelantó y mató al otro: ¡puf! Y por eso le metieron tres años, pero por lo militar. Cuando lo meten preso, debido a su *background* lo hacen jefe del patio de los presos militares. Y todas las familias nuestras tenían que pasar por el patio militar para vernos a nosotros: era la antesala. Estos señores del patio militar eran los que requisaban los paquetes nuestros, vejando a nuestros familiares y haciéndoles putadas durante las visitas. El día de mi primera visita yo veo cómo están pasando familiares, les meten mano a las mujeres de nosotros y los presos no protestan. Le digo a Blanco Navarro, que está al lado mío: «Blanco, si la mía le gusta a un tipo de estos, se acabó la visita. Yo no voy a aguantar que a la mujer mía me la vejen aquí.» Y dice Blanco: «Igual te digo yo a ti.» Viene mi esposa caminando, con mi niña del brazo, y este vándalo de Ortelio Rodríguez le da una nalgada. Entonces me llevo la puerta de entrada custodiada por un militar y la emprendo contra Ortelio Rodríguez. Tuvimos un choque a puñetazos ahí. El tipo sacó la peor parte y empezaron a tocar las sirenas de alarma. Vino toda la guarnición y esta mujer que me ayudó antes, *la China,* se metió en el medio para que no me mataran: «¡No lo maten, no lo maten!» Una vez más, me salvé por poco. Él se quedó con la nariz partida, un ojo morado.

En ese momento viene otro capitán rebelde que está aquí, Maceo, moreno él, y me amenaza: «Si formas un problema nuevo aquí, te vamos a matar.» Le contesto: «Y ahí está mi esposa, métete con ella pa'que tú veas que ya me vas a matar, vamos a tener el problema ahora mismo» (todo esto era antes de que nos hubieran hecho el juicio). Él se me quedó mirando, yo me le quedé mirando. Mi esposa, pobrecita, estaba que se moría. Al fin se fue la visita: no hubo visita. Como a la hora, se aparece German Mark, que era un americano que daba tiros de gracia en La Cabaña. Ese hombre te llegaba y te veía a ti y te decía: «Óyeme, qué bonita es la corbata que tú tienes», y pa' palo, sin juicio ni nada, en el palo te metían y te fusilaban. Así fusiló a cuatrocientos y pico ahí, de gratis. Andaba con un perro pastor alemán y era el hombre que más tatuajes ha tenido en el mundo (tenía tatuajes hasta en las cejas, en la frente, en la cabeza). Era el hombre que tenía Castro ahí: prófugo de la justicia de

Estados Unidos, se había metido en la Sierra Maestra para sumarse a los revolucionarios. Después de las visitas, este hombre llegaba al patio de La Cabaña y aquello era como entrar Satanás: todos los presos ahí se orinaban, aquello era terrible. La primera prueba que tenemos nosotros de este individuo es precisamente con el caso mío. Me llaman a mí por el micrófono después del problema este de la visita, y German Mark llega ahí con el perro. El hombre medía seis pies tres, un tipo sobre lo flaco, pero se veía que era un hombre musculoso, y me dice a mí: «Dile a tu mamá que vaya preparando la caja de muerto.» Y le digo: «A mí no me interesa lo que usted me diga.» Cogió y se fue. A él le gustaba dejarte en suspenso. Cuando se terminaba la visita, que comenzaba a las dos de la tarde y terminaba a las cuatro, entraban una serie de señoras a acusarte de que tú habías fusilado a su hijo, de que habías matado a su hermano, de que habías torturado al novio, al padre... y todo era intrigado por German Mark y el Partido Comunista. Ese día también nos lanzaron a las mujeres. En eso entra German Mark y —increíblemente— el capitán Rodríguez, el mismo que me salvó a mí cuando yo me fugué, que estaba de jefe de la guarnición de La Cabaña y yo no lo sabía. Entran cuando estas mujeres están acusando a Eddie Arango (que ahora está aquí) de haber matado al hermano de una de ellas. Al ver esta escena, el capitán Rodríguez las bota y les dice: «Aquí no entran más ninguna de ustedes porque esta gente no tiene nada que ver con presos del día primero.» Se vira, mira a German Mark, y le dice que no puede entrar más ahí al patio de La Cabaña. De un grito lo botó de ahí para siempre.

En la prisión nos ponían una bocina donde teníamos que oír a Fidel Castro, todos los discursos de Fidel Castro. Yo llevé la queja a la dirección y les dije: «Óiganme, yo creo que eso es una ofensa y no lo vamos a permitir.» Me dicen: «Bueno, pues impídelo.» Y pusieron otra vez el discurso. Yo me trepé por la reja, le arranqué la bocina completa y la tiré al piso. Se me fueron encima y empezaron a tirar tiros. Fue la primera vez que me metieron tiros en la prisión (en total recibiría seis balazos en mis años de cárcel). La guarnición entera se metió en medio, mientras me daban la paliza, y salían tiros por todas partes. Me dieron, pero, bueno, se acabó la bocina. A los dos días de eso, entra Rafael del Pino Ciero (un hombre al que después ellos lo suicidan en la prisión). Viene herido a La Cabaña. Tiene gusanos en las heridas y lo meten en la galera 14, que es la de los condenados a muerte. El médico nuestro, preso, dice que ese hombre no puede estar ahí, con gusanos en las heridas. Se le veían los gusanos, vaya. Yo llamo al jefe de La Cabaña. Como el Che Guevara estaba viajando en ese momento por los países africanos —había ido a Egipto y a otras partes—, estaba fungiendo de jefe de La Cabaña un hombre que después se mataría en un accidente automovilístico: el capitán Mario Doranzo. Un grupo vamos donde Mario Doranzo y le hago saber en las condiciones en que estaba este hombre. Él dice que no tiene autoridad sobre eso, que eso es del señor Efigenio Ameijeiras (el que había reorganizado toda la policía para Castro), que es el que había mandado a ese hombre para allá. Le digo: «Bueno, si a las cuatro de la tarde, cuando se vaya la visita, ustedes no se llevan a ese hombre, esto no va a estar bien.» Efectivamente, no se lo llevan y se forma un plante de los presos en La Cabaña. Como a la media hora de estar el plante andando llega un carro de la Cruz Roja y se llevan a Del Pino. No pasaron cinco o seis días y vino Rufino Álvarez, un muchacho que está aquí en el exilio, también desbaratado todo a tiros. Le habían sacado el brazo, un riñón, y lo metieron pa'dentro ahí también. Se formó otro disloque tremendo ahí para que se lo llevaran y, al final, tuvieron que llevárselo.

Estuvimos así hasta que llegó el día del juicio. El día del juicio se aparece un hombre que ahora está aquí, que es médico y había sido uno de mis captores. El tipo dice específicamente que la muerte de *Frank* en Santo Domingo es culpa nuestra y reclama el fusilamiento mío y de Luis del Pozo. El papá de este médico y mi papá habían sido íntimos amigos en Santa Clara, y en un hecho que hubo en el estadio de La Habana, en que los estudiantes se tiraron a interrumpir un juego de pelota, se metió este señor a la cancha y lo cogieron preso. Mi padre fue a buscarlo a la estación de policía y lo sacó de la celda (como pasaba en Cuba). Ahora el tipo reclamaba mi fusilamiento: «¡Paredón! ¡Paredón!» Y yo sencillamente le digo:

«¿Pero tú no eres el mismo individuo que en la estación de policía le pediste a papá de favor que te sacara de ahí? Tú nada más que eres un buen cobarde y un buen miserable.» Entonces empieza a tirar patadas y forma un alarde conmigo. Una vez más, este capitán Rodríguez interviene para impedir que acaben conmigo (al capitán Rodríguez terminarán fusilándolo más adelante).

En el acto del juicio, que es en febrero del 60, conozco a toda la gente que formaron parte del grupo mío en Cuba, donde estaban ganaderos, hacendados, comandantes rebeldes, capitanes rebeldes, oficiales del Ejército pasado, o sea que para mí fue la primera causa que hubo con una pluralidad de opiniones y de criterios y de todos los sectores de la población cubana. En total habíamos setecientos y pico de complotados en eso y condenaron a ciento seis nada más (en esa causa estaban San Román, Erneido Oliva, León, muchos de los principales líderes después en la invasión de Bahía de Cochinos). Nos condenan a pena de muerte, pero inmediatamente, como a las siete u ocho horas de habernos entregado la sanción de pena de muerte, nos la conmutan por treinta años de cárcel a los que fuimos de República Dominicana para Cuba. Era en el tribunal n.º 1 de La Cabaña. Casi toda la gente que participa en el tribunal está aquí en el exilio hoy, excepto Armando Torres Santraí, que después llega a ser ministro de Justicia, un hombre de extracción «auténtica».

Ese día nos mandan para Isla de Pinos y empiezo mi larga vida entre rejas después del juicio. Cuando íbamos por el camino, les íbamos hablando a los estudiantes de la penetración comunista. Nos rodean unas perseguidoras ahí en el malecón, en lo que se llama La Puntilla, y nos vienen a dar palo ahí, pero delante de todo el mundo, los descarados. Tratamos de fajarnos nosotros también. Estábamos esposados en los camiones, con una mano esposada a la otra, pero a patadas y eso nos pudimos fajar. A mí me partieron la cabeza y otros recibieron también. El caso es que cuando llegamos a Isla de Pinos estaba William Gálvez, que era jefe de la guarnición, ahí esperándonos. Me separan a mí de toda la gente y me meten para los pabellones de castigo. Estuve como siete u ocho días en los pabellones de castigo. En ese penal estaba de jefe de la prisión Alejandro Rojas, un individuo que era maestro en Las Villas, de Santa Isabel de las Lajas, el pueblo de Beni Moré. Unos años antes, en Santa Clara, a este individuo lo habían metido preso acusándolo de comunista. Ese día que lo metieron pa'dentro yo lo encontré en la estación de policía y, después de preguntarle por qué lo tenían ahí, le dije al sargento Cuéllar: «Mira, Cuéllar, tráele comida a ese hombre.» Dice: «Mira, Roberto, yo aquí cumplo órdenes.» Entonces cogí mi carro y me fui al hotel El Suizo y le traje un bistec, arroz, fríjoles negros, plátanos maduros fritos, una botella de café, una caja de cigarros, dos tabacos, fósforos y una bata de dormir. Tiempo después, cuando yo estoy en Isla de Pinos, este mismo tipo es el jefe de la prisión. Cuando salgo del pabellón de castigo, me reconoce y me dice a mí: «¿Tú te acuerdas de mí?» Y le digo: «No, señor» (barbudo el tipo y con melena). Me dice: «Yo soy aquel hombre que estaba preso allá en Santa Clara: lo que te haga falta tú me lo pides.» Le digo: «Bueno, a mí no me hace falta nada.» Al otro día, un hombre se aparece con una jaba de mangos para mí, melones, una cama y unas tablas para hacer una repisa y poder poner mis pertenencias en la pared. Me llaman unos comunes, y el jefe del orden interior, un tipo al que después lo meten preso con nosotros, me dice: «Mira, Roberto, aquí te manda esto el capitán Alejandro Rojas.» Le contesto: «Bueno, él me lo manda a mí, pero aquí yo tengo ochocientos y pico de compañeros que no tienen eso y yo no se lo voy a aceptar.» El tipo se me quedó mirando. Como a la media hora llega Alejandro y me llaman a la reja. «¿Por qué tú no aceptaste eso?», me pregunta. Y se lo digo: «Porque la situación suya era distinta a la mía. Usted estaba solo ahí y yo le digo a usted que aquí habemos muchos presos. Si usted no es capaz de proveerles a los presos lo que usted me va a proveer a mí, yo no quiero ningún tipo de privilegios con ustedes.» Me sonrió, se fue, y trajo como cinco camiones de toronjas y naranjas, y las tiró pa'allá dentro pa' las circulares. Ese hombre, al que han acusado de tener que ver con lo de Pedro Joaquín Chamorro, se volvió un brazo armado del Partido Comunista. Radica ahora en México y es un hombre que se encarga mucho de la contrainteligencia cubana.

Después de eso, a Ortelio Rodríguez, el del incidente en La Cabaña (no confundir con el capitán Rodríguez que me salvó), lo hacen jefe de la guarnición de Isla de Pinos cuando él termina de purgar su delito de tres años (a esa prisión iban los sicarios a medrar, y en un momento le decían «la pacífica»). Él llegó una madrugada tirando tiros. Como la construcción ahí es de acero, tiraba un tiro y rebotaba: lo mismo podía herir a un guardia que a un preso. Y, efectivamente, el tipo hiere a un preso y casi mata a un guardia. Estaba loco, ensoberbecido, y nada más que se oían unos alaridos: «¿Dónde está Roberto Martín Pérez?, ¿dónde está Roberto Martín Pérez?» Yo vivo en esos momentos con Benigno Piñero, un muchacho de mi barrio que había sido comandante rebelde, que había caído preso en la causa del Escambray. Los presos desaforados, todo el mundo tirándose pa'los rincones, y el tipo: «En cuero, en pelota todo el mundo», y la guarnición loca. A mí me da por tirarme en mi cama, pero con una calma grande, y me visto tranquilamente y estoy ahí en frente. Yo vivo en la celda 14 del cuarto piso, frente a mi reja pasa todo esto. Todo el mundo corriendo: «Roberto, dale que te matan.» Yo seguía tranquilo, y el tipo gritando: «¿Dónde está Roberto Martín Pérez?» Yo ahí arriba, no respondía, no tenía ningún problema. Los guardias iban dando culatazos a la gente por todos lados (hubo setecientos y pico de heridos cuando terminó la requisa, de bayoneta y bala, setecientos y pico de mil doscientos hombres que habíamos en esa circular, pa'que se hagan una idea qué clase de requisa fue. No dejaron un clavo en la pared, no dejaron nada, nada, todo se lo llevaron y en las cuatro circulares de la prisión barrieron con todo aquello). Yo soy el único que está allá arriba, todo el mundo está abajo y a bayoneta los meten a uno contra otro ahí, parecían sardinas aquello. Y yo mirando pa'arriba, yo flotaba, yo no veía nada. Llega el tipo y me dice: «¿Usted es Roberto Martín Pérez?» Le digo: «Sí, señor.» Yo no reconozco a Ortelio Rodríguez porque el tipo viene con una gorra militar, afeitado y sin barba ni un carajo. El tipo me dice: «¿Usted no va a bajar?» Le digo: «No, señor.» Le pide una AK soviética a un militar que tiene al lado y le tira al cielo raso. La cal esa que tiene el cielo raso de la prisión me cayó arriba con unas piedras. «Usted me va a matar, pero yo no voy a bajar, señor.» Los presos ahí mirando todo esto desde abajo. Me dice el tipo: «Usted me hace el favor y baja.» El tipo clava una mosca. Yo cogí y bajé («Así no tengo inconveniente», diciéndole). Y cuando yo llego al frente, me dice: «¿Usted no se va a encuerar?» (yo estaba con el uniforme amarillo con las tres P de «preso político plantado»). Le respondo: «No, señor.» Dice: «Camina», y cuando camino, me hace ¡pao! y me mete la bayoneta al lado del recto, me la clava una pulgada y pico. Eso es un corrientazo que el que no lo experimenta no lo sabe: lo que más arde en el mundo. Entonces, cuando me repongo del *shock,* me viro, lo cojo y le meto un puñetazo. Luego le cojo las dos orejas contra una torre que había ahí —la torre de vigilancia— y le meto un cabezazo. A cabezazos lo iba yo a matar al tipo.

Me tuvieron que dar setenta y dos puntos de la paliza que me dieron. Me llevaron a rastras los comunes y los guardias para el pabellón de castigo. Llego allá al pabellón de castigo, y el tipo mismo, con la nariz virada y todo reventado, me suelta: «Te vas a morir aquí.» Le digo: «Me voy a morir aquí, no hay problema ninguno.» Y llega un común que se llama *Cascarita* y me tira un cubo de mierda. Yo me le quedo mirando, y cojo y le boto la mierda. Estoy botando sangre por cuanto hueco se pueden imaginar, pero no he perdido el conocimiento, estoy en perfecto uso de mis facultades. Como a los quince minutos de estar ahí, viene un marinero que había matado a toda su familia y estaba condenado ahí, que era el jefe de las milicias de las prisiones de Castro, para coserme las heridas. Me las cose a sangre fría, y yo diciéndole: «¡Puf!, has lo que te dé la gana.» No me cosió el recto, me dijo que ahí no se podía coser, que eso era un problema de operación (el caso es que eso me produce una fístula). Este *Cascarita* vuelve como a los veinte minutos, treinta minutos de haber terminado (eran las once de la mañana, más o menos, cuando termina este marinero de coserme). Viene *Cascarita* con el desayuno y me escupe el desayuno, y me abre el pan y me lo escupe y me lo da. Yo me lo como delante de él, escupido, así, mientras lo miro y yo me río. Me trajo la comida como a la una, el almuerzo, me lo escupió también y yo me lo comí. Y así durante cinco meses y medio. Me escupía el almuerzo, me escupía el desayuno, me echaba un cubo de mierda por la mañana y uno de sancocho por la tarde, y yo lo botaba. Para esto, pus por la herida aquella, y pus por la herida, y yo haciendo ejercicio y haciendo ejercicio y todo. Estaba bien, físicamente me sentía bien, lo que tenía era que dormir con las nalgas pa'arriba por la pus que estaba echando ahí. Y tenía hasta peste ya. A los cinco meses y medio, un tipo que luego será mártir nuestro, que se llama Sabas Meneses, un capitán rebelde que es inspector general del Ejército, se aparece allí y dice que él no había hecho revolución para tener a un hombre en esas condiciones, que había que sacarme de ahí. Viene este malandrín de Ortelio Rodríguez a sacarme de ahí, y cuando me saca le vuelvo a caer a puñetazos en el pasillo, sin voz de mando yo. Me dieron una paliza de madre y me llevaron pa'l hospital. Esa paliza a la larga me salvó porque ahí, en el hospital, me operaron también el bayonetazo que tenía, y me quedó perfecto.

Me repongo a los diecisiete días de eso e ingreso a la circular. Ellos tenían una lista de cincuenta presos que llamaban «los dirigentes», donde yo estaba incluido, pero estaba rebajado de servicio por la bronca esa que había tenido. Los presos comunes te caían a pedradas, te escupían y eso, cuando tú salías del trabajo forzado. Yo nunca me dejé hacer. Ellos decían: «Ahí van cincuenta maricones», y yo les decía: «No, mira, ahí van cuarenta y nueve de esos y yo, que me cago en la madre de ustedes.» Vaya, uno se defiende, ¿no? Los presos conmigo no querían andar en el presidio. La mayoría de los presos me querían muchísimo, me respetaban muchísimo, pero yo era muy problemático y ellos no querían estar complicados conmigo. Un día que me sacan a mí a trabajar en el horno de cal, íbamos los cincuenta «dirigentes» en fila. Pasamos por frente al hospital, donde están los pabellones de castigo, donde me tenían a mí. Son dos edificios cuadrados que hay ahí de cien metros por lado. Estaban los comunes botando la basura para arriba de un camión y estaba ahí el *Cascarita* este que me escupía la comida a mí. Y empiezan los comunes: «Y van cincuenta culipartidos, cincuenta hijueputas…», que esto y lo otro. Yo siempre iba último y a la derecha. Cuando pasan los que van delante mío, me le pego a *Cascarita* y les digo: «Cuarenta y nueve de esos que tú dices y yo, que…», y ahí cojo una pala y les empiezo a dar pala a los comunes esos. Me partieron una muñeca, mientras les daba palo a los comunes, porque se me tiraron encima varios. Pero resulta que el capitán Rodríguez vuelve a ser el santo que me salva a mí de ese problema. Un Rodríguez me salva a mí de los problemas en los que me meto por culpa del otro Rodríguez. Les dice a los guardias que a mí no se me puede tocar, y no me meten ni pa'l pabellón de castigo. Cómo sería mi problema con Ortelio Rodríguez que el tipo me veía, siendo capitán jefe de la guarnición, y cogía pa'l otro lado. Porque se lo advertí: «Te has buscado la peor pelea. O me matas, o me tienes que respetar. Fíjate lo que te estoy diciendo, tienes dos caminos en tu vida.»

Tiempo después, viene lo que se llamó el plan de trabajos forzados «Camilo Cienfuegos». En el plan de trabajo «Camilo Cienfuegos» ellos te implementaban un sistema tan represivo que tú no sabías si salías con vida del edificio donde vivías o si llegabas con vida del campo de trabajo al edificio. Aquello eran las requisas más brutales, a palo, a leña. Ellos primero hacen una selección de un bloque que se llamaba el bloque 6. Ellos meten en ese bloque a todo lo que creen que es lo peor del presidio, la gente, vaya, que no tenían reducción alguna, que eran totalmente irreductibles, que pensaban así y que se iban a morir así. En ese bloque de trabajo forzado te creaban una situación tan sofocante y tan despiadada que tú no sabías cómo salirte de aquel rollo, porque si malo era estar dentro, peor era estar fuera. Un día, en un lugar que se llama La Reforma, en el batey Santa Isabel donde nos tenían trabajando, antes de irse para Bolivia, llega allí este conocido Manuel Piñeiro, *Barba Roja* (el encargado de propagar la Revolución por América Latina). Llegan con él Joel Iglesias, un tal Espinosa, que es ahora general de división, Cascasillas —uno que era jefe de la División 50— y Derminio Escalona, un hombre que ellos tienen ahora en un proyecto de maderas en Honduras. Vienen como con cuatro camiones de tropas y rodean al bloque 6. Se bajan esta gente de sus *jeeps* militares, empiezan a hablar de que ellos habían cometido muchas injusticias, que ellos habían hecho mucho daño y que es verdad que ellos habían juzgado mal a mucha gente, que había gentes que eran vindicables en todo ese proceso y que ellos estaban dispuestos a corregir sus errores, pero que en ese bloque específicamente había seis o siete individuos que éramos incorregibles, que éramos esto, que éramos lo otro. Manuel Piñeiro Losada empieza a ofender a la gente aquella y a los seis o siete que éramos malos, pero él no había mentado nombres todavía y yo tengo por costumbre que si tú llegas aquí y empiezas a ofender a diez y no dices Roberto Martín Pérez, pues ese es un problema tuyo, no mío. Yo no me voy a dar por aludido, ¿no? Y el tipo dice: «César Páez.» César Páez era un muchacho que había sido comandante rebelde, que luego se había alzado contra ellos. Y empieza el tipo a decir cosas contra él, y César Páez se queda callado. «César Nicolagri.» Lo coge y lo empieza a ripiar también, y él no hace nada. «Miguel Aceituno.» Lo ripia, y nadie hace nada. «Hernández Custodio.» Lo enciende, y no tiene respuesta. Un amigo mío, que está aquí en Miami, me dice: «Te libraste.» Y yo: «Me alegro muchísimo.» Y en eso el tipo suelta: «Y aquí hay uno que es peor que toda esta gente…» Lanzó una descarga de madre, acusándome de todos los crímenes del mundo. Habló un buen rato, pero sin decir el nombre mío. Cuando por fin dice Roberto Martín Pérez, yo le salgo pa' arriba y le digo: «Por todo eso que tú dices... eres tú un hijo de puta.» Y el tipo se aterrilla y se sube arriba de la pipa de agua delante de todos los guardias aquellos, delante de toda esta gente, huyéndome. Cuando él sale de allá arriba, quiere reaccionar, pero antes le digo: «No, no, no me mandes a la gente a que me caigan a palo ni a que me maten: baja tú ahora.» Y en eso el bloque reacciona a favor mío. Entonces nos empiezan a tirar tiros al bloque entero. A mí me llevan el sombrero, me llevan el plato y me tumban un tapón, pero no me hieren (ese día mataron a uno, hirieron como a cuatro de bala. A Parada le metieron un tiro por el cuello que le salió por el costado, a Maomés se lo metieron por el pecho, y a un muchacho que había sido capitán rebelde le extirparon un testículo). Cuando ellos logran reducir el bloque, controlarlo, me sacan afuera a mí, y me quieren acusar de los muertos y del lío. Y les contesto: «¿Yo soy el que ha venido a provocar esta situación aquí? No. Ustedes son los que han provocado esta situación aquí y no me hables más nada de guapería tuya, *Barba Roja,* que tú te mandaste a correr, delante de tu gente, delante de todo el mundo te mandaste a correr.» Yo no sé qué ángel yo tengo, pero en ese instante este Pinares que estaba al lado de *Barba Roja* le tira la mano por arriba al tipo y le dice: «Mira, vámonos de aquí y vamos a dejar esto tranquilo.»

Nos dejan ahí como hasta las siete de la noche. Cuando llegamos a las circulares, me llama a mí el jefe del penal. Me llevan a verlo como a las nueve y media de la noche. El jefe del penal me estaba esperando y me mete a la oficina (un señor que era miembro del comité central siendo primer teniente nada más). Una vez ahí, me dice: «Nosotros tenemos órdenes de matarte y de ti depende que lo hagamos. Si tú sigues provocando estas situaciones aquí, te vamos a matar.» Con toda calma le expliqué: «Bueno, mire, evítese problemas, si ustedes me respetan a mí, yo creo que yo nunca he tenido problema. Yo soy un hombre respetuoso en extremo, pero nunca aguanto ninguna cosa fuera de lugar» (y es verdad, ese es mi carácter). Después de un silencio, el tipo me dijo: «Bueno, pues, mira, tú eres el único preso que tiene la potestad de ir a trabajar cuando te dé la gana, pero tú tienes que saber que los que mandamos aquí somos nosotros.» Y le dije: «Yo nunca he dudado que ustedes mandan y matan, pero ustedes nunca van a dudar que yo cuando vea una cosa mal hecha la voy a hacer también buena.»

En la revista *Cuba Internacional,* ellos sacan por esos días un artículo donde varios presos del plan de reeducación me acusan a mí de yo tener a los presos controlados para que no vayan para los planes de educación, de amenazarlos y esas cosas. Eso era mentira, porque yo siempre he creído en tu propia determinación para hacer las cosas. Incluso, cuando alguna vez venían los presos a pedirme consejo sobre algún plan, yo les decía claramente: «No, esa decisión la tomas tú, es una decisión muy importante y yo no quiero contribuir a ella. Si tú quieres seguir mi ejemplo, tú haces lo que te da la gana.»

En el plan de trabajo «Camilo Cienfuegos» (hablo de 1966) la situación en una ocasión se pone tan álgida que matan a dos compañeros nuestros en el bloque 31, al chino Tang y a Álvarez. Desde que viene la noticia se pone aquello muy caldeado y los presos comienzan a organizarse para meterle mano a la cosa y fajarse ahí. Entonces yo hablo: «Señores, cuando llegue el bloque que nos falta vamos a tomar las determinaciones, no ahora, porque vamos a comprometer a esa gente que están fuera de aquí y ellos no van a saber lo que vamos a hacer nosotros.» Y, efectivamente, esa es la actitud que se adopta. Pero, cuando llegan la gente que faltaba, nos metemos un plante ahí de madre, que tuvieron los guardias que estar horas para que paráramos la cosa. Llovió de todo, pero hicimos llegar el mensaje. Durante este período de «Camilo Cienfuegos» yo estoy seguro de que el gobierno, a través de los informes que recibía del director del penal, que era miembro del comité central, llega a la conclusión de que la única manera de controlar esa prisión era matando a la población penal, porque era increíble que estos hombres aguantaran de pie los guavazos. Y aquello se puso tan grave que en el 67 ellos desmantelan lo que es Isla de Pinos y deciden regarnos por toda la geografía de lo que es la isla ya mayor. A los que ellos consideraban más rebeldes nos meten en La Cabaña. Ellos tenían domesticados a los presos de La Cabaña, donde los sacaban corriendo y los entraban corriendo, y les ponían tres minutos el agua para el baño y los presos no se les reviraban. Pero primero vaciaron La Cabaña para dejar a la gente de Isla de Pinos en ese lugar. Cuando fuimos a entrar a La Cabaña, nos estaban esperando unos tres mil guardias ahí a darnos palo, y la que se formó fue la de sanquintín. Adentro, nos quisieron reglamentar la comida, que era poca y tan mala que realmente aquello era un asco, lo peor del mundo, y querían que tú te lo comieras en tres minutos. Un tipo ordenaba: «¡Ya!» Y nosotros: «Qué va, no es ya, esto es hasta que a nosotros nos dé la gana.» Ellos se encontraron con un grupo de gente que estábamos festinadamente opuestos a cualquier tipo de disciplina. Con relación a los baños, ellos nos quitaban la ducha cuando les daba la gana y tú estabas enjabonado y te dejaban enjabonado. Les rompimos todo aquello allí, y ellos siempre me acusaban a mí de que yo era la cabeza de todo. Muchas veces lo era, es verdad, yo no lo negaba nunca, pero todo esto era por el motivo de lo que nos hacían.

Viene el problema del proceso de la ropa. Nos meten en El Príncipe, no aceptamos la ropa; nos meten con los comunes, no les aceptamos estar con los comunes; nos regresan a La Cabaña, y en una ocasión nos meten para Guanajai. Nos visita un cura allí, nos exige que nos vistamos de azul, que, si no, nos iba a excomulgar. Un grupo de muchachos católicos se visten y otro grupo dijimos que no, y no nos vestimos. A un grupo nuestro de los que ellos consideraban más rebeldes nos meten en la cárcel de Boniato. Y allí nos tuvieron dieciocho años, de los cuales yo me pasé los dieciocho tapiado en solitario. Ahí me extirpan un testículo, me dan dos balazos más de los cuatro que ya yo tenía. El testículo me lo revientan el día primero de enero de 1975 (ese día me dan otro tiro aquí en una mano). Me lo operan ocho años después todavía lleno de pus (seca). Yo me tenía que quemar dos veces al día con una cuchara caliente de la pus que tenía. Inmediatamente que me arrancan el testículo de un balazo, me meten en lo que se llama «la escalera». Estuve seis meses y medio parado en una celda con una plancha por un lado y la espalda por el otro, y el excremento cuando me sacaron de ahí me llegaba más arriba de la rodilla. Ahí a veces te estabas una semana sin agua y tú sabías que era porque ellos querían que nosotros pidiéramos agua. Habíamos once en total allí en «la escalera» y yo era el que estaba en solitario y parado, a mí me tenían parado todo el tiempo. En esa celda donde me meten a mí habían sacado hacía once días a Olegario Charlot Espileta, un negro que se había muerto en una huelga de hambre. Todavía estaban ahí los gusanos que se habían comido a Espileta, cuando me metieron a mí a «la escalera». Los guardias se estaban tres días, cuatro días, cinco días, seis días, y una vez hasta dos semanas, sin ir por ahí, sin llevarme agua ni comida, para que les dijera «agua» y mostrara un síntoma de debilidad, que estaba quebrado. A los seis meses y pico se convencieron de que no había quiebre y nos sacaron. Tuvieron que sacarnos en parihuelas de ahí porque no podíamos caminar y las piernas mías estaban podridas de la mierda. Se vino Concepción Oliva a verme y me tuvo que dar masajes con creolina para quitármela.

Yo no creo en Dios, yo sé que Dios existe. Quien me opera a mí es la hija de un ex preso político que iba a ver a su padre en la prisión. Una muchacha de apellido Naranjo. El novio de ella es el cirujano que me hace la operación y ella es la anestesista. Cuando yo la veo, ella se me identifica (yo la veo hecha una niñita a ella). Me dice: «Roberto, yo soy fulana de tal, estás en las mejores manos, mi novio Agustín sabe quién tú eres.» De la operación no tengo quejas. Lo que sí recuerdo es que aún no había rebasado la anestesia cuando veo frente a mí al coronel David, jefe de la contrainteligencia. Él dice que se llama David, se puede llamar Juanito Pérez. También veo al jefe de Boniato, un coronel que si existe Satanás tiene pacto con él: el hombre más cruel y más canalla que yo he conocido. El jefe nacional de prisiones, Medardo Lemus, estaba ahí, y el jefe de reeducación nacional. Todos estaban ahí reunidos para ver mi espectáculo.

Un buen día, en el año 85, se aparece un *team* de muchachos jóvenes, casi todos sociólogos, que dicen ser del grupo de apoyo del comandante en jefe y quieren conocer la opinión de los presos: cómo había sido el trato en Boniato. Pero cómo sería la malignidad de estos señores que lo que nos mandan para ahí son hijos nuestros, muchachitos de veinticuatro años, muchachas bonitas, muchachas bellas. Y al primero que seleccionan a la entrevista es a mí. Nos sacan un grupo de ahí de la prisión para llevarnos al G-2. Éramos todos del «presidio político plantado», ochenta y siete hombres ahí que éramos irreductibles de verdad. Nos llevan a Aguadores, que es donde tienen las dependencias del G-2. Aguadores es un lugar donde los mosquitos te tragan, infestado totalmente, en la costa. Nos meten en un solárium a hombres que llevábamos seis, siete y ocho años sin ver un rayo de sol (para ser exactos, desde el 80, cuando nos llevaron a la cárcel del Combinado, en los días en que se planteaba el asunto del canje de presos, donde se fueron todos menos nosotros: ninguno merecía la libertad. Ahora todos estamos aquí). Entonces nos sacan como a las diez y media de la mañana, que el sol en Oriente a esa hora es mortal, y nos sacan a entrevistarnos a las dos y pico de la tarde. Aguantando todo ese sol ahí, parecíamos camarones. Les dije a los presos: «Cualquiera que sea la actitud de esta gente, vamos a ser inteligentes. Si tenemos que chocar, vamos a chocar, pero vamos a ver qué va a ser lo que hacen ellos y vamos a estar tranquilos.» Al poquito rato se aparece un señor, un pobre diablo que es militar, con el nombre mío. Una muchacha bellísima me empieza a entrevistar en un despacho. Yo sé que hay grabadoras y que están visualizando todo. Yo conozco un poquito de contrainterrogatorio y esas cosas, y cuando ella me empieza a preguntar, le digo: «Yo creo que aquí hay una desventaja muy grande por parte mía con relación a ti. Yo quiero que tú me digas tu nombre primero, qué estudias tú, qué tú haces y quién te manda aquí.» Inmediatamente suena una chicharra y ella sale. Cuando regresa, trae otra pose distinta. Me dice: «Bueno, usted viene aquí porque nosotros queremos conocer la situación.» Vi claramente lo que era parte del juego de esta gente, de malquerernos con la juventud, y le dije: «Mira, tú eres muy joven, nosotros te debemos a ti, porque lo que dejamos de hacer nosotros ha conducido a Cuba a este proyecto donde tú tienes que estar obedeciendo las órdenes de entrevistar a hombres que llevamos tanto tiempo presos…» Y vuelve a sonar la chicharra. Se me aparece un individuo, cincuenta y pico de años, y le digo: «Yo contigo no tengo nada que hablar porque tú sí eres parte de esto. Eres culpable de esto, porque tú sabes de las cosas tan aviesas que ustedes hacen aquí y ustedes saben cómo ustedes nos han instrumentado todo tipo de psicologías y todo tipo de maltratos físicos para quebrarnos a nosotros. Si tú deseas, yo hablo con ella, no contigo.» Se va el tipo y vuelve la muchacha. Entonces me trae dos galleticas con jamón, queso y una Salutaris, que es un refresco que se vende allá. Ella me lo ofrece todo, pero yo le digo: «No, yo no te acepto eso.» Dice: «¿Por qué?» «Porque ustedes a mis compañeros allá no les dan eso, ni a mí allá me lo dan. Cuando ustedes nos den eso allá, yo vengo aquí y yo comparto contigo.» Se me queda mirándome y me dice: «Roberto, ¿y por qué tú estás preso?» Le digo: «¿Por qué yo estoy preso? Para que ninguna madre padezca que su hijo esté tanto tiempo separado de ella...» Se echó a llorar, se puso tan nerviosa que empezó a fumar, y ella sabía ya que estaban velándola, que la estaban observando. «¿Tú no eres socióloga? —le pregunto—. ¿Por qué tú fumas? ¿Tú no sabes el compromiso que tú tienes con tus hijos? ¿Tienes novio?» La muchacha era hija de un español que era teniente coronel de la Fuerza Aérea cubana. ¿Cuál fue el resultado de esta conversación? Que ella ahora está aquí en Miami.

Salí de la cárcel en 1987. Aquí me encontré con Ninoska Pérez, que había estado haciendo campaña por mí. Un día, un ex preso político, Miguel Guevara, le había entregado unos papeles arrugados en los que yo había escrito a mano una colección de versos, «De la sangre de otras venas». Ella y mi hermana, con la colaboración de la activista Anne Ackerman, reúnen firmas y protestan. En 1987, Magyn Correa, de Panamá, presenta una moción parlamentaria para pedir mi libertad. Un mes después, Panamá negocia con Castro mi salida. Yo no quería salir sin el resto de los presos, aunque mi condena estaba casi totalmente cumplida, y ellos insistían e insistían. Por fin, el 29 de mayo de 1987, tras veintiocho años de presidio, llego a la base aérea de Tucumán en Panamá. Ahí está Ninoska, con la que estoy ahora casado. Yo no soy Fundación desde que yo llegué al exilio, yo soy Fundación desde el presidio. A pesar de que yo fui integrante del primer grupo de hombres armados que fue a Cuba, yo me percaté de que el exilio necesitaba tener una mística organizada, que nosotros teníamos que ir más allá de la calle 8 de Miami. Empiezo a oír a través de Radio Martí a la Fundación desde la cárcel. Y una de las cosas que me hizo ingresar aquí es que no hay nadie que tenga pasado malo. Nadie le debe una gota de lágrima ni de sangre a ninguna madre cubana, ni en el anterior gobierno de Batista ni en éste. Aquí no hay comandantes rebeldes, como no hay coroneles de Batista. La primera vez que nos encontramos con Jorge tuvimos una bronca tremenda, y no ha cesado esa discusión todos los días. Pero los siento míos. Yo todo lo que hago es porque sé que el régimen en Cuba ha matado lo mejor de mi generación. Yo no necesito nada del pueblo mío y juro ante Dios que si me ven en un pasquín mañana postulándome para cualquier cosa me podrán decir con todo derecho: tú eres el hombre más degradado y despreciable que yo conozco. Yo no aspiro a nada, ni siquiera a recuperar lo que era de mi mamá.

Este señor Ortelio Rodríguez del que les he hablado vino aquí a Miami hace como cuatro años a ver una hija con leucemia. Los presos me lo trajeron aquí. Ese día yo me gradué de hombre: yo no sabía que yo era un hombre todavía. Cuando lo vi, me lo quise comer, me dio náuseas, lo quise morder, patearlo, reventarlo, y no por lo que me había hecho a mí tanto como por lo que yo vi que les hacía a los demás presos. Pero pensé: coño, yo he estado preso veintiocho años y ya llevo demasiado tiempo en esta batalla como para cogerla ahora con el infeliz este, que lo que es, es un mequetrefe. En cuanto me vio, el tipo se cagó y se meó en los pantalones, y por nada se muere. Cuando le dije a Clara María del Valle que le trajera café fue que él se cagó en los pantalones. Tuvo que ir a un laboratorio de radiografía aquí enfrente, cagado literalmente, no es mentira, y meado, hecho una mierda. Cuando lo trajeron de vuelta, le dije: «Mira, la única diferencia que existe entre tú y yo, es que yo defiendo la verdad y tú has defendido siempre la mentira. Pero tú has tenido todavía un gesto humano en tu vida cuando tú has venido aquí, donde tú tienes tantas víctimas, a ver a una hija con leucemia de tu primer matrimonio. Si te quieres quedar, yo te voy a ayudar.» Y se quedó. Yo le conseguí trabajo en una compañía de aquí, cargando cajas y eso. La gente me pregunta: «¿Tú estás loco?» Y les respondo: «No, yo no estoy loco nada. Ese hombre es un infeliz.» El hombre de ideas no puede luchar contra un pobre hombre, tiene que luchar con lo que hace posible que esos hombres existan. Yo los he visto ahí que me han dado un palo hoy y al otro día yo les he dado la colcha para que se acuesten en el presidio, y los presos me decían: «Coño, tú eres...», y nunca permití broncas entre presos allá adentro, ni permití sodomía ni nada de eso. Unos dicen que soy socialista, otros dicen que soy de extrema derecha, y yo me creo de verdad en el camino que yo sé que me llena a mí y me satisface. Si estoy equivocado, le pido perdón a Dios, pero yo creo que en Cuba tiene que haber democracia. Ningún político me apetece. Y muchos de los que están aquí, si llegan a Cuba van a picar piedras a la Isla de Pinos pa' que aprendan un poco de civilidad y aprendan a cuidar un poco más lo que tienen. Esa es mi vida, más nada, y eso, si soy malo, soy malo.

Al cubano, que lo parta un rayo

Un folleto anuncia la famosa Clínica Cira García, antigua Miramar, en Cuba: «El más alto nivel médico a su disposición. Ofrecemos novedosos tratamientos para esquizofrenia, esclerosis múltiple, artritis reumatoidea, hipertensión, chequeos ejecutivos, servicios estomatológicos, cirugía estética, salas de curaciones y terapia intensiva, y ambulancias con todo lo necesario para la reanimación de pacientes. Además, alojamiento para acompañantes con servicios de menú a la carta, peluquería, tintorería, reservaciones para paseos y taxis.» Ninoska, altamente impresionada por este anuncio sobre la medicina cubana, llamó y, con un persuasivo acento español, pidió con la oficina de relaciones públicas:

—¿Sí?

—Mire, soy Gertrudis Duchamps, llamo desde Madrid, de la revista Mundo Actual. Estamos haciendo una pieza sobre esta modalidad de personas que viajan a países como Costa Rica, como Cuba, para tratamientos, cirugía estética, etc., y nos dicen que esta clínica da ese tipo de servicios. Si es así, quería incluir a la clínica en la nota que estamos haciendo.

—Sí, cómo no, hacemos esos tratamientos aquí también.

—¿Me podría explicar un poco si hacen cirugía plástica, estética, si es sólo en la cara o también en el cuerpo?

—En todo, en todo, incluyendo la liposucción.

—Ah, tienen liposucción. Eso es interesante, hay una modalidad de ofrecer todo este tipo de servicios a un costo más bajo.

—Yo, ahora, los precios reales no se los puedo dar telefónicamente, pero son bastante moderados para esta cuestión, son bastante bajos.

—¿Me puede explicar un poco más sobre los servicios?

—Bueno, la clínica ofrece todo tipo de servicios, todo tipo de cirugías, todo tipo de tratamiento médico, inclusive de ozono —la ozonoterapia— y otras cosas más.

—Y tienen, me imagino, los equipos modernos.

—Sí, aquí están los equipos más sofisticados en comparación con el mundo.

—Sabe, hay muchas clínicas que tienen ahora unos departamentos especiales de dietética. ¿Tienen eso?

—Bueno, aquí se está atendiendo también para la obesidad, hay muy buenos tratamientos sobre el caso, y dietética también.

—¿Y tienen bastantes personas que van a hacerse cirugía plástica? De otros países, me refiero.

—Sí, vienen bastante; aquí han venido de México, de Venezuela, de Argentina, de España.

—Sí, es que por eso es que nos ha interesado. Hay muchas personas aquí en España que nos han hablado de la clínica.

—Mire, usted, si quiere, puede pasar un fax con todas estas cosas que le interesan a la Clínica Cira García y nosotros le respondemos. El fax es 331633.

—Es que la nota realmente no es muy extensa, pero sí quería incluirla porque hay diferentes países por el Caribe que están haciendo esto. Es interesante.

—Ajá. Esta clínica está especializada solamente para el extranjero, turismo de salud. Solamente es para personal extranjero, los cubanos no se atienden en esta clínica. Ellos tienen otra... otras clínicas donde se atienden.

—Ah, me alegro mucho que me lo digas sin que te lo haya preguntado. Que los cubanos escuchen cómo ustedes atienden a los extranjeros, y al cubano, que lo parta un rayo.

VI
No hagas chistes, gallego

La reunión estaba prevista para la una de la tarde, así que Julio Feo pasó por él a las doce del día para conducirlo al palacio de la Moncloa. Hicieron una parada en la Casa de Campo y siguieron hasta su destino. A la una en punto, en la entrada de la Moncloa, Julio Feo identificó a su acompañante como el señor Jorge Cano para asegurar la máxima discreción. Feo saludaba con mucha familiaridad al personal de la entrada: había estado a cargo de la burocracia en la Moncloa como secretario general de la Presidencia en los primeros cinco años de gobierno de Felipe González. Sentado en un salón que daba sobre los jardines del palacio, Mas Canosa identificó el lugar por una fotografía publicada el día antes en el diario *ABC* con motivo de una reunión entre González y el jefe de la oposición, José María Aznar. A los pocos minutos, apareció el presidente: traje oscuro, corbata a rayas. Dio la bienvenida a su interlocutor y le ofreció algo de tomar. Mas Canosa pidió un café y el presidente hizo lo mismo, mientras encendía un tabaco —señal de que la charla tenía para rato.

En la callada compañía de Julio Feo, el exiliado y el presidente rompieron el hielo de inmediato: «Vamos a ver, para entendernos bien, dejemos a un lado todo protocolo, olvídese de que yo soy el presidente y hablemos claro. Yo quiero mucho a Cuba, me interesa

el pueblo cubano y deseo hablar con usted con toda sinceridad»,
arrancó Felipe. Como había convenido la noche antes con Julio
Feo, en una cena que le había ofrecido en su hogar en compañía del
periodista José Oneto y su asistente Kiko, Mas Canosa comenzó explicándole al presidente los orígenes y objetivos de la Fundación,
los logros alcanzados en el exilio y su ideario para la Cuba libre de
mañana. En una exposición de casi treinta minutos, reflexionó en
voz alta sobre la vigencia de la lengua y las costumbres de los cubanos en los Estados Unidos, y sobre su condición de exiliados que, al
tiempo que los diferencia de otras emigraciones latinoamericanas,
los motiva para organizarse y contribuir desde allí a la transición
política. Hizo hincapié en la necesidad de ser flexibles y pragmáticos, y puso como ejemplo de ese espíritu los contactos que ya estaban en marcha con las autoridades rusas. Felipe, que escuchaba con
atención, interrumpió un segundo para celebrar esto último.

«He venido aquí a buscar su ayuda para encontrarle una salida
pacífica, sin sangre y sin violencia, al conflicto cubano, teniendo en
mente el modelo español como un posible ejemplo para Cuba»,
prosiguió Mas Canosa. Explicó que hacía a los hermanos Castro
únicos responsables de la tragedia cubana, y que había que comenzar de nuevo una república sin odios ni venganzas, pluralista, democrática y con una economía de mercado. Con respecto a las antiguas propiedades de los exiliados, opinó que habría que buscar
alguna fórmula de compensación razonable, pero en ningún caso
devolverlas, pues ello sería fuente de enormes conflictos y empaña-
ría la transición.

A modo de conclusión, Mas Canosa expuso algunas razones
por las que la Fundación estimaba que el presidente del gobierno
español era el hombre idóneo para la tarea. La agonía del segundo
gobierno de Carlos Andrés Pérez inhabilitaba al presidente venezolano para esta misión. El laberinto del PRI mexicano y las delicadas
negociaciones sobre el Tratado de Libre Comercio con Estados
Unidos hacían descartar a Salinas de Gortari. Desaparecida la influencia del bloque soviético, sólo quedaba él como figura con capacidad de influir en la Isla para pedirle a Fidel Castro que dejara

el poder y servir de intermediario entre el exilio y la oposición interna, de un lado, y el resto del aparato político cubano, del otro. Como los emisarios de Felipe le habían planteado de antemano que gestionara el respaldo del presidente George Bush a una iniciativa española, Mas Canosa concluyó con la certeza de que Estados Unidos vería con buenos ojos la gestión de González.

Aunque la entrevista con el presidente español había sido un pedido de la Fundación, la idea de procurar la salida de Castro y propiciar un entendimiento de la Fundación con el resto de la jerarquía cubana era de Felipe González. La había comentado Julio Feo a los dirigentes del exilio en casa de Mas Canosa en Miami, tres semanas antes, cuando se discutía la posibilidad de que tuviera lugar la entrevista en la Moncloa. Mas Canosa había aceptado de inmediato.

Tomó la palabra el presidente español, haciendo un repaso, salpicado de anécdotas, de la relación histórica tanto del Partido Socialista como suya propia con Fidel Castro y los dirigentes de la Revolución cubana. «Nunca entendí por qué Cuba se unió, como lo hizo, a la Unión Soviética», dijo, afirmando luego que había llamado a Castro la atención por su alianza con Moscú incluso desde antes de llegar a la Moncloa. Calificó su relación con Castro como «de absoluta discrepancia política pero de gran respeto mutuo» y refirió que durante sus múltiples encuentros con él la mayor parte del tiempo se había ido en discutir sus diferencias de enfoque político y económico. En un viaje a La Habana, el único en Cubana de Aviación, Felipe había leído en el periódico *Granma* un discurso de Castro que ofrecía la misma paga para todos los obreros. Castro lo estaba esperando en el aeropuerto de La Habana. Una vez montados en el automóvil, Felipe abrió fuego: «Eso de pagarles igual a todos es una tontería», y le explicó que semejante política mataba el incentivo para prosperar. «También le dije que la Reforma Agraria era una mierda. Fidel me respondió: "No hagas chistes, gallego."»

La narración de González se trasladó en seguida a la reunión de presidentes iberoamericanos en Guadalajara, México, cuando Salinas de Gortari preguntó al presidente español qué se iba hacer con Castro. «Le tengo citado para una reunión esta tarde. ¿Por qué no vienes?», le contestó Felipe. Según relató González a Mas Canosa, tenía preparados a sus ministros para que lo dejaran a solas con Castro, lo que ocurrió de acuerdo al plan. Cuando los colaboradores de Castro hicieron ademán de irse también, Castro les pidió que se quedaran para oír lo que Felipe le iba a decir. «Después les cuento lo que tú me dices y no me creen», se justificó Fidel, mirando fijamente al presidente español. Carlos Rafael Rodríguez y Carlos Aldana se quedaron en la habitación. Un poco más tarde se sumó al grupo el presidente mexicano. Felipe abrió la reunión diciendo que el comunismo era un experimento fracasado y repudiado por la humanidad, y que el sistema y el gobierno de Cuba correrían la misma suerte a menos que se introdujeran cambios urgentes, sobre todo económicos, con la expectativa de que éstos desencadenaran cambios políticos. Se produjo una discusión acalorada. Castro se negó a ceder: «La historia no ha dicho la última palabra.» «Fidel, eso está bien para la galería, pero no entre nosotros», replicó Felipe. «El día que se diga la última palabra, es el final de todos. Si a lo que te refieres es a que la historia no ha dicho la última palabra sobre el comunismo, te equivocas, Fidel: el comunismo se acabó.»

En ese punto del relato, Mas Canosa interrumpió al presidente Felipe González: «A lo mejor Castro se estaba refiriendo al golpe de Estado que se produciría un mes más tarde, en agosto de 1991, en la Unión Soviética.» «Claro, claro», asintió el presidente. «Ya Castro lo sabía y Gorbachov me lo confirmó más tarde. Incluso me dio el nombre del ruso que había ido a La Habana a notificárselo a Fidel Castro.»

El presidente González continuó insistiéndole a Castro, ante su evidente malestar, que tenía que abandonar el comunismo y que Guadalajara era el marco apropiado para hacerlo. Carlos Rafael Rodríguez —«muy viejo y cansado, pero más flexible»— intervino para bajar la tensión. Con una frase que a Felipe le pareció «ridícula», dijo que Castro, González y Salinas —este último apenas había hablado— tenían muchos puntos de coincidencia.

González recordó haber visto a Castro acorralado al final de la reunión y haberlo oído decir que él sabía que tenía que hacer cambios, pero que debía arreglar con los suyos —«mi gente»— cómo hacerlos. Salinas de Gortari sugirió que Fidel expresara eso mismo en su discurso ante la asamblea iberoamericana en Guadalajara al día siguiente. Castro respondió con una lógica implacable: «Los discursos se escriben antes que las reuniones.» Felipe le recordó su poder de improvisación y le pidió que hiciera lo que Salinas le aconsejaba. Castro guardó silencio y se marchó. El último en salir fue Carlos Aldana. «Señor presidente, tiene que continuar hablando con Fidel, hay que hablar, hay que seguir hablando», imploró, cogiendo del brazo a Felipe.

La narración de González saltó al Brasil. Allí, Carlos Andrés Pérez, consciente de los rumores sobre la salud de Castro, había cortado el aire con una cuchillada verbal: «Fidel, ¿y qué pasaría si tú te murieras?» Más compasivo fue el presidente del Paraguay, que sugirió hacer una colecta para comprarle a Castro un traje. Hablaba con autoridad moral: «Yo también soy militar, pero los tiempos piden un cambio de ropa.» En un discurso, durante la cena, en presencia de sus colegas, el presidente José Sarney del Brasil recordó que en los Estados Unidos se dice que quien toca la puerta a las cinco de la mañana es el lechero, mientras que en América Latina son los militares. «Pero esta expresión vamos a tener que cambiarla —añadió, en referencia a los cambios democráticos de América Latina—. Ahora la democracia se mide por el tiempo que lleva hacer maletas.» Y, mirando a su mujer, concluyó: «A nosotros nos ha sobrado el tiempo.» Al terminar la cena, Sarney expresó a Fidel Castro su esperanza de que él tuviera tiempo para hacer sus maletas.

Felipe evocó ante Mas Canosa una tentativa previa en relación con Cuba, que lo había llevado a cambiar ideas con el entonces vicepresidente George Bush, en Buenos Aires, durante la toma de posesión de Raúl Alfonsín. Felipe propuso un plan de diez años para lograr un cambio en Cuba. Bush le preguntó la edad a Felipe, que andaba por los comienzos de la cuarentena, y, sin esperar respuesta, sentenció: «Estoy muy viejo para esperar diez años.» El presidente hizo en ese instante una breve digresión para reflexionar ante el exiliado cubano sobre sus relaciones con los norteamericanos. Justificó no haber cedido territorio español para el ataque del presidente Reagan a Libia con el argumento de que dicho país comparte el Mediterráneo con España. En cambio, se mostró orgulloso de la colaboración de España con los Estados Unidos durante la guerra del golfo Pérsico que enfrentó a los aliados con Saddam Hussein. «Por España pasó el 40 por 100 del personal y el 60 por 100 del avituallamiento militar», dijo. Sus relaciones con el secretario de Estado George Shultz no siempre fueron fluidas. Shultz le había comunicado, en una ocasión, que Estados Unidos no podía renovar una línea de crédito de 400 millones para España. Felipe le había respondido ofreciéndole línea de crédito para los Estados Unidos por la misma cantidad, y, si quería, hasta de mil millones de dólares. Descolocado por la chispa andaluza, Shultz había quedado sorprendido. «Nunca más tuvimos problemas», apuntó González. También de James Baker, secretario de Estado de George Bush, dijo que «tiene un carácter difícil».

El presidente González terminó su intervención volviendo a Cuba, expresando su frustración por no haber podido romper el bloqueo mental de Fidel Castro y aceptando el pedido de Mas Canosa de realizar un último intento por encontrarle una solución al conflicto cubano. Admitió que corría el riesgo de pillarse la mano y perder los dedos en el empeño. «Juro que será el último intento, aunque lo más probable es que vuelva a realizar otro si éste fracasa.»

«Vamos a discutir cómo hacerlo», propuso el presidente, para entrar en materia. A Mas Canosa esta reacción no lo cogió por sorpresa porque Julio Feo, en el lenguage críptico propio de la especie política, le había dicho, la víspera, que sospechaba que Felipe le preguntaría acerca del mejor método para proceder. «No he discutido esto con Felipe, es una idea mía», había apuntado Julio Feo. Sin esperar respuesta, seguramente consciente de tocar una fibra sensible en el exilio, Felipe aventuró la sugerencia de que la mejor manera de solucionar el conflicto cubano era «dialogando». Mas Canosa se apresuró a responder que por razones obvias, y realidades políticas que tenían que ver con gente a la que él representa, los exiliados no podían sentarse a negociar con los hermanos Castro.

«Pero sí estamos dispuestos a conversar con cualquier otro funcionario cubano para encontrarle una solución democrática a Cuba», añadió. Ante su sorpresa, Felipe González afirmó de forma rápida y tajante que coincidía con ese planteamiento. Un diálogo de ese tipo le parecía el apropiado, pues siendo Castro el problema no podía ser parte de la solución. Añadió que ningún Castro —lo que incluía a su hijo Fidelito— podía representar la salida al conflicto. ¿Y qué nombres serían aceptables para Mas Canosa? El cubano respondió que era flexible y estaba dispuesto a entenderse con una gama amplia de funcionarios de primer nivel. Citó los nombres de Carlos Lage y Carlos Aldana. Julio Feo hizo la primera de sus dos únicas intervenciones y señaló que Abelardo Colomé Ibarra era compañero de colegio de Mas Canosa y podría ser aceptable para el exiliado como representante de los militares. En cuanto a la posible agenda de conversaciones, Mas Canosa se declaró dispuesto a discutir «una solución al conflicto cubano dentro de un esquema democrático y de pluralismo político que abra las puertas a la celebración de elecciones libres y establezca el respeto a los derechos humanos».

A medida que avanzaba la conversación, el presidente González daba la impresión de estar en la misma longitud de onda que su interlocutor. En varias ocasiones transmitió su convicción de que había que actuar con urgencia. Lo que había empezado como una simple gestión de entrevista hacía unas semanas, se había convertido en el desarrollo de un plan detallado para procurar la salida de Castro del poder. Era obvio que a Julio Feo no lo había movido sólo el instinto cuando había transmitido a Mas Canosa la «sospecha» de que González podría estar interesado en algo más que intercambiar frases banales.

Facilitaba las cosas la amabilidad de González. Si lo que quería el presidente González era seducir a su interlocutor, lo logró. Mas Canosa creyó al pie de la letra lo que le dijo González. Lo sorprendió el «pragmatismo» y el «equilibrio» que transmitía. «Es la más franca, profunda y sustancial de todas las reuniones que yo he tenido con jefes de Estado o de gobierno», diría a sus colaboradores más tarde el jefe de la Fundación.

¿Fue porque lo creía, por su conocimiento minucioso del animal político, o por puro afán de ablandar sus defensas, que Felipe dijo a Mas Canosa que Fidel Castro despreciaba a sus opositores de filiación socialdemócrata o demócrata-cristiana y que, en cambio, respetaba los logros y la efectividad de la Fundación? Es más: llegó a decir que Fidel tenía deseos de entenderse con la Fundación. Mas Canosa vio venir el peligro: «Nosotros no podemos entrar en diálogo o negociaciones con Castro», le recordó al presidente. El presidente repitió que coincidía con esa posición, aclarando que solamente estaba haciendo referencia a los hechos para el beneficio de su conocimiento. Felipe era de la opinión de que hay mucha gente descontenta alrededor de Castro: dirigentes que simulan lealtad cuando realmente creen que aquel sistema ha llegado a su fin y que es imperativo un cambio. No dejó lugar a dudas sobre su convicción de que Castro no podía continuar gobernando y debía procurarse una solución inmediata, «pues dictadores como él pueden mantenerse en el poder por mucho tiempo, más allá de lo que resulta razonable y lógico esperar». Recomendó a Mas Canosa, para ir despejando el terreno, abandonar los ataques contra Castro y concentrarse en poner en funcionamiento la transición y transmitir a los cubanos la visión de una Cuba libre y próspera.

Con respecto a esa Cuba futura, el presidente Gónzalez se mostró exultante: «La reconstrucción de Cuba no tendrá mayores dificultades y será una de las más exitosas en la historia.» Mas Canosa lo interrumpió para expresarle su interés por que en esa futura Cuba haya inversiones españolas que sirvan de contrapeso a las inversiones norteamericanas y contribuyan a la pronta recuperación de la economía cubana. Sospechando que se trataba de una referencia oblicua al peligro de que las inversiones españolas apuntalaran a Castro *antes* de un cambio político, el presidente dijo que la suma de todas las inversiones españolas en Cuba desde 1989 hasta 1992, privadas y oficiales, era sólo de cuarenta millones de dólares. «Los empresarios españoles no muestran mucho interés en seguir invirtiendo en Cuba», aventuró una opinión que el tiempo no confirmaría.

Mas Canosa expresó sus reservas sobre la visita de Castro a España con motivo de la *cumbre* de presidentes iberoamericanos. Felipe contó que, en su reciente escala en Madrid, Castro le había dicho que era un crimen no conocer España: «Me dijo que se afeitaría la barba para venir a España. Está loco por venir a España.» El presidente español creía que ese interés podía convertirse en un factor psicológico importante para el éxito de la gestión. Se refería a la posibilidad de darle asilo en España.

«Lo voy a ayudar —prometió Felipe a Mas Canosa en respuesta a su solicitud—, y pienso usar para esta misión al ex presidente Adolfo Suárez.» Justificó su elección de Adolfo Suárez por confiar en que él transmitiría a Fidel Castro y a los miembros de la cúpula gobernante cubana, fielmente y sin desvíos, el plan que allí estaban diseñando. Nombrando a Adolfo Suárez emisario suyo, Felipe garantizaba el realce de la misión y se ganaba la confianza de ambas orillas del conflicto cubano. La propuesta que debía transmitirse a la cúpula gobernante era la siguiente: abandono del poder por parte de los Castro y salida para España; elecciones, con respeto a los derechos fundamentales y las libertades públicas y bajo un gobierno de emergencia, supervisadas por organismos internacionales; reconciliación nacional sin venganza ni exclusiones; por fin, y en adelante, democracia y economía de mercado. Los lineamientos con respecto al futuro de Cuba eran vagos porque Felipe quería limitar la misión de modo que quedara claro que aquél estaría en manos del pueblo, al que le correspondería elegir a sus gobernantes y determinar las características de su sistema político.

Mas Canosa ya sabía de la selección de Adolfo Suárez desde la noche antes, cuando, durante la cena en casa de Julio Feo, éste había explicado a José Oneto, director de la revista *Tiempo,* que el presidente quería contar con su antecesor para intentar una gestión política en Cuba. Cuando Felipe confirmó a Mas Canosa la elección de Suárez, se hizo evidente que Julio Feo se había acercado a la Fundación con un propósito mucho más oficial del que en un principio había querido admitir.

El presidente González reconoció que había pensado en Manuel Fraga para la misión. «Pero se ha pasado un pelín», dijo, por lo que quedaba inhabilitado para ella. Sabiendo que cosquilleaba la sensibilidad política de su interlocutor, Felipe mostró cierto asombro por las cortesías de la derecha gallega para con Fidel.

En este punto —señal de deformación profesional—, Julio Feo intervino por segunda y última vez para recordarle al mandatario español, como lo había hecho en innumerables reuniones en el pasado, que ya habían transcurrido dos horas y diez minutos de conversación. Ante el desconcierto de Mas Canosa, Felipe dijo para terminar que quería la aceptación de Bush. No fue el pedido lo que lo sorprendió —ya tenía algún indicio de él por Julio Feo—, sino que él personalmente se lo comunicara después de más de dos horas de negociación aparentemente incondicional. A pesar de sentirse algo decepcionado con estas palabras finales de Felipe —«no me pareció serio», diría más tarde a un colaborador suyo en Miami—, Mas Canosa no dudó en decirle que haría la gestión. Una vez dentro del automóvil de Julio Feo, el exiliado pidió a su acompañante una opinión sobre la entrevista: «Clasifícala en una escala del uno al diez, siendo diez el número óptimo.» La respuesta de Feo no se hizo esperar: «Diez.»

La gestión ante el gobierno norteamericano no fue difícil. A los pocos días, Mas Canosa transmitió el mensaje a Bob Gates, el segundo hombre del Consejo de Seguridad Nacional que dirigía Brent Scowcroft. Gates escribió en persona la nota que debía firmar George Bush confirmando que estaba gratamente enterado de la conversación de Felipe con Mas Canosa. El presidente de los Estados Unidos no tuvo ninguna dificultad en hacer suya la aprobación del plan y hacer saber a González su aceptación. Estaba abierta la puerta para que Fidel Castro saliera al exilio con sus millones y tuviera garantizada la paz por el lado tanto de Washington como del exilio cubano.

¿Por qué tomaba esta iniciativa González? ¿Le habría expresado Fidel Castro su deseo de irse de Cuba y su deseo de que tanto el gobierno de Estados Unidos como la Fundación le garantizaran un exilio sin mayores dificultades? ¿Le habrían pedido algunos miembros del entorno de Castro que le otorgara asilo al dictador en España y sirviera de intermediario con el presidente Bush y la Fundación para obtener garantías de que no habría represalias durante la transición? Mas Canosa nunca lo llegó a saber. Con el tiempo, fue haciéndose evidente que Felipe González había decidido —acaso después de una respuesta contundente por parte de La Habana— congelar la misión y sus contactos con el exilio. El plan secreto se fue convirtiendo, con la perspectiva de los meses y años, en un ejercicio mental de Felipe, abortado por la realidad de un régimen cubano dispuesto a resistir hasta el final.

Corría 1992 y se acercaba la campaña electoral que vería el fin de la era republicana en la Casa Blanca. Las relaciones del exilio con Bush habían topado con un obstáculo serio. El presidente se negaba a respaldar la Ley Torricelli que pretendía reforzar un embargo que con los años se había convertido en una coladera —«un queso gruyer», decían algunos—. Jeb Bush, su hijo, se apareció un día en casa de Feliciano Foyo y anunció: «Mi padre no firma la ley.» Entre fines de 1991 y comienzos de 1992, Robert Torricelli, el representante demócrata de Nueva Jersey, que encabezaba el Subcomité de Asuntos del Hemisferio Occidental de la Cámara de Representantes, había hecho una propuesta para combinar el fortalecimiento de las sanciones con incentivos para una Cuba libre. Bush la había vetado porque decía que dañaba las relaciones con Canadá y Europa y —razón aún más poderosa— porque arrebataba a la Casa Blanca, confiriéndoselas al Congreso, prerrogativas de política exterior. La relación de Torricelli con Mas Canosa no había sido muy cercana hasta ese momento. Temas como Radio Martí y la ayuda a los «contras» en Nicaragua los habían situado frente a frente. Cuando sustituyó a un miembro de la izquierda de su propio partido como presidente del Subcomité de Asuntos del Hemisferio Occidental (uno de los subcomités en que se divide el decisivo Comité de Relaciones Exteriores), Mas Canosa se acercó a él. Varios encuentros, incluido un paseo en yate, fueron reduciendo las prevenciones y desconfianzas. Estaba en ciernes una de las alianzas más poderosas de la política exterior de los Estados Unidos.

El *Wall Street Journal* sostiene que fueron un factor clave en la conversión de Torricelli a la causa de Cuba las contribuciones electorales con las que lo obsequió la Fundación —unos veintiséis mil setecientos cincuenta dólares—. Su compañero de partido Dante Fascell discrepa. Según él, lo que Torricelli quiere es ser gobernador de Nueva Jersey, donde hay doscientos mil cubanos. Pero debe haber algo más cuando hay muchas organizaciones en Washington capaces de entregar veintiséis mil setecientos cincuenta dólares a un candidato y nunca Torricelli abrazó otra causa como ha abrazado ésta, incluso a costa de un sector de la prensa de izquierda, su aliada natural. Torricelli no ha sido, en cualquier caso, el representante más beneficiado por las contribuciones de la Fundación. Antes de él están Ileana Ros y Dante Fascell.

La Ley Torricelli se proponía reforzar el embargo, impedir a las filiales de empresas norteamericanas comerciar con Cuba, prohibir que los barcos que atracaran en puerto cubano lo hicieran en puerto estadounidense antes de seis meses, recortar la ayuda a países que subvencionaran el comercio con Cuba y limitar los fondos que enviaban los cubanos a la Isla. El aspecto que se hizo más célebre en esta ley —el que tocaba a las subsidiarias de las compañías norteamericanas— no era gratuito: una actividad por un monto de setecientos cinco millones de dólares anuales convertía a estas filiales en una fuente esencial de oxígeno económico para Castro. Se pretendía, dando consistencia legal al embargo, cerrar las lagunas abiertas por Carter en 1975. El embargo no había sido hasta entonces más que una sucesión de órdenes ejecutivas sin otra referencia legal que la Ley de Comercio con el Enemigo de 1917. La propuesta de ley tenía al mismo tiempo un reverso positivo, parte del cual estaba contenido en el llamado «carril II», que pasó inadvertido para el mundo: pretendía aumentar las comunicaciones con la Isla, promover a las Organizaciones No Gubernamentales ofreciendo ayuda —entre otras cosas, medicinas y alimentos en abundancia— a aquellas que no estuvieran ligadas al gobierno, y permitir a los exiliados enviar ayuda humanitaria sin pasar por terceros países. Hablaba de una «transición pacífica», anunciaba, en su «carril I», del fin del embargo una vez que hubiera democracia, y prometía asistencia al gobierno provisional que reemplazara al régimen de Castro. Refiriéndose a la oferta de becas —también contenida en la propuesta de ley— para que estudiantes y académicos salieran al exterior, Castro denunció que se trataba de «una estrategia para deslumbrarlos con la tecnología y los centros de poder extranjeros».

Ante el *impasse* con la Administración Bush, los exiliados acudieron al candidato Bill Clinton, que estaba bajo un tumulto de presiones para comprometerse a levantar el embargo. El nexo con Clinton fueron un grupo de demócratas, sobre todo Steve Solarz, representante por Nueva York. Este político judío era el hombre más influyente en el Comité de Relaciones Exteriores después de Dante Fascell, su presidente, y había impreso su nombre a ciertos episodios de la historia contemporánea, como el derrocamiento de Ferdinand Marcos en Filipinas (al producirse el asesinato de Aquino en el aeropuerto de Manila, Steve Solarz se trasladó a Filipinas, donde prácticamente residió hasta la llegada al poder de Corazón Aquino, la esposa del líder asesinado). Mas Canosa tenía relación con Solarz, quien le había presentado en más de una ocasión a dirigentes extranjeros, entre ellos la paquistaní Benazir Bhutto, en el comedor de la Cámara de Representantes. Pero las relaciones no eran las de dos almas gemelas: Solarz estaba situado a la izquierda de Mas Canosa y había sido un tenaz adversario de las causas del exilio en Washington. «Prefiero hablar con una persona de talento con el que no tengo ningún vínculo que con un personaje sin talento con el espíritu de Madre Teresa», le decía Mas algunas veces. En el Victor's Café de Miami, donde Jorge e Irma Mas y Alberto Hernández lo invitaron a comer, la Fundación convenció a Solarz de que los condujera hasta Clinton. Era una iniciativa arriesgada para Mas Canosa, en un territorio, el de los exiliados de Dade, tenazmente republicano (sólo el 18 por 100 de los cubanos votarían por Clinton en 1992). La única relación que tenía Clinton con Miami era Hugh Rodham, hermano de su esposa Hillary y candidato a senador por la Florida, casado con la cubana María

Victoria Amas. Con la ayuda no sólo de Solarz sino también del judío demócrata Jerome Berlin y los congresistas demócratas Dante Fascell y Larry Smith, la Fundación convenció a Bill Clinton de que respaldara la propuesta de ley de Torricelli en aquel año electoral.

Al día siguiente de expresar Clinton su apoyo a la propuesta, el *Washington Post* dio cuenta del espectacular cambio de posición del aspirante a la Casa Blanca. El presidente Bush estalló en cólera. Una nota de su puño y letra salió disparada hacia Bernie Aronson: *I do not want to be outside on this issue* («no quiero quedarme fuera en este tema»). Treinta minutos después, Jorge Mas Canosa, Domingo Moreira, Alberto Hernández y Pepe Hernández estaban reunidos con la plana mayor de la Casa Blanca buscando una fórmula para que los republicanos no quedaran descolocados. La Casa Blanca pedía que los exiliados protegieran en la propuesta de ley la autoridad del presidente en la conducción de la política exterior y suavizaran algunos aspectos del refuerzo del embargo. Dadas las urgencias del calendario electoral, la Casa Blanca creyó conveniente no esperar a la aprobación de la ley y aplicar de una vez por la vía de la orden ejecutiva algunas de las sanciones incluidas en la propuesta de Torricelli. El 5 de marzo de 1992, Mas Canosa se reunió con Bush para simbolizar con el encuentro sus coincidencias. En consulta con el líder de la Fundación, Aronson recomendó prohibir de una vez que barcos que llevaban mercancía a Cuba tocaran puerto norteamericano antes de seis meses; también permitir a los exiliados el envío de ayuda humanitaria a la Isla. Desde Kenenbunkport, el 18 de abril, George Bush dictó las órdenes ejecutivas.

En este laberinto de conspiraciones políticas paralelas, ocurrió lo inevitable: una tarde que Mas Canosa estaba entrando con Bernie Aronson a uno de los ascensores del Capitolio, salió de la nada Steve Solarz y, eufórico, se abalanzó sobre el exiliado cubano: «Jorge, dame un abrazo, lo hicimos, lo hicimos, forzamos a la Administración esta a respaldar la Ley Torricelli.» Mas Canosa, muerto de la vergüenza al lado del representante de esa Administración a la que había descolocado con su golpe de mano, tragó saliva.

El 23 de octubre George Bush viajó a Miami a firmar la ley aprobada por el Congreso. No invitó a ningún demócrata, ni siquiera a Bob Torricelli. Una persona del entorno del presidente pidió a Mas Canosa que no mencionara a ningún demócrata durante su intervención. «Mira —respondió Mas Canosa al ayudante del presidente—, yo los voy a mencionar porque no sería correcto hacer otra cosa», y al tomar la palabra rindió homenaje a Bob Torricelli y Bob Graham, dos grandes responsables de la victoria legislativa. Luego de firmar, Bush obsequió la pluma a Mas Canosa. Pocas horas después, Torricelli recibía la misma pluma en su despacho, con esta nota: «La mereces.»

Aunque siempre había mantenido relaciones de primer nivel con los dos partidos, pocos creían que la Fundación podría hacer lo mismo en la instancia ejecutiva sin pagar un precio demasiado costoso (en este juego de alto voltaje, Mas Canosa se va a electrocutar, decía Tom Fiedler en el *Miami Herald).* Pero el líder de la Fundación creía ver en lo ocurrido una prueba de que la independencia del exilio era su ábrete-sésamo en Washington. Se reunió con Clinton en el aeropuerto de Tampa en plena campaña electoral. Lo acompañaban Diego Suárez, Pepe Hernández y Dante Fascell. «Yo voy a trabajar con ustedes —dijo el candidato—. Los voy a ayudar en el problema de Cuba y les doy mi compromiso por Radio y Televisión Martí.» Al terminar la reunión, Mas Canosa hizo una declaración de equilibrista: «Los cubanos no debemos de temer si resulta electo presidente de los Estados Unidos el candidato Bill Clinton.»

La declaración cayó como lava de volcán sobre Miami. La capital del exilio estaba movilizada por Bush. Era obvio que Clinton no ganaría allí, por lo que la declaración de Mas Canosa podía enajenarle parte de su propia base. Clinton tenía la caución de cubanos demócratas y, después de declarar su apoyo a la Ley Torricelli, había logrado, en abril de 1992, en una cena con trescientos cubanos que organizó Stephen Solarz, levantar unos doscientos setenta mil dólares, la mitad del dinero que obtendría del exilio cubano en esa campaña (Clinton sólo ganaría ese estado en 1996, con un importante porcentaje de votos cubanos). Mas Canosa fue criticado por Jeb Bush y algunos de sus propios colaboradores, entre ellos Feliciano Foyo. Y adversarios como Ramón Cernuda salieron a decir: «Traicionó a los republicanos al impulsar la Ley Torricelli a través de los demócratas y luego traicionó a los demócratas al acceder a los deseos de Bush de excluirlos de la firma en Miami, y ahora traiciona a los republicanos dándole a Clinton un certificado de buena conducta.» Mas Canosa insistía en que la independencia de la Fundación había quedado en evidencia. En privado, pensaba que una vez que el tiempo diera sentido a su actuación en aquella campaña contaría con un capital político suficiente para hacer que el exilio aceptara, en el futuro, decisiones o posturas que pudieran ser *a priori* impopulares. «¿Por quién va a votar?», le preguntó la prensa. Quizá tocado por las críticas, respondió: «Por George Bush.» «No debí hacerlo —admite hoy—, fue un riesgo demasiado grande y no debí poner a la Fundación en esa tesitura. Debí indicar que se trataba de algo privado y decir que iba a esperar hasta el último día para ver cuál era el candidato que más ofrecía.» Pero en aquel momento era difícil no agradecer con el voto público unas relaciones con Bush que, a pesar de su tirantez en los momentos finales de su mandato, habían sido óptimas durante más de una década. Da una idea de la calidez de aquellas relaciones el que el 18 de octubre de 1992 el editor del *Miami Herald,* Dave Lawrence, se quejara así en su columna dominical: «Cuando el pasado abril tuve la oportunidad de conversar con el presidente Bush por unos breves minutos en Washington, la única persona sobre la cual quiso hablar fue Jorge Mas Canosa.» Las contribuciones directas de la Fundación a la campaña presidencial, que sumaron alrededor de cincuenta y siete mil dólares, reflejaron la cercanía entre el exilio y la Administración Bush.

En una casita decimonónica de la calle Walnut, en Englewood, Nueva Jersey, a un costado del río Hudson, Bob Torricelli, ese hijo de inmigrantes sicilianos que ya es también un hijo adoptivo del exilio cubano, explica que «es imposible derogar la Ley de la Democracia Cubana» (el nombre oficial de su ley). Según él, «la coalición, muy amplia, que hemos formado contra la dictadura de Castro es más poderosa que cualquier otra en cualquier tema de política doméstica o exterior». Aunque reconoce que Bob Graham y Connie Mack, los dos congresistas de la Florida (el primero demócrata, el segundo republicano), fueron claves en la victoria legislativa, es muy consciente de ser, él mismo, la figura parlamentaria principal de la coalición. «La Habana se refiere a mí como republicano —dice—, y las radios de Miami a veces también, porque existe la idea de que si se tiene una posición clara contra Castro se es republicano.» Su batalla personal ha logrado, cree, «neutralizar el control republicano del asunto cubano, y esa es la razón de que se hayan obtenido varias victorias. No hubiera sido posible de otro modo, pues la presencia demócrata en el Congreso es determinante desde hace varios años». El propio Torricelli estuvo en Cuba en 1988. Dice con todo desparpajo que si Castro le hubiera prometido «libertad», no se habría metido en esta batalla. «Pero no dijo eso: fue categórico en su rechazo a la apertura democrática.» Como hijo de inmigrantes, Torricelli cree saber lo que el americano espera del inmigrante, incluido el cubano: «Los americanos sólo admiran a los hombres hechos a sí mismos. El *New York Times* y otros medios no entienden que los exiliados no heredaron tierras aquí, ni son parte de la clase terrateniente y privilegiada, sino gente hecha a sí misma en la mejor tradición americana. Si entendieran eso, admirarían a los exiliados como yo los admiro. Los americanos odian el privilegio, y es una gran injusticia que traten al exiliado cubano como si lo tuviera. Los cubanos de mi Estado —en las ciudades de Union City y Elizabeth, sobre todo— han reemplazado a los irlandeses y los italianos, que eran los antiguos inmigrantes de Nueva Jersey. Ahora, igual que en Miami, constituyen aquí una clase media exitosa.» Por decir cosas así, Torricelli obtuvo en 1996 el 90 por 100 del voto cubano de Nueva Jersey, fenómeno que lo ayudó a conseguir un escaño en el Senado en una de las lides más aguerridas de la campaña electoral de ese año.

Una vez consolidado su poder en Washington y confirmada la influencia ante la nueva Administración —vetando, por ejemplo, al abogado Mario Baeza, a quien en un principio el entorno de Clinton recomendó para el cargo de subsecretario de Estado para Asuntos Interamericanos—, el exilio entendió que tenía una plataforma desde la cual expandir su actividad en el extranjero. Se negociaba entonces, entre las brumas de la incertidumbre, el Tratado de Libre Comercio entre Estados Unidos y México. Mas Canosa, que era un partidario del comercio libre y tendía a simpatizar con la integración comercial en ciernes en Norteamérica, intuyó que se le abría una oportunidad para colocar una cuña entre México y La Habana, relación que beneficiaba mucho a Fidel Castro. Si México quería el abrazo del exilio cubano a un acuerdo comercial que contaba con muchos detractores en el Capitolio, tendría que pagar un precio por ello. La Fundación publicó anuncios en el *New York Times* y *Los Angeles Times* criticando la compra subvencionada de azúcar a Cuba por parte de México. El golpe surtió efecto: el 4 de agosto de 1992 se reunían en la residencia de Los Pinos el presidente Salinas y la delegación cubana compuesta por Mas Canosa, Diego Suárez, José Sorzano y Alfonso Fanjul (Fanjul, además de hombre cercano a la Fundación, estaba allí como el magnate del azúcar que es). No tardó Salinas en acordar con el exilio tres puntos a cambio del apoyo al Tratado de Libre Comercio. Prometió que no perdonaría a Castro la deuda con México a cambio del ingreso de ciertas inversiones mexicanas a Cuba; que Cuba no se beneficiaría de subsidios mexicanos en ninguna forma, y que el gobierno mexicano no extendería garantías ni subvenciones a las empresas privadas que invirtieran o comerciaran con Cuba (el comercio entre México y Cuba ascendía a doscientos diez millones de dólares). El presidente mexicano parecía genuinamente interesado en abrir relaciones cordiales con la oposición cubana. Poco después recibió también a Carlos Alberto Montaner en Los Pinos y, contraviniendo varias décadas de tradición en la política exterior mexicana, llegó a declarar: «Es necesario reconocer la pluralidad del pueblo cubano.» Al salir de su entrevista, Mas Canosa había pensado: «Es el primer presidente serio de México.» Pero todo era una trampa. Poco tiempo después de oleado y sacramentado el Tratado de Libre Comercio, Salinas viajó a La Habana, avaló las inversiones del grupo Domos y se fundió en un abrazo con Castro prometiendo impulsar desde el gobierno el comercio entre ambos países. El 18 de enero de 1994 llegaba a la oficina de Mas Canosa en Miami una carta firmada por el presidente Clinton: «Te agradezco profundamente por tu apoyo a los esfuerzos de mi Administración por hacer pasar el NAFTA. Espero poder contar con tu continuo apoyo para la reforma de la Sanidad.»

En secreto, tenían lugar otro tipo de escarceos políticos. Además de colaborar con la deserción de algunos hombres del gobierno de Castro —tarea en la que cumplió una función semiclandestina Mignon Medrano—, la Fundación tuvo en 1991 contactos con el aparato político cubano. La primera reunión con funcionarios castristas tuvo lugar en Toronto. El diálogo se desplazó luego a México, la República Dominicana y España. Los funcionarios estaban interesados en obtener garantías para el día después. «Queremos ir al sector privado en paz», decían. Mas Canosa les explicaba que no tenía interés en que se castigara a Fidel Castro y que había hecho gestiones ante el Departamento de Estado para que no se formularan cargos penales contra ellos. El esquema mental del jefe de la Fundación no excluía negociar la existencia de Radio Martí, como Estados Unidos había negociado el emplazamiento de los misiles *Pershing II* en Europa con el fin de forzar el Tratado de Armas Nucleares de Alcance Intermedio, según él mismo declaró a *Newsweek* el 18 de junio de 1990. En 1993, Mas Canosa supo que Carlos Lage, personaje clave del régimen de Castro (secretario ejecutivo del Consejo de Ministros y miembro del Consejo de Estado), iba a visitar Chile. «Los comunistas siempre van a hoteles de primera clase», pensó, así que dos días después lo llamó al hotel Carrera, en Santiago de Chile. Lage contestó el teléfono en su habitación. «Lage, soy Mas Canosa, de Miami —lo sorprendió la voz al otro lado del hilo—. Sólo quiero decirte que estoy impresionado por la manera prudente y moderada como tú abordas la situación cubana. Somos hermanos cubanos, no queremos revancha. Queremos una transición pacífica y que cooperes con la oposición dentro de Cuba para el cambio.» Lage oyó en silencio. «Gracias», respondió, y colgó.

El frente académico no podía ser descuidado. Fundaciones como Ford, Rockefeller y Arcos seguían financiando una colaboración entre académicos de Estados Unidos y de Cuba que por lo general tenía el efecto de ósmosis en el sentido equivocado: en lugar de contagiar a los cubanos, los norteamericanos acababan convertidos en aliados objetivos de los intereses de Castro. Para contrarrestar la penetración castrista de la academia norteamericana, la Fundación propuso a los legisladores del Congreso estatal de la Florida la creación de un fondo de estudios cubanos para ser canalizado a través de la Universidad Internacional de la Florida (FIU, por sus siglas en inglés). La Fundación daría un dólar por cada dólar estatal. El gobernador la apoyó y varios legisladores de ambos partidos —algunos cubano-americanos entre ellos— también. Aunque secundaban la idea personas de la Universidad de Miami (más en sintonía con la corriente mayoritaria del exilio), se trataba de conseguir que el fondo estuviera bajo la sombrilla de la Universidad Internacional de la Florida por ser ésta estatal en lugar de privada y estar su centro de estudios cubanos bajo el control de la izquierda. Aunque el rector, Modesto Maidique, apoyó en principio la idea, la reacción pavloviana no se hizo esperar. Los miembros de la Facultad de Estudios Cubanos, entre ellos Lisandro Pérez, advirtieron contra «una amenaza para la libertad académica». Muchos otros activistas políticos sumaron sus voces de protesta para impedir que la Fundación lograra quebrar su control del tema cubano en FIU. En 1991, luego de un largo enfrentamiento que alcanzó dimensiones nacionales, el Congreso de la Florida aprobó la ley en una versión matizada para no otorgar una victoria total a la Fundación. La ley comprometía una partida presupuestaria, pero ponía un tope máximo de un millón de dólares y exigía la condición de que la Fundación igualara la dotación. Al mismo tiempo, prohibía que el fondo estuviera radicado en la Universidad Internacional de la Florida para mantener la independencia de ese centro universitario estatal frente a cualquier organización política. La Fundación levantó el millón de dólares en lo que canta un gallo —la Bacardí hizo una contribución sustancial— y nació así el Fondo de Estudios Cubanos bajo la dirección de Adolfo Leyva. Los activistas cubanos de FIU intentaron en vano que el dinero les fuera asignado a ellos: la sede del programa, que financia becas, seminarios, investigaciones y publicaciones, fue a parar a la Universidad de Miami.

Church & Tower fue creciendo lentamente al principio y más tarde con la inercia de una bola de nieve. A pesar de las periódicas crisis económicas, entre fines de los setenta y comienzos de los noventa la empresa ganó dinero casi todos los años. No era de las primeras empresas de servicios de los Estados Unidos en el área de las comunicaciones, pero, por sus precios competitivos, había logrado colocarse en el pelotón de las diez principales. La primera empresa del país en ese rubro era la Burnup & Sims, que a comienzos de los noventa cumplió setenta años de creada. Fundada por unos estadounidenses en la Florida, operaba desde West Palm Beach y era la única compañía pública del sector, entendiendo por pública, de acuerdo con el léxico corporativo norteamericano, no empresa estatal sino compañía que cotiza en la Bolsa.

Una mañana, a comienzos de los setenta, como tantos otros días, Mas Canosa había acudido con sus trabajadores y sus camiones al patio de construcción de la compañía de teléfonos en Fort Lauderdale. Dados los inicios franciscanos de su compañía, en aquellos días compraba camiones muy baratos que conseguía en los rastros y las subastas por aquí y por allá. Estaban todos destartalados, condición que no era superada por el indumento de sus obreros, ayunos de botas y cascos. En ese patio de la compañía de teléfonos adonde había ido a buscar un material que le hacía falta para enterrar cables, Mas Canosa vio entrar a unos camiones de la Burnup & Sims. Eran grandes como animales prehistóricos, descansaban sobre unas ruedas imponentes y estaban pintados de rojo con ojo de artista. Los cascos y las botas de los obreros que bajaron de aquellos camiones tenían poco que envidiar al lujo de las grúas empozadas en los vehículos. «Coño, si yo pudiera tener una compañía como ésta», se dijo Mas Canosa, mientras a sus espaldas los obreros de Church & Tower contemplaban, empequeñecidos, la imperial majestad de su competidor. Esa imagen asediaría durante muchos años al exiliado cubano. Desde aquel día su sueño fue llegar a tener una compañía igual.

Pasaron los años y Church & Tower, a pesar de crecer y crecer, seguía viendo a la Burnup & Sims como una quimera distante. Los malabares de la competencia hacían que la empresa de Mas Canosa continuara ganando dinero mientras que su competidor, demasiado grande para tiempos de recesión, lo perdía. Ser la primera empresa del sector no blindaba a la compañía contra los misterios y caprichos del mercado. A pesar de ser competidores en la mismísima Florida, durante quince años la Church & Tower y la Burnup & Sims supieron ser enemigos civilizados. Ni los ácidos de la envidia corroían el respeto que Mas Canosa tenía hacia su competidor, ni los humos del poder movían a los capitostes de West Palm Beach a despreciar al hombre de enfrente. Comparada con la Burnup & Sims, la empresa del cubano era diminuta. No era poca cosa que con sus pisos de tierra y su oficina de dos por dos Mas Canosa vendiera catorce, quince millones de dólares al año, pero esos logros palidecían frente a la ventas de Burnup & Sims, que instalaba fibra óptica y cables para sistema de televisión por setenta, ochenta y cien millones de dólares al año.

En los años noventa, Church & Tower sobrevivió con éxito a la recesión. Después de cubrir sus costos, ganaba dos o tres millones de dólares, mientras que Burnup & Sims perdía cuatro o cinco (sus ingresos se redujeron 27 por 100 entre 1990 y 1993). Cada vez que Mas Canosa veía a Nick Caporella, dueño de Burnup & Sims, le decía: «Oye, te voy a comprar la compañía.» Su competidor, un multimillonario que ni siquiera había terminado la secundaria, soltaba la risa. Hasta que una mañana de 1993 sonó el teléfono en la oficina de Mas Canosa. Era Nick Caporella. «Quiero almorzar contigo», le dijo. Mas Canosa se fue a verlo a Fort Lauderdale, acompañado de su hijo mayor. «Tú sabes que siempre me has dicho que me quieres comprar la compañía, ¿no? —lo emplazó, con veinte años de retraso, Caporella—. Pero no me la vas a comprar. Yo te la voy a dar y además te voy a poner noventa millones de dólares en el bolsillo. Voy a hacer con mi compañía una operación con la que te voy a poner en el mapa económico del mundo.» Le ocurrió a Mas Canosa lo que nunca le había ocurrido ante un político: se quedó frío. Aunque su empresa en ese momento tenía alrededor de seiscientos empleados y unas ventas de quince, dieciséis millones de dólares, el envite era para intimidar a cualquiera. Su hijo Jorge Mas Santos escuchaba atónito. Se había incorporado al negocio en 1985. Graduado con una maestría en Administración de Empresas, tenía a sus treinta y un años la educación formal que Mas no tuvo nunca. «Pero no es la educación formal la cosa —suele decir Mas Canosa—, porque tengo graduados de Harvard en mi negocio que no pueden hacer lo que hace mi hijo. El hijo mío ha despertado un finísimo sentido para los negocios. Es un lince, un hombre de una rapidez mental para los negocios enorme. Lo que yo poseo por instinto propio, que me ha permitido desarrollar un olfato para los negocios y ganar mucho dinero sin haber estado preparado, mi hijo lo perfeccionó, desarrollando una capacidad incluso mejor que la mía.» A diferencia de su padre, a Jorge le interesaban los números, las matemáticas y, por tanto, el mundo de las inversiones. Eso mismo llevó a Mas Canosa a poner en manos de un muchacho que no superaba la treintena la responsabilidad de adquirir un imperio: «Nick, vamos a empezar a hablar tú y yo, vamos a montar este esquema; pero ya sabes tú que en el orden de los detalles debes manejar las cosas con el hijo mío.» Mientras su hijo pergeñaba con Caporella los detalles de la operación, Mas Canosa reflexionaba sobre las avenidas que se abrían ante sus ojos dentro y fuera de los Estados Unidos.

La operación consistió en una «adquisición revertida» (reverse acquisition) mediante la cual la Burnup & Sims compró 36 por 100 de la Church & Tower pagándole por la adquisición con el 64 por 100 de sus propias acciones, con lo que Mas Canosa terminó de dueño del 64 por 100 tanto de Burnup & Sims como de Church & Tower. La compañía de Caporella tenía emitidas un total de diez millones de acciones y emitió seis millones más, lo que, a un precio de dos dólares la acción, se traducía en un valor total de treinta y dos millones de dólares. Mas Canosa salía beneficiado en la compraventa con unos quince millones de dólares, pues se quedaba con dos terceras partes de su empresa, valorada alrededor de los quince millones, y dos terceras partes de la Burnup & Sims, cuyo valor eran treinta y dos millones. Nick Caporella sólo poseía un porcentaje pequeño de las acciones de la Burnup & Sims, que mantuvo después de la operación. La familia Mas terminó con diez millones de acciones y seis millones quedaron cotizándose en la Bolsa. Caporella se deshizo así de la gestión de una empresa que perdía dinero y, como las ganancias de Church & Tower eran algo superiores a las pérdidas de Burnup & Sims, el balance anual era positivo. El día mismo que se cerró la operación, la confianza del público disparó el valor de las acciones a siete dólares, casi cuadruplicando el valor del *holding* de Mas Canosa, que de inmediato adoptó un nuevo nombre: Mastec, bajo el cual quedaron funcionando también las diversas ramas de Church & Tower. El empresario mudó sus oficinas y dejó sus antiguos predios en el oeste de Miami —cerca de la cafetería Esther's, donde un puñado de viejos cubanos todavía toman café y juegan dominó— a cuya entrada se habían aposentado enjambres de abejas sobre un carrito de leche.

Los hijos de Mas Canosa, a los que su padre había hecho trabajar en su empresa desde muy jóvenes y en todas las instancias, empezando por abajo, eran la clave del futuro de Mastec (repartió con ellos todas las acciones). Las operaciones telefónicas quedaron a cargo del más pequeño de sus hijos, José Ramón, que ni siquiera había cumplido el cuarto de siglo. Habían heredado una serie de contratos de la Burnup & Sims que provocaban pérdidas. La primera misión de José Ramón fue negociar de nuevo con la compañía de teléfonos esos contratos, devolviéndoselos y haciendo que fueran puestos a licitación otra vez. Cuando volvieron a salir al mercado, Mastec los ganó a unos precios que le permitían ganar dinero. El benjamín pronto se convirtió en el generador de mayores ingresos del *holding*. Las finanzas y las relaciones con los bancos de inversiones estaban en manos de Jorge Mas Santos (a la cabeza de Mastec), que logró alguna vez, en un viaje a Nueva York de cuatro días para mostrar a los inversionistas los resultados de la nueva gestión, que las acciones subieran siete dólares. Juan Carlos, por su parte, quedó, a sus veintisiete años, presidiendo Church & Tower Construction, con la responsabilidad de la empresa que su padre había llevado de la ruina a un valor de más de quince millones de dólares. En un par de años las acciones de Mastec subieron por encima de los cincuenta dólares, oscilando entre cincuenta y sesenta dólares la acción. El valor de la compañía se multiplicó treinta veces entre 1993 y 1996. La familia pasó de tener ventas anuales de quince millones de dólares a ventas de quinientos millones. En 1996, a un valor de entre cincuenta y sesenta dólares cada una, la totalidad de las acciones de la empresa valían entre ochocientos y novecientos millones de dólares, lo que sumando unos activos de alrededor de cien millones se traducía en un valor de casi mil millones de dólares. En 1997, Mastec hizo una división de sus acciones, dando una nueva acción a todo aquel que tenía dos, multiplicando así por 1,5 el total de acciones en el mercado hasta sumar veintitrés millones de acciones. Como ocurre en estos casos, el precio de la acción cayó, situándose por debajo de los treinta dólares, pero el valor total del *holding,* dado el mayor número de acciones, siguió siendo parecido al de 1996.

Una vez introducida una falsa verdad en algunos medios, es fácil que ella se propague como la peste. Acudiendo, con sólo apretar unas teclas, al archivo electrónico de artículos Lexis-Nexis, los periodistas que escriben acerca del exilio encuentran las referencias que luego consagran en sus propios escritos o programas. La propaganda castrista, que tiene poco que envidiar a la estalinista o la nazi, ha logrado satanizar al exilio colando sus falsas verdades en medios de comunicación importantes, empezando por el *Miami Herald,* el diario hegemónico en la capital del exilio, y parte de la cadena de treinta y tres periódicos de Knight-Ridder. La tensión entre el *Herald* y la comunidad cubana atrajo la atención del resto del país. En marzo de 1992, la Fundación colocó anuncios por toda la ciudad, en autobuses y vallas, en inglés y español, con el lema «Yo no le creo al *Miami Herald*», y promovió un informe de la Universidad de Arizona, escrito por el profesor asistente Frank Matera, sobre la desinformación de la que es víctima el exilio cubano en el *Herald*. Un grupo heterogéneo de exiliados, apoyado en encuestas, creó un comité contra la difamación, inspirándose en la Asociación Nacional para el Progreso de las Personas de Color (NAAPCP son sus siglas en inglés), poderosa organización de defensa de los negros en todas las instancias en los Estados Unidos. El exilio había empezado a defenderse contra los prejuicios de la prensa norteamericana. Grupúsculos de provocadores amenazaron al *Herald*, y sabotearon algunos puestos de venta automáticos, que fueron cubiertos de mierda. La Sociedad Interamericana de Prensa criticó la «falta de tolerancia» de algunos detractores del *Herald*, pero también la tardanza del periódico en «entender a las nuevas culturas en su área de lectores». Unos meses antes, Americas Watch había dado la voz de alarma al opinar así: «Las voces moderadas al interior de la comunidad son recibidas con una gama de respuestas que va del rechazo a la violencia.» Era una acusación justificada si estaba dirigida contra el grupo de agitadores, no como reflejo del conjunto de la comunidad. Existen en Miami medios duramente opuestos a la corriente mayoritaria del exilio y con nexos de complicidad flagrantes con la dictadura cubana. Cualquiera que haya oído a un Francisco Aruca, fundador, en 1990, de Radio Progreso y de los vuelos chárter Marazul hacia Cuba, lo habrá podido comprobar.

El efecto multiplicador de la información del *Herald* sobre los exiliados no es desdeñable, sobre todo en medios que tienen de antemano prevenciones contra ellos. El perfil de Mas Canosa publicado en el muy prestigioso *New York Times* el 29 de octubre de 1992 usa como únicas fuentes a tres personas o instituciones enemistadas con el dirigente cubano —José Carollo, Ramón Cernuda, el *Miami Herald*— para sustentar un artículo que, a pesar de todo, le reconoce méritos. El del *Washington Post*, publicado la primera semana de marzo de 1992, enriquece las fuentes con dos o tres detractores más —un renegado de la Fundación, un sociólogo que encabeza la hostilidad contra Mas Canosa en el mundo académico de la Florida—

sin aclarar la relación entre quienes opinan y quien merece las críticas.

Ya sea por pereza, ingenuidad o mala fe, las falsas verdades han ido rodando como alfombras por los pasillos más respetables de la prensa americana y europea. Es posible, por ejemplo, trazar un paralelo entre tres publicaciones sobre el exilio cubano que ofrecen una evidencia reveladora acerca de los mecanismos íntimos, la ingeniería secreta, del arte de la propaganda. Se trata del libro editado en Cuba *El Chairman soy yo,* el kilométrico perfil de Mas Canosa firmado por Ann Louise Bardach el 3 de octubre de 1994 en *The New Republic* y el publicado en *Esquire,* en enero de 1993, bajo la firma de Gaeton Fonzi. El libro, escrito en 1992 y 1993 y publicado en 1994, está firmado por Olázaro Barredo y Reinaldo Taladrid en el sello Trébol Ediciones, una fachada del gobierno de Cuba. El número internacional del libro tiene la cifra inicial 959 que aparece en otras publicaciones oficiales cubanas y los autores dejan todas las huellas posibles, afirmando haber consultado los archivos de la Seguridad del Estado en su país.

El Chairman carece de toda sutileza. Desde el comienzo apunta al sur del ombligo —literalmente— al acusar a Mas Canosa de incesto. Afirma que su padre lo llevó de muchacho al psicólogo, un tal doctor Bernal del Riesgo que habría consultado a su vez con el doctor Armando de Córdoba antes de hacer este diagnóstico: «Se reflejan dificultades no resueltas en el área sexual con sentimientos de culpa por relaciones incestuosas (con su hermana, familiares cercanos) del héroe. Rechazo dirigido a la figura paterna.» A medida que avanza, el texto va dibujando a un superhombre capaz de reunir en el curso de medio siglo de vida todas las hazañas del mal. Así, por ejemplo, el trabajo de lechero de Mas Canosa no habría sido tal cosa, sino el disfraz bajo el cual, por instrucciones de George Bush, el exiliado cubano habría ocultado su condición de agente de la CIA. Cuba ha reproducido, pues, aunque con menos sofisticación, ese arte de la propaganda que describe magistralmente Stephen Koch en su libro *El fin de la inocencia,* donde se relata la portentosa habilidad de la Internacional Comunista y sus agentes, en especial

Munzenberg, protagonista del libro, para elaborar y difundir la mentira.

Frente a un libro publicado por el gobierno cubano en La Habana no había defensa legal posible. Pero no era el caso de las publicaciones que de una u otra forma sirvieron de correa de transmisión —voluntaria o no— a numerosas acusaciones originadas en las usinas de la calumnia de Fidel Castro. El prestigioso semanario *The New Republic* publicó en 1994 un perfil de Mas Canosa subtitulado «El mafioso de Clinton en Miami» *(Clinton's Miami mobster)* en la portada. Las palabras «mafioso y megalómano» subtitulaban también las páginas interiores. El semanario fue demandado por Mas Canosa, y el entonces director Andrew Sullivan admitió que no había evidencia para llamarlo «mafioso». En 1996, en una sentencia que sentó un precedente para el exilio, fue condenado por los tribunales. Tuvo que pedir disculpas y pagar cien mil dólares que la Fundación destinó a una beca para periodistas. La disculpa del ex director habla por sí sola: «El artículo no quiso implicar al señor Mas Canosa en ninguna actividad criminal y lamentó el uso de la palabra mafioso y, consecuentemente, presentó al señor Mas Canosa y a su familia nuestras excusas por el uso de ese inapropiado lenguaje.» Como parte de la condena, el 15 de septiembre de 1996 la revista publicó el artículo de respuesta del propio Mas Canosa.

En octubre de 1992, Wayne Smith, ex representante norteamericano en La Habana durante el gobierno de Carter y director de estudios cubanos en la Universidad Johns Hopkins, dijo en el documental «Campaña por Cuba» del canal público PBS que la Fundación usó el dinero recibido de la National Endowment for Democracy, en principio destinado a financiar a la organización de María Paz Martínez, dedicada, desde su base española, a denunciar violaciones de los derechos humanos en Cuba, para financiar en realidad campañas políticas a través del «comité de acción política». En julio de 1996 tuvo lugar el juicio por difamación en el tribunal de Dade (Circuito Judicial 11 de dicho condado), conocido por los exiliados como «cielito lindo», bajo el juez Thomas Spencer. Wayne Smith fue condenado por unanimidad. En el jurado había dos negros, dos anglosajones y tres cubano-americanos, de los cuales uno era contrario al embargo. Smith fue condenado a pagar un resarcimiento moral de cuarenta mil dólares y a pedir disculpas.

También en otras partes la justicia empezó a salvar el honor del agraviado. En Buenos Aires, un periodista fue condenado a pena de cárcel por difamar al presidente Menem —de quien había insinuado que se estaba asociando a un narcotraficante— con motivo de sus contactos con Mas Canosa. Argentina no era el único lugar donde se pretendía que un hombre cuyo pasado ha sido escrutado como un entomólogo estudia a un bicho raro por los propios Estados Unidos (para integrar el comité supervisor de Radio Martí, Mas Canosa tuvo que ser ratificado por el Congreso, donde los adversarios del exilio, derrotados por la aprobación de la ley que creó Radio Martí, espulgaron su vida y milagros como se suele hacer en esa democracia). Nada de esto impidió que, por ejemplo, durante la campaña electoral de 1996, el diario sandinista *Barricada* repitiera las acusaciones contra Mas Canosa para tratar de desprestigiar a quien encabezaba los sondeos y osaba declararse partidario de la democracia en Cuba: Arnoldo Alemán, hoy presidente de ese país. Publicaciones más respetables también difundieron en otras partes los párrafos más viles de los expedientes que sobre las figuras del exilio reparten las embajadas castristas en medio mundo. El 21 de agosto de 1995, el semanario español *Cambio 16* publicó una entrevista en la que *Juan,* un supuesto agente de la DEA, asociaba a Mas Canosa con el narcotráfico en el curso de un diálogo con el periodista Carlos Enrique Bayo. Decía *Juan* que hay una agencia de viajes en Panamá, Fast Travel, en la que un cubano residente en aquel país falsifica pasaportes panameños para «narcos» y les pone visas americanas. Ese señor le habría contado a *Juan,* agente infiltrado en la red, que se podía hacer negocios en Estados Unidos con Mas Canosa. Aunque no le constaba que fuera narcotraficante, tenía información de que lavaba dinero. *Juan* habría intentado que la DEA investigara al exiliado, pero las autoridades le habrían dicho que se olvidara de él. Continuaba *Juan* explicando que, en Cartagena, el narcotraficante Luis Ignacio Lucho Romero, tercer hombre del cartel de Cali, le había contado que tenía nexos con Mas Canosa y le había dado sus teléfonos. Todo en esa publicación —desde el seudónimo *Juan* hasta las aseveraciones desprovistas de toda sustentación y la falta de una sola evidencia mínimamente verosímil (ya que no creíble)— era burdo. La Fundación pidió a la DEA una aclaración. Ella llegó, en enero de 1996, bajo la firma de James Milford, agente especial de la División de Campo de Miami (situada en el 8400 de la calle 53 del noroeste de Miami). La carta decía así: «Fue un placer reunirme con usted y conversar durante las vacaciones. También le quiero agradecer su monografía sobre el narcoterrorismo. Fue una lectura agradable y aprecio sus reflexiones. En cuanto a su pedido en relación con el artículo de la revista *Cambio 16,* fechado el 21 de agosto de 1995, hicimos las averiguaciones apropiadas sobre la fuente y la información. Por favor, tome nota de que la DEA *no* es responsable de los comentarios hechos en ese artículo y de que nuestra investigación reveló que nuestra agencia no fue contactada por el semanario. La DEA no tiene información alguna que convalide bajo ninguna forma el alegato hecho en *Cambio 16.*» Era obvio que el gobierno castrista, cuyos vínculos con el narcotráfico la Fundación lleva muchos años denunciando en Estados Unidos, quería, con la técnica del ladrón que sale gritando «¡cojan al ladrón!», narcotizar la figura de Mas Canosa.

El objetivo de Castro —una de las condiciones esenciales de la propaganda exitosa— es obligar al acusado a probar su inocencia ante la opinión pública, invirtiendo así el más elemental principio ético y jurídico. Porque la propaganda consiste, entre otras cosas, en descalificar al adversario moralmente para que todo lo que haga o diga esté manchado para siempre, en acumular sobre él tantas denuncias que nunca acabe de desmentirlas todas y en desmoralizarlos a él y a los suyos creando la impresión de que es, efectivamente, una persona bajo sospecha que debe probar su inocencia. Las acusaciones siempre utilizan, por lo demás, algún aspecto de la biografía del acusado que sea verificable, para darle a la denuncia verosimilitud. Comprobar la perfidia mediante la cual el más nimio —o el más significativo— episodio de la vida de una persona se convierte en objeto de una metamorfosis maligna que va dibujando los contornos de una biografía del mal de acuerdo con las necesidades de la calumnia política es un ejercicio a la vez fascinante y aterrador.

En la biografía que ha inventado La Habana, Mas Canosa no habría comprado Church & Tower con el beneplácito de sus antiguos dueños, sino que la habría asaltado en una operación traidora contra el hombre que le dio trabajo. Sin sospecharlo, esta acusación en realidad condena no a Mas Canosa, sino a la familia de Héctor Torres, el antiguo dueño de Church & Tower, pues toda ella lleva varios años trabajando para las empresas del líder de la Fundación, salvo algún miembro que no está en edad de trabajar pero sigue siendo protegido por Mas Canosa. El hijo de Héctor Torres —del mismo nombre— trabaja en la empresa de servicios en el área de comunicaciones, con tanto éxito que acaba de partir a Venezuela como jefe de las operaciones en ese país. Una nieta de Héctor Torres, por su parte, trabaja en West Palm Beach en el negocio de tractores y otra maquinaria agrícola e industrial de la que es dueño el exiliado cubano. Y la viuda de Torres, que vive en Palm Beach, es protegida por Mas Canosa. Cuando la propaganda castrista acusa a Mas Canosa de traicionar a Torres, está en realidad acusando a la familia de Torres de traicionar a la persona cuyo honor esa propaganda pretende defender.

Las difíciles relaciones de Mas Canosa con su hermano Ricardo se prestan maravillosamente para esa operación de asesinato de la personalidad —para usar la expresión anglosajona— que constituye, junto con la represión, el único ámbito de eficiencia de La Habana. Para abordar el tema desde el punto de vista de la propaganda, la biografía del propio Ricardo debe ser omitida. No debe, en ningún caso, contarse que fue criado y educado desde los ocho años por su hermano Jorge luego de que tanto el exilio como el divorcio de sus padres trastornaran la vida familiar de los Mas. Y no debe, en ningún caso, abundarse en las dificultades de Ricardo para superar el traumático divorcio de sus padres, evidentes, incluso, en su atribulada biografía adulta. No; para dibujar el cuadro perfecto, debe decirse solamente que en 1983 una discusión entre ambos hermanos acabó en un juicio, realizado en 1985, por el que Ricardo acusó a Jorge de quedarse con su automóvil Oldsmobile de 1983. Tampoco debe mencionarse que todo se arregló fuera de los tribunales y que Ricardo estuvo trabajando en posiciones de alta responsabilidad en la empresa de su hermano en los mismos años ochenta. Hay que ocultar, luego, el hecho de que Mas Canosa dejara a Ricardo a cargo de la empresa, en contra de la opinión de Cajigas, al momento de trasladarse a Washington. Tampoco debe explicarse que, al volver, la enorme insatisfacción por el rendimiento de la empresa llevó a Mas Canosa a arrepentirse de la decisión que había tomado, produciéndose un distanciamiento entre ambos. La narración propagandística debe retomar las cosas sólo en 1985, al momento de fundar Ricardo su propia empresa, R. M. Service, para, usando los conocimientos y contactos adquiridos en Church & Tower, competir por los clientes de su hermano. A continuación hay que relatar, simplemente, que un buen día Southern Bell se negó a hacer contratos con Ricardo y que su abogado, Harold Braxton, obtuvo copia de dos cartas enviadas por Jorge a directivos de esa empresa explicando que su hermano había sido despedido de Church & Tower por presuntas irregularidades («fue un error de mi parte enviarlas», diría Jorge años después, reconociendo «el dolor» personal que supone la vieja querella familiar con el hermano al que él e Irma criaron). En seguida debe decirse que el 27 de octubre de 1986 un jurado decidió, en los tribunales de Dade, que Mas Canosa pagara a su hermano un millón doscientos mil dólares en compensación por el perjuicio causado. Pero debe por todos los medios ocultarse que Jorge Mas ganó la apelación, después de lo cual llegó a un arreglo privado con Ricardo. El arreglo privado debe presentarse como consecuencia de la decisión en primera instancia, sin mencionarse lo ocurrido en el tribunal de apelaciones.

Debe darse amplia difusión a las acusaciones hechas por Ricardo —idénticas a las hechas por sus adversarios políticos, además de lanzadas a coro con ellos, y en su caso elevadas ante un fiscal federal— de que Jorge soborna a hombres públicos (acusación que fácilmente adquiere visos de verosimilitud cuando se trata de una persona u organización que hace contribuciones económicas a campañas políticas). No debe en ningún caso mencionarse que Jorge envió a su abogado a ver al fiscal para pedirle que hiciera una investigación que le permitiera comprobar su inocencia. Y mucho menos que tres años de pesquisas hechas por un Gran Jurado federal a raíz de las denuncias de Ricardo sobre supuestas cuentas *off-shore* para sobornos no dieron con el más leve indicio de prueba. Tampoco debe decirse que en 1996, cuando Ricardo fue usado por *The New Republic* como testigo en el juicio que Jorge le entabló a la publicación, el hermano de Mas Canosa cambió su testimonio de 1986 y no sustentó ninguna acusación de soborno. Para ser más papista que el Papa, no debe jamás contarse que en 1996 se hizo pública una carta del equipo de abogados de Ricardo —Aaron Podhurst— con este desagravio para Jorge, proveniente de su propio hermano: «Comparto la preocupación de muchos en la comunidad que piensan que la prensa y el gobierno cubanos han utilizado injustamente nuestro continuado litigio por asuntos de negocios para tratar de desacreditarlo.» Ricardo añadía: «Jorge es un hombre de principios.»

Una campaña de difamación nunca está completa si no se logra, a través de medios respetables, convertir los episodios biográficos falseados o distorsionados en una verdad de referencia obligada. Así, la similitud entre las versiones del *The New Republic* y *El Chairman* de La Habana son notables. *El Chairman* dice: «En 1985, Ricardo presentó una reclamación judicial contra Jorge por acto de violencia. Mas lo había golpeado fuertemente y había sustraído por la fuerza su automóvil Oldsmobile del 83. En febrero de 1986, el caso fue sobreseído después de un arreglo bilateral fuera de los tribunales.» *The New Republic* dice: «En 1985, Ricardo Mas, ex empleado de su hermano, enjuicia a Mas Canosa acusándolo de haberle pegado y robado su Oldsmobile del 83. El caso se resolvió al aceptar Mas pagarle a su hermano doscientos cuarenta y cinco mil dólares en un arreglo fuera del tribunal.» Las similitudes continúan. Dice el libro: «Esta investigación llevó a Braxton [abogado de Ricardo] a declarar al *Nuevo Herald* el 23 de octubre de 1990: "No podemos probarlo, pero Jorge Mas Canosa logró su éxito como dueño de Church & Tower a fuerza de sobornos."» Repite la revista: «Ricardo también alegó que Mas pagó sobornos en su captura de la Church & Tower.» Así, mediante el expediente de ocultar el grueso de la información de contexto, soslayar datos decisivos de los hechos narrados y convertir lo ocurrido en algo distinto de lo que es, dentro de un cuadro general que repite la misma operación con varios episodios biográficos más, se va formando a un monstruo. La propaganda es la rama política de la ciencia teratológica.

Un nombre que debe comparecer en una narración propagandística contra el exiliado cubano es el de José Luis Rodríguez, un muchacho de familia acaudalada que a la muerte de su padre se echó a perder. Desde ese momento su vida empresarial, matrimonial y personal entró en un desorden que aún asombra a quienes lo conocen. «Están vendiendo un *dealership* en Kentucky. ¿Quieren invertir con José Luis Rodríguez y conmigo?», preguntó un día Barney Barnett. Domingo Moreira, Pepe Hernández, Alberto Mariño y Mas Canosa aceptaron y se creó JDL Partners. El negocio a control remoto no fue bien: estando sus dueños afincados en Miami, no se dedicaron a administrarlo como se debe administrar un negocio que empieza. Decidieron venderlo y Barnett distribuyó entre los socios lo que quedó de aquel fracaso. Insatisfecho, José Luis Rodríguez se empeñó en que deberían haber recuperado —y repartido— más dinero. Barney Barnett había muerto, pero Rodríguez demandó a sus herederos, así como al resto de los antiguos socios. Para evitarse costos legales de trescientos mil dólares, todos pactaron un arreglo económico. Las desavenencias empresariales se convirtieron con el tiempo, como suele ocurrir en estos casos, en acusaciones personales. Los adversarios de la Fundación empezaron a poner en boca de Rodríguez la especie de que Mas Canosa le había encargado, durante su etapa final en la organización (de la que había sido uno de los fundadores), diseminar rumores sobre la sexualidad de Frank Calzón. Así, el fracaso de un negocio se convirtió, mediante los elementos añadidos de la propaganda, en la evidencia de las inclinaciones homofóbicas de Mas Canosa. Un párrafo de *El Chairman*, el libro oficial de la propaganda castrista sobre el susodicho, explica: «José Luis Rodríguez, entonces vicepresidente de la Fundación, reconoció: "Jorge me llamó en una ocasión y me dijo: nosotros tenemos que golpear a este tipo [Calzón]. Lancemos el rumor de que es homosexual."» Aunque parezca una broma, este formidable pase de prestidigitación política se coló también en el perfil del *New Republic:* «José Luis Rodríguez, un ex vicepresidente de la Fundación que también renunció en 1987, dice que se le pidió diseminar rumores sobre Calzón: "Ellos querían diseminar rumores de que el tipo era *gay,* que no era bueno."»

Demostrar que el enemigo es culpable por asociación es una de las consignas esenciales de la buena propaganda. Hay que asociar a toda costa a los dirigentes del exilio cubano al temible Orlando Bosch. A su regreso a Estados Unidos, tras sus años de cárcel en Venezuela, los norteamericanos intentaron encontrarle a Bosch otro destino, pero nadie lo aceptó, así que lo dejaron en libertad condicional. Haberle dado la mano en algún acto público a Orlando Bosch puede convertir a un exiliado en su cómplice, como ser influyente en el exilio transforma a un cubano en financista de los costos legales de Bosch, de la misma forma que tener acceso a la Casa Blanca desde Miami hace de alguien responsable de que el gobierno de Bush accediera a dejar a Bosch en Estados Unidos y no deportarlo (lo cual, dicho sea de paso, implica que George Bush es responsable de las decisiones judiciales de los tribunales norteamericanos). Esa mitología es exactamente la misma que ha tejido la propaganda de La Habana en torno a Mas Canosa, quien, si creemos las versiones que Castro ha logrado pasar por verdades entre sus tontos útiles, ha puesto en juego sus casi cuarenta años de actuar dentro del sistema democrático institucional y todos los logros personales y de su organización para poder ganarse el favor del hombre menos representativo que existe en el exilio cubano, para colmo acusado de terrorismo. Nunca nadie se ha dignado enseñar un documento, una carta, un testimonio, para sustentar la acusación de La Habana de que Mas Canosa pagó la defensa de Bosch durante sus peripecias judiciales y gestionó ante Bush su perdón para que pudiera seguir viviendo en los Estados Unidos. «Yo no intercedí con Bush porque no intercedo con un presidente para resolverle un problema de inmigración a nadie», ha dicho Mas Canosa en la rara ocasión en que se ha pedido su versión de las cosas. Basta revisar los expedientes judiciales para confirmar que Mas Canosa nunca fue testigo de Bosch en un juicio. Sin presentar copia de un cheque, prueba de una transferencia bancaria o el testimonio de algún testigo, ¿puede afirmarse que tal o cual dirigente del exilio cubano ha dado dinero a Orlando Bosch para sus gastos legales? Creer que Mas Canosa es la única persona que puede pagar la defensa de Bosch en un exilio con casi dos millones de personas y una capacidad de creación de riqueza varias veces superior a la de toda la Isla, es una forma sublime de la paranoia política. Y, sin embargo, todo esto comparece de tanto en tanto por aquí y por allá, reproduciendo, con sutiles modificaciones, los párrafos de *El Chairman* al respecto. A veces, las publicaciones serias no se atreven a ir tan lejos, pero no pierden ocasión de enviar un mensaje subliminal afirmando, de paso, que Mas Canosa y Orlando Bosch —a quien el exiliado ha visto unas siete u ocho veces en su vida— son «amigos». *El Chairman* dice: «Orlando Bosch, que siempre ha considerado a Mas Canosa "un buen amigo..."» Dice a su vez el *New Republic*: «Entre sus buenos amigos está Orlando Bosch.»

Pero los intentos de declararlo culpable por asociación no terminan allí. Luis Posada Carriles —que también estuvo preso en Venezuela por el atentado contra el avión cubano— es otro nombre perfecto para desacreditar a la Fundación, más aún cuando Mas Canosa lo conoció, efectivamente, en Fort Benning en los años sesenta. Como el hombre de acción que era, Posada Carriles participó, a comienzos de los años sesenta, en algunas operaciones comando contra la Isla organizadas por el RECE. Desde entonces no ha tenido vinculación personal o política con los principales dirigentes del exilio, bastante ocupados en la conquista de Washington. Que Posada Carriles apareciera en la base de Ilopango en El Salvador, ayudando a los «contras», un día que Mas Canosa hizo una visita al lugar en compañía del congresista Claude Pepper para reunirse con el presidente Duarte, no es una casualidad que la propaganda atribuya al gobierno norteamericano que suministraba ayuda a esa base ni al gobierno de El Salvador, en cuyo territorio ella se encontraba. La propaganda lo atribuye a Mas Canosa, un empresario y *lobbista* cubano en quien una superpotencia y el ejército de El Salvador, famoso por sus «escuadrones de la muerte», habría pues colocado la formidable responsabilidad militar de conducir la guerra contra el ejército sandinista... Si es así, uno se pregunta cómo fue posible que la «contra» del neófito «general» Mas Canosa no fuera pulverizada por el ejército sandinista en diez años de combates.

Cuando la revista *Esquire* menciona que «un informe» —no dice cuál, no dice quién lo firma, no da una fecha— relata que Mas Canosa financió con cinco mil dólares una operación comando contra un objetivo soviético en el puerto de Veracruz, está haciendo varias operaciones de propaganda simultáneas. Por un lado, al mencionar ese supuesto «informe» del FBI, da la sensación de que Mas Canosa hubiera sido perseguido por el FBI por cometer ilegalidades. Las actividades del RECE, en las que Mas Canosa ejerció la responsabilidad de la logística durante un período, eran públicas y se producían en las mismísimas narices de los norteamericanos. No hay nada secreto ni clandestino en el hecho de que el RECE apoyara acciones militares contra la dictadura de Castro. Pero la revista hace una segunda operación sutil: al describir a Mas Canosa en los años noventa y mencionar, al mismo tiempo, un episodio de hace más de un cuarto siglo en el curso de un apretado perfil biográfico, envía el mensaje de que Mas Canosa apoyó una operación militar del hombre acusado de volar Cubana de Aviación y matar a civiles. Ocurre que las acusaciones de terrorismo contra Posada Carriles son posteriores a la época activa del RECE y a la responsabilidad que ejerció Mas Canosa en esa organización. Sin hacer esta esencial explicación, la propaganda convierte a Mas Canosa en el hombre que por haber financiado una operación comando en la que participó Posada Carriles hace tres décadas es en verdad cómplice del asesinato de más de setenta personas en el cielo de las Bahamas. Otra omisión del perfil biográfico —la omisión es una de las claves de la propaganda, pues omitiendo una información o soslayando un contexto se puede hacer lo mismo que cuando se miente sólo que sin caer, propiamente, en una falsedad— es la ausencia de una narración que explique que la Fundación cambió los métodos del exilio cubano para adecuarlos —hace pronto serán dos décadas— al sistema democrático, donde se han obtenido éxitos que nunca se lograron con las lanchas militares. Un perfil más completo añadiría también que Mas Canosa estuvo entre las víctimas del terrorismo de Miami en los años setenta, cuando llevaba varios años manifestándose contra la violencia. Todo esto daría mucha más autoridad moral y sustancia periodística a la narración de los actos del RECE, que, por supuesto, un medio de comunicación tiene todo el derecho de criticar, como pueden o no ser criticadas las acciones militares, en la Palestina ocupada por los ingleses, de esos judíos que más tarde se volvieron estadistas en un Israel independiente con el apoyo entusiasta, hasta hoy, de la izquierda norteamericana que tanto denosta al exilio cubano.

Quien haya trabajado en un periódico norteamericano, sabe bién hasta qué punto se rinde sistemático culto verbal a la figura del *fair play* y de la objetividad. Un ejemplo notable de esta «objetividad» informativa y sentido de la «justicia» es la información en la que el *Miami Herald* dio a conocer, a mediados de 1996, los pormenores del interrogatorio al que, como demandante, fue sometido Mas Canosa por los abogados defensores del *New Republic* en el juicio por difamación que ganaría poco después el exiliado cubano. La información daba cuenta de unas «inversiones» hechas por Mas Canosa en los Cayos (extremo sur de la Florida) en un negocio de dos personas que acabaron presas por narcotraficantes. Todo apuntaba en la información al delito de complicidad. Mas Canosa aparecía como socio de los «narcos» y se sustentaba el vínculo estrecho entre ellos con el «lechón asado» que Mas Canosa y sus socios «narcos» habrían compartido allá por los años setenta (¿quién puede tener memoria para negar rotundamente haberse comido un «lechón asado» con alguien hace más de dos décadas?), además de una carta con la que el hoy líder de la Fundación habría avalado el pedido de naturalización de uno de ellos (¿en qué dependencia pública norteamericana está tal carta?). Los hechos sobre los que estaba construida la ficción propagandística eran éstos. En los años setenta, Mas Canosa compró un apartamento en los Cayos, en un edificio que estaba entonces todavía en construcción y que tenía nombre de ave: Seagull. No había «invertido en un proyecto inmobiliario» con unos socios narcotraficantes, sino comprado un apartamento a dos constructores, Rafael de Arce y Antonio Canaves, que cinco o seis años después cayeron presos por narcotraficantes. La misma sorpresa que se llevó el exiliado cubano fue la que se llevaron los otros propietarios, entre los que había toda clase de seres respetables, como dentistas y médicos de Vermont y Connecticut (y de los que no dio cuenta el cuento del periódico). De acuerdo con la lógica de la información, habría que acusar a todos los que compraron apartamentos más de un lustro antes de que los constructores cayeran presos de estar involucrados en el narcotráfico. No hay, en este caso, una acusación directa. Simplemente se organiza la presentación de los hechos de forma que el elemento central de la historia —en este caso los casi seis años de distancia entre la compra del apartamento y la revelación de que los constructores eran narcotraficantes— se convierta en un factor de menor importancia. El apartamento fue comprado en 1975, el mismo año en que Mas Canosa conoció a los dos constructores. La información no ofrece este dato, limitándose a hablar de un «lechón asado» que habrían compartido, lo que, de haber sido así, no tendría de por sí nada de indigesto. El edificio, por lo demás, se fue a la bancarrota y el banco capturó los apartamentos. Al igual que los demás propietarios, Mas Canosa tuvo que demandar al banco para recuperar el dinero que ya había gastado. A resultas del proceso legal, pasó a ser propietario de dos apartamentos. Toda esta información es omitida en el artículo periodístico, pues situar la historia en su contexto equivaldría a asociar a Mas Canosa no con los futuros narcotraficantes, sino con los respetables vecinos que fueron sus únicos «socios» verdaderos en esta historia, por lo menos en un sentido de fraternidad en el infortunio, primero, y desagravio, después. Todo lo cual llevaría al lector a hacerse la elemental pregunta: si, como de forma subliminal sugiere el periódico, Mas Canosa estaba asociado con narcotraficantes, ¿cómo se involucró en un proceso legal contra un poderoso banco sabiendo que demandar a alguien en Estados Unidos es pasar por un escrutinio minucioso del que no hubiera podido salir indemne quien tuviera tan delictuosas compañías? También se preguntaría: ¿qué clase de cretino era este señor que en lugar de ocultar sus vínculos con delincuentes los exhibía olímpicamente comprándose propiedades en sus edificios? Los exiliados cubanos son las únicas criaturas del mundo que deben responder por los delitos que cometen las personas que les venden apartamentos varios años después de la compra.

En 1989, un fiscal federal investigó a Ramón Cernuda por sospechas de que al vender cuadros de pintores cubanos en los Estados Unidos estaba burlando el embargo. El caso fue finalmente desechado, pero durante la investigación Cernuda fue víctima de maltratos y un desagradable acoso legal. ¿Quién fue el culpable de esa investigación? ¿Quién más podía ser? El jefe de la Fundación, naturalmente. Es lo que se encargó de sugerir *El Nuevo Herald* y, desde entonces, todo periodista que para trazar su perfil acude al Lexis-Nexis para ver qué dice el *Herald* de Mas Canosa, o a *El Chairman* para consultar a la fuente más autorizada de todas, el gobierno cubano. La acusación, como siempre, apoya una patita en un hecho real: era fiscal en aquella época Dexter Lehtinen, marido de Ileana Ros y amigo de Jorge Mas, como lo era, por la vía de su mujer, de medio exilio cubano. La justicia deja mucho que desear en los Estados Unidos, pero los fiscales no suelen tratar de meter presos a los adversarios políticos de sus amigos cuando éstos así se lo ordenan. Esta elemental reflexión es la que hay que hacerse ante semejante acusación. Pero hay más: el líder de la Fundación pidió al propio fiscal que los abogados de Cernuda hicieran un interrogatorio bajo juramento, a lo que ellos se negaron. ¿Cuál es la simple verdad? Cualquiera que se dé la molestia de consultar la prensa hispana de Miami sabrá que la periodista Margarita Ruiz reconoce con mucho orgullo haber sido, junto con Vicente Lago y Ofelia Tabares, autora de la denuncia contra el Museo Cubano de Arte y Cultura ante el Ministerio de Justicia y el Departamento del Tesoro por violación de la Ley de Comercio con el Enemigo.

Los nombres de los hermanos Novo, Guillermo e Ignacio, acusados del atentado contra Orlando Letelier, el ex ministro de Salvador Allende, en Washington, aparecen siempre en la propaganda contra el exilio. El primero fue condenado, pero su confesión acabó siendo anulada y revertida la condena. El segundo fue declarado culpable de perjurio, pero ganó la apelación. Salvo haberse inscrito como miembros, junto con otros doscientos cincuenta mil cubanos, y haber asistido, al igual que ellos, a algunos actos públicos de la organización, no tienen vínculo orgánico de ningún tipo con la Fundación. Mas Canosa explicó al *New York Times* que los estatutos de la Fundación dicen que todo cubano que envíe una contribución y quiera hacerse miembro puede inscribirse, y que no hay razón para ensañarse contra quienes no son dirigentes ni ocupan función alguna. Es legítimo pensar que a los hermanos Novo debería negárseles el derecho a estar inscritos en la Fundación. Pero la propaganda —y sus tontos útiles— nunca plantean una discrepancia de principios: sólo una elaboración diabólica a partir de un dato menor (puestos a jugar con la imaginación, podría afirmarse que si algo debería sentir Mas Canosa por los Novo es miedo: vivieron en Nueva Jersey como activistas políticos en los años setenta, época en la que una de las organizaciones cubanas que circulaba amenazas de muerte contra Mas Canosa y otras personas por criticar la violencia estaba afincada precisamente en ese Estado). Dice *El Chairman:* «Así, los hermanos trabajan ahora en dicha oficina [se refiere a la oficina de información de la Fundación].» Se hace eco de esto el *New Republic:* «Mas se ocupó de parte de los costos legales de los Novo y luego los contrató en la Fundación.» *Esquire* no se queda atrás: «Mas nombró a los hermanos Novo en la comisión de información de la Fundación.»

Se ha acusado a Mas Canosa de incoherencia política por haber tenido contactos preliminares con hombres de negocios en China Popular. Su hijo inició cartas de intención para adquirir un conglomerado de maquinaria en China, explorando la posibilidad de hacer allí una inversión de cien millones de dólares. Aunque no consumó la operación, Jorge Mas (hijo) viajó a China para reunirse con la otra parte, lo cual consta en un vídeo filmado, probablemente, por los comunistas. Criticar a Mas Canosa por haber explorado, siquiera vagamente, la posibilidad de hacer negocios con empresarios chinos es perfectamente legítimo. Ocurre que no suele hacerse mención de estos hechos en el contexto de una discrepancia de principios: siempre en el contexto de una vasta gama de calumnias a la luz de cuyas «revelaciones» el episodio adquiere las dimensiones de una confirmación de la falta de escrúpulos del personaje y por tanto avala el conjunto de las acusaciones.

La satanización de los exiliados —está también la acusación del órgano oficial de Castro, *Granma,* según la cual Mas Canosa asesinó en 1995 a un empresario y líder puertorriqueño en Nueva York por haber abogado por una negociación con Cuba— ha sido exitosa. Roberto Montoya, por ejemplo, pintaba en el periódico español *El Mundo* este riquísimo cuadro expresionista del líder de la Fundación: «Lideró la campaña para liberar a Orlando Bosch y Luis Posada Carriles... estuvo vinculado a Guillermo Novo Samper, culpable del asesinato en Washington del ex canciller Letelier y su secretaria Ronni Muffit... Narcotráfico, contrabando de armas, prostitución, eliminación expedita de adversarios políticos, tráfico de influencias, son algunos de los cargos que pesan contra él.»

Mas Canosa tiene una discreta protección, la que le da el ex policía Mario Miranda, jefe de seguridad de la Fundación. Un Mercedes blindado, Miranda y uno o dos guardaespaldas que designa el jefe de seguridad constituyen toda la protección del líder de la Fundación. ¿Cuántos Mirandas harían falta en el mundo del honor para proteger a un exiliado cubano contra los atentados que sufre por querer que su país no esté bajo una dictadura comunista?

Una de las funciones de la propaganda es desarmar psicológicamente al adversario y, si es posible, ir convenciéndolo poco a poco no sólo de su vulnerabilidad, sino también de su propia culpabilidad. ¿En qué dosis se reparten la tarea de resistir contra esta descomposición de la moral del acusado su familia, la grandeza de su causa y su propio carácter? En el caso de Mas Canosa, el primer elemento, el de su familia, es el menos explorado y probablemente el secreto menos conocido por sus propios enemigos, algo que constituye una de sus ventajas. Irma Mas, su esposa, no ha hablado nunca con la prensa, a pesar de que está en mejor condición que nadie para determinar el grado de fábula que informa la propaganda contra la persona con la que lleva casada tres décadas y media. Asegura ser la persona más tensa y nerviosa de la familia, pero da al forastero la sensación de una serenidad casi budista, de un dominio sin demasiado esfuerzo de la estabilidad psicológica de la familia para resistir un odio que se renueva con cada mañana que despunta. Un ligero reflejo defensivo es notable en el segundo mismo en que, cruzando el umbral de lo permitido, el interlocutor bromea sobre las ignominias de su marido. Su lealtad es sólo comparable, en intensidad, a la campaña de destrucción contra su esposo originada en la tierra que le arrebataron. Y esto último —el despojo, el desgarramiento que significa el exilio— es una de las claves del espíritu de resistencia: el deseo de volver, de recuperar lo perdido, permite a la familia, a la que une en esas circunstancias una solidaridad que en cierta forma compensa la pérdida de la familia que quedó atrás, enfrentar al enemigo sin vacilaciones. En su casa de Coral Gables, bien disimulada por una amplia vegetación que cumple funciones tanto estéticas como protectoras, en una pequeña habitación que sirve de estudio, habla, con voz suave (para ser cubana) y ademanes elegantes como los del óleo que cuelga en la pared de la habitación contigua y que contiene su retrato. «Mi comienzo fue triste —recuerda—, porque salí de Cuba sola. Mis padres se quedaron detrás y murieron en Cuba sin que yo pudiera verlos nunca más. Lo más doloroso de Cuba ha sido separarme de la familia, y es lo que les pasa a todos los exiliados. Es como un árbol al que se le cortan las raíces.» Había estudiado contabilidad y ejercido su profesión durante un tiempo en Cuba, pero la política cambió su vida para siempre. Esos padres que quedaron atrás le transmitieron la sangre española de sus abuelos. Doble desgarramiento: el que la separó para siempre de sus padres y el comprobar, años después, que la España de sus ancestros es uno de los bastiones de la propaganda contra la persona con la que formó una nueva familia. «Es dolorosísimo siendo nieta de españoles.»

Nunca intentó apartarlo de la batalla política, aunque no admite que su marido sea descrito como «un político». Desde que supo que Jorge se iba a alistar en la invasión de Bahía de Cochinos entendió que estaba en peligro pero que sería imposible detenerlo. Habían sido novios desde el colegio y lo conocía desde pequeño. Llegó a los Estados Unidos a los seis meses de ser novios. «Jorge era muy apasionado en todo: en su lucha política y también en su relación conmigo. De la misma manera en que se desvive por las personas a las que quiere, se entrega a la causa en la que cree. Me di cuenta inmediatamente que lo último que yo debía hacer era cambiarlo. Había que aceptar el destino que se había trazado, igual que una debe aceptar la forma de ser del esposo. Jorge, por ejemplo, es un perfeccionista, exige a sí mismo y a los demás la perfección. Yo no soy así. Su carro nunca se queda sin gasolina. Lo prevé todo. Yo me quedo sin gasolina a cada rato. Y ninguno de sus hijos es tan perfeccionista», dice. La tristeza de los comienzos nunca se fue del todo, pero pronto pudo ser compensada. «Yo me vine, nos casamos, y fui muy feliz incluso cuando no teníamos nada. Sufrí cuando se fue unos meses a Fort Benning. Él se hacía unos viajes de doce horas para venir a verme un día el fin de semana, pero la separación me afectó un poco. Yo estaba sola, acababa de llegar de Cuba. Después, cuando volvió, vivimos en condiciones muy difíciles, pero no nos importaba. Lo veía salir todos los días muy temprano con su uniforme de lechero. Vivíamos con el primer niño en la calle 9 del sudoeste de Miami y la 6 avenida.» La familia es la mejor defensa que tiene un exiliado contra su propia condición. «A Jorge nunca le ha quitado tiempo para los hijos la causa de Cuba. Ellos sienten una gran fuerza junto a su padre. Han aceptado la vida de él sabiendo que es muy difícil porque lo conocen. En su casa siempre se ha hablado español, nunca inglés. De sus tres hijos, el menor es el que más resiente las campañas de odio contra su padre. Yo desde pequeños los he llevado a los actos de su padre porque era muy consciente de que no debía separarlos de la lucha de Jorge. Quería que desde el comienzo supieran y aceptaran esa realidad.»

Irma reconoce que, a pesar de estar preparada psicológicamente para el regreso a Cuba en cuanto sea posible, teme ese momento no sólo por el drama que se va a encontrar allí, sino porque tendrá que vivir un nuevo desgarramiento familiar, separándose de sus hijos. Aunque piensa ir y venir constantemente entre La Habana y Miami —como ocurrirá con tantos exiliados—, sus hijos probablemente se quedarán a cargo de los negocios en Estados Unidos. El exilio la ha acostumbrado a que sus hijos vivan con Jorge y ella hasta que se casan, y a que, una vez que se casan, estén cerca todo el tiempo. Cuando uno de sus hijos fue aceptado en la Universidad de Dartmouth, en Nueva Escocia, y estuvo a punto de irse de Miami, la familia, que había decidido no intervenir en su decisión, vivió la inminente separación como un trauma. A último momento, decidió no irse de Miami y estudiar en la Florida, lo que no puede explicarse desde una perspectiva que no sea la del tipo de relación que el exilio establece. Curiosa simetría del destino, el regreso a la patria separará a Irma de sus hijos, como la marcha al exilio la separó de sus padres.

La ofensiva del odio no ha logrado quebrar a la familia, pero no la ha dejado intocada. «Claro que me afectan todas esas mentiras y calumnias, y a Jorge también. ¿A quién le va a gustar que el nieto de uno coja un periódico el día de mañana y lea las cosas espantosas que se han publicado?» ¿Hay algún mote que no le hayan colgado? ¿El de homosexual, por ejemplo? «El otro día —aclara Irma la duda—, en un viaje a Nueva York se acercó un cubano mayor y le dijo a Jorge: "Ya le dijeron a usted hasta pájaro." Pero debo confesar que lo de homosexual no me afectó para nada», se ríe. «Yo no puedo ser hipócrita con la gente que publica esas mentiras. Cuando me encuentro con esa gente, yo no puedo saludarla. Es algo dentro de mí que es más fuerte que yo. Jorge el otro día se encontró con el editor del *Miami Herald* que le ha dicho tantos horrores y el señor Lawrence le presentó a su hija como si nada, diciéndole que ella lo quería conocer.

Jorge la saludó muy correctamente. Yo no puedo con eso. No puedo aceptar que el señor que publica tantas infamias contra mi marido se acerque sonriendo como si no pasara nada.» ¿Ha logrado minar la moral de la familia la campaña del odio? «Yo soy muy pacífica, pero cuando me intimidan no me asusto. Al contrario: soy más valiente. Cuando estábamos en la época aquella de las bombas, en los años setenta, encontraron una vez gente armada que se había acercado a la casa. Pero no nos dejamos intimidar. Y ahora tampoco.»

Ni siquiera la demanda por paternidad interpuesta por una mujer hace pocos años en Miami —una de las muchas formas que tienen los parásitos de medrar al amparo del éxito— logró desbaratar la armonía familiar. «El mayor defecto de Jorge es la falta de hipocresía, que lo mete constantemente en problemas. No es capaz de mentirme.» La complicación y prolongación del juicio por razones técnicas llevó a las partes a un arreglo fuera de los tribunales. «Conociendo la relación que tiene Jorge con sus hijos, no me creería a Jorge capaz de abandonar a un hijo ni un segundo. Si me dijeran que tuvo una relación con alguien por allí en el pasado, hasta eso sería más creíble que el hecho de que abandone a un hijo. Pero además Jorge no es capaz de mentirme. Eso fue un engaño facilitado por el sistema judicial de este país, que permite a cualquiera poner una demanda por cualquier invento. Y siempre hay abogados para sacar dinero.»

Jorge Mas Santos, el hijo mayor de la pareja, nació y se crió en los Estados Unidos —al igual que sus hermanos— y, a juzgar por lo que ha logrado con las compañías que su padre puso en sus manos en 1985, cuando apenas tenía veintitrés años, es una hechura del espíritu empresarial norteamericano, la encarnación de unos valores que son los del medio ambiente del lugar donde los quebrantos políticos colocaron a su familia. Y, sin embargo, no duda un segundo en afirmar que no es un norteamericano, sino un cubano: «Yo agradezco muchísimo todo lo que este gran país me ha dado, pero yo soy cubano, no me concibo a mí mismo como otra cosa. Desde niño se habló español en mi casa y crecí sabiendo que cuando tuviera mis propios hijos ellos también oirían hablar español y hablar de Cuba como de su propio país. Y eso es exactamente lo que está ocurriendo.» El mismo hombre que discute con autoridad asuntos bursátiles con los bancos de inversiones en Nueva York siente que un arroz con fríjoles, o los partidos de dominó que su padre jugaba en casa con sus amigos —«siempre eran diez o veinte años mayores que él, pero eso era parte de ser cubano»— tienen mucho más que ver con su propia cultura que las costumbres del país donde ha vivido siempre. Cree haber aprendido las lecciones empresariales más importantes de su propio padre antes que del país donde se crió, aunque es consciente de que fueron los Estados Unidos los que hicieron posible que su familia pudiera progresar. Esa transmisión de valores empresariales —Jorge recuerda con orgullo haber abierto zanjas con los haitianos y tendido cables como cualquier obrero, y atribuye en parte a esa decisión el que la empresa aceptara el increíble destino de ser dirigida por un muchacho de veintitrés años— no fue, sin embargo, ni remotamente, lo más importante que recibió de Mas Canosa. Cuando oye a su padre en alguna entrevista hablar de sus relaciones con los sindicatos, o de los mercados de capitales, o cualquier otro aspecto de la vida empresarial, piensa que ese no es su verdadero padre, porque, aunque él siempre ha dotado a sus empresas de una visión estratégica de largo plazo, el Mas Canosa al que conoce en el día a día y recuerda de toda la vida es alguien en cuyo vocabulario sólo existen Cuba y sus problemas. «Hemos tenido muchísimas más conversaciones en todos estos años sobre lo que deberíamos hacer ante tal o tal circunstancia relacionada con Cuba que sobre Church & Tower, Mastec, Sintel o cualquier otro asunto de negocios. Ninguna ilusión empresarial de mi padre se compara con la fe que muestra, cada vez que conversa con su familia o sus amigos, en que Cuba será libre algún día y todos nosotros podremos volcar allí lo que hemos aprendido. Jamás lo he visto preocuparse por la marcha de las empresas como lo he visto interesarse por otros exiliados que no estaban en su misma situación.» Esa herencia emotiva relacionada con los asuntos de Cuba hace pensar a Jorge Mas Santos que, a diferencia de lo que indica la estadística o sugieren los precedentes, su generación sí irá a la Isla acompañando a la de los mayores y que será la suya la que corra con la principal responsabilidad de resucitar al moribundo.

Los cubanos de dentro y de fuera se toparán algún día con esa misión de la que habló José Martí en *La Proclama* de 1880 con ocasión del homenaje al general Calixto García, jefe de la frustrada expedición de ese año a Cuba: «... con el hombre de armas ha ido un hombre de deberes; con la espada que vence, la ley que modera; con el triunfo que autoriza, el espíritu de la voluntad popular que enfrena al triunfador... a ofrecer, y a cumplir, que no envainaría la espada sino luego de pasado el último umbral del enemigo, y que en sus manos no volverá a lucir sino para romperla en el ara de sus leyes.» En los años noventa, los exiliados empezaron a explorar formas de transitar de la economía socialista a la economía de mercado y de reconstruir Cuba sin los traumas de la experiencia de Europa central y oriental. En mayo de 1991, lanzaron un proyecto de transición política y económica, y anunciaron la formación de una comisión para estudiar el reto de la reconstrucción. Bajo la coordinación de Domingo Moreira y el ex especialista de la Fundación Heritage en América Latina Thomas Cox, la Comisión Especial para la Reconstrucción Económica de Cuba (Blue Ribbon Commission), reunieron a veintitrés figuras de los Estados Unidos, entre las que estaban Arthur Laffer —el economista de Reagan que dio su nombre a la curva de los impuestos—, William Clark —el ex consejero para la Seguridad Nacional de la Administración Reagan—, Jeane Kirkpatrick, Ileana Ros y Malcolm Forbes. Pero el ámbito de los aportes era aún mayor, pues el programa daba un foro a muchos empresarios en sus distintas áreas de especialización. Participaron corporaciones como Bacardí, Kaber & McKenzie, Bechtel, Bell South, Circuita City, Coca-Cola, Digitron Tool, Florida Roca International, General Sugar, Royal Caribbean Cruise Line y United Telephone Corp.

La primera etapa prevé el envío, durante cuarenta y cinco días, de alimentos, medicinas y suministros industriales para aliviar la transición desde el instante mismo de la salida de Castro del poder.

Pero la etapa decisiva es la siguiente. «La experiencia —sostiene Mas Canosa—, demuestra que funcionarios medios pueden retener su puesto y participar ellos mismos en la transición, junto con el aporte de quienes conozcan bien el funcionamiento de la economía de mercado. Los cambios de un sistema socialista a un sistema de mercado no deben hacerse lentamente. El peso cubano debe hacerse convertible inmediatamente, y a un nuevo gobierno no debe tomarle más de dos años vender todos los activos públicos. El dinero de la privatización serviría para mantener el financiamiento del gobierno, pagar los costos de la salud y la educación de los cubanos, y crear un fondo de desempleo, necesarias responsabilidades del gobierno dada la calamidad que van a heredar los cubanos. Todo esto debe hacerse sin conflictos ni venganzas, negando los reclamos de los antiguos propietarios y pagándoles con fondos de las ventas de ciertas propiedades.»

El plan de recuperación anticipa el ingreso a Cuba de unos diecisiete mil millones de dólares, provenientes en su totalidad de empresas privadas, «porque la mayoría de los Estados del mundo no tienen dinero para estos proyectos y su voluntad política es reducida. Nicaragua y Panamá pidieron dinero donde no lo hay: el Banco Mundial, el Fondo Monetario Internacional, el Banco Interamericano de Desarrollo, y no se puede depender del sector público para levantar un país». La privatización, según la propuesta de los exiliados, daría el 80 por 100 de las acciones de empresas privatizadas a las compañías extranjeras que invirtieran en ellas, y el 20 por 100 a los trabajadores. Con el dinero generado se podría, además de cubrir los costos de salud y educación, subvencionar en una primera etapa al Ejército desmovilizado y a los burócratas del partido. El programa calcula que el exilio puede hacer transferencias en el primer año de cuatro mil millones de dólares, ya que sólo el comercio entre Estados Unidos y Cuba podría ascender a tres mil millones de dólares ese año. «Los barcos cargados de petróleo de Houston irán allí casi de inmediato», creen los exiliados. Un Tratado de Libre Comercio crearía pronto el marco institucional para el intercambio económico entre Estados Unidos y Cuba. El resto correría por cuenta de los propios cubanos. Si, siendo varias veces menos numerosos, los cubanos del exilio producen el doble de lo que produce Cuba gracias al sistema de mercado, no hay razón para que en un clima de libertad muchos de esos cubanos entrenados en el mercado y la democracia no logren, junto con los que están dentro, una economía muy próspera. ¿Por qué no podría Cuba captar buena parte de ese turismo que mueve hacia el Caribe ocho mil ochocientos millones de dólares?

La falta de cuadros para la transición fue una de las grandes carencias de los países liberados del comunismo en Europa. Aprendiendo esa lección, los exiliados encargaron a Ana R. Craft coordinar «Misión Martí», un programa para preparar a jóvenes que quieran ir a convertirse en cuadros de una nueva Administración en Cuba y trabajar allí durante un período de entre seis meses y un año. En 1987, Pepe Hernández, como una forma de acercarlos a la causa de sus padres, pidió a los jóvenes que ellos mismos diseñaran el proyecto. De los diez mil profesionales exiliados que conformarían el cuerpo de paz de la transición, y que se ocuparían de tareas que van desde el programa de emergencia humanitaria hasta la transmisión de conocimientos acerca del capitalismo, ya están capacitados tres mil.

No es de extrañar que en octubre de 1992, ante el periodista Steve Kroft de la CBS, Mas Canosa respondiera a una vieja pregunta: «Mis hermanos y amigos han sido maltratados en Cuba. Miles de ellos han sido llevados a la cárcel. De modo que si la mejor manera de servir al pueblo de Cuba es siendo presidente, entonces puedo decirle, Steve, que consideraré seriamente esa posibilidad.»

Cirugía en la gusanera

Es un misterio por qué, teniendo en casa «la mejor medicina del mundo», y además «gratuita», funcionarios cubanos van a Miami con sus familias para hacerse tratamientos médicos pagados por su gobierno. Convertida en secretaria del departamento de contabilidad de un hospital, Ninoska llamó en Miami al lugar donde, según el runrún, estaban pasando unos días Javier Domínguez, funcionario del Instituto Cubano de Amistad con los Pueblos (ICAP), organismo de la inteligencia cubana, y su esposa María Antonia Morales, en razón de que ésta se había hecho un tratamiento de belleza en los hospitales de la gusanera miamera.

—Con María Antonia, por favor.

—Sí, soy yo...

—Sí, mire, estamos llamando de aquí del hospital. Necesitamos su número de social security?

—¿Quién me habla? ¿Miriam?

—No, es Isabel... del billing, donde se hacen las cuentas.

—Ah, es que yo vengo de Cuba a operarme, yo no tengo social security.

—Ah, bueno, yo les voy a decir eso. Es que faltaba aquí y me mandaron llamar.

—Ajá... dígales que el pago ya de la embajada lo enviaron a la oficina del médico al hospital.

—¿Esto viene de qué embajada?

—De la embajada de Cuba en Washington.

—¿Viene el pago directo?

—Directo, por cheque.

—¿Qué tipo de cirugía fue?

—Bueno, una cirugía maxilofacial.

—Ah, ya, ya yo llamo al departamento. Gracias. ¿Cuál es su apellido?

—Morales.

* * *

Después de confirmar con el ICAP en La Habana que Javier Do-
mínguez es el «especialista en el área nórdica» de dicho organismo
gubernamental, Ninoska llamó, con su mejor acento gringo en espa-
ñol, al número (202) 797 85 18 correspondiente al departamento de
la Sección de Intereses de Cuba en Washington que se ocupa de asun-
tos administrativos.

—*Buenas tardes, con Armando Amibia o Vivian García, por*
favor.

—*Ajá, ¿quién lo llama?*

—*Mire, es sobre un pago del tratamiento de María Antonia Mo-*
rales.

—*Mire, sobre ese pago... lo va a recibir mañana posiblemente*
porque se mandó en un correo, pero no rápido, ¿O.K.? Ya el pago se
hizo.

—*Gracias.*

* * *

Ninoska llamó nuevamente a la casa donde se quedaban Javier
Domínguez y su esposa María Antonia en Miami.

—*Con Javier Domínguez, por favor.*

—*Sí, un momentico.*

Se acerca el susodicho.

—*Sí, ¿quién habla?*

—*¿Usted es funcionario del ICAP?*

—*Sí, ¿quién habla?*

—*Mire, yo soy una periodista y estaba interesada en saber cómo*
es que los funcionarios pueden venir como usted aquí a gastar el dine-
ro y a operar a sus mujeres y que el gobierno lo pague. Quiero saber si
esto es consistente con la situación del pueblo cubano.

—*Bueno... yo no soy... es decir... mi esposa no viene por ser fun-*
cionaria, viene por ser una enferma. Aquí hay muchos cubanos que
vienen porque están enfermos... y Cuba... como van a otras partes... y
el gobierno cubano, basado en ese principio, costea su tratamiento
médico.

VII
EL ÉXODO

Soy Carrera Jústiz por parte de padre. Mi abuelo fue el primer embajador de Cuba ante España cuando Cuba fue república. La historia es sensacional, porque cuando llegó a presentar las credenciales ante Alfonso XIII, el Rey le preguntó: «Cuénteme una cosa, Carrera Jústiz, ¿es cierto que en Cuba son tan ladrones como cuentan?» Y él respondió: «La herencia, Su Majestad.» Mi abuelo escribió las leyes municipales en Cuba, fue profesor, embajador ante La Haya, en México, en muchísimos lugares más, y hay hasta una estampilla de él, un sello muy bonito que le sacaron. Murió a los noventa y ocho años y hasta antes de morir el chofer lo llevaba religiosamente a la universidad, lo dejaba en la puerta y él subía solo todas las escalinatas porque no le gustaba que el chofer lo subiera ni que nadie lo ayudara.

Por el lado de mi madre el apellido es Rodríguez Bacardí. Mi abuela es Carmen Bacardí; mi bisabuelo, don Emilio Bacardí, inventor del ron Bacardí, que tiene ciento treinta y siete años de edad (el ron, no mi bisabuelo). Emilio fue también alcalde, pintor, escritor, todo lo que a uno se le puede ocurrir. Son dos familias totalmente distintas. Una es leyes, sumamente seria, sumamente católica. Los Bacardí son librepensadores, viajeros. Se fueron a Egipto, consiguieron momias y cosas de esas. Yo vengo de estas dos familias, estas dos potencias, una gente muy conocida en Cuba. Mi padre muy correcto y mi madre también: fuimos educados en lo que era, por supuesto, colegio de monjas, rodeados de todas las obras de caridad habidas y por haber. Y mi madre pintaba también. Una vez, cuando yo tenía como ocho o nueve años, un médico amigo le dijo: «Clara, necesito que me hagas una de las locuras que tú haces.» Entonces se fue al hospital infantil, que era de los niños pobres (nosotros también íbamos a ése), y, sin importarle nada, pintó a Mickey Mouse, a Humpty Dumpty, a todo el mundo, en aquellas paredes. Nos divertíamos horrores, pero eran cosas que la gente no hacía. También había un cura que era muy amigo de mi mamá y todas las señoras iban a confesarse. El cura sabía que mi mamá cosía, así que las penitencias que le ponía eran que hiciera camisas para los niños pobres. Todo el mundo se reía: «Mami debe ser esta semana lo más pecador del mundo porque está haciendo veinte camisas», y tú la oías en la máquina: prrruu... prrruu..., haciendo camisas.

Bueno, llega la desgracia de la Revolución y yo cumplo los dieciséis años cuando empieza el problema en Cuba. Mi padre era juez correccional, abogado, nunca político. Su hermano era sumamente político (había sido ministro, había estado exiliado no sé cuántas veces), pero él nunca; él se mantenía siempre en su posición, su juzgado, de lo más correcto. Al cabo de los años, nos contaron que le decían «panetela» de lo blando que era con la gente, pero él decía que él no era flojo, que era justo. Una vez que le enviaron unas cuentas por equivocación a la casa, nos enteramos de que, cuando mandaba a los condenados a la cárcel, mi papá les enviaba pan con mantequilla y café con leche a todos los presos. Te condenaba, pero no quedaba que te podías tomar un café con leche antes de irte, ¿no?

En el momento en que viene la Revolución, metido en el asunto político sólo hay un tío, Pablo Carrera Jústiz, que era profesor de la universidad y había sido ministro con Batista. Por supuesto que ya él se había peleado con Batista y estaba escondido en mi casa. ¡Fíjense el escondite! Aquello era totalmente tabú. La casa tenía dos pisos, pero en la parte de arriba habían puesto un biombo y no se podía subir. Todo el mundo sabía que estaba allí arriba escondido: los amigos y todo el mundo. El pobre vino al exilio sin un peso, metido atrás de un baúl de un carro, y la cosa acabó en que mi mamá lo tuvo que ayudar durante muchos años. Tenía tres hijas: una monja, una que le habían fusilado al novio, Rogelio Fernández Corso (el traje de novia de ella estaba en casa: una tragedia), y la otra que cuando vino al exilio tenía cuatro niños y al marido le dio un infarto y se murió.

Yo tengo borrada, de verdad, la fecha en que yo salí de Cuba. Yo debo haber salido el veinte y pico de agosto. Me montan en un avión y me dicen: vas a Puerto Rico con la abuela. A la abuela, Carmen Bacardí, la habían sacado una semana antes. Nosotros teníamos un primo que se convirtió en comunista, el típico comunista: iba a la Universidad de Villanueva, se había graduado de los curas de La Salle y trabajaba en el Royal Bank of Canada, donde la abuela tenía su dinero. A principios de la Revolución, se apareció vestido de miliciano, se sentó y le dijo: «Abuela, soy el interventor del banco.» La abuela le contestó: «Hazme el favor de levantarte y no vuelvas más nunca.» Sin embargo, un chofer que la abuela había tenido era uno de los Ameijeiras, que lo habían convertido en mandamás de la policía, y lo primero que hizo fue aparecerse en la casa con todos sus escoltas a felicitar a abuela y decirle: «Aquí estoy. En nombre de la Revolución, lo que tú quieras.» La abuela respondió: «Quiero irme de aquí.» Cogieron a la abuela y la mandaron a Puerto Rico, donde había una fábrica de Bacardí que tenía ya en esa época como veinte o treinta años. Allá estaba Pepín Bosch, que ya se había ido de Cuba. Él era casado con una de las Schueg, hija de don Enrique Schueg, o sea que estaba emparentado. Pepín, que manejaba la empresa, había sido ministro de Hacienda muy exitoso, había sido un tipo sumamente inteligente. Una de las cosas que se le ocurrió fue sacar el nombre Bacardí e inscribirlo en todas partes del mundo, empezando por Liechtenstein. El primer barco que montó Fidel Castro lleno de ron Bacardí se lo embargaron y más nunca pudo mandar una botella de ron: Pepín en el mundo entero lo había inscrito. Teníamos la fábrica en Puerto Rico y teníamos fábrica en México, y creo que habían comenzado la de Brasil (Brasil es tan grande que todo el consumo es de Brasil). Entonces decidieron: la abuela va para Puerto Rico, y atrás de la abuela fui yo, con un par de aretes de brillantes (todavía los tengo). Mi abuela tendría setenta y seis y yo dieciséis años. Nunca habíamos vivido juntas, pero teníamos algo que nos unía muchísimo: nos importaba todo un pito y nos divertíamos horrores. Estuvimos un mes en casa de los parientes. Podrán imaginarse que aquello era un visiteo constante a doña Carmen Bacardí. La gente no nos resistieron más, así que llego un día a la casa y me dice abuela: «Nos tenemos que mudar.»

Llegó la invasión de Bahía de Cochinos, el fracaso de la invasión, y mi padre cayó preso. Él no participó en la invasión. Era de los que se habían quedado en Cuba esperando: esto se cae, esto tiene una solución, los muchachos no pueden venir, vamos a quedarnos a ver qué pasa. Total, le hicieron una investigación en la casa, se lo llevaron a él preso, y desbarataron todo: horrible. Mi madre nunca nos dijo que mi papá estuvo preso. Cada vez que llamábamos: «Qué pena, tu padre se acaba de ir un momento; qué pena, tu padre está en un concierto; qué lástima, tu padre está con fulano de tal.» No quería que nosotros fuéramos a Cuba ni que nos angustiáramos. Era una mujer sumamente fuerte. Al cabo de los tres o cuatro meses (era 1962), mediante unas gestiones que hizo con una tata que había tenido yo y que se había enterado de dónde él estaba preso, un día pusieron a mi padre en libertad. No tenían causa contra él, había mucha confusión. Después de estar en la galera 17 (los que iban a fusilar), lo soltaron y mi padre llegó a la casa totalmente destruido: infección en los ojos, había perdido las pestañas, las cejas, los anteojos, los dientes. Horrible. Horrible. Un día, una familia a la que abuela había ayudado llamaron a mi casa. A los pocos días, mis padres se fueron de Cuba con veinticinco centavos, con un pase de cortesía de la Revolución en el último barco que salió a Palm Beach, en la Florida. De allí se fueron para Puerto Rico.

A mi hermano Francisco entonces lo trasladan pa' la fábrica en Nassau, que es donde está la matriz de Bacardí, la que le vende al mundo (hoy en día eso ha cambiado mucho y el ron se hace en España y en otros lugares, pero Nassau sigue siendo la matriz). A Ignacio, que se acababa de graduar de Arquitectura, lo mandan a Puerto Rico a hacer el Museo Bacardí. Yo me quedo y me caso, y ya después que me caso con Mario Luis del Valle en el año 65 mi marido empieza a estudiar. Él había estado involucrado en Bahía de Cochinos, había estado en los *teams* de infiltración clandestinos, todo estupendo y patriótico, pero no tenía nada. A Mario se le ocurre la idea: «¿Por qué no nos vamos a casa de tus padres en Miami? Tú trabajas y yo voy a la universidad...» Y así fue. Mario se graduó en la Universidad de Miami. Yo trabajaba y mi papá me llevaba al trabajo, la niña no podía ir sola todavía, era horrible que la niña trabajara, la niña estaba casada ya...

Aquí en Miami me confundí un poco y tuve mi primer hijo. Cuando Mario se graduó, en diciembre, Mario Luis, mi hijo, tenía seis meses ya. Pero estábamos bien. El padre de Mario tenía muy buenas conexiones con el Manufacturers Hanover Trust, que en Cuba funcionaba, y le dieron un trabajo en Nueva York. Empezó de empleado bancario, en Queens. Tuve el segundo hijo en Nueva York y trabajé con una compañía que se llamaba John & Rubican, una agencia de publicidad, donde hacía traducciones al español. Mi español y mi inglés son fatales los dos, pero mi jefe era buenísima gente, se reía horrores. Mario no quería trabajar con Bacardí porque lo de Bacardí era lo de uno, así que siguió en el banco hasta que un día nos anuncian que nos trasladan a Colombia. Mi marido debía ir de representante del... ¿cómo lo llaman?... «Manny Hanny», el Manufacturers Hanover Trust.

En cuanto a la política: toda la vida oyendo a la familia hablar de Cuba. Mi padre en aquella época era miembro del RECE y le daba dinero a todo el mundo (aparte de que era músico y se la pasaba tocando cosas cubanas). Yo todo lo oía. El periodista Humberto Medrano me mandaba siempre los recortes, los *clippings,* de los periódicos, como los señores antiguos (hoy en día Mario mi marido me los recorta también. Me recorta las cosas que cree que me debo leer). Siempre estábamos pendientes: que si Cuba esto, que si Cuba lo otro, que qué es lo que está pasando. Mi mamá decía que siempre tenía las maletas hechas. Y mi papá también tenía su maleta, porque pa'Cuba se iba. Y Mario, que ya se había salido de todo lo que había sido CIA y estas cosas, tenía la mente en Cuba también.

Nos habíamos ido a Colombia como refugiados. Lo llamó el banco a Mario y le dijo: «Mire, *mister* Del Valle, usted no puede seguir de representante del banco así, usted tiene que venir aquí y hacerse ciudadano americano.» Dijimos qué horror, qué espanto, pero regresamos y en un día nos hicimos ciudadanos americanos. Nos mandaron un avión, fuimos a New York, nos dieron los pasaportes. El *file* de Mario mi marido era gigantesco; el mío era una miserable hoja, y yo pensaba: tengo que haber hecho algo más importante en mi vida que esto. Mario sí había trabajado mucho, y había hecho mucho, y hoy en día creo que parte de lo que a mí me deja hacer es lo que él quisiera hacer pero no puede porque tiene otras obligaciones, aunque está completamente empapado de todo lo que es Cuba y es mi conciencia en esto.

Colombia era, imagínense ustedes, las mil y una noches: volví a tener casa, empleada, chofer, Mercedes, club, de todo... como ocurre en América Latina. De mí toda la vida se burlaban, y me hacía muchísima gracia, porque yo no golpeo tanto el español como los otros cubanos. Traté de mejorarme y hablar más fácil pa'que me entendieran. Cuando me preguntaban: «¿Y usted de dónde es?», les decía: «Yo, de la costa.» «¿Pero de cuál costa? —me respondían—, porque de Cartagena no es, ni de Barranquilla.» Y yo les aclaraba: «No, de las costas de Cuba.»

A comienzos de los ochenta, nos coge en Bogotá lo de la salida de los cubanos por el puerto del Mariel y la crisis de los refugiados en la embajada del Perú que derivó en el Mariel. Estábamos en una finca que teníamos pasando un *weekend* cuando la cosa nos sorprendió por el radio (yo no sé, pero los transistores estos los hemos tenido siempre. En mi casa había un Telefunken enorme que tenía mi padre en la mesa de noche, y toda la vida tú oías noticias, estabas ansioso, Cuba va a ser libre, va a pasar algo). Como Mario representaba a Colombia, Ecuador y Panamá en esa época en el banco, viajábamos a toda Sudamérica, donde mi marido tenía, como banquero y como representante, mil puertas abiertas, de las cuales yo me aprovechaba para las cosas de Cuba, por supuesto. Al enterarme de la invasión de refugiados en la embajada del Perú, empiezo a hacer muchas gestiones. En esa época estaban Diego y Nancy Asencio de embajadores americanos en Colombia. Él es el famoso embajador al que secuestraron en la embajada dominicana en Bogotá junto con otros rehenes. Yo tenía mucha relación con ellos porque había ayudado en ese secuestro a Nancy como amiga de ella que era. Creo que fuimos sólo tres personas las que nos dejaron entrar en la embajada americana a quedarnos con la mujer. En la crisis de refugiados en la embajada del Perú una de las primeras cosas que se nos ocurre es ir a la embajada americana y decirles que queremos pedir un avión para traer a los cubanos a Colombia. Me acuerdo que estaba un sobrino del presidente Belaúnde Terry, que era embajador. Nancy nos dijo: «No hay problema ninguno, vamos a hacer la reunión.» Yo me reuní con los cubanos. En aquella época estaban los Arellano, estaban los Zavala, todo el mundo tenía plata y todo el mundo tenía de todo. Les dije: «Vamos a alquilar un avión y traer a los cubanos pa'cá y hacernos nosotros cargo de esto.» Yo creo que esa puede haber sido mi primera relación asistencial con el éxodo cubano.

Miento: anteriormente había tenido una experiencia. Con ocasión de los primeros Juegos Panamericanos, aquellos que tuvieron lugar en Panamá, se quedaron cuatro cubanos. Yo tenía ya relación con la embajada de Panamá. El embajador, Ricardo La Guardia, era amigo nuestro. Un muchacho muy joven, tendría treinta años (el lema de Torrijos era, justamente, «la juventud al poder»). Los cuatro atletas eran dos de esgrima, uno de bicicleta y uno de trampolín. Un día Ricardo me llama: «Quiero que vengas.» «¿Y qué tienes para mí?», le pregunto. Dice: «Un paquete.» Me olí que eran los atletas y salí corriendo. No les digo lo que fue aquello. Estaba la gente de la embajada de Cuba; Mario, mi marido, andaba con pistola y con el celador (en aquella época teníamos celador; no eran exactamente guardaespaldas, pero eran gente que te cuidaban por lo del banco,

264

con todos esos secuestros en Colombia). Acabé dándoles una clase de fiesta en mi casa que no les cuento. Casé a los de esgrima en la embajada de España (un par de mulaticos monísimos). Los llevé a todas partes: regalos, dinero, paseos. Como al cabo de dos años, recibo del que hacía trampolín un recorte del periódico en el que el hombre estaba todo lleno de candela por todos lados. Leo el nombre y grito: «¡Dios mío, se suicidó!» No: estaba en México y era uno de los que se tiraba del peñón, uno de los «clavados», envuelto en llamas el hombre, famosísimo, encantado de la vida.

O sea que ya tenía relación con estas cosas y yo me sentía que era agente secreto. Y ahora con lo de la crisis de refugiados en 1980 sentía que conspiraba con toda esta gente, con el gobierno del Perú que también estaba sentado en las reuniones, y con los americanos que estaban metidos en el medio. Pero, en resumidas cuentas, no nos dejaron llevar a nadie a Colombia. Una tristeza enorme, porque ya teníamos el avión, la gente, la plata, todo.

En eso empecé a trabajar en el Country Club con los *caddies*. En Bogotá, Mario jugaba golf y yo jugaba golf. Cuando me enteré de los problemas que tenía, tuve que dejar el taco y me fui con los *caddies*. Era espantoso. Pensaba: aquí el comunismo se los va a comer a esta gente. Los señores se jugaban un *pot* de mil pesos en un ratico, mientras que estos chicos nada más que tenían derecho a trabajar el día que cargaban los tacos, los palos. Había *caddies* de primera y *caddies* de segunda, y los *caddies* de segunda eran unos chiquitines. Hicimos, entonces, la Fundación del Country (se la copiamos a otro club que la tenía ya) y les dimos comida, les enseñamos a comer, les limpiamos aquello, que era un asco, con manguera. Al comienzo se robaban hasta los bombillos. Después decidieron que no se robarían los bombillos porque eran ellos mismos los perjudicados. Les dimos papel sanitario, jabón (porque el jabón que usaban era el jabón que sobraba a los socios). Comían con las manos, y les enseñamos con cuchara. Nos decían que no se les podía dar cuchara porque se las robaban. Pero yo les advertía: «El que se la robe es responsable y aquí no se puede comer con las manos.» Todo esto lo hice a un costo grande porque me salía de lo que era el Country, de lo que era mi responsabilidad como socia, con Mario en la junta de la Fundación y todo. Después que tuve la batalla esta, recolecté una cantidad enorme de gente (la junta sigue funcionando. Yo creo que hay como cincuenta hoy en día en aquella junta). Se les hizo dispensario y en el dispensario aprendí de medicina porque hasta tenía que recetar. Felizmente no era en este país, porque sabe Dios los pleitos que me hubieran puesto. Íbamos a todas las compañías grandes, como Merck o Schering, y, como toda esta gente eran socios del Country, tenía yo entrada en todos lados. Con Mario de banquero, quién me iba a negar a mí una caja de medicina y quién me iba a negar nada. Hicimos el dispensario a todo meter, luego pusimos médico y acabamos hasta con dentista en aquel lugar. Me acuerdo mucho de la plaga de la sífilis. Nos cayó una cantidad de esta gente con sífilis y todo el mundo les cogió horror, porque los hijos de uno jugaban con ellos y ellos a veces se metían hasta la bola en la boca. Y yo les explicaba: «No hay que cogerles horror. Cuando el tipo se mete la bola en la boca lo que hay es que quitársela.» No les digo yo a la cantidad de gente que he perseguido para ponerle una inyección de estas de penicilina.

Poco después, me encontré con un cura que era el que había estado envuelto en el secuestro de la gente de Faber Shows. Un día le pregunto: «Padre, ¿qué es lo que usted hace?» Dice: «Bueno, hija, yo hoy en día estoy trabajando con la prostitución en Colombia.» «Qué interesante, padre, ¿cómo llegó usted a la prostitución en Colombia?» Dice: «Se estaba muriendo una prostituta. Fue con sus amigas a todas las iglesias para encontrar un cura y ningún cura quiso ir, así que fui yo.» «Sabe qué —le propuse al cura—, la próxima vez que se esté muriendo una de éstas, llámeme que yo voy con usted a darle la comunión a la mujer.» Dicho y hecho: en cuanto Mario del Valle se iba de viaje, yo me ponía mi ruana y me iba a todos los bares, a los peores barrios, incluyendo Las Cruces. Una vez casi caemos presos en uno de esos recorridos, así que al día siguiente le mandé un recado al ministro de Defensa, Camacho Leiva, y me fui a verlo (era muy amiga de él por otra gente y porque estaba en el club también): «Ministro, necesito que me dé un pase para poder circular por las noches en las calles sin que me vayan a pedir la cédula y sin que me vayan a pedir nada, porque en realidad nada más que me voy con una ruana para el frío este que pela en Colombia por la noche y llevo mi cédula en el bolsillo, pero sabe Dios si me pasa algo y quiero un carnet para enseñarle a la policía.» En tono burlón, me dice el ministro: «Sabe qué, Clara María, mi chinita, jamás le voy a dar eso porque sobre mi conciencia no va a quedar tu cadáver o tu cara cortada. Te van a matar.» Puedo decir que jamás me pasó nada, nunca. Seguí metiéndome a todas partes. En diciembre hacíamos novenas en los bares más miedosos del mundo. Aquellas mujeres iban y rezaban con nosotros. Yo iba con el cura, nadie más quería ir (sólo después tuve una amiga que nos acompañó, Teresita Elías, que iba muerta del susto y a escondidas porque el marido no la dejaba). Hicimos una casa que se llamaba el Cristo Viajero (un nombrecito medio raro). Recolectábamos telas y los palos de los traperos. Hacían ellas lo de los traperos por el día y por las noches tenían que hacer otras cosas. A nosotros nos interesaba tratar de educarlas un poco para que se salieran de las otras cosas. Basta decirles que todos los traperos del Country Club y del Hilton eran de mis niñas. Y en el Hilton hasta les dieron trabajo a algunas de ellas. Joe Zavala, el gerente, me decía: «¿Pero cómo se te ocurre? Si yo me paso la vida botando a las putas de aquí y ahora tú me haces recoger a estas putas.» Yo le aseguraba: «Tú verás que les va a ir de lo más bien. Estas gentes son buenísimas, hay que darles una oportunidad en la vida para que puedan salir.» A varias de ellas las coloqué.

También nos involucramos con unas monjas que se ocupaban de la gente de la calle. Había mucha gente en la calle suelta. Casi todos de verdad que estaban arrebatados. Los bañábamos, los vestíamos, les hacíamos de todo, y al segundo o tercer día se escapaban. El cura y yo decidimos mantener permanentemente una casa de ancianos. Al comienzo, nadie nos quería alquilar un local. Cuando nos veían que éramos el cura y yo junto con esta gente, nos decían que con esos locos por nada el mundo. Era increíble: una casa de locos en medio de un barrio. Pero lo conseguimos, y conseguimos también un comité de gente que nos apoyaba. Íbamos allá con todas estas personas del comité. En cambio, con la prostitución infantil no pude. Ahí sí que no. Me daba una lástima y una tristeza horribles. Les cogí un odio a todos aquellos asquerosos choferes de buses que iban a buscar a esas niñas de doce años, once años, todas pintorreteadas. Yo tengo mis limitaciones. A la otra podía conversarle, pero con una niña no podía: me desbarataba. Con los locos también puedes conversar más o menos: a veces son simpáticos, a veces son peligrosos. Pero con las niñas prostitutas no pude.

Mario quería venir a poner un banco aquí en Estados Unidos, pero en eso fuimos a Panamá con unos amigos y le recomendaron que el sitio para ponerlo era Panamá, y que después podía poner un H-Act en Estados Unidos (era la época en que empezaban los H-Act). Nos fuimos pa' Panamá el 82-83 para que Mario hiciera el banco LAC. En cuanto vi que había cubanos, dele pa' los cubanos, ¿no? Entonces me encuentro con otro cura (tengo suerte con la Iglesia). Un padre que se llama Joaquín Millán, un cura carismático, que por supuesto tenía la parroquia más espantosa que se pueden imaginar, en el Chorrillo. El Chorrillo es... pa'qué les cuento... a la derecha está la zona americana y a la izquierda está el Chorrillo. Nada más que por el nombre se darán cuenta lo que es eso. Ahí estaba la cárcel esta de Noriega que acaban de desbaratar. Empecé a trabajar con el cura en el Chorrillo. Tenía una obra maravillosa, era mercedario (a veces me equivoco y digo mercenario, qué horror), y él y los suyos visitaban las cárceles y atendían a los desvalidos y a los pobres día y noche. Las cárceles siempre me interesaron (mi padre estuvo preso). Horrible lo que era la cárcel en Panamá. Miedo, lo que tú dices miedo, yo lo he sentido ahí dentro. Un cura que se llamaba el padre Tomás y entraba a la cárcel me decía: «Venga, hija, vamos a visitar a los corderillos.» «Los corderillos —le aclaraba yo— son lobillos y nos van a matar a usted y a mí.» Y el cura de sotana pa' arriba y pa' abajo. Al jefe de la cárcel llegué a conocerlo: un señor con unas botas negras muy polichadas, un perro enorme, pastor alemán, un palillo de diente en la boca siempre, sentado en aquel escritorio cuando llegábamos el cura y yo y nos daban permiso para pasar. Yo creo que le tenía más miedo al jefe de la cárcel que a los corderillos.

Por el otro lado teníamos la parroquia. Ahí me empiezo a encontrar con los cubanos. Los cubanos ya estaban más en la calle, vendían plátanos en el mismo Chorrillo y cerca del Chorrillo, y la gente del lugar sabía que yo no era panameña, sino cubana. Y cuando oían «la cubana», iban a la parroquia. Lo de los cubanos era de espanto: nadie tenía nada, llegaban a Panamá y a los dos meses ya los parientes los empezaban a abandonar porque no había un duro pa' pagarles. La gente todavía no estaba en buena posición. Empezaron los de los barcos a quedarse. Se lanzaban al agua. El Chorrillo está justo al lado del canal, cerca del Puente de Las Américas. Cuando cruzaban, se tiraban ahí y, yo no sé cómo, llegaban directamente a la parroquia de Fátima. Todos éstos eran de la flota marítima de Cuba, y como había un convenio con Panamá que decía que a todo el que se quedara había que devolverlo, eran muy perseguidos. Llegaban a la parroquia y los escondíamos. Tenía un cubano que era muy amigo y los llevábamos a su finca, los dejábamos un tiempito ahí, donde los atendíamos, y después ellos solos se iban. Me acuerdo de uno que se llamaba Aladino. Como todo aquello era medio en clave, le decíamos *la Lámpara*. Aladino (de lo más mono Aladino) era un médico que estaba en el barco y se tiró al agua con ropa y todo. Cuando nos enteramos, fuimos a verlo. Juro que temblaba, pero de miedo, porque en Panamá no hay frío. Le digo: «Tranquilo, que soy fulana de tal.» El hombre estaba con una cara terrible y yo creo que desgraciadamente no soy el prototipo de la cubana, ¿no?, ni por el pelo ni por el hablado. Así que le tenían a una miedo. El tipo no se abría conmigo al principio, sólo a las dos o tres veces de verlo. A Aladino también lo escondimos, como a los otros. Lo tuve en la parroquia del Chorrillo como un par de meses viviendo con los curas mercedarios, que estaban encantados con esta obra. Al mismo tiempo, habíamos logrado hacer una casa para las niñas y los muchachitos. Al que había sido víctima de abusos lo recogíamos ahí. También una escuela vocacional (todo esto funciona hoy en día) y un comedor. En el comedor es donde yo tenía a los cubanos. En total, como cuatro mil cubanos desfilaron por ahí. Pero había en todas las obras también panameños.

Panamá tenía negocios con Cuba y a través del mismo consulado, pagándole al cónsul en Cuba, les daban a algunos cubanos un permiso pa' irse pa' Panamá. Cuando llegabas a Panamá, te quedabas en el limbo, no había nada para ti. Había empezado a funcionar la famosa «palangana», que era traer a los ilegales por dos mil o tres mil pesos. Caminabas creo que todo Centroamérica hasta que llegabas aquí. Había vuelos que te dejaban por ahí y tú tenías que arreglártelas para llegar a Panamá. Esto lo crearon con ayuda de algunos del gobierno panameño. Yo acusé a esos sinvergüenzas varias veces por el negocio de la «palangana» y llegó un momento que no me dejaron entrar más a Panamá (yo creo que ya me levantaron la prohibición). Esto fue con el presidente Endara: igual que durante el gobierno de Noriega, vendiendo visas como negocio por lo bajo.

Un día, en el 86 u 87, me llaman Jorge Mas Canosa y Pepe Hernández y toda esta gente de la Fundación, y me cogen por sorpresa: «Bueno, ¿qué vamos a hacer juntos?» No había tenido mucho contacto con la Fundación. Yo sabía de ella porque oías hablar de ella, y había veinte gentes metidas en esto, pero yo vivía en mi limbo con mis cubanos, ayudando allá, sin saber lo que pasaba por otros lugares. Yo tenía mi posición como cubana, tenía los medios y me ocupaba de los míos, como si fueran mis hijos. En 1984 la Fundación había creado el Fondo de Ayuda al Éxodo para dar ayuda humanitaria a los refugiados cubanos que languidecían en terceros países, donde no tenían permisos de trabajo, donde vivían como parias y no tenían muchas veces los recursos mínimos. A través de donaciones, telemaratones, radiotones y otros eventos, se logró dar más de cuatro millones de dólares en asistencia. Creo que el origen de todo fue un viaje del periodista Tomás García Fusté a Lima, donde estaban los refugiados que habían salido de la embajada peruana durante la famosa crisis en La Habana. Regresó tan impactado que propuso a Pepe Hernández un radiomaratón en La Cubanísima, y así nació la idea. Esta ayuda se empezó a llevar entonces a Caracas, San José, Santo Domingo, Madrid y otros lugares. La ayuda venía en cheques mensuales para familias refugiadas, para ayudar a los ancianos, los enfermos, los inválidos y las madres solteras. Se daba enseñanza escolar y libros de texto a los niños en los países donde no se permitía asistir a la escuela pública a los refugiados, y también atención médica y comida. La ayuda se manejaba a través de las delegaciones de la Fundación en varios países, y en los viajes de los miembros de la Fundación desde Miami. Mi trabajo en Panamá resulta que fue convergiendo con el de toda esta gente hasta que un día nos dimos cuenta de que estábamos en lo mismo y decidimos juntarnos. Yo funcionaba a través de la parroquia, pero pertenecía a la asociación de mujeres banqueras (fui tesorera), era presidenta de las mujeres cubanas en Panamá, y estaba en el patronato del Chorrillo creo desde el primer día que entré allí. O sea que tenía a la banca, al gobierno, a fulano de tal y a mengano. Y me tocó una época también muy buena en que era Tuturo del Valle el presidente de Panamá. Como yo era la señora Del Valle, cuando llamaba a pedir plata y decía que era «la señora Del Valle», todos me salían al teléfono: «Hola Mariela, ¿cómo está?» Y yo: «No, qué hubo, es Clara.» Y ellos: «¡Ave María!, es usted... ¿qué quiere?» Y yo: «Por favor, necesito una cita, necesito que me mandes esto, que me mandes lo otro.» «Claro, sí, Clara, te vamos a mandar lo que haga falta, no te preocupes.»

Con el gobierno tuve que intervenir varias veces. La primera fue porque a los niños cubanos les exigían, para entrar en las escuelas, una carta de la embajada de Cuba. Los sinvergüenzas estos que estaban atrás de los escritorios en la embajada tenían que certificar que fulano de tal estaba inscrito en la embajada y que podía estudiar. Eso te costaba cien dólares. Hablé varias veces con el ministro de Educación, creo que era Solís Palma ya en esa época (Solís también fue presidente, por unos días, en la época de los «gargantazos», en aquel momento en que los panameños decían que ya les habían ganado a los bolivianos porque habían tenido más presidentes que Bolivia en menos tiempo). Una vez le protesté: «Es increíble que para entrar a la escuela los niños cubanos tengan que ir a la embajada y hasta les cobren.» Finalmente, resolví esa situación.

Ya con Jorge y con Pepe empiezo a coordinar mis cosas a fines de los ochenta. Yo siempre digo que sí. Dice Mario que es un peligro porque no sé decir que no, que es mejor decir que no y después decir que sí, porque después que dices que sí no te puedes echar pa' atrás. Me habían preguntado que si ellos me podían ayudar. Yo les dije, sin pensarlo: «Claro que sí, con lo que quieran.» Y Pepe y Jorge y todos aquí en Miami muertos de la risa, llamando a Panamá, a ver, Clara, qué es lo que podemos hacer. «Bueno, lo que ustedes quieran», les dije yo. Y ellos: «Eh... bueno... vamos a hacerles una jaba.» «Sí, cómo no —les respondí—, si yo les hago jabas en diciembre y les hago los Reyes Magos.» Y ellos: «¿Y cómo lo haces?» «Bueno, pues, con la gente aquí recojo plata y les hago sus cosas.» «Mira —me dijeron—, nosotros nos queremos encargar de eso.» Y yo pensé: bendito sea Dios, porque será menos lo que tenga que pedir (recuerden que yo tenía que pedir pa' los panameños y pa' los cubanos, y tenía que tener referencias pa' todo).

A Miami viajaba normalmente, pero estaba basada siempre en Panamá. Oficina sólo tuve dos veces brevemente y la tuve que quitar porque creía que me iban a linchar. Manejaba las cosas desde mi casa, y en las iglesias, y despachaba en el Chorrillo, y después en la parroquia del Espíritu Santo, que era la del padre Durán de Cáritas (me tenía que mudar de parroquia también). Luego en Nuestra Señora del Carmen, en Balboa, en todas partes. No es que me botaran, pero llegaba un momento en que era demasiado lío. Entonces anunciaba: «Padre, me voy a mudar.» De la Fundación me llamaban a mí para coordinar la ayuda a los cubanos en Navidades, los cheques, las medicinas, los espejuelos. Radio Fe tenía unas oficinas donde yo trabajaba también con el padre Guardia, hermano de uno que estaba casado con una cubana, el pobre Roberto Guardia, que todavía vive pero debe estar muriéndose. Él me consiguió esa oficinita, donde los cubanos iban y me traían las prescripciones médicas, las recetas. Necesitaban siempre lo mismo: Zantac, Valium y qué sé yo: todo el mundo, los cubanos y creo que a la par yo también. Yo apuntaba la receta y hablaba con Pepe Hernández en Miami y le decía: «Necesito cinco dólares para fulano.» En poco tiempo había hecho un censo completo de todas las miserias. Una vez que yo llamaba con los pedidos de dinero, ellos inmediatamente me mandaban un cheque. Esos cheques iban al banco de Mario, mi marido, para que no me cobraran por las transacciones, porque, de lo contrario, con el cheque de cinco pesos yo le debía al banco setenta y cinco centavos y podía cobrarlo sólo en un mes. Con los espejuelos, el sistema era el mismo que con las medicinas. Iban allí, yo ya tenía una doctora que les tomaba las medidas y que no me cobraba, mandaba las medicinas aquí a Miami y de aquí me mandaban cajas y cajas de espejuelos. Y por supuesto que había que hablar con Matute, como se llamaba el ministro aquel, porque aquello había que pasarlo a través de no sé quién, porque, si no, tenía que pagar el impuesto. Vete a hablar con la de aranceles, con el de aduanas, con fulano. Y todo, gracias a Dios, me salía perfecto.

En todos estos ajetreos, antes de empezar las entrevistas, me habían ayudado una prima mía, Georgina García, y Martha Fuster, Silvia Mandiola, Mery de Pérez y Carmita Gómez. Desde las siete de la mañana trabajábamos hasta las siete de la noche, sin cobrar nadie un peso, haciendo censos, visitando a los enfermos, metiéndonos en todas partes. Ah, y había también lo de los muertos. Yo he enterrado a un montón de gente en Panamá. En uno de los entierros que tuve, cuando llegamos al cementerio, los familiares vieron que la cosa era en la tierra y no lo quisieron meter ahí. Y yo, con el hueco abierto delante mío, tuve que pagar para que cerraran el hueco, llevarme el muerto otra vez a la funeraria y buscarle un nicho en la pared, porque dicen que en Cuba no enterraban en el piso. Así que yo con el muerto a cuestas pa' acá y pa' allá. A la *morgue* iba con Roberto Guardia. Tú no puedes enterrar a nadie en Panamá si tú no tienes una cédula de ciudadanía, no de residencia, y la mía era de residencia. Para el contrato en el cementerio tenía que llevar también a Roberto Guardia. El pobre iba conmigo y daba su cédula. Roberto Guardia tiene como diez muertos a nombre de él, allí en el cementerio. Nos cobraban por tres años. Después, si no pagabas, o no hacías algo, pa' la fosa común.

A fines de los ochenta, el Fondo de Ayuda al Éxodo fue derivando en algo distinto. Se pensó que el verdadero anhelo de esta gente que andaba malviviendo en terceros países era unirse con sus familias en Estados Unidos, juntarse con el exilio cubano de aquí. El 13 de junio de 1988 la Fundación firma un acuerdo con el Departamento de Estado y el Servicio de Naturalización e Inmigración para permitir la venida a Estados Unidos de mil quinientos refugiados ese año, y en adelante mil quinientos cada año. Para este acuerdo Pepe Hernández trabajó como loco. El acuerdo se basó en la decisión del gobierno norteamericano de 1986 de permitir al sector privado patrocinar a cuatro mil refugiados al año. La Private Sector Initiative permitía usar fondos privados para la inmigración y les abría las puertas a los inmigrantes siempre y cuando no vinieran a vivir del Estado. Fue el único arreglo de este tipo, porque ninguna otra organización quiso acogerse. Para los cubanos era una bendición, con tanta gente repartida por todos lados. Imagínense que tendrían que asilarse en el mundo cinco millones de argentinos, ocho millones de españoles, trece millones de mexicanos y cincuenta millones de gringos para igualar la proporción de cubanos que han tenido que refugiarse fuera de su país por la dictadura. Y con estos números, como es lógico, hay muy pocos que no tienen familia en Estados Unidos. Casi todos los refugiados en terceros países tenían parientes aquí. Este programa para reunificar a los cubanos, que suscribimos para aprovechar una ventana que se nos abrió en el sistema, no costaba nada a los contribuyentes americanos porque un jefe de familia tenía que venir con oferta de empleo en mano, aunque fuera para trabajar de barrendero. Pepe firmó el acuerdo en la Casa Blanca junto con el comisionado de Inmigración, Alan Nelson, y ya en octubre de ese año la Fundación había recaudado un millón de dólares para apoyar el programa. Nosotros nos ocupábamos de tramitar los papeles, del costo de la reubicación y del seguro médico. El Servicio de Inmigración sólo se ocupaba de entrevistar a los refugiados y de aprobarlos. Había que garantizar que el refugiado no iba a ser carga para el gobierno federal, estatal o local por lo menos durante dos años, y había que demostrar un contrato de trabajo para el jefe de familia o los mayores de veintiún años. Y, por supuesto, el seguro médico era clave para que no cayeran en los hospitales americanos sin cobertura. Un aporte de un millón seiscientos mil dólares del gobierno federal ayudó a cubrir un poco menos de la mitad del costo del seguro médico para dos mil refugiados. El resto de esos seguros, y el íntegro de los seguros de ocho mil refugiados más, fueron cubiertos por donaciones privadas. Se usaron compañías de seguros extranjeras, mayormente la Lloyd's. Además de eso, muchos donantes privados, en coordinación con nosotros, garantizaban casa y empleo. Los parientes conseguían trabajo para sus familiares en las gasolineras, como mecánicos, vendiendo chocolates, lo que fuera.

Yo me dedico entonces a coordinar esto, desde el plan piloto, en Panamá. Cuando empiezan las entrevistas, la cosa se vuelve una locura. Me tenía que mudar a cada rato de la iglesia porque si había un muerto había que cambiar toda la iglesia, desmontar la organización de los refugiados, salir los cubanos afuera, parar la cosa y que le dieran la misa al muerto. No les digo el sufrimiento que era aquello. Eran miles de personas las que llegaban. Para empezar, había que llenar diez formularios distintos, incluido uno que tenía siete copias. Los parientes venían a Panamá desde Estados Unidos, hacían la reclamación y allá les hacían el contrato de trabajo, les buscaban escuela, la casa, los seguros médicos. Yo era el vínculo entre los exiliados e Inmigración. Ellos me mandaban a mí los *files* allá a Panamá medio llenos y allí los cubanos terminaban de llenarlos con todos los datos, y nosotros les poníamos las huellas digitales y les llenábamos el I-94 para entrar al país. Inmigración nada más que ponía las tres personas aquellas que llegaban para entrevistarlos y que, por supuesto, para los pobres cubanos eran como el «coco».

Tenía como cinco o seis cubanas que me ayudaban, y unas panameñas que también me daban una mano. Conseguí los médicos y más adelante logré que la embajada americana me dejara usar el médico que yo quería para hacerles a los refugiados las placas de los pulmones y los exámenes (las placas las tenía que tener yo misma). En mi casa había un pasillo que estaba lleno de archivos médicos (la medicina toda la vida me ha perseguido). Fue, de todas formas, un alivio enorme, porque el médico que usaban en la embajada americana cobraba como cincuenta dólares, y a mí mi médico me lo dejaba en quince (ahora en la embajada usan a cuatro médicos porque contrataron a la mía).

La primera vez que fui a la embajada americana y pedí una cita como Clara del Valle de la Fundación Nacional Cubano Americana, nadie sabía nada. Como era aún un plan piloto, nadie se había enterado de que su gobierno había firmado esto. Además, les molestaba muchísimo que esta gente hubiera logrado aquello y se les fuera a meter en su casa, ¿no? Aprendieron que tendrían que trabajar con nosotros, gustárales o no, pero nos metieron todavía diecisiete mil quinientas trabas más. Por ejemplo, había lo de los Eagle visas. Los Eagle visas se hacían con una máquina de escribir IBM de esas con una bola especial, en unos papeles que nada más leía una máquina que hay en Washington, y no podías cometer errores. Ellos te daban la bola esa que tenías que poner y con la bola esa funcionaba la cosa. La primera vez que me dijeron que escribiera un Eagle visa lo mandé todo mal, con la misma bola que yo tenía de una máquina que me habían prestado en otro banco porque en el banco de mi marido no tenían la máquina necesaria. Varios días más tarde los americanos me mandaron la famosa bola especial para que se leyera en Washington. Ni que decirles tengo que esa bola también la tuve que tener guardada en mi casa. Al final de todo, la Oficina de Intereses de Estados Unidos en Cuba decía si la persona estaba limpia o no. No sé si el control servía o no servía, porque creo que pasaron una cantidad de sinvergüenzas igual que tumbaron a una cantidad de gente decente. Eso no era responsabilidad nuestra. En todo caso, la gran mayoría era gente decente.

Uno de los entrevistadores, muy amable, me dijo: «Mira, tienes que explicarles que ellos tienen que jurar. El juramento se hace al mismo tiempo, pero después vamos a pasarlos por núcleos familiares.» Por día cada uno de los inspectores de Inmigración cogía veinte núcleos. Yo tenía dos mil, tres mil personas allá, así que veinte núcleos no me alcanzaban para nada. Los entrevistadores de Inmigración se quedaban tres o cuatro días, y se iban el día que les daba la gana, y nosotros: «Empújale veintidós núcleos, empújale veinticinco núcleos, a ver si ganamos tiempo.» Cuando entramos en confianza, los acusaba: «Ustedes nos están violando a nosotros los derechos humanos, estamos trabajando más horas y no tenemos que hacerlo.» Llevábamos sándwiches, Coca-Cola, gaseosas, íbamos con *cooler,* aquello era un *picnic* todos los días porque no se paraba de trabajar. Carga y recoge máquinas de escribir, y recoge tarecos, y llévate las cajas de los archivos pa' la casa. Yo tenía un *Station Wagon* marca Volvo, y Ana María, mi hija, que tenía catorce años, me decía: «Mamá, es que tu carro siempre es anormal; todas las mamás tienen un carro, un perro y su "piscicorre" para los niños. El tuyo si no tiene la comida del Chorrillo está lleno de cubanos o de papeles, nunca nos podemos ir en tu carro.» La verdad que lo mismo tenía un saco de arroz que un cubano.

Los vuelos empezaban como a las siete de la mañana y había que estar en el aeropuerto a las cinco. Conseguir los benditos aviones fue otra cosa. Yo soy muy amiga de los Mota, Bobby y su hermano, que son medio dueñecitos de Panamá. Como eran los propietarios de COPA, la línea aérea panameña, me fui a hablar con Bobby y le dije: «Bobby, necesito que me des unos aviones para volar a los cubanos, pasajes de ida solamente, yo pago la ida y tú rellenas tu avión después para acá, trata de conseguírmelos lo más barato posible, mira que yo te voy a comprar no sé cuántos aviones.» Para hacer el cuento corto, acabó diciéndome que yo estaba estafando a los Mota. Yo creo que los pasajes salían como en ciento quince o ciento veinte dólares: un regalo. Había un impuesto de aeropuerto que era altísimo, de quince dólares, así que me fui a hablar con el ministro del Tesoro, que era Mario Galindo, y le caí encima: «Mario, me tienes que dar una excepción para esta gente, no puedo pagar el impuesto, ni ellos tienen dinero, y, además, es la única forma en que se van a librar ustedes de los cubanos, te vas a quitar esto de encima, cambiemos una cosa por la otra.» «No —me dijo él—, esto no se ha hecho nunca.» Y le caí otra vez: «Pues ¿cómo te parece que lo vamos a hacer? Porque si no lo hacemos me voy a ir con los ciento cincuenta cubanos al aeropuerto, y nadie tiene un peso, nadie puede pagar y va a ser un escándalo aquello, no sé lo que pueda pasar.» «No, Clara —se ablandó el tipo—, por Dios, cómo se te ocurre... tú verás... vamos a ver qué se consigue.» Al tercer día había una estampilla en los pasaportes de los cubanos eximiéndolos de la cosa del aeropuerto. Después vino lo del permiso de salida del país. Tenías que tener un permiso de salida que demostrara que no habías tenido faltas y que dijera cuánto tiempo habías estado. No les cuento aquello: que si no se había pagado el no sé qué, que si se debía el teléfono, que si la casa no sé cuántos, que si estaba escondido, que si lo habían botado de su trabajo. No sé cómo, lo resolví todo y a la hora de la hora todos tenían el permiso para viajar, las radiografías, la visa y la exención del aeropuerto con su tiquete. Así hicimos decenas de viajes con aquellos aviones cargados de cubanos.

A todos los que estaban en el aeropuerto por parte de la Fundación los conocía más que nada de llamarlos y decirles horrores por teléfono: «Aquí me voy a morir, me están matando, ¿qué voy a hacer con esto?» «Ah, sí, sí, muriéndote...», se burlaban ellos. «Me cago en todos ustedes», les gritaba yo. «No digas malas palabras —contestaban—, que estás en el *speaker*.» «Me cago en todos», seguía yo, porque sentía a veces una impotencia, un miedo enorme. Dense cuenta que en Panamá había tremenda embajada cubana. A mí me llamaban, me insultaban, me amenazaban. Al comienzo fue espantoso, aunque después me importó un pito porque yo me imagino que todo esto le tiene que pasar al que está trabajando en una cosa así. Estábamos en contra del gobierno de Cuba y en contra de los «palanganeros», y yo les estaba tumbando los dos mil o tres mil pesos del negocio. En ese tiempo era cuando de verdad aquello estaba prendido con la «palangana». Hubo unas épocas en que desde el aeropuerto de Patilla, que estaba al lado de mi casa, las avionetas salían para Bímini directo a llevar cubanos. Salían diecisiete cubanos por avioneta. Los viajes, los vuelos de los cubanos, eran famosos. El que tuviera tres mil pesos se montaba en aquella cosa y muchos cubanos no creían en el programa nuestro porque era muy difícil creer en él: era la primera vez que se hacía.

Yo era de la Fundación, pero todavía no sabía lo que eran los directores ni los fideicomisarios. Más que nada sabía del trabajo que hacían Irma Mas, Brenda Moreira, Melly González, Annie Hernández, María Elena Costa, Lourdes Pernes, Margarita Foyo y Maty Quintana en esto del Éxodo. Conocía a Annie Hernández (habíamos ido al colegio juntas), a Pepe, sabía quién era Jorge Mas Canosa porque mi abuela era de Santiago de Cuba y él, Jorge, había sido el lechero de la abuela. Estaba también Suárez Rivas, el «topo», que andaba con nosotros en aquella época. A Domingo Moreira y a Brenda mis hermanos los conocían mucho porque habían vivido en Nassau con ellos. Como yo decía que era de la Fundación y esta gente nunca me dijeron que no lo era, de hecho lo era. Y hasta le escribí muchas cartas a Pepe renunciándole y diciéndole que no quería saber más nunca de ellos. No me contestaban. Y a los cuatro o cinco días yo llamaba y preguntaba: «¿Recibieron mi carta?» Él decía: «Sí, ¿ya no estás brava?» «Bueno —decía yo—, ya se me quitó, la verdad.» Y pensaba: ¿Cómo es posible que me haya metido en las oficinas de todos los ministros, de la policía, en las embajadas, en las escuelas? ¿En qué clase de ejecutiva me están convirtiendo?

En una de las repartidas de ayuda, antes de que comenzara el Éxodo formalmente, cuando todavía nos limitábamos a repartir ayuda, fueron Pepe y Annie a entregar unos cheques y materiales para el colegio ahí a Panamá. Se les cerró la garganta de lo que vieron. Para empezar, ni siquiera había oficina. Toda esta organización funcionaba en mi casa, que se había vuelto un manicomio. Los cheques había que contrastarlos con los papeles del censo —fulanito tiene tres hijos, los niños se llaman así o asá—, que estaban regados por la cocina, por los baños, donde hubiera sitio. Había que engrapar los cheques, pero yo no tenía presilladora, ya se me habían acabado los alfileres (usábamos alfileres como presilla), y Mario diciéndome que no podía creer que trabajara así. «Mira —le decía—, siempre me tengo que robar todo del banco, la máquina de escribir la pido prestada, yo no gasto un peso en oficina porque no vale la pena.» Así conseguíamos todo. Martha Fuster era la mujer del gerente de la Gliden y también se llevaba cosas de ahí —papeles, lápices—. Georgina García, mi prima, tenía al marido de gerente de Bacardí y se sacaba todo lo que podía. Y de los bancos no se diga nada. Los faxes, por ejemplo, eran todos del banco. Nos los llevábamos a escondidas.

Poco antes del primer vuelo a Miami me habían mandado a Joe García. Con Joe García aprendí mucho. A Joe lo mandan cuando llega la gente de Inmigración para hacer las entrevistas. Con él me tocó ver la angustia de los entrevistados, que no sabían si les iban a hacer caso, y en su desesperación hasta se ponían bravos conmigo. Una vez, en plenas entrevistas, estaba con Joe y viene uno de los cubanos y me dice: «No, esto es una estafa, esto no está bien porque Clara lleva no sé cuantos años fuera de Cuba, Clara no nos entiende, no nos puede entender, pero tú sí sabes lo que digo, ¿no?» Y dice Joe: «Sí, cómo no, yo te entiendo.» Y luego le pregunta el refugiado: «¿Cuándo tú saliste?», y Joe lo dejó helado: «No, yo nunca he ido a Cuba, yo nací en los Estados Unidos.» El muchachón este se creía que Joe debía acabar de salir y que la vieja llevaba un millón de años fuera y no los podía entender a ellos.

Joe García se instala y se queda en mi casa durante el tiempo que duran las entrevistas de Inmigración con todos estos cubanos, junto con las otras señoras que ya mencioné. Para entrevistar a la gente en América Central y el Caribe, el gobierno americano mandaba a los funcionarios de su embajada en México, y para la gente en Europa iban de Italia. Había de todo: unos estupendos, otros unos perros, como la vida es. Íbamos cambiando de lugares, de iglesia, para las entrevistas. Con algunos casos de éstos te morías de la risa, con otros te echabas a llorar, ¿no? Una señora que entró una vez, empezó a dar alaridos: «Ay, yo no puedo más, esto es horrible, esto me va a matar.» Yo gritaba: «Por loca tú no entras a Estados Unidos, así que mira a ver cómo te calmas los nervios; vamos a darte un tilo y vuelves a entrar.» Sacábamos a la señora y decíamos al funcionario: *«She is very nervous, she is very upset because you are here, you know, you are Inmigration...»* «O.K., ¿seguro que no está loca?», preguntaban. «No, no, hombre, qué va a estar *crazy,* la pobre lo que está es arrebatada.» Lo mismo ocurría con los maricones. Llegaban unos allí que aquello era un plumero lo que tenían arriba: «Ay, ay, que ya me voy por fin pa'los Estados Unidos.»

«Tranquilo —le explicaba yo—, que tú así no entras. Lee aquí, fula- nito de tal, los que tienen problema de esto... no entran en Estados Unidos.» Al final, ni pluma con el tipo: perfectos, bien machos. Otros les decían horrores a las mujeres: «Cállate la boca, idiota, que tú no sabes nada, que soy yo el que sé.» Resulta que el que califica- ba era el jefe del núcleo familiar, y no necesariamente tenía que ser el hombre, podía ser la mujer la que había tenido problemas (por ejemplo: porque el padre de ella había estado preso). Y le costaba mucho trabajo al cubano que la mujer fuera la jefa, la jefa del nú- cleo. Al principio fueron muy pocos a los que les negaron la entra- da, pero hubo que apelar. Me tocaron también varios anormales, entre ellos un mongol que se metía unos gritos histéricos en aquella iglesia y chillaba: «Esto no va pa' ningún lado.» Al fin conseguimos que le dieran el famoso *waiver*. Y había ciegos. Después de uno de los vuelos, Joe García me comentó, cuando llegó al aeropuerto, que parecía que se había estrellado el avión por la cantidad de cojos, ciegos y anormales: «Yo en mi vida he visto esto, Clara, tú no pue- des traer un avión así.» «Pero si es el avión más divino del mundo», lo paré yo.

A veces teníamos dos vuelos a la semana, o tres, dependiendo de la cantidad de gente que hubiera sido aprobada. Pero el día más emocionante fue ese 11 de septiembre de 1988 que hubo el primer vuelo. Hubo simultáneamente un vuelo desde Costa Rica también. Joe de Panamá se había ido a Costa Rica, yo viajé unos días a San José para dar una mano y luego, ya de vuelta en Panamá, partí en el avión en Miami con los primeros refugiados del Éxodo. Aquello fue apoteósico. Lo mismo lloraba que me reía, como loca (Dios me ha dado el don de lágrimas; mi marido dice que por qué no me dio otro mejor). En Miami había organizado la recepción René José Sil- va, director ejecutivo regional del sur de la Florida, con Mirta Igle- sias y Joe García, que estaba en todas partes. Una empresa privada había puesto las guaguas. Seiscientos cubanos fueron reunificados, en medio de la algarabía del exilio.

Pero no todo era alegría. Por aquellos días tuvimos una expe- riencia terrible. Había una señora que se llamaba Celina Montano, que tenía cáncer en un pecho. El marido tuvo que quitar una puerta y ponerla para que Celina se acostara arriba de ella, de los dolores que tenía. Cuando yo vi lo que aquella mujer padecía, lo único que se me ocurrió fue ir a buscar un cura. Lo llevé allí y le dije: «Ésta se muere, ésta no tiene ni *chance* de presentarse ante Inmigración.» Y me dice el cura: «Lo que hay es que llevarla a una clínica.» Me voy a la clínica esta donde me hacían las radiografías, y les digo: «Necesito que me tengan a esta mujer aquí, está gravísima y se está muriendo.» Monté a Celina en un *jeep* que tenía yo para llevarla a la clínica. Yo no sé ni cómo la vestí. Supuraba de tal forma que la pobre se ponía papeles, toallas y cosas de estas porque aquello era espantoso, más el olor que tenía: estaba invadida completamente. En la clínica fue como un milagro: le pusieron suero, la limpiaron, la ayudaron y Celina pudo hacer la entrevista con el marido. Llamé a Miami: «Yo necesito la visa de esta mujer cuanto antes.» Ya habíamos hablado con Domingo Moreira y con Pepe y con Jorge, que habían hecho gestiones para meterla en la Liga Contra el Cáncer y hospitalizarla en el Mercy Hospital. Logré que los americanos me dieran la visa antes. Me mandaron el avión. Por fin llegó Celina a los Estados Unidos y se la llevaron para el Mercy.

Ese mismo día, Celina murió. Cada vez que lo recuerdo, se me erizan los pelos. Pero al menos, murió aquí, a sus cincuenta y pico años, con sus hermanos, con su gente, en libertad.

Llega un momento en que hay veces que pienso: voy a tirar la toalla, yo no le halo a esto, yo no tengo por qué estar metida en esto, yo debería estar arreglándome las uñas, jugando golf y comiendo bolas. Entonces pienso en otros exiliados y me digo: «Ellos también deberían estar haciendo todas esas cosas pero se han metido en esto. Vamos a repartirnos la tarea.» Yo lo único que siento en mi vida es no haber salido de Cuba a los treinta años para haber podido conocer mejor Cuba, porque a los dieciséis años en la forma que vivíamos no conocías nada. Ibas al club, al colegio y qué sé yo. Emilio Bacardí, mi tío abuelo, el hijo de Emilio mi bisabuelo, luchó con *Pachito* Gómez Toro y Máximo Gómez y Antonio Maceo contra España. Emilito murió aquí en Miami, pero todos los años, el 7 de diciembre, a mí me llevaban al Cacagual. Todos los años mi mamá cogía y me llevaba porque allí iba el tío Emilito y había luchado por la independencia de Cuba. Yo creo que soy de la poca gente que iba al Cacagual en esa fecha. Después yo conocí El Morro, La Cabaña, Palacio y esas cosas, las cuevas de Bellamar, teníamos casa en Varadero. Conocí bastante de Cuba, pero era como si te llevaran a un museo. No lo sentías, era distinto. Ahora, mientras más crezco, más quiero a Cuba. Es más: a cado rato yo me siento aquí, donde hay un mapa de Cuba con las calles, a ver dónde están las calles por si acaso llego alguna vez, para ver adónde voy. No me acuerdo mucho... es que son ya treinta y ocho años. Eso sí, mientras esté Fidel Castro ahí no vamos a ir.

Cuando llegué a vivir a Estados Unidos, hace siete años, nos mandaron llamar del Departamento de Estado a las mujeres que trabajábamos en el Éxodo. Pensábamos que era para darnos un curso, pero lo que querían era oír cómo habíamos nosotros realizado este programa tan increíble. De mesa en mesa, y de oficina en oficina, y de escritorio en escritorio, nos pasearon para contar nosotros aquello. Y allí en Estados Unidos fui consciente de lo que se había conseguido, de la alegría de tantos cubanos reunidos. Si el Éxodo hubiera continuado como antes (se detuvo en 1994), no hubiera existido el drama de Guantánamo en 1994, cuando la fuga de miles de balseros de Cuba que no los dejaron venir directamente a Estados Unidos. Yo hablando de plata soy muy mala, no sé mucho de dinero, pero creo que siete, ocho mil dólares vale un refugiado, y nosotros los traíamos gratis. Multipliquen ustedes lo que se le ahorró al contribuyente americano. Millones de dólares. Panamá fue sólo el comienzo; luego vinieron España, Costa Rica, República Dominicana, Venezuela, Rusia, y varios más. Entre 1988 y 1993 fueron reunificadas un total de 10.277 personas, la mayoría de Panamá, España y Venezuela, pero también de quince países más, incluyendo la propia Cuba. O sea que el programa les ha ahorrado como... ¡cuarenta millones a los contribuyentes norteamericanos!

En todas partes ocurrían cosas loquísimas. Lo de Joe García en Rusia no tuvo nombre, fue lo más cómico del mundo. Cómico dentro de aquella tragedia, ¿no?, porque esto del Éxodo es una tragicomedia. La burocracia era espantosa, los problemas políticos increíbles, y el pobre Joe ahí tratando de adaptarse a la mentalidad del sistema, que todavía no había desaparecido, y al frío. Al final, hacia enero de 1994, habíamos traído ya a doscientos cubanos de Rusia para los Estados Unidos. Algunos tuvieron que huir por tierra hasta España para que pudiéramos ocuparnos de ellos ahí, porque, si no, no iban a salir nunca más de Rusia. Mientras Lourdes Quirch, que había sido voluntaria, hacía de directora ejecutiva del Éxodo en Miami, Joe García y yo acudíamos a los países donde había refugiados. ¿Y dónde no había refugiados? Honduras, Perú, Panamá, Costa Rica, España, Venezuela, República Dominicana, Gran Caimán y las Bahamas (donde estaban amenazados de deportación) hubo que recorrerse. Y en algún caso hubo que recurrir a Naciones Unidas por la inminencia de una expulsión.

Total, a propuesta de Dominguito Moreira, terminé haciéndome directora de la Fundación. De repente yo andaba ahí de directora, todo el mundo mirándome como medio bicho, porque no me conocían muchos. No era la única directora mujer: estaba Elsa Eaton también. En mi primera reunión de directores, todos nos sentamos en una mesa grandísima, enorme, que había en el hotel donde se realizaba el congreso. Las señoras de los directores también acuden, pero se sientan a un lado. Mi marido estaba sentado con ellas, y, como Elsa Eaton no tenía marido, él era el único hombre en ese lado. Estos malvados todo el tiempo me preguntaban: «¿Tú crees que Mario quiere irse a jugar canasta?» Y yo: «¡Desgraciados!» Y seguían burlándose del pobre: «¿Tú crees que quiere ir a dar masajes?» Terminamos partidos de la risa. Y Mario del Valle se quedó sentado ahí apoyándome ciento por ciento. Ya después vinieron más mujeres, como Ana Kraft, y la cosa empezó a normalizarse. Más adelante Elsa se quitó y se puso de fideicomisaria. Y después lo que tuvimos fue casi una dictadura de las mujeres. La directora ejecutiva, la subdirectora ejecutiva y las cabezas de proyectos en un momento fueron todas mujeres, y ahora los distintos proyectos siguen en manos de las mujeres, además de que hay otras directoras aparte de mí en la Fundación en la actualidad. Ninoska Pérez dirige La Voz de la Fundación (radio), Mirta Iglesias fue la primera directora ejecutiva en la primera oficina y Lourdes Quirch dirigió, como dije, el Fondo de Ayuda al Éxodo. Mignon Medrano como directora de proyectos especiales se ha ocupado de los desertores cubanos que han arriesgado su vida en el mundo entero, y Marina León como encargada de operaciones en la oficina de Miami, Maggie Schuss como directora del departamento de operaciones de toda la organización, y Jacqueline Tillman, que fue directora ejecutiva en la oficina de Washington hasta febrero de 1992, han trabajado como hormigas. Irma Mas ha sido una fuerza de inspiración detrás de todas nosotras, se ha involucrado en todos los programas personalmente y cada vez que se produce una crisis en que la Fundación atraviesa una tormenta política es la primera que nos da la fuerza para hacer frente al asunto. O sea que aquí los hombres serán potencia, pero las mujeres los súper son. Y no hemos hablado de la telefonista, Ana María Ross, que tiene que pasar por las cosas más locas y meterse unos paquetes enormes, o de Marinita Ramos, la jefa de la oficina, o Maty Quintana, maga de las computadoras. Esto lo que es, es tremendo matriarcado.

Mis viajes pa' arriba y pa' abajo continuaron durante un buen tiempo más. Fue importante el viaje a España, adonde fui con Brenda Moreira para organizar el Éxodo allí. Horrible aquello. Hasta las doce y la una de la mañana trabajábamos en casa de aquella monja. La monja tenía una pierna de jamón serrano que creo que me la comí en dos días, y me tomé todo su vino. Al tercer día me estaba muriendo. Brenda es perfecta, insoportable, esto tiene que ser así, esto tiene que ser asá, y yo soy bastante más desordenada que ella. Brenda se cuidaba muchísimo, se tomaba un yogur, pero yo me comí todas las porquerías que hacían las monjas, incluidas las tortillas. Al tercer día me dice Brenda: «¿Te sientes mal?» Le digo: «No me voy a morir ahora, ¿no?...» (creí que me desmayaba). Me dice: «Me alegro, eso te pasa por comer toda esta porquería.» La monja era sor Isabel, amiga de alguna de nuestra gente. La pobre creo que estaba un poco vieja ya y un poco amargada. A veces las monjas teníamos que ser nosotras (a mí me decían sor Clara en Panamá, y a veces «el ángel del canal» me decían también en burla). Igual sor Isabel fue para todos nosotros una gran ayuda.

Dieguito Suárez (hijo de Diego) se involucró a fondo para ayudarnos en España. ¡Un día hasta tuvo que recurrir a su American Express y poner cuarenta y ocho mil dólares! (se lo cubrió al final el Fondo de Ayuda al Éxodo). Antes de nosotros, habían mandando a España al muchacho Canteras, que era como el reemplazo de Joe García, y se nos había unido cuando llegamos. Canteras se dedicó a hablar con todos los cubanos y a ver qué es lo que había que hacer. Nadie había llenado un papel, no se había visto a la gente, los de la embajada americana estaban pesadísimos con nosotros. Cuando fuimos a la embajada casi ni nos reciben. En Madrid me encontré con una pared. Nos recibían por atrás de las rejas, y el tipo ni nos quería ver. Yo sabía que había que ponerle al mal tiempo buena cara. Brenda andaba con el moño al aire: «Yo no aguanto esto.» Y yo: «Pues te lo vas a aguantar porque hay mil cubanos aquí que se quieren ir.» Y nos los aguantamos. Como al tercer día, que ya más o menos nos recibían decorosamente, nos dijeron que tenían una lista de cubanos que no eran cubanos sino españoles. Nosotros sabíamos que los refugiados tenían que ser cubanos. Tú no podías ser de ningún otro lugar. Resulta que cientos de cubanos habían salido de Cuba con pasaporte español, o sea que no eran cubanos. Yo no sé si lo habían hecho adrede o había sido una equivocación. Porque al ser ciudadano español tú perdías el derecho a ser refugiado en Estados Unidos. Por tanto, cuando empezamos a ver aquella lista, tuvimos que sacar a mucha gente y se pueden ustedes imaginar los líos que se armaron. Fue uno de los momentos más desagradables. Lo mismo nos pasó en Venezuela, y en el Perú, donde las Naciones Unidas les habían dado un estatus de refugiados a los cubanos cuando se los llevaron pa' Pachacamac.

La visita a Santo Domingo fue todavía más acontecida que la visita a España. Coincidió nuestra llegada con la guerra del golfo Pérsico: no les puedo decir el miedo que teníamos nosotros. Para colmo, me robaron hasta el pasaporte y me quedé indocumentada. Me había quitado mi reloj y mis aretes, pero me robaron la cartera, el pasaporte, la plata —me limpiaron toda—, y me arrastraron por la calle. Cuando llamo a Mario a contarle que me habían robado todo, me dice: «Gordita, ¿y es que tú pensabas ir de *shopping* a Santo Domingo?» Le digo: «No, ¿por qué?» Y dice: «Porque es que todas las tarjetas de crédito te las llevaste.» Resulta que me había llevado conmigo todas las tarjetas —Nieman Marcus, Lord & Taylor, y otras— porque me había ido a un almuerzo y de ahí directo al aeropuerto, y me había embarcado así. Y no saben lo que fue ir a hacer la denuncia de las cosas que me habían robado: aquello eran unas mesas por todos lados y todo el mundo denunciando que le habían robado, que le habían pegado, que le habían metido un tiro, y, a gritos, te ordenaban: «¡Nombre!» Y yo: «Clara del Valle.» «¿Qué le robaron?» Yo, aterrada en aquel lugar, mentía: «Nada... nada... un reloj», y luego pensaba: me van a quitar el otro que tengo puesto. Me fui a la embajada americana y pedí un pasaporte. Me dice el funcionario: «¿Y qué tiene?» Le digo: «No, yo no tengo nada, ¿no ve que le estoy diciendo que me robaron? Pero necesito una identificación aquí.» Gracias a Álvaro Cartas, que tenía muchos negocios en Santo Domingo con la gente de los Fanjul, que son también cubanos y parientes, nos pusieron un dinero y me dijeron: «Olvídate, almuercen, desayunen, hagan todo lo que quieran, no tienen que pagar esto.» Al fin, a través de Jorge y de Pepe y de Diego Suárez hijo (que había dejado todo para dedicarse al Éxodo), de Washington me mandaron un pasaporte que me entregaron a los dos o tres días. Para colmo, allí trabajábamos en una oficina que nos habían prestado en un tercer piso, donde había un bombillo y el agua nos daba a veces casi que por los tobillos, y yo jurando que si la guerra no acababa con nosotros ahí nos íbamos a electrocutar todo el mundo. Al final, sacamos a los cubanos de Santo Domingo. Dondequiera que hemos estado los hemos sacado. A miles, a varios miles.

Pero quizá, entre todas las historias increíbles, la más increíble fue la de los náufragos de Quintana Roo y el escándalo con México. Un domingo yo estaba descansando en mi casa. Acababa de llegar de Uruguay, adonde me había ido con Miguel Ángel Martínez porque el Parlamento Latinoamericano se reunía en Montevideo (a una la reclutan siempre de un día para otro). Yo le había dicho a mi marido: «Mario, me voy a Uruguay con Miguel Ángel.» Mario y Miguel Ángel habían sido amigos toda la vida, pero no es muy bonito que la señora Del Valle se vaya con el señor Martínez a Uruguay de un día pa'otro, ¿no? A mí esas cosas me tienen sin cuidado y a Mario también, pero de vez en cuando pienso: sabe Dios el que me vea a mí en un aeropuerto de estos con este tipo muerta de risa lo que dirá... porque, además, tomo trago y fumo y me divierto. Debo tener quinientas fotos muerta de risa, con tragos en el bar, pero no me importa. A Uruguay yo me había llevado, preparadas, carpetas nuestras para todos los de la delegación cubana, que ya sabía quiénes iban a ser, empezando por el ministro Ricardo Alarcón y toda la plana mayor. Llamé a uno de los botones, le di veinticinco dólares y las instrucciones: «Esto es para la delegación cubana. Por favor, le entrega uno personalmente a cada cuarto, cuando usted sepa que llegaron» (era pa'joder). Me acuerdo que cuando llegamos al cuarto de Miguel Ángel, que quedaba como en una esquina, le comento: «Ni de vaina duermo sola.» «Que no, que tienes que dormir allí», me contestó él. Y yo: «Bueno, entonces vamos a ver si conseguimos algo más cerca.» Por la tarde, cuando entro al cuarto de Miguel Ángel, donde había un televisor, veo en la pantalla a una pobre mujer que la están subiendo en el avión en Quintana Roo, en México, a empujones, implorando: «¡Libertad! No nos lleven, por Dios, ayúdennos.» Cojo el teléfono, hablo con

Ninoska Pérez y le digo: «Oye, averigüen lo que está pasando, a estos náufragos cubanos los están metiendo a empujones en el avión pa'devolverlos pa'Cuba, traten de conseguir la película.» Sale la película en Miami y la que se arma: los cubanos salieron a quemar banderas, manifestaciones por todos lados. Regreso yo del Uruguay, destruida por el *jet laj* (habíamos volado en turista), y a las dos de la tarde me llama Ninoska. Cuando llego aquí a la Fundación, todo el mundo de acuerdo: tenemos que exigir que Cuba devuelva a los refugiados que le ha entregado México. Allí me entero que habían sido trece los que habían naufragado. Los mexicanos habían enterrado a los muertos y habían deportado al resto. Jorge, Pepe, Diego Suárez, Horacio García, Mario Miranda y Feliciano Foyo estaban listos para salir, y el avión preparado para las siete. Llamo a Mario: «Gordo, me voy a México.» Cogí mi maletín y ropa pa'dos días. Total, siete, ocho días, creo que nos pasamos en México. Devolvieron a los refugiados de México al poco tiempo y nuestra negociación se dirigió entonces a lograr que vinieran para Estados Unidos. Una vez en México, nos fuimos a la embajada americana. Conocía mucho a la vocera porque era hija de mi vecina en Cuba (ahora Julieta tiene un nombre americano porque se casó con americano). Estaba también una de las personas que yo más detesto en el mundo: el tipo con quien teníamos que lidiar en las entrevistas en el Caribe y Centroamérica, que me había tumbado tanta gente. Ya cuando entré a su oficina vi que tenía la condecoración más alta de los Estados Unidos, el Purple Heart ese, y yo pensando que soy una idiota y que no le voy a discutir nada más nunca en mi vida. Era insoportable, grosero, pero en esto de las visas tenía el control de las decisiones. Después de hora y media nos dijeron a Diego Suárez, Horacio García y a mí que no, que eso era imposible, que los Estados Unidos no les podían dar visa a esos náufragos aunque hubieran sido devueltos por Cuba a México. Nosotros les dijimos que no nos íbamos de allí sin esos señores, y la reunión terminó en una gran tensión.

Ya habíamos rescatado a los cubanos del hotel donde los habían metido después de que el presidente Carlos Salinas los había vuelto a traer a México. Conseguí con Bacardí de México que les pagaran el hotel a esta gente y que a mí me pagaran también por lo menos el hotel y la comida, porque éramos un chorro de gente, con un hambre espantosa y unas tragedias, y había que comprarles ropa. Había una madre con los dos hijos y el marido, eran nueve personas en total, y estaba también esta mujer que tiene un hijo que trabaja hoy en día aquí arriba, monísimo y grandísimo, pero otro se le murió. Nada más caminábamos del hotel a la embajada y de la embajada al hotel. No nos atrevíamos a salir nunca de aquel patio de la embajada en México, con toda esa prensa esperando y esa gente vigilándonos, y hasta los cubanos odiándonos, que nos querían yo creo que matar o secuestrar o darnos un palo, y todo el mundo que nos decía que tuviéramos cuidado. En el *hall* del hotel Camino Real había como cinco de la Seguridad de México, ya la gente se sentaba hasta en el piso. Llegó la televisión nacional con Jacobo Zabludowski de Televisa.

A los cubanos les decían que a sus familiares que habían muerto en el naufragio no los podían desenterrar hasta después de los tres años. Por fin, después de mil presiones, allá se fueron esta gente y desenterraron a sus muertos. Para hacer el cuento corto, la funeraria de Quintana Roo era gratis y nos mandó los cadáveres gratis. Nos dijeron que no había avión, que tenía que ser en un camión, pero Emilio Azcárraga, dueño de Televisa, nos mandó el avión a recogernos. El avión de Azcárraga tenía vajilla de Limoges, las copas de lujo, la comida deliciosa, regalos pa' todo el mundo. Volamos mirando la televisión.

De vuelta en la embajada, los problemas fueron serísimos. No los querían dejar venir de ninguna manera porque el gobierno mexicano tenía problemas con el gobierno de Estados Unidos. Estaban negociando el NAFTA en ese momento, la negociación era grande y compleja, y cada vez que pasa un conflicto de estos por detrás hay algo que tú sabes que está pasando pero no lo puedes decir. La Fundación había usado el tema del NAFTA para presionar a Salinas por la liberación de los cubanos y para que se les permitiera entrar a Estados Unidos, y ellos sabían que el apoyo de la Fundación al NAFTA era importante. El negocio nuestro era simplemente salvar a esta pobre gente a la que injustamente los habían devuelto a Cuba y merecían estar en los Estados Unidos por todo lo que habían pasado, los vejámenes sufridos, en busca de su libertad. Al fin, moviendo cielo y tierra, logramos que vinieran pa' acá. Uno de los comunicados de la embajada americana (habían emitido varios una vez que decidieron otorgar las visas a los cubanos) cayó en mis manos. Ninoska estaba con otras cosas y me dice: «Te voy a dar esto para que lo leas, pero lo tienes que leer perfecto, esto es un comunicado de la embajada sobre la crisis.» Lo leí, pero le añadí varias cosas mías que no estaban en el papel. «Esto es oficial —me cayó Ninoska—, ¿estás loca?»

De regreso en el hotel, dice Ninoska: «Clara, México está carísimo.» Le digo: «Sí, Ninos, ¿y qué vamos a hacer?» Estábamos tan cansadas que no queríamos bajar ni al restaurante. Yo sugiero: «Que nos traigan la lista de lo que hay en el servicio de habitaciones.» Resulta que una sopa, tres mil pesos. «Tres mil pesos deben ser como treinta dólares —dice Ninoska—, ¡qué locura!» Le digo yo: «Carísima, y este pan cuarenta y cinco, qué horror, Ninoska, pero en esta carencia tenemos que tomarnos aunque sea una sopa, vamos a tomarnos una sopa a la mitad.» Al otro día, bajamos al restaurante y había los cinco mexicanos de Seguridad más tres de Inmigración de México. Uno de los policías, muy gracioso, me decía «Claroska» porque mezclaba Ninoska con Clara (desde entonces Ninoska me dice: «Cuénteme una cosa, doña Claroska...»). Me pregunta el policía: «¿Usted ha oído el problema que aquí tuvimos con novecientos chinos? ¿Sabe que los novecientos chinos han sido menos problemáticos que los nueve cubanos?» Y, luego de una pausa, el pobre añade: «Bueno, pero es que yo estoy tan contento de poder almorzar aquí con doña Clarita.» Y cuando vimos aquella mesa había veinte, treinta personas almorzando con nosotros, y nosotros con el trauma de la sopa de treinta dólares la noche anterior. Me voy al metro —yo siempre soy la que pregunta y la que hace payasadas— y pregunto: «¿Usted me puede decir cuánto vale esto?» ¡Resulta que veintitrés mil pesos eran dos dólares con treinta centavos! Llegué al hotel dando brincos: «Ninoska, que coman lo que quieran.» Felizmente al final aquellas cuentas también nos ayudaron a pagarlas.

Yo tenía un sobrino banquero trabajando en New York y no sé cómo nos vio en televisión allí, pero recibí el mensaje más divino del mundo: «Tía Clara María, viva Cuba libre, Dios te bendiga.» Un chiquillo que nunca en su vida ha estado en Cuba. Eso resumió para mí Quintana Roo.

Hoy en día me dedico mucho a lo que son derechos humanos con Luis Zúñiga. Luis Zúñiga es un tipo excepcional, estuvo preso más de veinte años, como Roberto Martín Pérez, que es uno de esos casos también que lo mantienen a uno en la lucha, ¿no? Es como un milagro. Luis Zúñiga es un tipo que sabe mucho, tiene gran valor, y domina el tema de los derechos humanos. Yo he viajado con Luis a entrevistarnos con Johan Groth por el asunto de los derechos humanos en Naciones Unidas —una de las experiencias más desagradables que yo he tenido en mi vida—. Nos pasamos un año entero haciendo el recuento de lo que son las cárceles, las salas psiquiátricas, las torturas, los muertos, yo no les digo la cantidad de expedientes que llevamos, todos con pruebas, todos con fotografías. Cuando se las pusimos en el escritorio, nos dijo: «No hay nada nuevo. Lo de todos los años y cada año va a ser peor, es lo mismo.» Lo que menos tú esperas después de estar llevando todas esas denuncias es que por lo menos las vea, las revise, diga qué horror lo que pasa en Cuba. Y para colmo salió con que la Ley Helms-Burton no era correcta, que el daño lo sufría el pueblo. Yo tuve con él más o menos mis palabras, le dije que en realidad yo no me había metido con él, pero que él tampoco se podía meter con lo de la Ley Helms-Burton, que nosotros estábamos ahí para hablar de derechos humanos y que él estaba saliéndose de su responsabilidad. Al año siguiente Luis no fue. Fui yo y le di una carta escrita por Luis. Hablé dos palabras con una cara de tranca de estas que pongo, pero fui cortés en el momento de entregarle las denuncias. La carta (magnífica) se la entregué a la prensa (se lo dije a él antes) para que todo el que quisiera pudiera oírnos, y me fui.

Poco después hicimos lo del manto, una idea genial de Luis: un manto de pedacitos, de retazos, de cada uno de los miles de casos de violaciones de los derechos humanos. Una cosa muy impresionante. El manto lo hicimos más que nada para poderlo llevar por el mundo. Ha estado en todas partes. Cada vez que hay una oportunidad lo llevamos a Ginebra, donde está la Comisión de Derechos Humanos de las Naciones Unidas (en abril de 1997 lo metimos a Zúñiga como parte de la delegación del gobierno nicaragüense en Ginebra y pudo hablar sobre la represión en Cuba en la reunión oficialmente, ante la histeria de la delegación cubana). Yo diría que el manto en la actualidad mide más de diez cuadras. La vez que lo llevamos a Washington le daba la vuelta al parque y seguía dando vueltas. Aquí en Miami le da dos vueltas al estadio del Orange Bowl. Es una cosa que llevas con una seriedad enorme porque sabes que lo que estás cargando son los muertos, los fusilados: puede ser tu primo, tu padre, tu hermano, el hermano de la que está al lado tuyo... Pesa tremendamente, y yo juro que cuando yo cargo el manto yo me transformo, me dan hasta ganas de llorar del horror de toda esta pobre gente que todavía tenemos que enseñarle al mundo. Pero la soledad nos ha dado fuerza. Por ejemplo, cuando hubo el huracán *Andrews* en 1992 pusimos un centro de emergencia que fue más veloz que las mismas autoridades estatales para socorrer a la gente y darle todos los servicios básicos. En una semana, adelantándonos al Estado, habíamos enviado diecisiete misiones y distribuido un millón de latas de conserva y quince mil galones de agua potable y medicinas para más de seiscientas personas. Nos motiva saber que algún día Cuba será libre. Yo tengo decidido que cuando caiga Castro me voy pa' Cuba inmediatamente. Le tengo dicho a Martín Pérez que yo voy a pasear por la calles de La Habana vestida de cubana en un tanque manejado por él (de juego, claro). Porque me priva el vestido de mi país, pero cada vez que tengo que ponerme el mío es como un disfraz: qué tristeza. El de Perú es precioso, la pollera panameña es divina, pero nosotros como un disfraz tenemos que ponernos el nuestro.

También he estado en programas de esos, de televisión. A veces me quieren pintar y me ponen cosas, y después me veo y no soy yo: una bemba colorada y cosas de esas. Pero, bueno, son cosas que se hacen. Me ha tocado dar bendiciones aquí cuando ha venido Newt Gingrich o algún político importante de esos. ¿Que el cura se perdió? Pues subió Clara a dar la bendición.

Un paquete de pitusas

El compañero Juan Contino es el nuevo jefe de los CDR, los ojos y oídos de la Revolución. Ninoska decidió presentarle sus respetos, bajo la forma de la oficinista de una agencia de viajes de la que, al parecer, don Contino esperaba un paquete. Contestó una voz de mujer y Ninoska pasó a la acción.

—Es de aquí de Cubatodo, en el hotel Colina. Tenemos un paquete de Miami para el señor Juan Contino. ¿Ésta es su casa?

—Sí.

—Es un paquete de Miami para él.

—Sí.

—¿Lo está esperando?

—Sí, sí.

—¿Adónde se lo mandamos?

—Eh... ¿y no se puede ir a recoger?

—Bueno, puede mandar aquí a recogerlo al hotel Colina, en el Vedado. Pero se tiene que identificar cuando venga. Es un paquete que lo que contiene es ropa. ¿Es lo que él está esperando?

—Sí.

—Compañera, ¿pero Juan Contino no es el de los CDR?

—Sí.

—Compañera, ¿y por qué recibe paquetes de Estados Unidos?

—No, pero... eso es lo que yo te iba a preguntar, que quién le trae eso a él.

—No, porque usted me dijo que lo está esperando y es un paquete lleno de pitusas nuevos.

—No, no.

—Oiga, compañera, qué mal estamos en este país, Juan Contino recibiendo pitusas de marca de los Estados Unidos...

—¿De dónde me habla?

—De aquí de Cubatodo, del hotel Colina.

—No, *mi amor, rectifica bien la persona que tú dices.*

—Lo que son es unos hipócritas, compañera, mucho CDR, mucho palo, pero son unos hipócritas. Se venden por un pitusa.

—*¿Quién habla ahí?*

—*¿Que quién habla? La compañera Felia.*

—Dime tu apellido.

—*¿Me va a mandar a aprehender? A meterme miedo con los CDR, ¿verdad?*

—No. *¿Quién habla ahí, por favor?*

—*Felia Fernández, compañera. ¿Me va a meter presa? ¿Y cómo me dijo que estaba esperando el paquete?*

—*¿Quién te dijo a ti eso?*

—*Tú me lo dijiste.*

—No, *mi amor.*

—*¿Sabes qué? Te tengo grabada, compañera, te vas a oír por radio.*

—La que te estamos grabando es a ti.

—*¿Sí? ¡Delincuentes!*

* * *

Más tarde Ninoska llamó a la sede de la Policía Nacional Revolucionaria (PNR) en San José de las Lajas.

—Compañera, mire, es de la agencia que traen los paquetes de los Estados Unidos, aquí en el Vedado. Tenemos un paquete para alguien de apellido Enrique Mojena, pero se rompió la envoltura, no se lee muy bien.

—Aquí no hay un Enrique Mojena, hay un Enrique Marrero.

—Sí, es que está rota la envoltura, puede ser.

—¿El remitente tiene un nombre?

—Sí, tiene un nombre en Miami. María Fernández.

Se oyen en el fondo risas. Le gritan algo a la persona que ha contestado el teléfono. Se acerca otra voz femenina.

—¿Dice la compañera que usted le estaba planteando que el nombre está borroso?

—Compañera, se rompió la envoltura de este paquete. Lo que yo entiendo es Enrique Mojena.

—Espérese.

Nuevas consultas. Una voz de hombre, entre carcajadas, comenta a lo lejos: «Sí, el nombre debe ser Enrique Marrero. Este es el número.» Se vuelve a poner la muchacha.

—¿Oiga? Compañera, mande el paquete para esta dirección.

—Pero, compañera, ¿ahí está un Enrique Mojena?

—¿Eh?

—Lo que a mí me parece que dice es Mojena, no Marrero.

—¿Mojena?

—Sí.

—¿Y la dirección es la de la policía? Mándelo pa' aquí. PNR, San José. Carretera Central, kilómetro treinta y dos y medio.

—¿Pero usted sabe quién es la persona?

—¿Enrique Mojena? Sí, un compañero que se llama así.

—¿Y ustedes se ocupan de entregárselo?

—Sí, el jefe de territorio dijo que lo mandaran para acá.

—Pero si no sabe quién es la persona, ¿cómo lo vamos a mandar?

—Sí... Aquí hay un Enrique Mojena.

—¿Y qué cargo tiene él ahí?

Silencio unos segundos.

—Él es oficial de aquí.

—Pero si ahorita me dijeron que no conocían a nadie...

—Es que él trabajó hasta hace dos días aquí.

—Oiga, compañera, ¡qué ladrones son ustedes! Primero que no existía, y ahora resulta que quiere que le manden el paquete.

—Compañera, ¿cómo ladrones? ¡Cómo usted nos va a decir eso! Usted está preguntando y nosotros no sabemos.

—Son unos ladrones. Lo que se quieren es coger el paquete.

—Aquí no hay ningún ladrón. Lo que se le dijo fue que el compañero trabajó aquí. Usted primero dice Mojena, después dice Marrero.

—Se pusieron todos de acuerdo para que les mandara el paquete y cogérselo. ¡Qué bien les vienen las cosas de Miami!

VIII
Las leyes de la ira

El sábado 24 de febrero de 1996 al mediodía, como casi todos los sábados desde hacía varios años, José Basulto se dirigió al aeropuerto ejecutivo de Opa-locka, en el sur de la Florida. El día estaba despejado y eran buenas las perspectivas de vuelo para las avionetas Cessna en las que el presidente de Hermanos al Rescate y otros cinco pilotos iban a volar en busca de balseros a la deriva en las aguas infestadas de tiburones del estrecho de la Florida. El fin de la política norteamericana de puertas abiertas para los refugiados cubanos no había detenido la marea de los balseros, pero era la fuerza de la nostalgia tanto como la vocación de asistencia lo que seguía imantando a las avionetas humanitarias de estos exiliados hacia las costas de Cuba. Algunas veces, para sentirse mejor, dejaban caer desde el aire octavillas con mensajes de aliento a la disidencia interna o simplemente de esperanza para sus compatriotas de la Isla, mientras auscultaban el azul cristalino del mar Caribe a la caza de náufragos. El plan de vuelo había sido comunicado ya a las autoridades tanto de la Florida como de Cuba, así que, una vez calentados los motores de los Cessna, José Basulto y los suyos alzaron vuelo.

La víspera, muy tarde por la noche, en un barrio modesto de los extramuros de Miami, Juan Pablo Roque, otro piloto de la organización —al que no le tocaba volar el sábado—, salió de su casa. Ana, su mujer, lo vio llevarse seis pares de zapatos, todos sus trajes y la máquina de afeitar, y dejar detrás suyo las tarjetas de crédito, el teléfono celular y el buscapersonas. Como estaba acostumbrada, desde que volaba con Hermanos al Rescate, a no preguntarle por su destino, no hizo muchas preguntas por más que advirtió ese día algunas novedades en la rutina. Cuando su marido le dijo que los trajes eran para la tintorería, se quedó tranquila. Juan Pablo había salido de Cuba en 1992 sin sus dos hijos y había alcanzado a nado la base de Guantánamo, donde se identificó como piloto de cazabombardero. De allí brincó al exilio. Tras casarse con Ana, se dedicaba, de un tiempo a esta parte, a rescatar a quienes, como él, escapaban a nado de la Isla.

Hacia las tres de la tarde del sábado empezaron los contactos radiofónicos entre los pilotos y el centro de control de vuelo de La Habana. El paralelo 24, al que se hace referencia en casi cuarenta y cuatro minutos de conversaciones por radio que quedaron registradas para la posteridad, es el límite del espacio aéreo cubano.

Poco antes de llegar al paralelo 24, los pilotos alertaron a las autoridades de La Habana.

Piloto Peña: Centro Habana, cruzo paralelo 24 en este momento. Intención de permanecer en el área cinco horas.

Habana: ¿Qué va a hacer?

Piloto Peña: Esa información está en nuestro plan de vuelo.

Piloto Costa: Habana, cruzo el paralelo 24 en unos minutos.

Habana: Recibido.

Piloto Basulto: Buenas tardes, Habana. Estamos cruzando el paralelo 24 en unos minutos. Permaneceremos en el área tres o cuatro horas.

Habana: Recibido.

Piloto Basulto: Habana, quiero informar que nuestra área de operaciones hoy está al norte de La Habana. Estaremos en contacto con ustedes. Reciban un cordial saludo de Hermanos al Rescate y de su presidente, José Basulto, quien les habla.

Habana: O.K. Recibido. Tengo que informarles que las defensas de la zona norte de La Habana están activadas. Están en peligro si persisten en cruzar el paralelo 24.

Piloto Basulto: Gracias. Somos conscientes del peligro cada vez que cruzamos el paralelo 24, pero creemos que tenemos derecho a hacerlo. Es nuestro derecho como cubanos libres volar en el cielo de nuestra patria.

Habana: O.K. Los recibo.

Las costas de Cuba estaban a la vista, el tiempo era un buen aliado aquella tarde y, por unos momentos, el aire límpido parecía disolver las fronteras del enemigo. Eran pasadas las tres y cuarto de la tarde.

Piloto Basulto: Saludos, Habana. Estamos a doce millas al norte de La Habana y continuamos nuestra misión de búsqueda y rescate. Le enviamos un cordial saludo. Hace un día magnífico. Habana, qué hermosa te ves.

Habana: Recibido.

Unos minutos después, como salido del aire, estaba allí, apuntando, el enemigo.

Basulto: ¿Qué pasa? ¿De dónde han salido los Migs? ¿Están disparando? Atención, tenemos un Mig en la cola. Veo otros.

Piloto Costa: Veo un Mig que viene hacia mí.

Piloto Basulto: Lo veo y te ha disparado algo.

A la siguiente pregunta de su jefe, Costa responde con el silencio. A más de cinco mil kilómetros de allí, un operador de radar de la base March de la Fuerza Aérea de California, Jeffrey Houlihan, hace una llamada de emergencia al sector sudeste de la Defensa Aérea de la base de Tyndal, en la Florida. «Nos estamos ocupando, no se preocupe», responde, seguro, su interlocutor.

Piloto Basulto: Peña, ¿ves a Costa?

Piloto Peña: Negativo. Estoy en latitud 23.25 Norte y longitud 82.29 Este.

Continúan, inútiles, los intentos por contactar a Costa.

Piloto Basulto: Otro Mig dispara. Es un misil.

Piloto Peña: No...

Basulto pierde contacto con Peña, que también le responde con el silencio. Insiste, una y otra vez, en llamar a Costa y a Peña, que siguen sin responder.

Piloto Basulto: Regreso a la base. Aviso a los guardacostas. Regreso a Opa-locka. Piloto Basulto hablando con centro de control de vuelo en Miami.

Desde la base, le preguntan si ha sido alcanzado por los disparos.

Piloto Basulto: No, en mi avión no hay situación de emergencia. Hemos perdido dos aviones. Habla Hermanos al Rescate, hemos perdido dos aviones. Teníamos dos Migs detrás. Vi humo y que disparaban.

Las otras dos avionetas, en las que iban tres pilotos con ciudadanía estadounidense y un piloto cubano residente en los Estados Unidos, habían sido alcanzadas cerca de la jurisdicción norteamericana y pulverizadas por los Mig. La avioneta de Basulto, atacada también, había logrado escapar a los misiles. Según los dispositivos de la Defensa de los Estados Unidos, cazas norteamericanos deberían haber salido a interceptar a los atacantes. A pesar de la voz de alerta dada por el operador de radar de California —confirmada en el testimonio rendido ante la Organización de Aviación Civil Internacional de las Naciones Unidas—, la protección aérea para las avionetas Cessna había brillado por su ausencia.

A los pocos minutos del incidente, La Habana tenía ya una versión propia de lo ocurrido y se sacaba de la manga un espectacular golpe de efecto. Después de anunciar que entre las 15:21 y las 15:28 horas de aquel día dos aviones «piratas» procedentes del aeropuerto de Opa-locka habían sido derribados cuando violaban el espacio aéreo en aguas territoriales cubanas a distancias de «entre cinco y ocho millas al norte de playa Baracao, al oeste de la ciudad de La Habana», hacía su aparición, en las pantallas de la televisión cubana, Juan Pablo Roque. Ana Roque pudo saber, por fin, por qué su marido había salido la noche anterior con seis pares de zapatos, todos sus trajes y la máquina de afeitar. Juan Pablo Roque denunciaba desde La Habana a los «terroristas» de Hermanos al Rescate, afirmaba que a él mismo como piloto de la organización se le había encargado matar a Fidel Castro y, para coronar su diatriba, llamaba a José Basulto agente de la CIA. La premeditación de los disparos sobre el estrecho de la Florida era ya una evidencia.

La respuesta de los Estados Unidos, semanas después, llegó bajo la forma de un misil bastante más potente de los que hubiera podido disparar una escuadrilla de la base de Tyndal, aunque, a diferencia de ella, no estaban en condiciones de salvar la vida de ningún piloto: la Ley Helms-Burton. Es una ley que nunca debió siquiera presentarse ante los legisladores norteamericanos, porque el grueso de su contenido, especialmente los artículos III y IV que tando han dado que hablar al mundo, estaba incluido en el proyecto original de la Ley Torricelli. Esa parte había sido sacrificada en el curso de las negociaciones que permitieron llevar a buen puerto la Ley Torricelli, pues no había entonces ambiente político para tanto. La alianza plural de adversarios del régimen de Castro que para entonces se había organizado en Washington había congelado cualquier nuevo intento mientras no hubiera un clima favorable para seguir dando vueltas de tuerca a las sanciones económicas contra La Habana. La Fundación y sus aliados de la coalición anticastrista de Washington habían hecho gala de una paciencia asiática a la espera de la oportunidad para resucitar lo que se conoce hoy como los artículos III y IV de la Ley Helms-Burton sacrificados en 1992. A fines de 1995, los impulsores de la nueva propuesta de ley habían juzgado que era el momento oportuno para volver a la carga. Las cosas habían madurado tanto entre fines de 1995 y comienzos de 1996 que fue muy fácil, cuando Basulto y sus pilotos fueron atacados por los cazabombarderos cubanos, aprobar la ley, hacerla ratificar por Bill Clinton y ponerla en marcha. Aunque contenía otras medidas, ella giraba en torno a la suspensión de visas para quienes trafican con propiedades confiscadas a los norteamericanos en Cuba y el derecho de los norteamericanos a solicitar en los tribunales de su propio país una protección contra quienes usufructúan del despojo de que fueron víctimas a manos del gobernante de otro país. A pesar de llevar los nombres del representante de Indiana

Dan Burton y el senador por Carolina del Norte Jesse Helms, el aliado decisivo de los exiliados en esta nueva cruzada fue el propio legislador demócrata Bob Torricelli, junto con el congresista republicano de origen cubano de la Florida Lincoln Díaz-Balart y el representante demócrata de Nueva Jersey Bob Menéndez.

Desde La Habana, la trama se siguió con minucioso interés. En noviembre de 1996, en una entrevista con el semanario habanero *Bohemia,* Ricardo Alarcón, el presidente de la Asamblea Nacional del Poder Popular (uno de esos títulos que ponen a prueba la capacidad torácica del lector), rastreó el origen de la Ley Helms-Burton, remontándose hasta la captura republicana del Congreso a fines de 1994, cuando empezaron a circular varias propuestas. Tres meses después de esas elecciones, en una operación de tenaza parlamentaria, Jesse Helms había presentado un proyecto en el Senado y Ben Burton otro en la Cámara de Representantes y, más tarde, el Subcomité de Asuntos del Hemisferio Occidental que presidía Burton y en el que estaban Torricelli, Ileana Ross y Lincoln Díaz-Balart, había moldeado la versión definitiva, introduciendo los artículos III y IV y agregándole una sección final al artículo II. En 1996, Díaz-Balart había sido de la idea de codificar el embargo, que hasta entonces era simplemente un conjunto de órdenes presidenciales, algo que no estaba contemplado en la propuesta original y que tras el derribo de las avionetas había cobrado sentido para muchos escépticos.

Detrás de la ley, hervía un conjunto de factores políticos. Estaban los conocidos, pero también otros que no se habían hecho notar en años recientes por los pasillos —más bien hipogeos— del Capitolio con ocasión de otras tentativas contra el régimen de La Habana. Por ejemplo, la Bacardí. Aunque no jugó un papel decisivo, fue de la partida. Como toda empresa, suele ser, al menos en estos tiempos, temerosa de la controversia pública. Pero, en puntas de pie, la empresa familiar cubana se sumó a las gestiones del exilio político. No era cómoda la situación de Bacardí, blanco del odio ideológico de esa izquierda que es, al mismo tiempo, sobre todo en América Latina, consumidora diligente de sus encantos destilados de melaza y zumo de caña de azúcar. Estaba a la mano, para quien quisiera introducir un poco de malicia, el fácil expediente de achacar a los ejecutivos de Bacardí la intención de promover, por la vía maquiavélica de la ley, la recuperación de sus bienes en Cuba y el desplazamiento de la Pernod-Ricard, empresa francesa que distribuye ron cubano fuera de Cuba y que mira con hambre el mercado norteamericano. Los primeros ataques lanzaron a los capitostes de Bacardí en desbandada fuera del escenario público. Pero desde la sombra sus abogados, allegados y ahijados siguieron echando una mano —legal, política, económica— a la coalición anticastrista que estaba decidida a arrebatarle a Fidel Castro el oxígeno de las inversiones extranjeras que le había permitido sobrevivir a la sequía del chorro soviético. Menos familiarizados con el laberinto subterráneo del Capitolio que sus socios de empeño político de aquellos días, no era raro toparse con los hombres de Bacardí deambulando por los pasillos, medio perdidos. El propio Mas Canosa se los encontró un día por allí, de la mano del académico cubano Luis Aguilar León, sin saber muy bien adónde ir en su afán a flor de piel por traer ventura a los de su tierra. Aunque los esfuerzos de Bacardí en favor de esta ley no estuvieron a la altura de sus recursos, su movilización fue una interesante novedad, entre otras, en la historia menuda de un acontecimiento legislativo que provocaría, a partir de marzo de 1996, un conflicto económico de polendas en el mundo occidental. Otto Reich, ex funcionario del gobierno estadounidense y destacado abogado, fue uno de los que hiló, por cuenta de Bacardí, parte de la tela de araña legal de la Helms-Burton.

El simbolismo de Bacardí en esta confrontación, por más que su influencia directa en la promulgación de la ley no fuera de las más significativas, es poderoso. Suerte de símbolo empresarial del exilio cubano, el enfrentamiento situó a Bacardí en esa zona, no siempre nítida, en la que política y economía se dan la mano y que era el teatro de batalla de las fuerzas en lid. Una de las ironías del conflicto es que la Bacardí fue fundada en 1862 por Facundo Bacardí y Maso, un mercader de vinos nacido en España, país que por las multimillonarias inversiones de sus empresas en Cuba es uno de los blancos de la Ley Helms-Burton. Por tratarse de una empresa que no ha olvidado nunca el problema político cubano, ha estado con frecuencia en la mira de los adversarios del exilio. En tiempos recientes se ha dado alguna prominencia en medios de información —o desinformación, si seguimos al Revel de *La connaissance inutile*— al juicio familiar arrastrado desde 1992. Oveja negra de la familia, Lisette Arellano, ayudada por el marido, Randy Bisson, acusa a su madre, Vilma Schueg Arellano, de sesenta y un años, de birlarle la herencia de la abuela Gladys Schueg Bacardí, madre de Vilma, muerta en 1993, en complicidad con los hermanos de Lisette, Jorge y Laura, y la administración, especialmente Manuel Jorge Cutillos. Dicen la acusadora y el codicioso marido que a través de una compleja red de fideicomisos y corporaciones radicadas en el Caribe se la ha despojado a ella, con la ayuda de la subsidiaria de Citibank en las Bahamas, de la parte que le corresponde. Por estar Bacardí inscrita en las Bermudas y su cuartel general situado en las Bahamas, fuera de los Estados Unidos, Lisette y el marido también acusan a la empresa de defraudar al Fisco americano. Las riñas familiares ocurren en las mejores tribus, y ésta abrió flancos a Bacardí ante enemigos que tenían ahora el pretexto político para airearla. La familia controla diez millones de un total de veintitrés millones y medio de acciones, y a ella, incluyendo parientes políticos, corresponden quince de los diecisiete asientos en el consejo de administración, lo que añade al morbo de la chismografía. Los cargos son rechazados por falsos, uno tras otro, por la jerarquía de Bacardí y la familia, pero el hecho de estar en el centro del ígneo asunto cubano ha permitido magnificar las denuncias antes de que la justicia se pronuncie sobre ellas. Aun sabiendo que sus adversarios utilizarían estos y otros puntos de ataque para deslegitimar su contribución a la causa política cubana —que, por lo demás, es antigua—, la Bacardí tuvo el valor de dar su caución a la coalición anticastrista decidida a abrirle paso a la Ley Helms-Burton en un muy reticente Capitolio.

Es una ley que ataca en muchos más frentes de los que sus enemigos han sabido identificar. Para fortalecer el aislamiento de Castro, ella coloca a Televisión Martí en una frecuencia ultraelevada, insta al presidente a pedir un embargo de las Naciones Unidas (como el que se aplicó contra Haití y que nunca se ha decretado contra Cuba), prohíbe préstamos de personas u organismos norteamericanos a extranjeros que compren propiedades estadounidenses confiscadas por Cuba y obliga a los directores ejecutivos norteamericanos de instituciones internacionales financiadas con dinero del Tío Sam a oponerse a la entrada de Cuba como socio de dichas entidades mientras no haya elecciones libres en la Isla. La ley también dispara contra lo que queda de la conexión habanera con la ex Unión Soviética, pues manda al presidente informar al Congreso acerca de la retirada, de la instalación nuclear de Cienfuegos, de personal de la Confederación de Estados Independientes, condenar el crédito de doscientos millones de dólares dado por Rusia a Cuba para el centro de espionaje de Lourdes y retener créditos norteamericanos destinados a aquellos países por un monto equivalente al de la asistencia otorgada a las instalaciones militares y de inteligencia en Cuba.

Pero la ley también contiene las semillas de su propia negación: propone en su artículo II el fin del embargo una vez que se produzca la transición y haya elecciones libres. La única condición bilateral es que se llegue a un acuerdo para compensar de alguna forma las expropiaciones.

El 24 de febrero, sin poder creer lo que veían sus ojos, Domingo Moreira se enteró por la CNN del derribo de los aviones. Al poco rato de alertar al resto de la dirigencia, el exilio ardía de ira. En Washington, Clinton condenó el acto de barbarie del gobierno cubano, y su gobierno anunció que acudiría a las Naciones Unidas. La Administración, que llevaba unos meses de tira y afloja con los congresistas, cada vez más numerosos y decididos, que pugnaban por la aprobación de la Ley Helms-Burton, se vio obligada por el vendaval de la indignación a ceder ante la coalición de fuerzas anticastristas. El gobierno tenía evidencias de la premeditación del ataque cubano y estaba en posesión de una información sugerente: un mes antes, en una reunión entre generales cubanos y norteamericanos —estos contactos no han sido infrecuentes en los últimos años—, los cubanos habían hecho conjeturas, al abordarse la tarea humanitaria de Hermanos al Rescate, acerca de qué pasaría si las avionetas fueran derribadas, algo tan impensable para los norteamericanos que el asunto había quedado como especulación gratuita. Más que el contenido de las octavillas que los pilotos dejaban caer, de tanto en tanto, sobre las costas cubanas, irritaban al régimen esas aves humanitarias surcando los cielos, que con su sola presencia recordaban constantemente la naturaleza de un régimen del que las gentes huían tan despavoridas que preferían correr el albur de perecer entre selacios. Pero de allí a disparar contra ciudadanos norteamericanos en aguas internacionales había un trecho que Washington nunca había creído a Castro capaz de recorrer. Pocos días después del ataque aéreo, en una llamada desde el Salón Oval de la Casa Blanca y tragando no poco orgullo, el presidente comunicó su cambio de opinión a su compañero de partido y congresista por Nueva Jersey Bob Menéndez, quien le había hecho saber en días pasados, y de muy cruda manera, su disgusto por la falta de apoyo a la propuesta de ley. Incluso en Europa, donde las antipatías por el régimen de Castro están bien disimuladas, había pasmo. ¿Cuánto influyeron los crímenes aéreos ocurridos sobre el estrecho de la Florida en la congelación del acuerdo de cooperación que Europa estaba en vías de negociar con La Habana? Nunca se sabrá del todo. Pero es innegable que Castro se encargó de enderezar los rostros de unos europeos acostumbrados a mirar a otra parte cuando de comunismo cubano se trata. Europa veía sin chistar la marcha triunfal de una ley que le repelía, pero ante la cual se sentía, por el momento, impotente.

No es la primera vez que los imponderables introducen inflexiones en el curso de los hechos en los asuntos cubanos. Como pasa con todos los hechos históricos, la casualidad se cruza a menudo en los planes del exilio, a veces para empujarlos, a veces para frenarlos o desviarlos. Pero semanas antes de producirse el derribo de los dos aviones, los indicios de que la victoria estaba cerca para los defensores de la ley se iban multiplicando, a pesar de los heridos y contusos regados por el camino.

Una de las víctimas había sido la relación entre Jorge Mas Canosa y el entonces presidente del Senado, el republicano Bob Dole. En el penúltimo de sus encuentros, Bob Dole le había dicho a Mas Canosa: «Consígueme seis senadores demócratas y yo la paso.» Duchos en las matemáticas parlamentarias, los exiliados le consiguieron no seis, sino diez demócratas. Dole empezó un juego que consistía en sacar de la lista de partidarios de la ley a un republicano por cada demócrata que se sumaba. Cada vez que el *lobby* del exilio conseguía un demócrata, la mano compensatoria de Dole quitaba a un republicano. Aunque ya conocían estas argucias, indignaba a los exiliados el hecho de que el sabotaje tuviera lugar no en la fase de la votación sobre la ley, sino en el episodio de la maniobra dilatoria de los adversarios de la ley. Que en la votación de una ley unos republicanos voten por razones de conciencia —o razones distintas— de una manera y otros de otra, cabe dentro del juego político de Washington. Pero en cuestiones de procedimiento se suele votar de acuerdo a la línea del partido. La frustrante simetría parlamentaria a la que jugaba Dole en la fase preliminar iba contra todas las convenciones. En una ocasión, delante de Pepe Hernández, Ileana Ros, Lincoln Díaz Balart y otros contertulios, Mas Canosa y Dole tuvieron un flamígero cruce de palabras. «Usted está equivocado —le dijo Mas—, yo llevo mucho tiempo aquí, en el Senado y la Cámara de Representantes, y no soy ningún indio que llega aquí a que me enseñe elecciones políticas.» Dole lo reprendió duramente y volvió a insistir en su desconocimiento de los mecanismos legislativos. En seguida, con la vieja táctica de defenderse atacando, recordó a Mas que él mismo había sido sorprendido en Hong-Kong cuando se discutía un procedimiento relacionado con la ley: «¿Y qué tú hacías en Hong-Kong, de vacaciones, paseando por allá cuando tenías que estar aquí», golpeó al plexo el senador. «Yo hago con mi tiempo —apuntó Mas al mentón en el acto— lo que me da la gana. ¿Quién es usted para administrarme mi tiempo? ¿Qué hizo comiendo mierda los otros días cuando dos o tres senadores suyos ahí votaron en contra del procedimiento? Usted sabe bien que eso no se produce si no tienen el consentimiento.» Y el dirigente cubano, recordando que el adversario real está al otro lado del estrecho de la Florida, concluyó en seguida: «No, no, esa agresividad se la quita de encima y la aplica contra Fidel Castro. No va usted a venir a mí a intimidarme y alzarme la voz ni un carajo. Siéntese.» Ileana Ros, dividida entre sus lealtades cubanas y republicanas, contemplaba la escena con los pelos de punta, al igual que los otros espíritus enmudecidos en aquella habitación del Capitolio.

Una maniobra dilatoria es muy fácil de realizar —un senador coge un libro y se pone a leer sin dejar al contrincante tomar la palabra y luego cede el turno a otro de los suyos, quien continúa leyendo el libro, y así durante tres días, o los que sean necesarios—, pero hay una forma de conjurarla: con sesenta votos se rompe el nudo gordiano. El exilio se había quedado, en la última votación, con cincuenta y nueve votos. Uno de los resistentes era el demócrata Jay Rockefeller, un hombre capaz, como lo indican las cuatro sílabas de su apellido, de gastar de su bolsillo nueve o diez millones de dólares en cada campaña. Dos semanas antes del derribo de las avionetas, Rockefeller aceptó desayunar en el Grand Bay Hotel con Jorge Mas Canosa, Clara María del Valle, Elsa Eaton, Pepe Hernández, Roberto Martín Pérez y Carlos Manuel de Céspedes. Mas Canosa hizo una presentación prolija, pensada para contrarrestar las opiniones de los ayudantes del congresista, que atribuían a los promotores de la ley la intención de restituir a los exiliados viejos fueros y antiguas propiedades en Cuba, incluyendo la de Mas Canosa (que nunca tuvo una). Consciente de que las objeciones no impugnaban el fondo de la ley y preferían arrojar sombras sobre la persona del exiliado, Mas Canosa explicó al congresista que desde hacía muchos años viene predicando en contra de la restitución de las propiedades a sus antiguos dueños y que lo sustancial de la ley estaba en forzar una transición política. Finalmente, le pidió que se convirtiera en el voto número 60. Cuando terminó de hablar, Jay Rockefeller sacó un papel de su bolsillo: «Jorge, te voy a leer lo que los ayudantes míos me han escrito antes de darte mi respuesta a lo que me has pedido.» Los asistentes predecían en su memorándum buena parte de lo que Mas Canosa, efectivamente, había dicho, y aconsejaban que el congresista escuchara a los exiliados con respeto para evitar conflictos que pudieran alejar la posibilidad de una colaboración futura, pero pedían que no se comprometiera a nada. Concluían instándolo a votar en contra de la ley. Una vez que terminó de leer, el senador colocó el papel a un costado de la mesa y fue directo al grano: «Me han convencido. Mis ayudantes están equivocados. Voy a votar no solamente a favor de la Ley Helms-Burton, sino en contra de la maniobra dilatoria en el *closure vote*.» Se levantó y abrazó a Mas Canosa.

La descarga eléctrica llegó a la Casa Blanca. A las dos horas, Jonathan Slate, el *lobbista* judío de la Fundación en Washington —un viejo ayudante de Wayne Smith a quien Mas ganó para su causa y que lo asiste en tareas de cabildeo cuando los propios exiliados no las hacen personalmente—, estaba al teléfono: «Jorge, esto ha provocado un *shock*. La Casa Blanca sabe que tiene perdido el tema.» Minutos después, Mas Canosa daba a Bob Dole la noticia, que el senador ya conocía demasiado bien. Dole le pidió que se reuniera con un pequeño grupo de republicanos, entre ellos un senador de Vermont que había votado en contra del exilio en la cuestión del procedimiento y que, según previno el senador al dirigente cubano, era poco dado a la conversación. «No calificaría en Mastec para ser asistente del hombre que reparte agua entre los obreros que abren zanja —fue el veredicto de Mas Canosa—, un perfecto imbécil que nadie sabe cómo es senador, al que alguna vez en la vida hay que conocer por curiosidad para ver al ave extraña esa.» La gestión fue inútil, pero no importaba: el voto 60 ya estaba en el bolsillo.

Ante la marea que se le venía encima, el presidente Clinton había empezado a mover sus fichas para no quedar descolocado. Sensible al desplante de Bob Menéndez en Nueva Jersey, que, en represalia por la oposición de la Casa Blanca a una ley que seducía a los casi doscientos mil cubanos de su estado, se había negado a asistir a un evento para recaudar fondos de campaña en beneficio del presidente, Clinton había retirado de su entorno a tres asesores para asuntos de América Latina, y particularmente de Cuba. Eran Morton Halperin, Richard Feinberg y Richard Nuccio (de este último dice Robert Torricelli que «es un hombre de alquiler que trabajó conmigo y al que cedí a la Casa Blanca y se volvió contra mí»). Los tres estaban identificados con las resistencias contra la Helms-Burton y eran sensibles a la opinión académica de la izquierda, por ejemplo la del Diálogo Interamericano, contraria a la ley. El voto cubano era el dirimente en el estado de Nueva Jersey, dado el virtual empate entre republicanos y demócratas en el electorado. Las constantes visitas de Richard Nuccio a los congresistas para impedir que la propuesta de ley llegara a buen puerto, así como las cartas del secretario de Estado, Warren Christopher, amenazando con el veto de la Casa Blanca en caso de que la legislación fuera aprobada, habían exacerbado la desconfianza de los cubanos frente al gobierno, algo que estaba abriendo un frente peligroso para el presidente en el año de su tentativa de reelección. Poco antes del derribo de las avionetas, el juego de poleas entre un Congreso cada vez más decidido a aprobar la ley y una Casa Blanca cada vez menos dispuesta a ofrecer resistencia frontal había puesto al exilio al borde de una nueva victoria. La muerte de los pilotos aceleró los hechos y un viento de cosa imparable sopló sobre Washington hasta llevar la ley al destino final. El día que Clinton la firmó, el rostro más sonriente del planeta era el de Richard Nuccio, de pie al lado del presidente. Bill Clinton obsequió a Bob Torricelli con la pluma de la firma, pero el entonces representante (hoy senador) se la pasó como una posta a su vecino Mas Canosa con un escueto: «La mereces.» Poco después, la Ley Kennedy-D'Amato, dirigida contra las inversiones petroleras en Libia e Irán, otra manzana de la discordia en Washington y medio mundo, veía la luz y se sumaba a la Helms-Burton en el empeño de introducir una discriminación moral en la aventura de los capitales trashumantes.

El Departamento de Estado tiene identificadas a más de cien empresas que trafican con antiguas propiedades estadounidenses. Aunque el Tesoro es el sabueso que les sigue la pista, tanto el Congreso como el Departamento de Estado contribuyen con información, algo asombroso a juzgar por la sentencia de Torricelli: «Nunca fueron aliados nuestros en esta batalla.» Los únicos aliados que tuvieron, a partir de cierto momento, fueron el propio Clinton y Madeleine Albright, hoy secretaria de Estado, que entonces tenía pocas posibilidades de meter las narices en las intrigas de Washington desde su cargo de embajadora ante las Naciones Unidas. La coalición anticastrista recibe también mucha información de dentro de Cuba: «Cada vez que los cubanos ven un producto nuevo comercializándose en Cuba, nos avisan», explica Torricelli, conducto por el que buena parte de esta información llega a manos ejecutivas.

Las protestas llegadas desde Canadá, Europa y América Latina no cogieron por sorpresa a la Casa Blanca, pero sí obligaron a los burócratas, de pronto convertidos en capituleros de una ley que no llevaban en el corazón, a salir al frente. Ante el huracán internacional, la Casa Blanca decidió tomar sus precauciones. Clinton desempolvó un arma secreta enterrada en los confines del Ministerio de Comercio, Stuart Eizenstat, y catapultó al funcionario a la condición de enviado especial para negociar con los aliados el fin de sus contemplaciones con Castro a cambio de suspender el artículo III, que permite a ciudadanos norteamericanos demandar, ante tribunales de Estados Unidos, a los inversores que trafican con sus antiguas propiedades. El presidente ya había decretado una suspensión de este artículo por seis meses, pero quería negociar una prórroga —la suspensión debía revisarse a comienzos de 1997—. El exilio había reaccionado con temor al nombramiento de Eizenstat, pero Mas Canosa, que también dejaba sentir su recelo, vio en él una posibilidad de forzar un cambio de actitud en Europa, por lo que hizo la función de parachoques de la Administración en un Miami que ya disparaba los primeros misiles del despecho. Después de todo, era una considerable victoria del exilio que Clinton estuviera movilizando recursos políticos para defender una ley en la que su Administración no había creído en un principio, y una consecuencia grata del conflicto transatlántico que se estuviera negociando un cambio de postura de la mismísima Europa. El accidentado recorrido de Eizenstat empezó por México, donde el ministro de Asuntos Exteriores, José Ángel Gurría, le infligió un rapapolvo de pecho inflado y patria herida, y continuó en todas las capitales de Europa, donde, a pesar de la retórica orgullosa, fue cada vez más evidente, en las reuniones privadas, que los europeos estaban dispuestos a endurecerse frente a Castro si la espada de Damocles dejaba de pender sobre las cabezas de sus inversionistas. En enero de 1997, a punto de vencerse los seis meses del plazo, Clinton volvió a aplazar la aplicación del artículo III por medio año. Para entonces, la Unión Europea ya había condicionado la ayuda a Cuba a una apertura democrática. El otro artículo de la ley que había despertado histeria entre los aliados, el relativo a las visas de los accionistas y ejecutivos de las empresas afectadas y sus familias, seguía vigente y mantenía sobre Canadá, México y Europa una amenaza. Dosificando cuidadosamente su aplicación —ya ha sido negada la entrada a Estados Unidos a ciertos ejecutivos canadienses y mexicanos—, el gobierno americano se las arregló para mantener la presión.

Desde el momento mismo en que entró en vigor, la ley empezó a acosar a determinadas compañías. En julio de 1996, nueve directivos y accionistas de la empresa canadiense Sherritt International recibieron la notificación de que sus visas norteamericanas serían canceladas si no renunciaban al usufructo de propiedades e instalaciones confiscadas a estadounidenses, situadas al este de Cuba y pertenecientes en su día a Freeport-McMoran, con base en Nueva Orleans. La mexicana Domos y la italiana Stet corrieron suerte parecida ese mismo mes, y con pocos días de diferencia Washington anunció iguales advertencias contra ejecutivos de tres empresas más, entre ellas la española Sol Meliá, principal operador turístico extranjero en Cuba, la francesa Pernod-Ricard y la compañía agrícola israelí BM. El mecanismo de disuasión era por entregas: Estados Unidos enviaba a estas empresas una carta en la que les advertía que luego habría una segunda carta notificándoles la decisión de negar a los accionistas, ejecutivos, abogados y familiares la entrada a los Estados Unidos. En febrero de 1997, menos de un año después de entrada en vigor la ley, el Departamento de Estado había pedido explicaciones a más de veinte empresas de once países que invierten en Cuba. En España, por ejemplo, estaban entre las notificadas, además de Sol Meliá, compañías tan importantes como el Banco Bilbao Vizcaya, Iberia e Iberia Viajes, o Tabacalera.

Es fácil perder de vista, bajo el sonido y la furia de quienes dicen defender sus derechos económicos en la Cuba donde han invertido, que en el origen de la ley está un despojo perpetrado con nocturnidad y alevosía contra ciudadanos que tenían esos derechos de propiedad en la Cuba donde ellos también habían invertido. Los exaltados barbudos convertidos en gobierno confiscaron cinco mil novecientas once propiedades americanas en Cuba, por un valor de mil ochocientos millones de dólares (el valor actual de los reclamos certificados como válidos por la comisión oficial encargada de convalidarlos asciende a cinco mil ochocientos millones). Desde la primera Ley de Reforma Agraria, concebida para confiscar las tierras de los centrales azucareros cubanos y americanos, Castro cumplió meticulosamente su sentencia: «Despojaré de sus bienes a todos los norteamericanos hasta el último clavo de sus zapatos.» Una tras otra, sin aviso previo ni compensación, las empresas extranjeras (también las cubanas) fueron capturadas por la Revolución. Décadas de trabajo y millones de dólares fueron arrebatados a sus legítimos dueños.

Mario Lazo, el abogado de gran parte de los intereses estadounidenses en Cuba en aquella época, vivió las expropiaciones en carne propia. Ha contado, por ejemplo, aquella, llena de poderosos simbolismos, de la gran planta de níquel de Nicaro, en la región oriental de Cuba. El níquel es un componente esencial en las planchas de blindaje, la forja de cañones y la construcción de motores de aviación. Cuando ocurrió el ataque japonés a Pearl Harbour, la producción de níquel en los Estados Unidos y la URSS era mínima y las reservas muy pocas. El níquel cubano era, por tanto, muy codiciado. El proyecto de la Nicaro fue concebido dos meses después de Pearl Harbour, cuando la Freeport Sulphur Company (cliente de Lazo) elaboró un nuevo proceso químico para extraer níquel del mineral cubano y Washington aprobó el financiamiento. Construida a partir de 1942, la planta, con su maquinaria y equipos importados de los Estados Unidos, fue erigida en la apartada península, en Lengua de Pájaro, en los montes de Oriente, mientras los submarinos nazis circundaban la Isla. A un costo para los contribuyentes americanos de cien millones de dólares, Nicaro llegó a elaborar poco más del 10 por 100 de la producción total del mundo no comunista y fue uno de los grandes logros de la industria privada norteamericana (la prensa progresista americana elogió a Batista en su primer gobierno por «demócrata» y porque colaboraba con los Estados Unidos en la guerra contra el nazismo). El 24 de octubre de 1960, Fidel Castro la capturó de un plumazo y la puso al servicio de la Unión Soviética.

No es raro, en Miami, oír hablar de personas como Alfredo Sánchez, que sostiene, papeles en manos, que en Cuba hay dos hoteles sobre sus antiguas fincas. Tampoco de Nicolás Gutiérrez, cuyo padre era dueño de dos centrales azucareros donde también es notoria hoy en día la mano de la inversión foránea, o de María Elena Prío, una de las niñas que Carlos Prío llevó consigo en brazos al partir de Cuba, y que hoy dirige un grupo de abogados dedicados al asunto de los reclamos. Conspira contra sus ambiciones la realidad política de cuatro décadas, pero las ampara, desde un punto de vista moral, el derecho. Que estas propiedades vuelvan a manos de sus antiguos dueños es imposible, algo que la dirigencia principal del exilio ni siquiera propone. Que se intente impedir que, como dicen los sajones, se añada el insulto al daño mediante el usufructo que hacen de esas propiedades confiscadas empresas de países civilizados (no lo son todos), no puede escandalizar a nadie.

No es fácil establecer un tratado de límites entre lo que constituye «tráfico» con propiedades confiscadas y lo que no, pues no siempre están claras las huellas de la propiedad antigua ni el perímetro de las actividades presentes. Un caso polémico es el de Meliá Las Américas, un hotel de superlujo inaugurado en julio de 1994, en el que participan la Corporación Interinsular, Sol Meliá y la compañía minera canadiense Sherritt International. Una parte de las casi diecinueve hectáreas que ocupan el Meliá Las Américas y otros dos hoteles en los que tienen participación las empresas mencionadas fue de la familia Dupont, que tenía intereses en los Estados Unidos en el área de la petroquímica. El jefe de familia, un millonario norteamericano, poseía terrenos en la península de Hidocos, donde está situado Varadero, y construyó allí una finca de descanso. El Meliá Las Américas está construido sobre parte de las parcelas que fueron de Dupont, y es probable que los otros dos hoteles también. Los herederos del empresario norteamericano están entre los que quieren impedir que Sol Meliá trafique con propiedades robadas por el poder político a sus legítimos dueños.

Un grado, pero sólo un grado, menos de inmoralidad en la escala de los matices del tráfico con propiedades ajenas es el que mancha al grupo francés Pernod-Ricard, que vende el Habana Club Ron en todo el mundo con excepción de España, donde lo hace M.G. La compañía francesa sostiene que no trafica con propiedades ajenas, pues sólo se dedica al comercio. Según ella, su participación dentro de la Isla se ha limitado al regalo de algunos equipos para modernizar la línea de producción en la fábrica de ron de Santa Cruz, en el norte del país, que fue construida después de la Revolución y no perteneció a Bacardí. Pero resulta que la producción del ron que la Pernod vende en el exterior se realiza en propiedades confiscadas por el gobierno. En un nivel inferior en la escala moral está el caso del Habana Libre, antiguo Hilton, que al momento de ser expropiado era gestionado por una cadena hotelera norteamericana, pero cuya propiedad ostentaba el sindicato de empleados cubanos de gastronomía y hostelería a través de sus fondos mutuales.

En los años noventa, Cuba entendió bien que el desamparo en que la había dejado el desplome de la metrópoli comunista la obligaba a adaptarse a una realidad en la que se había hecho trizas desde el primero hasta el último de sus artículos de fe. En consecuencia, Fidel Castro abrió algunos rincones de la economía, obligándolas a entrar en sociedad con él, a las empresas extranjeras. El turismo, la minería, la exploración de petróleo, la biotecnología, la energía nuclear y el financiamiento y mercadeo del azúcar atrajeron capitales foráneos. Entre 1990 y 1994, la inversión extranjera sumó mil quinientos millones de dólares. En septiembre de 1995, cuando era evidente que la inversión no alcanzaba las magnitudes necesarias, una nueva ley de inversión extranjera ofreció por primera vez la propiedad absoluta al inversionista, creó algunas zonas libres con trato preferencial en materia de impuestos y aranceles, y autorizó a los exiliados cubanos a invertir. Los volúmenes de inversión no aumentaron de modo significativo y la Ley Helms-Burton disuadió a nuevos inversores. Pero para entonces ya un puñado de grandes empresas había permitido unos años de respiro al régimen. Entre los países cómplices del gobierno cubano brillaba, por sobre los demás, España, cuyo gobierno, medios de comunicación y clase empresarial se habían volcado, con pocas excepciones, en favor del hombre que iba camino de igualar los cuarenta años de permanencia en el poder del general Francisco Franco.

La inversión española en Cuba es parte de un gran diseño de penetración económica en América Latina, su natural área de expansión por razones de afinidad cultural y lengua común. España ha vuelto a ser el mayor inversionista en la región. Según un estudio de KPM6 Peat Marwick, sus adquisiciones triplicaron su valor en 1996 y ascienden a un total de cincuenta mil millones de dólares. Ellas cubren distintas áreas: las telecomunicaciones, las finanzas, la energía y los servicios en general, desde compañías de seguros hasta el gas embotellado. Se da el caso de empresas como Telefónica y el Banco Santander (junto con el Banco Bilbao Vizcaya y el Banco Central Hispano, uno de los tres grandes bancos españoles en América Latina), que ya no van a seguir expandiéndose porque han alcanzado un tope. La empresa de energía Repsol, en cambio, quiere invertir otros tres mil millones en América Latina en los próximos cinco años. Dos bancos españoles controlan un tercio del sistema bancario venezolano, un grupo español maneja Astra, la mayor reserva de gas natural del noroeste de Argentina, y desde el Perú hasta el sur de América la telefonía está en manos de los españoles.

La ola de inversiones arrancó con Telefónica, entonces en manos socialistas, primero en Chile en 1989 y luego en Argentina y Perú (donde, misteriosamente, pagó mil ochocientos millones de dólares cuando su competidor inmediato no ofrecía ni la mitad de ese monto). Un total de un millón de suscriptores de televisión por cable y casi un millón de usuarios de teléfonos celulares confiere enorme poder a Telefónica, el valor de cuyos activos en América

Latina es de cinco mil millones de dólares. Los principales bancos españoles han invertido cuatro mil millones de dólares en la región. Tienen los dos mayores grupos financieros en Chile, el mayor banco en Colombia, el tercero mayor en Argentina y dos de los tres primeros en Venezuela, así como una presencia importante en México. El nuevo sistema de pensiones boliviano será controlado por dos consorcios dominados por capital español.

Este es el contexto en el que los capitales españoles, poco interesados en las realidades políticas de la Isla, y mucho menos en el fondo moral de su apuesta, decidieron también en los años noventa entrar a Cuba, adonde arrastraron a capitales de otros países, pero donde jugaban con la ventaja de no competir con inversionistas norteamericanos. El total de inversiones españolas en Cuba asciende hoy a unos ciento cincuenta millones de dólares, un 15 por 100 de todo el capital extranjero, ínfimo en comparación con el de otras partes de América Latina pero suficiente como para, en combinación con otros inversionistas, haber sostenido el esquema trazado por Fidel Castro para sobrevivir a la hecatombe comunista. A ello hay que añadir el intercambio comercial entre España y Cuba, que, a pesar de haberse reducido a la mitad con respecto al año anterior, en 1995 sumó unos quinientos millones de dólares. Estas cifras moderadas expresan no el pudor político de los españoles, sino la raquítica economía de Cuba y lo disuasorio, a pesar de todo, de su clima institucional, pues ganas no faltan en España para más: de las seiscientas empresas extranjeras en Cuba, unas ciento cincuenta son españolas. La cuarta parte de las sociedades mixtas son españolas. Una empresa estatal como Argentaria ha prestado cien millones de dólares para la rehabilitación de la Lonja de Comercio, obra adjudicada a Cubiertas, otra empresa española, mientras que el Banco Bilbao Vizcaya financia con diecisiete millones de dólares la producción de azúcar en la provincia de Las Tunas y con ocho millones el cultivo de arroz en la provincia de Granma. Tabacalera compra cada año entre veinticinco y treinta millones de puros, y para asegurarse el suministro financia con veintisiete millones de dólares la producción de tabaco. La mitad de las plantacio-

nes utilizadas para el cultivo de tabaco están financiadas por Tabacalera y buena parte de las fábricas están en manos españolas. También hay intereses más pequeños en el mundo de las confecciones,
los alimentos, las artes gráficas (como Friolima) o las industrias cár-
nicas (como Bravo o Camacho, compañía, esta última, que se asoció
con la empresa estatal Suchel para modernizar y explotar la antigua
fábrica de cosméticos que perteneció a la multinacional norteamericana Avon).

El grupo mallorquín Sol Meliá llegó a Cuba a fines de los años
ochenta, arrastrado por la flauta de Hamelín del canario Enrique
Martinón, el primer extranjero que invirtió de manera sustancial en
la Isla al mando de Corporación Interinsular Hispana al asociarse
con la estatal Cubanacan para establecer una empresa mixta. La inversión española sumaba cincuenta millones de dólares y aseguraba
por estas empresas sólo el 50 por 100 de las acciones de una operación que consistía en construir tres hoteles, un centro comercial y
doscientos bungalows en Varadero. Sol Meliá tenía el 25 por 100
y la administración del Sol Palmeras, el primer hotel con capital
mixto en la historia de la Revolución, inaugurado por Fidel Castro
en la embobada compañía de los capitostes del grupo español; el Meliá Varadero, a cuyo estreno asistió el jefe de Sol Meliá, Gabriel Escarrer, y el Meliá Las Américas. Hoy en día, Sol Meliá gestiona siete
hoteles con un total de casi cinco mil camas. Un nuevo hotel en La
Habana, el Sol Habana, está a punto de caer bajo su mando.

Entre mayo de 1995 y mayo de 1996, cuando el malestar de los
adversarios del régimen de Castro por estas inversiones, dentro y
fuera de la Isla, no era un secreto para nadie, las empresas españolas pequeñas y medianas invirtieron más de un cuarto de billón de
pesetas. Sol Meliá, con ser el buque insignia de esta cruzada, no
echa de menos competencia carpetovetónica. La cadena Tryp tiene
cuatro hoteles en Cuba. En la provincia Cayo de Ávila, al momento
de encenderse la chispa de la Helms-Burton, estaba por construir,
junto con un grupo inversor del que forman parte el Banco de Andorra y varias mutualidades españolas, entre ellas la de Correos, dos
nuevos hoteles.

El grado de complicidad de España con sus inversionistas fue muy obvio con la reacción del nuevo gobierno español, que a diferencia de su antecesor, el de los socialistas, considera al régimen de Castro una dictadura, pero que sin embargo decidió no jugar el rol de apaciguador de las iras europeas contra unas sanciones norteamericanas no muy distintas de las que Europa apoyó en los casos de otras satrapías en el pasado. Cuando el presidente Clinton aplazó la aplicación del artículo III, el ministro español Abel Matutes filosofó: «No es como para tirar cohetes», y sus socios comunitarios denunciaron que la «extraterritorialidad» seguía intacta. En octubre de 1996, la Unión Europea denunció a Estados Unidos ante la Organización Mundial de Comercio (OMC) mediante el procedimiento del «panel», acción que poco menos de un año después fue suspendida por un vago principio de acuerdo para retocar la Helms-Burton a cambio de que Europa se comprometa a no traficar con propiedades que fueron norteamericanas (ese acuerdo ha sido contestado a su vez por una medida presentada por el bloque anticastrista en el Congreso para obligar al Departamento de Estado a informar periódicamente sobre las sanciones contra los ejecutivos extranjeros, lo que hasta ahora ha impedido un debilitamiento de la ley). No todo en Europa era unanimidad (¿cuándo lo ha sido en política exterior?). Mientras que España estaba en contra de la ley a brazo partido y el Reino Unido, sin renunciar a su «relación especial» con Washington, también se oponía con acritud, Alemania y Holanda eran mucho más blandos. En una posición intermedia, no exenta de retórica inflamada y teatralidad política, pero no sustentada en hechos muy concretos, estaba Italia. Con un superávit comercial frente a Estados Unidos de ocho mil millones de dólares anuales, la Unión Europea sentía que como fuerza conjunta tenía bazas de negociación respetables, en estos tiempos en que las grandes guerras son en esencia comerciales. Las represalias anunciadas por la Unión Europea incluían, además del contencioso ante la OMC, la elaboración de una lista negra de empresas norteamericanas susceptibles de ser, a su vez, demandadas en Europa; el retiro de visas de entrada de ciertos ejecutivos norteamericanos, y leyes nacionales para neutralizar la Helms-Burton. Las represalias ponían a las empresas notificadas por Estados Unidos entre la espada y la pared, pues declaraban ilegal cualquier negociación con Estados Unidos bajo la presión de la Helms-Burton.

En España fue notorio, muy pronto, que no había un frente unido y que los populares —el partido del poder— no se sentían a gusto con su nuevo papel de defensores del régimen de Castro. En mayo de 1996, una propuesta socialista para obligar al gobierno a legislar contra Estados Unidos fue derrotada. Cuando los socialistas atribuyeron al gobierno falta de contundencia, Abel Matutes, a nombre del Ejecutivo, contraatacó: «Nuestra preocupación por los derechos humanos no se vio en trece años de gobierno socialista.» El portavoz de los socialistas, Luis Yáñez, un hombre cuyo paso por la burocracia encargada de la conmemoración del V Centenario del Descubrimiento de América ha sido materia de investigación administrativa por sospechas de corrupción, había superado el tono virulento de socialistas más significativos que él y aventurado la docta opinión de que «Mas Canosa es un conocido gángster de la Florida que financió diferentes aspectos del PP». José María Robles Fraga, secretario de Relaciones Internacionales del Partido Popular, interpretó la indignación del gobierno por la campaña de la oposición: «Es especialmente trágico que eso lo diga el representante de un partido al que se ha abrazado el dictador.» Buena parte de la clase política española tenía oídos sordos. No quiso escuchar, en esos mismos días, a Eugenio Rodríguez Chaple, que pidió asilo en pleno avispero. Presidente del Bloque Democrático Martí y miembro de la alianza opositora Concilio Cubano, era un periodista de treinta y nueve años expulsado de Cuba por decir que los cubanos estaban a favor de la Ley Helms-Burton. Hablaba con frecuencia por Martí y por La Voz de la Fundación, y el día que se asiló habló también para España: «Traigo la opinión fresca de la calle. El pueblo está a favor de esta ley.» Sus palabras se las llevó el viento.

Bajo el fuego graneado verbal, era frecuente oír de boca de la izquierda española por aquellos días que Mas Canosa había elaborado una lista negra de trescientas una empresas de todo el mundo, de las cuales treinta y siete eran españolas, que había entregado al Departamento de Estado. En ese *hall of shame* empresarial España estaba en segundo lugar, pues el primero correspondía a Canadá, con cincuenta empresas. A tal punto caló esta noción, que los socios catalanes del Partido Popular, por boca de Ignasi Guardans, reprocharon a Abel Matutes haber recibido a Mas Canosa a mediados de 1996: «Es incoherente decir, por un lado, que se va a tener una posición de firmeza frente la ley y, por otro, recibir de esa manera a quien ha sido su principal promotor, por no decir autor. La Fundación es una de las principales fuentes de información del Departamento de Estado a la hora de elaborar la lista negra.» Las acusaciones parecían desconocer el hecho de que la lista de empresas que invierten en la Isla la hace pública, antes que nadie, la propia Cuba y que los distintos organismos del gobierno norteamericano tienen mil formas de acceder a ella. No era acertado decir que los exiliados de la Fundación estaban detrás de la ley: en verdad, estaban a su vanguardia. El presidente Aznar justificó «cambiar impresiones con alguien que tiene gran influencia en la política de Estados Unidos hacia Cuba», y sus portavoces recordaron que Jorge Mas Canosa fue recibido por el socialista Felipe González en mayo de 1992 y por su canciller Javier Solana en septiembre de 1994, en Nueva York, sin que los compañeros protestaran. Matutes tampoco lo hacía en 1996: «Me parece bien que le recibieran. No podía ser de otro modo si tenían interés en seguir la evolución de Cuba. Pero ahora no ha sido a hurtadillas.» Como parte del programa de contactos con organizaciones cubanas ajenas al gobierno de La Habana, Matutes también recibió al cardenal cubano Jaime Ortega y, en la persona de José Ignacio Rasco, a la Plataforma Democrática, que había respaldado públicamente la ley. Cuando Mas Canosa agradeció que se abandonara en España «la era de la complacencia, los abrazos y besos» y «que se condicione la ayuda a Cuba», estaba expresando una impresión compartida por la mayoría de exiliados cubanos no sólo en los Estados Unidos, sino en la propia España. Las inversiones españolas y extranjeras en general han sido siempre motivo de crítica para el abanico de las fuerzas de la oposición.

En 1992, por ejemplo, once grupos, incluyendo la Coordinadora Social Demócrata, firmaron un documento proponiendo que las inversiones extranjeras en Cuba no gocen de la protección de la ley. Aunque se sentía, por razones de nacionalismo, obligado a rechazar la Helms-Burton, el gobierno español trataba de no descuidar el principio de que el problema principal en Cuba es su dictadura —de allí el condicionamiento de toda ayuda a la democratización del régimen— y de reconocer que existe un punto de vista en la oposición cubana contra la mano que los inversores dan a los intereses políticos de Castro.

La respuesta de los capitalistas españoles fue —de la boca para afuera— el orgullo ibérico. Javier Crespo, a nombre de Sol Meliá, anunció: «No nos iremos de Cuba.» Más florido fue el desplante de Arturo Cabrel, director comercial del Meliá Cohiba en La Habana, que trinó así: «No pasa nada. Si no podemos ir a Disneylandia, que vaya su madre.» La empresa advirtió que dejaría el Sol Miami Beach y el Sol Orlando, hoteles que administraba en la Florida, si seguían las presiones. Pero el 5 de julio el presidente de Sol Meliá, Gabriel Escarrer, vio, con el mayor sigilo posible, al embajador de Estados Unidos en Madrid, Richard Gardner, para tratar de encontrar una fórmula conversada y asegurarle que su compañía no trafica con propiedades que fueron estadounidenses. Era evidente que la bravuconería de sus portavoces no tenía otra finalidad que la de evitar que bajaran las acciones de la empresa en la Bolsa (algo que de hecho ocurrió).

Tampoco los canadienses dejaron pasar la deliciosa oportunidad de dar rienda suelta al antiyanquismo. Blandiendo el arma temible del ridículo, en agosto de 1996 dos imaginativos parlamentarios canadienses, John Godfrey y Peter Milliken, propusieron en los Comunes, en Ottawa, una legislación para que Estados Unidos devuelva la propiedad tomada en 1776 por los tribunales revolucionarios de George Washington. La propuesta abría las puertas para que tres millones de descendientes de los ochenta mil súbditos leales al Imperio Unido que escaparon al norte tras la guerra de independencia reclamaran sus tierras. Los ancestros del propio Godfrey tenían casa en Williamsburg, Virginia, y los de Milliken poseían tierras en el estado de Nueva York. Ayudado por sus investigadores parlamentarios, Jesse Helms respondió que Estados Unidos ya ha compensado a los que fueron expropiados en 1776, aunque Godfrey sigue sosteniendo que fueron los mercaderes británicos los que recibieron los seiscientos mil dólares de la compensación, mientras los ochenta mil exiliados que no renunciaron a su lealtad a Jorge III se fueron más pelados que Yul Brinner.

En Cuba, el ministro Roberto Robaina estuvo a la altura de la fina tradición oral de su gobierno: «Nuestra cura es especial: trabajar, trabajar mucho para no depender de Helms, de Burton, de Torricelli, de Mas Canosa o de cualquier otro loco que se aparezca a hacer politiquería en tiempos de carnavales electorales en Estados Unidos.» Ricardo Alarcón sentía ya crepitar a las llamas de la nueva Troya: «Esto significa anunciar desde ahora a las futuras generaciones de cubanos un conflicto eterno con Estados Unidos y una situación de guerra perenne.» Era escasa su fe en la capacidad del próximo gobierno de Cuba para ser democrático —única condición necesaria para el fin al embargo.

¿Cuánto impacto ha tenido la gritería universal en el ánimo de los impulsores de la ley? A juzgar por lo que dice el propio Torricelli, en el ambiente reposado de su casa de Englewood, donde no está perorando ante ninguna galería, ha sido nulo: «No sólo no habrá marcha atrás. Eventualmente los americanos podrán demandar a los inversionistas si no paran de traficar con propiedades americanas. La dictadura cubana está condenada y nada la va a rescatar. Es verdad que los exiliados a veces juegan duro, pero están en un juego peligroso porque se enfrentan a un enemigo peligroso. A Castro no hay que concederle ninguna ventaja. El embargo seguirá endureciéndose y ya estamos preparando una nueva ley para hacer más dura la situación de las inversiones, que son las responsables de que Castro haya sobrevivido al fin del subsidio soviético. Canadá y Europa salvaron a Castro, algo de lo que no se sentirán orgullosos cuando se abran los archivos y se sepa todo. Será un capítulo negro en su historia. Cuando estuve en Guantánamo en 1994 con los balseros refugiados que el gobierno americano concentró allí, me quedé impresionado por la forma como recitaban los nombres de las empresas que han invertido en Cuba, pues tenían muy presente su traición. Las odiaban. Siempre fuimos generosos con Europa en asuntos de seguridad. Ellos no han estado a la altura de esa sociedad. Increíblemente, Canadá y Gran Bretaña, que tienen una tradición de defensa de los derechos humanos, han estado entre los mayores aliados de Castro a través de la inversión. De España no hablemos porque no tiene la misma tradición. Nosotros no queremos el liderazgo: si España lo hubiera querido tomar, se lo habríamos dado. Como no lo tomó, lo tomamos nosotros. Estas leyes acabarán con Castro. Canadá y México se vendieron a Cuba para hacer una proclama de independencia frente a Estados Unidos a partir de una idea tonta de la soberanía. Pero Cuba no es China: es pequeña, mucho menos poderosa y vive bajo la sombra de Estados Unidos. Ya ha habido una contracción de la economía de alrededor del 60 por 100.» Permite a Torricelli hablar con esta seguridad el hecho de que las sanciones sean parte de una legislación y sólo puedan por tanto ser revertidas por el Congreso, mucho menos dócil a las presiones de las cancillerías amigas que la Casa Blanca.

Los impulsores de la nueva legislación en ciernes mantienen reserva sobre su contenido. Mas Canosa es más partidario de dar la batalla de forma pública desde ahora. Aventura, pues, algunas ideas fuerza. La nueva ley —propuesta por Torricelli y los dos senadores de la Florida— obligará a los inversionistas que utilicen propiedades robadas por el Estado cubano a pagar al Fisco de los Estados Unidos un monto equivalente al que éste dejó de percibir en concepto de impuestos por la pérdida de las propiedades norteamericanas (se calcula que un total de dos mil millones de dólares). En marzo de 1997, Mas Canosa propuso al Congreso «un impuesto al usuario de una propiedad robada en Cuba, aplicable a las empresas que invierten en la isla en instalaciones americanas. Por ejemplo, si Texaco, que tenía refinerías en Santiago, dedujo de sus impuestos en Estados Unidos treinta millones por la pérdida de sus propiedades, la compañía extranjera que opera en esas instalaciones debería pagar lo equivalente, es decir, los treinta millones que el gobierno americano dejó de percibir». Haciendo gala de sus conocimientos del animal político, se permitió añadir: «Y no le veo el menor problema a la aprobación de la ley porque se trata de recaudar dinero, algo en lo cual los congresistas y los políticos están siempre de acuerdo.»

El valor de la constancia rinde frutos en Washington. Torricelli piensa que el exilio cubano se parece un poco a la comunidad siciliana —de la que proviene por su padre—, en la medida en que protege mucho a su propia gente y opera dentro de códigos de lealtad muy poderosos. Una diferencia otorga ventaja a los cubanos: «Nosotros no tuvimos una causa. Los cubanos sí la tienen. Y están mejor organizados hasta que los judíos. Lo que era AIPAC en los años ochenta, ha sido ahora reemplazado en influencia por la Fundación.» Al poner en marcha los mecanismos para la aprobación, en algún momento, de una nueva ley para reforzar las sanciones económicas contra Castro, el exilio y sus aliados en Washington se aseguran de que las que ya están en vigor no pierdan su vigencia ni desde el punto de vista legal ni —lo que es acaso tan importante— desde el punto de vista psicológico. Este último factor, el psicológico, también opera en sentido inverso, como aliciente de la transición: «Daremos a Cuba acceso al TLC —dice Torricelli con aire de haberlo pensado—, y mil millones de dólares de dinero cubano irán de aquí para allá casi inmediatamente después que se produzca el cambio. Las viejas rutas comerciales de la Florida y Louisiana con Cuba tendrán nueva vida y el comercio sostendrá una explosión impresionante desde muy temprano.»

Las grandes controversias políticas, sobre todo en el firmamento de las comunicaciones modernas, no permiten desarrollar argumentos. El que coloca primero su propia verdad, escueta y contundente, suele ganar para ella, especialmente si viene de la izquierda, derecho de ciudad. Luego se hace muy difícil expulsarla. Lo primero que llama la atención, en ese amplio sector que suele decirse de izquierda, es la hipocresía de sostener que es contraria a la dictadura castrista y emplear contra los adversarios de Castro unos instrumentos de movilización y propaganda que si hubieran sido alguna vez empleados contra el régimen de La Habana lo habrían dejado sin coartadas ideológicas ni salvavidas internacionales. Cuando se dice que se está en contra de la dictadura, pero se opta, en cada ocasión, y no sólo la de la Ley Helms-Burton, por neutralizar a quienes intentan devolver a Cuba un sistema democrático, no se está actuando de forma coherente con la declaración principista con la que los supuestos críticos del régimen —en verdad, aliados objetivos— se llenan la boca cada vez que aseguran que, en el fondo de su corazón, quieren democracia para la Isla. Después de todo, si alguien no cree que hay que tener contemplaciones con el enemigo es esa misma izquierda: ¿alguno de sus miembros, ilustres o anodinos, protestó contra las sanciones a Sudáfrica o, años después, el embargo contra Haití y la intervención militar de Clinton que devolvió a Jean-Bertrand Aristide al poder? No, porque era sobre todo la izquierda la que había batallado por ambas cosas. Si hubiera honestidad en el argumento de que no hay que hostigar a Castro porque colocarlo a la defensiva es perpetuar su régimen, hubiéramos visto a los defensores de esa peculiar filosofía del pesimismo sostener lo mismo —y por tanto paralizarse— ante Augusto Pinochet en Chile o Alfredo Stroessner en Paraguay. No sólo no lo hicieron, sino que, gracias al ímpetu del acoso internacional al que sometieron a esos dictadores, los obligaron a dejar el poder de una u otra forma, incluso cuando, como era el caso chileno, la economía favorecía a la dictadura y el régimen contaba con el respaldo de casi la mitad de la población (ver el resultado del referéndum de fines de los años ochenta). Cuando uno va en serio contra un dictador, lo acosa como puede y trata de cerrar los conductos de su oxígeno exterior, incluyendo el económico, a toda costa. Es lo que han hecho siempre, a lo largo de la historia, quienes han combatido de verdad a un poder ilegítimo. Cercar, o pretender cercar, económicamente a dictadores de derecha, como el sistema del *apartheid* en Sudáfrica, y tratar de impedir que hagan lo mismo los adversarios de las dictaduras de izquierda contra ellas es un síntoma de hemiplejia moral. Están allí, a la mano, los ejemplos de muy justificadas campañas de denuncia, por parte de la izquierda, contra las empresas multinacionales que invierten en países donde hay dictadores de derecha. La campaña contra la Shell en Nigeria es sólo uno de esos ejemplos actuales. Este mismo tipo de campaña, dirigida por el exilio cubano contra Castro, es, en cambio, denunciada como una forma de «injerencismo» (la política tiende a torcer los diccionarios), de extraterritorialidad (¿no tiene derecho un país a defender, al interior de sus fronteras, en sus propios tribunales y con sus propias agencias gubernamentales, a sus propios ciudadanos cuando son víctimas de un despojo?) y de crueldad contra el pueblo cubano (cien mil millones de dólares en subsidios soviéticos no acabaron con el monocultivo cubano porque el sistema comunista no lo permitió, mientras que la casta de poder se dio la gran vida). Ver a la izquierda movilizarse por los intereses de un puñado de empresas capitalistas que, en alianza con el régimen de Castro y bajo un sistema laboral de corte inequívocamente explotador, se hacen ricos en un país donde hacerse rico es delito a menos que se trate del comandante en jefe y sus secuaces, es un insulto a los valores que la izquierda dice defender. Y es una contradicción sólo aparente el que esta actitud en torno a las inversiones extranjeras en Cuba haya emparentado a la izquierda con esa rama de la derecha en la que se funden una visión nacionalista disimuladamente autoritaria y una práctica mercantilista que cree que la creación de riqueza debe pasar por el contubernio de un grupo de privilegiados con el Estado.

Algunos de los argumentos de los defensores de la ley han logrado sacudir a sus contrarios. Recordaba Jorge Mas Canosa en el diario *ABC,* el 11 de julio de 1996, que «la ley protege a los cien mil españoles que hoy viven en la Florida, a los que Castro confiscó sus propiedades en Cuba y cien años de trabajo, y a los que González nunca defendió». Al evitar que empresarios inescrupulosos trafiquen, a precio de robo, con activos importantes de Cuba confiscados ilegalmente, se está consagrando un principio jurídico aceptado y reconocido en todos los países del mundo. «El que roba un reloj y lo vende a una tercera persona es susceptible de ir a la cárcel bajo acusación de la víctima —sostuvo Mas Canosa ante el público español—. Lo mismo sucede con el comprador de mercancía robada.»

No menos importante era definir la naturaleza explotadora, que no sería aceptada por la opinión pública internacional en ningún país del mundo que no estuviera protegido por el marchamo de «progresista», de esas inversiones: «La ley sólo afecta a un grupo de empresarios peristas que han ido a Cuba a comprar propiedades que les fueron robadas a otros españoles, cubanos y norteamericanos. Estos inversores han establecido un *apartheid* económico porque los cubanos no pueden asistir a los lugares de lujo que ellos construyen, mucho menos invertir como socios en esas inversiones. Sólo Fidel Castro es el socio de los inversores españoles, canadienses, mexicanos y de otros lugares.» El 23 de febrero de 1995 Mas Canosa había interpretado ante un comité de la Cámara de Representantes algo de la indignación que siente el cubano de la Isla, para quien los frutos de esas inversiones pertenecen a un coto vedado: «Hay canadienses saqueando la Isla de sus recursos minerales y polucionando su delicado ambiente natural; hay españoles que están sosteniendo un *apartheid* turístico, mientras que los turistas, cuando no están deshonrando a las mujeres cubanas, son transportados en carros japoneses que les son negados al pueblo cubano, a quienes el dictador vende bicicletas; y hay mexicanos que también están transportando su negocio de refinamiento de petróleo lleno de contaminación a Cuba, beneficiándose de la pobreza.» El tono de esta intervención no se alejaba mucho del que han utilizado los nigerianos —bien secundados por los medios europeos de comunicación— para denunciar la presencia de la Shell en la región ogoni donde el régimen de Abacha ha perpetrado algunas de sus hazañas genocidas (la más célebre de sus víctimas fue el escritor Ken Sarowiwa).

No todos los españoles eran poco lúcidos con respecto al régimen de inversiones en Cuba. En el diario *ABC*, el 16 de julio de 1996, Federico Jiménez Losantos anotó: «Se dice que la Unión Europea defiende la libertad de comercio. Pero los hoteleros, los proxenetas y los pocos, muy pocos, inversionistas en Cuba no tienen ninguna libertad ni ejercen el comercio. Lo único que hacen es participar en empresas cuya mayoría de acciones, el 51 por 100, es del régimen castrista. No pueden contratar obreros, ya que se los escoge y suministra el régimen. No pagan a sus trabajadores, sino al régimen castrista. Y aunque éste cobra en dólares, les paga una pequeña parte de lo cobrado a los trabajadores en moneda cubana, cuyo valor depende de su capricho. Por supuesto, los trabajadores no pueden vender libremente su fuerza de trabajo ni defender sus derechos laborales, so pena de inmediata detención, tortura y cárcel. ¿Dónde está ahí la libertad? ¿Dónde el comercio? Sólo si se entiende como actividad comercial la trata de esclavos puede decirse que los que hacen negocios con Castro son comerciantes.» La paradoja es que las propias limitaciones del sistema, por un lado, atraen a inversores que se saben liberados, por ejemplo, de incomodidades democráticas como sindicatos y huelgas, y por el otro impiden que lluevan sobre la Isla tantos capitales como Castro pide. El suelo en el que están los inversores extranjeros sigue siendo del gobierno cubano, La Habana ha tardado muchos años en permitir un porcentaje mayoritario de la propiedad al extranjero, la inseguridad que dan la falta de libertades y los constantes virajes ideológicos infunden poca confianza en el animal económico, y la injusticia que padece el trabajador es la semilla de una reacción violenta. Que el gobierno cubano seleccione a los empleados que trabajan para los extranjeros y les pague, en pesos, un porcentaje ínfimo de los dólares que recibe por cada trabajador cubano que entrega a los inversionistas, es propio del comercio humano del Medioevo. El diario canadiense *Globe & Mail* ha revelado que, en la mina de Moa, la Sherritt paga al gobierno cubano nueve mil quinientos dólares anuales por cada uno de sus mil setecientos veinte empleados, mientras que cada empleado recibe diez dólares al mes, y sólo el 9 por 100 de ese monto en dólares. A la trata de siervos se añade la prohibición de invertir que recae contra los propios cubanos en su país. El 7 de septiembre de 1995, sin sospechar que estaba haciendo una implacable autocrítica del resultado de tres décadas y media de gestión en su país, el propio Castro explicó, ante la Asamblea Popular, por qué impide a sus compatriotas invertir: «No contribuyen a lo que necesitamos de fuera: capital, mercados.»

Los adversarios de la ley han recordado que en 1964 el Tribunal Supremo de los Estados Unidos rechazó juzgar la validez de las expropiaciones hechas por un gobierno extranjero. En realidad este argumento también puede servir para justificar la ley, pues demuestra que para dar validez a los reclamos los jueces echan de menos un código legal que ampare una decisión delicada desde el punto de vista de las relaciones internacionales. El argumento, más de fondo, de que el intercambio económico acelera la caída del comunismo no se apoya en la experiencia. Entre 1945 y 1960, Estados Unidos prestó más ayuda a Tito, el líder yugoslavo, que gobernaba un país con diecinueve millones de personas, que a todos los países hispanoamericanos, que sumaban doscientos millones de personas, y el régimen yugoslavo no se desplomó hasta que lo hizo su familia ideológica. Rumania gozó del estatus comercial de «nación más favorecida» conferido por los norteamericanos durante veinte años. No sólo no se vio debilitado por esta inyección vitamínica: los rumanos tuvieron que recurrir al linchamiento para acabar con Ceaucescu y los suyos. La propia China, que también se beneficia del estatus de «nación más favorecida», no parece un feliz ejemplo de que el intercambio ablanda a los tiranos. Y el año que entraron los tanques rusos a Afganistán fue también el que atestiguó el mayor volumen de comercio entre la URSS y el Occidente. Realidades como estas permiten en Estados Unidos a Newt Gingrich usar la ironía para referirse a la «creencia mágica de que con comercio y turismo americano Castro se volverá un demócrata jeffersoniano».

En 1997, ya el lobo de la ley ha sembrado el pánico en el gallinero corporativo. Algunas empresas, como la mexicana Cemex, se han retirado de Cuba, mientras que otras, como Argentaria, han detenido sus inversiones. Hay quienes han tratado de salir del país sin ruido, como el banco holandés ING y el Banco Bilbao Vizcaya español, que han dejado de financiar la zafra, y quienes, como Tabacalera, han negociado con Estados Unidos presentando pruebas de que no trafican con propiedades que fueron estadounidenses y dando garantías de que no lo harán en el futuro. Stet, por su parte, ha llegado a un acuerdo con ITT para resarcirla por los perjuicios de la expropiación de que fue víctima en Cuba; a cambio, la empresa norteamericana se ha comprometido a no llevar a Stet a los tribunales en los Estados Unidos. Y según informó el *Miami Herald* el 28 de noviembre de 1996, Sol Meliá ha abandonado la gestión de un hotel en la Florida presionado por el exilio. El golpe económico para el gobierno cubano no es desdeñable. Con el retiro de dos firmas europeas que vendían azúcar cubano y el de una tercera empresa que ha dejado de comprar azúcar y edulcorantes elaborados por propiedades confiscadas por Cuba, La Habana se verá en grandes dificultades para obtener dinero con el cual adquirir las semillas y fertilizantes, y tendrá que soportar tasas de interés más altas. La última zafra produjo cuatro millones y medio de toneladas, con tasas de entre 12 y 16 por 100, que ya eran altas, y la de 1997 se anuncia catastrófica, acaso por debajo de los cuatro millones. Ahora, Cuba sólo consigue préstamos a tasas de no menos del 20 por 100.

Creyendo que despertaba compasión, el propio ministro cubano de Comercio Exterior admitió, el 12 de marzo de 1997, la victoria de sus enemigos: «Son perjuicios que van desde la dilación de decisiones empresariales, como el otorgamiento de financiación a la zafra azucarera, hasta la adquisición de artículos de primera necesidad, lo cual obstaculiza el proceso de apertura de nuestra economía.»

La historia busca, a veces, oscuras compensaciones. Cuando empezaban a circular noticias de los estragos que causaba la Helms-Burton en las arcas de Cuba, José Basulto, el hombre que se salvó de milagro en las nubes del Estrecho, perdió su licencia de piloto por orden de las autoridades de aviación civil de los Estados Unidos.

Ojos y oídos

La periodista mexicana Guadalupe Quintanilla del Amanecer de Guanajuato *(en verdad, Ninoska al ataque) llamó a algunos de los Comités de Defensa de la Revolución (los CDR) para ver si están a la altura de su fama. En el 335172 dialogó, de cuate a compañera, con la funcionaria Celia Román.*

—*Buenos días, soy Guadalupe Quintanilla del* Amanecer de Guanajuato. *Estamos haciendo un reportaje sobre Cuba. Lo único que nos falta es en relación a los CDR. ¿Me puede describir muy simplemente la labor de los CDR?*

—*Bueno, mira, es una labor que se realiza en la comunidad. Es una organización de la familia cubana, agrupa a la comunidad.*

—*Dame un ejemplo.*

—*La organización se ocupa, digamos, de establecer el vínculo con la escuela en la comunidad. Se preocupa por los padres, la responsabilidad que tienen en la educación de los hijos. Apoya la labor del maestro y estimula a los niños.*

—*Y dime algo. Esto que dicen que es para delatar... ¿todo eso no es cierto?*

—*No, esa es la imagen que se quiere dar de la organización, muchas veces distorsionada totalmente.*

—*¿Pero básicamente es trabajo social y comunitario?*

—*Sí, lógicamente estamos también para defender los intereses de la comunidad contra algo que pueda dañar los intereses colectivos en el barrio. En ese sentido también atendemos casos de jóvenes con problemas de conducta, o a los reclusos para lograr su rápida inserción en la comunidad. Promovemos la donación voluntaria de sangre también, y campañas de vacunación.*

—*Y en este momento, ¿quién la encabeza? ¿Juan Contino?*

—*Sí, Juan Contino, el antiguo secretario general de la Unión de Jóvenes Comunistas. Yo soy una funcionaria de la esfera ideológica.*

* * *

Ninoska llamó luego al CDR de Plaza, uno de los más comecandela de Cuba.
—*Vigilancia Plaza, en 26. ¿Diga?*
—*Compañero, con María, por favor.*
—*¿A qué número usted llama?*
—*Al 302911.*
—*No, éste es 10, mi hija.*
—*Ay, compañero, perdóneme. Una última cosita...*
—*Dígame.*
—*¡Abajo Fidel y viva Cuba libre!*
—*¿Sí? Oye, ¿tú sabes que eso es bueno que tú lo hayas dicho por teléfono? Porque, tú sabes, este teléfono está conectado con la compañía y vamos a saber de dónde tú estás llamando.*
—*No importa, averígualo, si yo de todos modos lo voy a cantar...*
—*Oye, pero eso que tú dices tú no vienes y nos lo dices a nosotros en la cara.*
—*No importa, si tú...*
—*Porque no tienes lo que tienen que tener las mujeres pa' decirlo.*
—*Pero si tienes el teléfono conectado a la policía, puedes...*
—*Oye, ¿tú oíste?, eso que tú quieres es la recontracoña de tu...*

* * *

Ninoska dejó pasar un rato y volvió a llamar al Comité de Defensa de la Revolución de Plaza para saber si ya la habían detectado. Contestó ahora una mujer:
—*Vigilancia.*
—*¿Ya saben quién soy por fin?*
—*¿Eh?*
—*Que si ya saben quién soy.*

—No, mi amor, yo voy a ir a la tumba de tu madre para saber quién tú eres.

—Pero el problema es que ustedes están diciendo que tienen el equipo conectado y van a saber de dónde yo estoy llamando.

—No, mi amor, pero eso se sabe.

—Bueno, averígualo.

—No, mi amor, yo no tengo que averiguarlo. Para eso hay medios.

—Es un Estado policiaco y tú sigues ayudando, y no sabes ni de dónde te estoy llamando. Y para que lo sepas, mira: ¡Abajo Fidel y viva Cuba libre!

—Yo soy Debora, ¿tú no lo sabías?

—Sí, Debora.

—Debora, la que acaba con la gente como tú.

* * *

Ninoska siguió investigando si el sistema de vigilancia es tan sofisticado como dicen los propios funcionarios de la organización de trabajo comunitario, conectados, según cuentan, con la policía. Llamó a otro CDR.

—CDR.

—Por favor, ¿con Isabel?

—¿Qué Isabel, m'ijita? Esto es los CDR.

—Ah, compañera, perdone, na'más que le quería decir: ¡Abajo Fidel y viva Cuba libre!

—Anda vete pa'la casa del coño de tu...

* * *

Ninoska volvió a llamar al mismo CDR.

—¿Sí?

—¿Matilde?

—¿Qué Matilde?

—¡Abajo Fidel!

Después de un breve silencio, se pone al teléfono una voz masculina:

—Oye, te conocí la voz.

—¿Quién es, a ver?

—Ya te tengo comprobado el teléfono también.

—¿Ya me tienes comprobado el teléfono? ¿Y de dónde te estoy llamando?

—No, no, ta'bien, ya yo sé....

—Averigua, párate en la puerta con el teléfono, que te voy a sacar la lengua.

—No, yo no me voy a parar en la puerta, yo sé quién tú eres.

—A ver, ¿quién soy?

—¿Tú quieres que te lo diga?

—¿Y de dónde te estoy llamando?

—¿De dónde me estás llamando? Del teléfono que ya está controlado allá.

—Ya está controlado, pero fíjate que tú no sabes de dónde.

—Te tengo conectada con la unidad.

—No me puedes conectar con la unidad porque los equipos de ustedes no sirven.

—Sigue dándome tiempo, sigue.

—Te estoy dando tiempo, te doy todo el tiempo del mundo, mira: esto está lleno de contrarrevolucionarios: ¡Abajo Fidel!

Se oyen voces y gritos en el fondo: ¡Abajo Fidel! *Ninoska vuelve a la carga:*

—A ver, ¿de dónde te estoy llamando?

—Sigue m'ijita, sigue.

—No me puedes rastrear.

—Eso es lo único que te queda por hacer. No tienes lo que tienen las personas pa'hacer otras cosas.

—Ni me han venido a buscar, es el cuento que le hacen al pueblo pa'controlarlo. No sabes ni ser guardia.

* * *

Ahora Omar López Montenegro, que está con Ninoska, se hace pasar por el mayor Torres del temible Ministerio del Interior y llama al mismo CDR.

—Nuestros sistemas de escucha grabaron una llamada contrarrevolucionaria que se hizo a ese lugar.

—Ah, ¿la grabaron?

—Sí.

—¿Y quién es usted?

—El mayor Torres, del Ministerio.

—Sí, ¿pero de qué unidad?

—¿Cómo? ¡Cómo que de qué unidad! Mire, nosotros hemos grabado esa llamada. Han hecho varias llamadas a varios lugares. Y nosotros queríamos saber si ustedes tienen alguna información, alguna sospecha de quiénes pueden ser, porque parece que hay un grupo que se está dedicando a hacer estas llamadas.

—Sí, parece que hay un grupo, lo que no tenemos en la mano es quiénes son.

—¿Y ustedes no tenían un sistema de escuchas ahí?

—No.

—¿Ustedes no están conectados a la unidad territorial de ahí?

—Bueno, oficialmente, que yo sepa, no. Eh... cuando ocurren estos fenómenos, nosotros lo informamos.

—Sí, por supuesto, nosotros estamos totalmente conscientes de que ustedes han informado. Pero es que nosotros tenemos un sistema de alerta establecido porque se están efectuando varias llamadas de estas.

—Sí, sí, sí. Yo lo que le seguí fue la corriente pa'que lo pudieran captar. Yo sé que ellos están en un sistema, pero, bueno, le seguí la corriente para dar tiempo. Pero debe ser por el área esta porque me dijo: «No, párate ahí pa'sacarte la lengua.» Debe ser por el área esta.

—Sí, debe ser alguna persona que, por lo menos si no está en esa misma cuadra, está en el área.

—Sí, debe estar en la misma cuadra, pero en la acera de enfrente, porque me dijo «sal», pero yo le dije «yo te conozco», «yo te conozco», dándole largo, dándole largo, y me cansé y le colgué.

—*Entonces, usted no pudo identificar la voz, no pudo saber quién es.*

—*No, no, conocido mío no es. La recepcionista dice que tampoco la conoce.*

—*Nosotros de todas maneras nos vamos a cerciorar de que ustedes sean conectados a una unidad territorial cercana a través de la cual nosotros podamos estar al mismo tiempo recibiendo la llamada cuando ustedes la reciban.*

—*O.K.*

—*¿Entonces ésta es la primera llamada que ustedes reciben?*

—*No, no.*

—*¿Ustedes han recibido otras llamadas de ese tipo?*

—*Sí, sí. Se han informado.*

—*Ah, perfecto. Pero hasta ahora ustedes no habían tenido conexión con un sistema de escucha...*

—*No.*

—*Bueno, quiero felicitarlo, compañero, por su labor. El momento es decisivo.*

—*Gracias, gracias.*

IX
GUSANO EN LAS CIUDADES PROHIBIDAS

La recesión que acabó con el gobierno de George Bush por poco acaba conmigo. Yo había comprado en 1989 un negocio de distribución de maquinaria agrícola y equipos industriales. Tenía la distribución en la Florida, los *dealerships* que llaman aquí, de los equipos John Deere, el fabricante de maquinaria agrícola más importante (los equipos industriales —excavadoras, tractores, cargadoras— eran la parte del león, pero también distribuía otras cosas). Yo compré el negocio por veintiséis millones de dólares y por poco no me hundí en medio de aquella recesión espantosa al comienzo de los noventa. Nadie compraba nada, no había construcción y yo no podía vender los equipos en la Florida. Como yo acababa de comprar el negocio, tenía deudas en el banco, pero no había liquidez para pagarlas. Siempre digo que esa es la belleza del empresario: te corres riesgos todos los días y al final con suerte y visión tienes capital, pero en ese momento lo pasas muy mal: yo había arriesgado mis garantías personales y todo, y, por supuesto, si fracasaba con esto, mi negocio de Church & Tower también estaba de por medio. Algo tenía que hacer con urgencia.

Se me ocurrió alquilar mi equipo. El contratista que con suerte cogía una obrita pequeña de tres o cuatro meses en aquel momento no te iba a comprar una máquina que le costaba doscientos mil dólares. Pero se la podías alquilar en veinte mil dólares por tres meses; terminaba su trabajo y te la devolvía. Me decían que estaba loco, que alquilando equipos jamás iba a recuperar mi inversión. Pero empecé a alquilar el inventario: las máquinas, los compresores, los tractores y todos los equipos que tenía. Y en poco tiempo con los alquileres empecé a tener liquidez pa' pagarles a los bancos. Como incluso en una recesión hay obritas por un lado o por otro y siempre hay alguien que necesita las máquinas aunque no pueda comprarlas, se me fue desarrollando un negocio de renta admirable con Neff (el nombre de la empresa mía, ahí en el Palmetto). Yo había comprado la distribución de Miami, Orlando, West Palm Beach, Fort Mayers y Fort Lauderdale, los centros más grandes en la Florida. Pregunté quién era en aquel momento el número uno de los Estados Unidos en este giro y me dijeron que Hertz, los que alquilan carros. Me enteré de que ellos también rentan equipos industriales. Cuando yo vi el negocio de ellos, me fui y asalté Hertz, cogiéndome a los mejores tipos que trabajaban para ellos en la Florida. Me arriesgué y abrí en casi todo el estado tiendas para alquilar equipos. Tuve un gran éxito en poco tiempo: cada vez alquilaba más y más máquinas, a pesar de que la recesión continuaba. La gente seguía sin comprar, pero cada vez había más ingresos por alquiler.

Hasta que un día viene la General Electric, que además de todo lo que se sabe comúnmente es la compañía de crédito más grande del mundo (la GE gana en la extensión de crédito más dinero que la General Motors y la Ford Motor Co.). La General Electric me ofreció entrar conmigo. Acepté, me compró la mitad del negocio y se hizo socia mía. Resultado: me dieron doscientos millones de dólares para ampliar mi presencia a otras partes de los Estados Unidos y ahora estoy, además de en la Florida, en Salt Lake City, Las Vegas, Phoenix, Atlanta, y en los estados de Carolina del Norte, Carolina del Sur y California, y a punto de entrar al nordeste del país. La recesión pasó y volvimos a vender equipos, aunque mantuvimos el negocio de alquiler. El crecimiento de la empresa es tal que ya vale casi como Mastec, poco menos de mil millones de dólares. Sus ventas anuales son de más de cien millones de dólares. A diferencia de Mastec, es privada, no cotiza en la Bolsa.

No hubo ningún milagro. Sólo visión y riesgo, y poder creativo para hacer frente a la tremenda adversidad en aquel clima de estancamiento económico. Había que crear y crear para sobrevivir y no quebrar. Yo recuerdo que algunos bancos estaban espantados, y muchos nos negaron el crédito en Miami. Ahora ocurre que todos están desesperados por hacer negocio con nosotros, pero ya nosotros hemos superado a los bancos, porque operamos directamente con el banco de inversiones en Nueva York y con capital propio, y no necesitamos sus préstamos (algo conozco del mundo de los bancos como director nacional del First Union). No pienso por ahora —quizá más adelante— entrar con Neff a la Bolsa. Ya yo tengo el mejor socio del mundo. Ahora esta gente quiere irse a España con nosotros y montar un negocio de renta igualito que aquí. Ya yo les pasé el negocio a los hijos míos, Jorge, Juan Carlos y José. No necesitan que yo me ocupe del manejo de la compañía. Yo no tengo tiempo, porque estoy concentrado en lo mío, que es el tema de Cuba. Si me dedicara a las empresas no pararía nunca y no podría sacar adelante los objetivos de la Fundación. Tengo también inversiones en propiedad inmobiliaria —un negocio de menos volumen— con almacenes y tierras industriales que alquilo. Tengo como sesenta acres de tierras comerciales en Kendall Lake (valen unos diez millones de dólares), pero las voy a vender.

A las puertas de la década del noventa, cuando veíamos, asombrados, cómo se caía el comunismo, visité Budapest para firmar un acuerdo con el Foro Democrático, la organización anticomunista húngara más poderosa. Pero lo más emocionante no fue eso, sino otra cosa que quería realizar hacía tiempo. Fui a dar una ofrenda floral al cementerio donde están enterrados los caídos en la revuelta anticomunista de 1956. Estaba casi vacío, pero había en un rincón un grupo de viejos sobrevivientes de aquello, que conversaban entre ellos. No hablé con los viejos por el problema del idioma, pero al darse cuenta de nuestra presencia uno de ellos pronunció una palabra en español. Pocos meses después, en Miami, mi secretaria Inés me dice un día: «Lo llaman de Hungría. Es una voz en mal inglés.» Cogí el teléfono. Una voz cascada me dijo desde el otro lado: «Soy aquella persona bajita, canosa, que no pudo hablar con usted en el cementerio pero lo ayudó a colocar flores. Soy ahora presidente de Hungría y quiero invitarlo a Budapest.»

Fue el comienzo de algo tremendo que nunca se me había pasado por la cabeza: la penetración del exilio cubano en las ciudadelas de la Europa roja. En Hungría logramos que ese país se abstuviera de subsidiar la venta de piezas de repuesto para ómnibus urbanos de fabricación húngara, muy usados en Cuba. También que se le negaran créditos a La Habana. A mediados de 1991, en Budapest, firmé con Balazs Horvath, presidente del Foro Democrático (el principal partido), un documento en el que ellos expresaban «su simpatía y solidaridad con las fuerzas que luchan por una Cuba libre y democrática». Era la primera vez que un partido del ex bloque soviético firmaba un documento con la Fundación. No lo podía creer. ¿Era cierto lo que estaba pasando? La respuesta la dio el propio Ariel Ricardo, el jefe de la Sección de Intereses de Cuba en Washington, más desconcertado que nosotros, cuando atacó furiosamente a los húngaros: «Deberían mostrar su solidaridad con el gobierno americano, sus verdaderos amos.» No era para menos: pocos meses antes un grupo de Miami nos habíamos reunido con el presidente Vaclav Havel en Praga, durante un viaje de conferencias en el que discutíamos cómo los cambios de Europa central y oriental afectaban a Cuba. Yo le pedí a Havel que el gobierno checo dejara de representar al gobierno cubano en los Estados Unidos en Washington (desde 1977 la representación cubana funcionaba dentro de la jurisdicción checa), que retirara la ayuda a la Isla y que nos apoyara en la sesión de la Comisión de Derechos Humanos de las Naciones Unidas en Ginebra. Nosotros no habíamos ido con las manos vacías. Teníamos una carta de Lawton Chiles —que ya era el gobernador de la Florida— ofreciéndole a Havel vínculos comerciales con el cuarto estado más poblado de los Estados Unidos. Y el camino ya estaba allanado, porque unos meses antes de ir a ver a Havel habíamos hablado de lo mismo en Miami con su ministro de Asuntos Exteriores, Jiri Dienstbier. Havel aceptó, finalmente, el pedido nuestro y, por si había alguna duda, puso sus ideas por escrito en una carta que me envió en octubre de ese año: «Apoyaremos solamente a aquel gobierno que asuma la libertad y los derechos humanos fundamentales para los ciudadanos cubanos. Al mismo tiempo, estoy totalmente consciente de la importancia de la oposición democrática en el exilio.»

Pero el gran golpe a Castro en el antiguo bloque soviético donde tenía que darse era en Moscú. De eso mismo yo hablé, en un almuerzo que tuvimos el 20 de junio de 1990 en el comedor del Departamento de Estado, con Bernie Aronson, el hombre de Bush para América Latina. Aronson estaba muy claro en que había que intentar hacer en Cuba algo similar a lo que había hecho él mismo con Yuri Pavlov en el caso de Nicaragua, cuando logró que el soviético forzara a Daniel Ortega a unas elecciones limpias. «Tenemos que alcanzar un acuerdo como ése para Cuba», me dijo Bernie. Y desde aquel momento el impulso de los americanos a nuestros propios contactos con los rusos facilitó mucho las cosas. A los rusos les interesaba obtener resultados con los americanos a través de nosotros, y a nosotros nos ayudaba mucho la presión que podían ejercer sobre ellos la Casa Blanca y el Departamento de Estado. Creo que fue realmente en ese almuerzo donde empezó, sin que los rusos lo supieran, el cambio de la política de la Unión Soviética (que no había desaparecido, aunque faltaba poco) hacia Cuba. El contacto más importante que me facilitó la mano de Aronson en todo esto fue el de Yuri Pavlov, el responsable en Moscú de los asuntos latinoamericanos. Todavía me estremezco cada vez que me acuerdo del grado de amistad que pude desarrollar con el hombre del aparato soviético. Un día —había pasado algún tiempo desde los primeros acercamientos con los rusos— llego a Chile y me encuentro con que Yuri Pavlov era el embajador en ese país. Lo llamo por teléfono y me dice: «Venme a ver.» Cuando llego a la embajada, estaba esperándome en la reja de entrada. No me dejó ni siquiera entrar y me llevó para su casa. Allí nos metimos dos botellas de vodka y tuvimos la conversación más franca del mundo: me dijo que lo que quería era irse del sistema ese, que no funcionaba y era totalmente inmoral. Le tomé la palabra: un tiempo después, cuando vino para Miami, con ayuda del profesor Jiri Valenta lo pusimos a trabajar en la Universidad de Miami...

Los planes nuestros de ir socavando los lazos entre Moscú y La Habana habían nacido en 1987, cuando yo me reuní en Coral Gables con Jiri Valenta. Era un profesor checo que dirigía el Instituto de Estudios Soviéticos y de Europa Oriental de la Universidad de Miami. La Fundación contribuía a reunir los fondos del programa junto con otros donantes, porque nos parecía importante que se estudiara la naturaleza del bloque soviético. Empezó allí una relación de afinidades ideológicas y políticas con Jiri Valenta que nos abriría muchas puertas en la ciudad prohibida del imperio soviético y que él pagaría caro, como suele ocurrir en estas cosas (le cayeron veinte represalias y hasta una denuncia de acoso sexual). Juntos, nosotros hicimos planes para traer a los soviéticos influyentes a Miami y debilitar la alianza de la URSS, que iba lentamente abandonando el sistema estalinista, con Cuba, que se resistía al cambio. Boris Yeltsin, al que casi ni se mencionaba en el Occidente, había caído en desgracia con Gorbachov, renunciado a la alcaldía de Moscú y abandonado el comunismo. Había llegado a romper incluso su tarjeta de miembro, cuando nadie sospechaba que pocos años después rompería también a la URSS. A través de Valenta, hicimos contacto con Yeltsin. Nadie tomaba en serio en ese momento sus intentos de rehabilitar su imagen y nadie daba un centavo por él (los americanos no querían ni oír hablar de su nombre para no incomodar a Gorbachov). Lo invitamos a Miami, a hablar, en el hotel Omni, ante cientos de exiliados cubanos y otra gente. Durante su visita —que costó treinta mil dólares—, Yeltsin estuvo prudente: dijo que creía que Castro estaba haciendo reformas y que no se quería meter en los asuntos internos de Cuba. Pero lo importante de su visita para nosotros no era tanto lo que había venido a decir como el hecho de que hubiera puesto los pies en la capital del exilio cubano.

El «diálogo Miami-Moscú» que organicé con Valenta trajo a Miami —con respaldo americano— a trece funcionarios soviéticos el 26 y 27 de mayo del 90 para asistir a un encuentro con el exilio en la Universidad de Miami. Reunimos aquí a la crema y nata del «enemigo», incluyendo a Yuri Pavlov y a Georgi Arbatov, consejero de política exterior de Gorbachov. Los juntamos con congresistas americanos (Smith, Fascell), el gobernador Chiles y el propio Bernard Aronson en nombre de la Administración Bush. Cómo sería el impacto, que Pavlov tuvo que ir de allí a La Habana a dar explicaciones y sufrir los insultos de Carlos Aldana, como cuenta él mismo en su libro *Soviet-Cuban Alliance 1959-1991*. La justificación oficial que daba Moscú para estos contactos era que por ser nosotros influyentes con el gobierno americano valía la pena tener relación con el exilio. El cambio ya se percibía no sólo en el gobierno soviético, sino también en la prensa. Vino a Miami para el mismo encuentro el periodista Alexander Makhov, que más tarde se volvería un aliado cercano. El 30 de septiembre, en *Noticias de Moscú,* alabó a los exiliados y dijo que no eran criminales, sino gente que huía de la injusticia: «Cuando nosotros en la URSS rasgamos las persianas ideológicas de nuestros ojos, nos dimos cuenta que nuestros amigos no estaban mejor de lo que habíamos estado nosotros ayer. ¿Debíamos artificialmente prolongar ese período de parálisis?» Muy nervioso, el gobierno cubano trabajó como loco para impedir que siguiéramos avanzando. Logró bloquear el segundo «diálogo Miami-Moscú» que debía realizarse en Moscú, pero no le sirvió de mucho: los acontecimientos se estaban precipitando.

Los rusos comprendían el potencial económico de los cubanos del exilio y sus lazos con América Latina, además de su presencia en Washington. Durante una visita a Checoslovaquia, yo había conocido a Rudolf Slansky, embajador de ese país en Moscú. Cuando yo aterricé en la capital rusa, en el segundo viaje de la Fundación a esa ciudad antes del golpe de 1991 que cambiaría la historia, me invitó a hospedarme en la embajada. La cortesía llegó al extremo de proteger a mi delegación por si sufríamos una agresión de cualquier fanático comunista, cubano o ruso. Mi asombro en Moscú fue enorme ante la pobreza del paraíso comunista. Me quedé deslumbrado en el edificio de la embajada checa, con sus hoteles para visitantes, restaurantes para las familias, oficinas opulentas y obras de arte extraordinarias. Parecía como si el verdadero gobierno checo residiera en Moscú. Sabíamos que Yeltsin, que encabezaba la Federación Rusa pero todavía estaba por debajo del gobierno soviético y de Gorbachov, quería desesperadamente que Bush lo recibiera en Washington. La Casa Blanca todavía se negaba a darle respetabilidad y algunos aconsejaban al presidente que no lo recibiera por su afición al vodka. Nosotros le dijimos —en especial el congresista Connie Mack que nos acompañaba— que si seguía el subsidio a Cuba no íbamos a respaldar el trato comercial de «nación más favorecida» por parte de los Estados Unidos. Para muchos comunistas y ex comunistas que trataban de reformar el sistema, la ayuda a Cuba todavía era intocable, o porque lo querían así o porque no creían que había posibilidad real de conseguir que se parara el subsidio.

El fracasado golpe comunista de mediados de 1991 terminó de cambiar las cosas. Como nos había ocurrido en tantas otras cosas, los acontecimientos aceleraron providencialmente unas fuerzas que ya habíamos puesto en marcha. El 21 de agosto yo le envié a Yeltsin, que había detenido el golpe comunista cuando ya Gorbachov estaba fuera del juego, una carta explicándole algo que él ya sabía: que el régimen de Castro había estado involucrado. «Use su enorme autoridad moral —le decía—, para asegurarse de que la URSS retire a sus tropas de Cuba y ponga punto final a todos los subsidios que el régimen militarista de Fidel Castro recibe por la decisión de los mismos elementos políticos que querían privar a su pueblo de sus libertades y esperanzas.» Ya el 27 de agosto el embajador soviético en Washington dice: «No podemos permitirnos en la actual situación darle a Castro tanto como le dábamos.» Un comentarista como Andrei Kortunov, del Instituto Soviético para Estudios de Estados Unidos y Canadá en Moscú, que también nos había visitado en Miami, decía el mismo día que la alianza con Cuba había terminado. El 75 por 100 de la ayuda de la URSS a Cuba venía de la Federación Rusa, así que Yeltsin era el hombre decisivo en el asunto del subsidio a La Habana. En septiembre, cuando todavía Yeltsin no acababa de asentarse en su nuevo poder en reemplazo de Gorbachov, fui a verlo con Domingo Moreira, Feliciano Foyo, Tony Costa, Armando Valladares y el congresista Smith. Además del cese del subsidio, queríamos que las tropas soviéticas salieran de Cuba. Había personal militar soviético todavía allí —unos cinco mil seiscientos hombres— y, aunque en 1990 había bajado a tres mil quinientos millones de dólares por la crisis, la ayuda económica era un monto todavía enorme. El ambiente era distinto del que habíamos visto en el viaje anterior. Cuando vi aquello, pregunté: «¿Ya no hay comunistas aquí?» Me dijeron que la gente quería comer bien y vestirse bien.

Nos reunimos con autoridades soviéticas y de la Federación Rusa. Yeltsin dijo que el subsidio se acabaría cuando cesara el acuerdo comercial firmado con La Habana. El canciller Pankin admitió que algunos aspectos de la asistencia a Cuba eran «inmorales». En todas las reuniones nosotros ofrecimos, a cambio de que las tropas soviéticas salieran de Cuba, alojamiento para los militares de la brigada, crédito a empresas rusas y buenas relaciones comerciales con los exiliados (y, cuando fuera posible, con una Cuba libre). El exilio podía garantizar un suministro de azúcar si Rusia necesitaba un vendedor alternativo. Al regresar a la Florida, invitamos a cinco legisladores rusos a Miami. En Disneyworld, mientras bajaban la montaña rusa o abrazaban a Mickey Mouse, les caímos otra vez encima con la cantaleta de la ayuda a Cuba.

El 24 de diciembre de ese año yo volví a Moscú, un día antes de que la URSS dejara de existir formalmente. Yeltsin nos recibió con música: «Castro es uno de los responsables de la bancarrota de la URSS.» Luego nos pidió que nos reuniéramos con su nuevo canciller, Andrei Kozirev (la primera reunión del ministro con una delegación extranjera). Kozirev se comprometió a poner fin a los subsidios y convertir el intercambio con Cuba en una relación estrictamente de reciprocidad comercial, es decir, comprar y vender a precios del mercado, acelerar el retiro de las tropas, votar contra Cuba en Ginebra y proteger a los cubanos que estaban en Rusia y

348

no querían volver a Cuba. La conversación no tuvo nada de secreta: brindamos ante las cámaras de televisión con ron Bacardí. Cuando ya los efectos del ron le alegraban el espíritu, Ian Burliay, asesor de Kozirev, dijo ante la concurrencia, pasándose de entusiasmo: «Tengo interés en conocer a los futuros líderes de Cuba para que no nos suceda lo que nos pasó en Polonia, que cuando Walesa asumió el poder ninguno de nosotros lo había conocido.» Antes de volver a Miami pasamos a despedirnos de Yeltsin. Nos dijo con franqueza que lo único que no podían hacer era cerrar el complejo de espionaje de Lourdes, porque era un proyecto muy sensible de las Fuerzas Armadas.

Castro empezó a recibir informes desde Moscú advirtiendo que se acercaba el fin del subsidio y que los exiliados cubanos estaban ofreciendo azúcar al organismo de comercio exterior del gobierno soviético. El 27 de diciembre —acabábamos de regresar a Miami— soltó la furia que tenía contenida: «El enemigo se mueve en todas partes y se mueve de manera más activa en Moscú, haciendo ofrecimientos y otras cosas, intentando dañar nuestros lazos económicos con lo que queda de la URSS, intentando impedir, de todas las formas posibles, nuestros esfuerzos para obtener hasta un tercio del combustible, con lo que probablemente nos tendremos que contentar.»

A partir de entonces las relaciones comerciales de Rusia con Cuba se acercaron a la realidad del mercado. El acuerdo al que llegaron Rusia y Cuba en 1995 fue que Rusia recibiría un millón y medio de toneladas de azúcar en 1996 y 1997, y un millón setecientas cincuenta mil toneladas en 1998, a cambio de cuatro millones y medio de toneladas de petróleo para Cuba en 1996 y 1997, y cinco millones en 1998. Había empezado a cerrarse el grifo exterior y a revelarse la realidad de la economía cubana. La caída del imperio soviético —que durante treinta años le dio a Cuba el 60 por 100 de su ayuda exterior— fue para Castro un golpe económico brutal. La economía cubana cayó 50 por 100 entre 1989 y 1994, las zafras de 1993, 1994 y 1995 fueron las peores en treinta años, y el 80 por 100 de las fábricas estuvieron ociosas por la falta de energía, materias primas y maquinaria. Cuba empezó entonces a culpar al embargo americano de su propia catástrofe. Y el turismo, que Castro trata de impulsar como compensación, no basta. En 1994 fueron seiscientos treinta mil turistas de Canadá, Europa y América Latina, y dejaron unos ochocientos cincuenta millones de dólares, pero sólo doscientos cincuenta y cinco en ganancias netas para La Habana. Incluso creciendo a un ritmo de 4 por 100 al año, Cuba no recuperaría su nivel de 1989 hasta el año 2005. Esto es lo que ha hecho que en años recientes Cuba haya jugado con unas ridículas reformas de apertura para tratar de conseguir dólares (descriminalizados, los malvados, en 1993). Pero cada vez que los ciudadanos se entusiasman con la libertad y el sistema de empleo por cuenta propia, les quitan sus negocios (la última vez fue a comienzos de 1997, cuando cerraron —otra vez— los «paladares», los pequeños restaurantes caseros).

Si algo no le faltan a Castro son recursos políticos, de todo tipo. A mediados de 1994, la desesperación de los cubanos y una maniobra de Castro contra Estados Unidos provocaron la crisis de los balseros, cuando decenas de miles se echaron al agua en cualquier cosa que flotara —hasta las puertas de sus casas— para escapar de la Isla y llegar a las costas de la Florida. Castro había dejado saber que la gente se podía ir, tratando de chantajear a Estados Unidos con esta crisis de misiles humanos para forzar un cambio de política en Washington. Los balseros fueron a parar, primero, al centro de detenciones de Krome, en el sur de la Florida, hasta que Washington bloqueó su paso con barcos y los envió a la base de Guantánamo (donde finalmente recluyó a casi treinta mil). Este drama se vivió de un modo horrible en la Florida, donde el gobernador Lawton Chiles estaba en año electoral. Ante la pasividad inicial de Washington, Chiles había amenazado al gobierno federal con tomar la base aérea de Homestead para meter ahí a los balseros y con llevarlo a los tribunales para obtener compensación billonaria por el costo de los refugiados. También había dicho que bloquearía la estación de guardacostas de Cayo Hueso para impedir que los refugiados pudieran seguir entrando y le había advertido a Clinton, que era su compañero de partido, que no ganaría las elecciones presidenciales del 96 en la Florida si no impedía este ingreso masivo (Clinton en 1980 había perdido la reelección como gobernador de Arkansas por los disturbios de los cubanos en Fort Chafee).

La ministra de Justicia, Janet Reno, dijo el 18 de agosto que no había una crisis de balseros, pero doce horas después tuvo que anunciar que todos los balseros serían detenidos, y cambió veintiocho años de política. El 19 era el día del cumpleaños de Clinton y estaba compartiendo un *barbecue* con el vicepresidente Gore. La intensa diplomacia telefónica de ese día no había resuelto nada. Me monté en el *jet lear* de la empresa y me fui a Washington con el gobernador de la Florida, la empresaria María Elena Toraño, Luis Lauredo (que había dirigido la Cumbre de las Américas), César Odio (administrador del gobierno local de Miami) y Art Teele, que era el alcalde del condado en ese momento y estaba aterrado de que hubiera violencia en las calles. A las siete y treinta de la tarde, Bill Clinton entró al Cabinet Room donde estábamos esperándolo, en la Casa Blanca. Estaba con sus asesores, entre ellos la ministra de Justicia, Janet Reno, y el propio Al Gore. Al ver la hora que era, el presidente me dijo que sabía que yo estaba invitado a hablar en el programa de Larry King en la CNN. «Estoy reunido aquí con el hombre que cuenta. Usted es más importante que Larry King, presidente», le respondí. Como habíamos acordado, yo fui el que hice la presentación. Básicamente lo que le planteé a Clinton fue que no se podía castigar al pueblo cubano por la crisis de los balseros, que no se los podía encerrar en Guantánamo tomando represalias contra ellos, ni romper esa institución del asilo para el perseguido que ha sido una de las más grandiosas de este país. «Las represalias hay que tomarlas contra Castro, que es el causante de esta crisis, presidente —le insistí—. El balsero cubano es una víctima de esta confrontación que está produciendo Fidel Castro con usted para llevarlo a la mesa de negociaciones y tratar de negociar el fin del embargo. Yo lo que le propongo es que corte los viajes a Cuba, que corte el envío del dinero a Cuba y que le coloque un bloqueo a Fidel Castro alrededor de la Isla, y que nada entre y que nada salga.»

Al Gore tomó la palabra. Sugirió cortar la mitad de los viajes, la mitad de los envíos. Mi respuesta fue tajante: «Vicepresidente, esta Administración se ha caracterizado para sus enemigos en estos años por dar dos pasos para atrás y tres para adelante. Si van a hacer las cosas a medias, no las hagan. Sigan como están y no las hagan. Lo que deben hacer ustedes es el planteamiento de que estamos ante una crisis, y ante una crisis hay que dar respuestas claras. El enemigo tiene que leer claramente lo que usted quiere. Tiene usted que dar muestra de su determinación política. Si usted empieza a cortar un poco por acá y un poquitico por allá, va a entrar en la misma indecisión y la misma confusión que lo acusan de haber causado en otros veinte temas distintos.» La discusión se prolongó una hora y quince minutos. Los políticos de Miami y la Florida insistieron mucho en que Washington no los dejara a ellos cargar con el peso de esta crisis. Bill Clinton acordó finalmente cortar los envíos a Cuba (con excepción del aspecto humanitario, es decir, alimentos y medicinas), parar los viajes a la Isla y aumentar las transmisiones de Radio y Televisión Martí (yo le había recordado al presidente que se habían usado aviones C-130 para transmitir a Haití contra el régimen de Raoul Cédras y que nunca se había hecho eso con Cuba). Un año después, Washington anunció la nueva política de permitir sólo el ingreso de veinte mil refugiados al año formalmente aceptados por la Sección de Intereses americana en Cuba y de prohibir el ingreso de balseros[1].

Alguien se me acercó a mí después de la reunión: «¿Oye, tú te has fijado que cuando los Estados Unidos van a hacer algo en relación con el Perú, el presidente de los Estados Unidos no llama al presidente del Perú, ni se reúnen ni hablan de lo que puede ocurrir? ¿Y te has fijado la importancia que ha llegado a alcanzar

---

[1] Por aquellos días hubo una cierta tensión entre el aparato civil del gobierno de Clinton y el Pentágono a propósito de la crisis de los balseros. A fines de mayo de 1997, en una cena privada en Madrid, Jeff Davidow, nuevo responsable de América Latina en el gobierno de Estados Unidos, relató que el propio presidente Clinton y su asesor Anthony Lake estuvieron en un principio a favor de un bombardeo «quirúrgico» contra Cuba, pero desistieron a raíz de la tenaz oposición del Pentágono.

el exilio dentro del marco político de los Estados Unidos, que cuando el presidente de esta nación debe tomar decisiones sobre Cuba los tiene que llamar a ustedes para auscultar su opinión?» La reunión nuestra con Clinton se produjo por encima de las objeciones de toda la izquierda política. El congresista Charles Rangel, por ejemplo (que debía debatir conmigo en *Larry King Live*), llamó, insultando, a la Casa Blanca: que cómo Clinton me iba a recibir, qué cómo iba a discutir esta crisis conmigo (Serrano, el otro congresista de Nueva York, también hizo escándalo). Rangel trató hasta de chantajear a la Casa Blanca con el argumento de que yo estaba financiando a su rival. «Coño», dijo el asesor al otro lado del teléfono... y yo seguí hablando con Clinton. La fuerza del exilio dentro del sistema hizo que ni los demócratas americanos ni los cubano-americanos de ese partido que pusieron zancadillas pudieran convencer a la Administración Clinton de que no consultara con nosotros.

Nosotros somos supervivientes del ambiente de hostilidad en que se han desarrollado siempre las actividades de la Fundación, pero a la vez el crecimiento de la comunidad cubana en su comportamiento público y cívico dentro de los Estados Unidos hace que cuando se toman decisiones que afectan a Cuba —y aquí se trataba de cosa tan seria y tan grave que estuvimos cerca de una confrontación militar con un bloqueo naval y todo— el presidente de los Estados Unidos nos llame y discuta con nosotros. Lo que ocurra ahí dentro, a la hora que nos reunimos, qué discutimos, si suspendemos los vuelos o no, es importante; pero lo más importante es lo otro: cuando el presidente de los Estados Unidos tiene que tomar una decisión en relación con otro país, se reúne con los asesores y los expertos en el tema, no con los ciudadanos de ese país, mientras que en el caso nuestro se reúne con cubanos y luego toma sus decisiones.

Todo esto es lo que permite que yo me reúna con una Fundación Hispano Cubana, con un Elizardo Sánchez, con un izquierdista que pida el fin del embargo, o decir que el Título III de la Ley Helms-Burton está bien suspendido cuando Ileana Ros y los demás congresistas cubano-americanos dicen lo contrario. Porque, habiéndonos ganado su fe, el cubano sabe que a pesar de la influencia que podamos tener nunca la protección de esa influencia es un objetivo suficientemente poderoso como para ceder a los chantajes de Castro. Cuando unos meses después del episodio en la Casa Blanca el presidente Clinton tomó la decisión de negar definitivamente el asilo político a los cubanos, nosotros en seguida nos movilizamos en manifestaciones públicas de protesta en contra de Clinton. Y yo mismo me paré ahí frente a la Casa Blanca en un mitin con tres mil cubanos. Unos meses antes yo estaba del lado de allá de la reja, reunido con Clinton y tratando con él el tema de los cubanos, y luego, porque las circunstancias lo exigieron, yo estuve del lado de aquí de la cerca diciendo: presidente Clinton, usted está equivocado, corrija el rumbo. Ese tipo de independencia es la credencial ante el exiliado que no ha visto en nosotros al cubano acomodaticio, al cubano que por mantener su influencia dentro de las estructuras de poder, en las instituciones, hace más concesiones de las que debe hacer. Eso sí, cada vez que he discrepado de algún presidente, lo he hecho con un enorme respeto. Siempre ha existido en nosotros los cubanos la tendencia a la vulgaridad, a un calificativo o insulto que está fuera de lugar. Yo siempre he tratado al presidente Clinton, cuando lo he tenido que criticar, y a veces de una forma fuerte, para denunciar su política, con muchísimo respeto: él es el presidente de los Estados Unidos, de este país en que nosotros vivimos y somos libres, y puede estar totalmente equivocado pero sigue siendo el presidente de los Estados Unidos. Esa relación es la que permite que hagamos a veces que el exiliado acepte concesiones que van contra su instinto con el objetivo de lograr un propósito útil para la causa nuestra.

Yo creo que todo el mundo en Washington está consciente que nuestra principal misión es salvaguardar Radio y Televisión Martí, defender cada año su partida en los presupuestos. Y por eso me he mantenido en la junta asesora presidencial, ganándome mil problemas ahí, sabiendo que cada vez que alguien no recibe un cargo me echa la culpa a mí, que cuando me llaman por teléfono y yo les digo que no puedo hacer nada se me echan encima. Es una fuente permanente de adversarios que me busco, pero necesito la posición oficial para justificar mi rol en el Congreso de los Estados Unidos cuando voy a buscar ayuda. Y la Administración Clinton ha respetado eso: sabe que no sólo creamos Radio y Televisión Martí, sino que soy el hombre que consigue los fondos anualmente. Clinton sabe que he discrepado de él con respeto y eso ha hecho que él me mantenga en el cargo. Cuando todo el mundo le dijo horrores a Clinton esa tarde que suspendió el Título III de la Ley Helms-Burton, yo di la conferencia de prensa en la Fundación y dije: «Señores, no es el final del mundo; si el presidente ha tomado esa decisión, vamos a seguir trabajando con esa limitación o ventaja, porque puede ser una ventaja si nos da pie a negociar con los europeos. Vamos a negociar la política y, si no se puede, el Título III se aplicará.» Aquello cayó bien en la Casa Blanca y cayó mal en el exilio al principio. Pero insisto en que me beneficio de un crédito que me permite hacer esas concesiones hoy y quizá otras el día de mañana para lograr el objetivo de la democracia en Cuba.

La crisis de los balseros demostró la tragedia que estaba pasando en Cuba. En los años noventa se sabe que unos cincuenta y dos mil balseros han tratado de huir y que sólo diecisiete mil lo lograron. A los otros se los comieron los tiburones o no lograron abandonar la costa sin ser capturados. El 13 de julio de ese mismo año de la crisis de los balseros ya se había producido la famosa tragedia del remolcador *Trece de Marzo,* cuando las fuerzas de Castro hundieron la embarcación que trataba de irse del país y cuarenta y dos niños, mujeres y hombres perdieron la vida. ¿Por qué huían? Porque no hay libertad. Según datos de las organizaciones de derechos humanos, en 1996 había un total de ciento sesenta mil presos en cien prisiones en toda la Isla. Entre el hambre y la cárcel, por un lado, y los tiburones, por el otro, miles y miles de cubanos han escogido jugarse la vida en el estrecho de la Florida.

Nosotros estábamos en contacto con lo que ocurría dentro de la Isla, en especial con la Coalición Democrática Cubana, que nació a mediados de 1991 cuando seis grupos —unas veinte personas— se unieron y establecieron un comité coordinador en el exterior para luchar por los treinta artículos de la Declaración Universal de los Derechos Humanos. El representante en el exterior era, justamente, Luis Zúñiga. La Coalición —que en su mejor momento llegó a juntar a veinticuatro grupos opositores— convocó una protesta frente a la sede de la Seguridad del Estado en Villa Marista, en un desafío frontal al régimen, el 6 de septiembre, pocos días después de nacer. Pero por miedo muchos no los secundaron. La Fundación recibía denuncias desde Cuba a través de las llamadas que hacía Antonio Tang Báez en Montreal (no se podía llamar desde Estados Unidos). Las cintas pasaban a Mariela Ferreti, nuestro contacto con la disidencia, y luego las divulgábamos en todas partes. Por ejemplo, Pablo Reyes hablaba para La Voz de la Fundación desde Cuba a través del hilo telefónico con Montreal. Pero el peligro de infiltración siempre estuvo allí. Descubrimos en 1992 que el régimen nos había infiltrado a Héctor Castañeda —con quien yo hablaba algunas veces— cuando hizo meter presos a varios opositores, entre ellos el doctor Omar del Pozo, al delatarlos ante Seguridad del Estado.

Los grupos opositores eran muy vulnerables a la represión. Cada vez que tomaban cuerpo les caían arriba y los metían pa' dentro o les metían actos de repudio. Y no sólo gente de la Coalición eran reprimidos: María Elena Cruz Varela estuvo dos años presa por criticar al régimen junto con otros escritores. Y así todos los días. Ante esta impotencia, se organizó, en octubre de 1995, el Concilio Cubano con ciento cuarenta grupos políticos. Estaban ahí gente como Daniel Azpillaga, José Fornaris, Ángela Herrera, Omar del Pozo (antes de caer preso) o Juan José Acosta, opuestos a dialogar con Castro y decididos a dar una cierta unidad a la resistencia interna. Pidieron que soltaran a todos los presos políticos. Solicitaron permiso para reunirse el 24 de febrero del 96 a discutir la situación de Cuba. Llegó febrero. Cayó una redada general, fueron detenidos decenas de miembros de Concilio en La Habana, Pinar del Río, Villa Clara, Santiago de Cuba, y dos de sus líderes, Leonel Morejón y Lázaro González, fueron a parar con sentencias de cárcel.

Empezó a hablarse otra vez de diálogo con Castro por el llamado que había hecho desde La Habana Gustavo Arcos, el 26 de julio de 1990, para negociar con él (Arcos preside el Comité Pro Derechos Humanos, fue compañero de Castro en el asalto al Moncada y tuvo diez años de cárcel). La gente se entusiasmó con la caída del comunismo, surgieron nuevas agrupaciones en el exilio y se sumaron a lo del diálogo a pesar de la experiencia pasada. No pasó nada un tiempo, pero en abril de 1994 hubo un encuentro con «la emigración» en La Habana, en el palacio presidencial, donde Magda Montiel Davis, ex candidata al Congreso por los demócratas, besó a Castro y lo llamó «maestro». En septiembre, Gutiérrez Menoyo, Alfredo Durán y Ramón Cernuda (representante en el exterior del grupo de Elizardo Sánchez) se reunieron en Madrid con Roberto Robaina, el canciller cubano, para empezar un diálogo, y no condujo —otra vez— a ninguna parte. En noviembre de 1995 tuvo lugar el segundo encuentro en La Habana con trescientas cincuenta personas del exilio y sólo sirvió para anunciar facilidades para los viajes de los exiliados a Cuba, algo que a Castro le interesaba muchísimo por los dólares. Algunos que apoyan el diálogo no se prestaron a esa farsa, pero otros sí, y, como siempre, el único que salió ganando fue Fidel Castro.

Yo dije desde diciembre de 1989, en plena efervescencia por el desplome del comunismo, que estaría dispuesto a dialogar con el régimen, pero no con los hermanos Castro. En Hungría, en Alemania Oriental, en Checoslovaquia, la oposición se entendió con la nueva guardia, no la vieja. Nosotros pensábamos lo mismo. Por eso, en enero de 1991, entre setenta y cien mil personas marchamos en las calles de Miami contra el diálogo.

Nuestra oposición al diálogo no excluye que podamos entendernos con el aparato de poder cubano y buscarle una salida al problema conversando con quien sea a excepción de los hermanos Castro. Yo lo demostré debatiendo en 1996 con Ricardo Alarcón, el presidente de la Asamblea Nacional del Poder Popular y uno de los principales dirigentes del régimen. El 23 de agosto grabamos el debate: yo estaba en los estudios de CBS Telenoticias en Miami y Alarcón estaba en los estudios del Instituto de Radio y Televisión en La Habana. Sorprendentemente, aceptó la propuesta del canal de

Miami de hablar conmigo ante las cámaras (después de que llevan años acusándome de todos los crímenes posibles), pero me lució con muy pocas ganas de ganar el debate. Recuerdo que por primera vez en la Fundación estábamos un poco confundidos. No pronunció ninguna de las frases agresivas y personales a las que nos tienen acostumbrados y estaba sin ánimo, casi incoherente. Ante los datos que ofrecí sobre violaciones de los derechos humanos —el remolcador *Trece de Marzo,* en el que murieron veintitrés niños, o, en años anteriores, el fusilamiento de cuatrocientas noventa y siete personas en un solo día— se limitó a responder: «Ahora el novelista no es Vargas Llosa sino Mas Canosa.» La única acusación que me hizo en una hora y quince minutos de programa fue el hecho de tener nacionalidad americana. Fue cuando le preguntaron los moderadores, María Elvira Salazar y Ricardo Brown, si en unas elecciones que yo ganara ellos apoyarían la existencia de un gobierno de Mas Canosa. Alarcón respondió: «No, porque él no es cubano.» Con eso demostró, claro, total ignorancia de la historia de Cuba y negó la ciudadanía cubana a cientos de miles de personas que en el exilio se han visto forzados a adoptar la nacionalidad del país que les ha dado refugio para poder funcionar como ciudadanos normales. A la pregunta de si aceptaría un gobierno de Alarcón salido de elecciones libres, yo respondí: «Tienen que darse las condiciones: si en unas elecciones democráticas donde se respeta la voluntad de los ciudadanos, se organizan los partidos políticos, tenemos oportunidad de manifestar nuestras ideas y tenemos los mismos accesos a los medios de comunicación, sale el señor Alarcón o el señor Juan Pérez, o el señor José Rodríguez, nosotros lo apoyaríamos, sí señor.» Unos días después de este debate —transmitido el 6 de septiembre—, el diputado español del Partido Popular Guillermo Gortázar resumió bien el significado del evento: «Es un reconocimiento explícito de que la oposición existe.» Una encuesta de Canal 51 en Miami me dio ganador por 92 por 100 contra Alarcón. No es sorprendente tratándose de los exiliados. Me gustaría saber qué pensaron los cubanos de la Isla, pero hay un problema: el debate fue censurado en Cuba y ningún medio de comunicación, de radio o televisión, lo transmitió. Nunca sabremos qué pensaron los cubanos sobre ese hecho político.

Lo que es importante es no apaciguar a los dictadores. Toda la historia está llena de intentos de apaciguamiento que frustraron los esfuerzos por lograr la libertad y que sólo sirvieron para hacer creer a los tiranos que sus adversarios eran débiles. Incluso la historia cubana tiene buenos ejemplos de este peligro. Por eso un hombre como José Martí, en plena guerra por la independencia, criticó a los cubanos que se dejaron llevar por aquello del autonomismo, que buscaba dejar atrás la confrontación con España para tratar de apelar a la buena fe del poder colonial y arrancarle algunos espacios pequeños, algo que les interesaba mucho promover a los militares para desarmar a los rebeldes. El 21 de abril de 1879, en un discurso de homenaje a Manuel Márquez Esterling, Martí lo dijo muy claro: «... si con caricias en la melena, como de domador desconfiado, se pretende aquietar al noble león ansioso, entonces quiebro mi copa: no brindo por la política cubana.»

En la campaña presidencial de 1996 yo no apoyé a Clinton explícitamente, pero tampoco participé en la campaña de Bob Dole. No tengo mucha simpatía por Bob Dole; no se portó bien en lo de la Ley Helms-Burton como presidente de la minoría republicana en el Senado y yo tuve una confrontación bastante seria con él, con gritos y todo, por ese tema. Unos días antes de las elecciones, el 22 de octubre, Clinton me llamó y me invitó a comer ahí en el Versalles, en la calle 8. Tuvimos una buena reunión. Yo no hice una declaración pidiendo el voto para él, sino una declaración amable sobre el gesto que había tenido conmigo y su persona. Era mi manera de trabajar por los intereses nuestros. El hombre ha tenido esas delicadezas que yo sé que él utiliza con propósitos electorales (el 15 por 100 del voto de la Florida es cubano), pero yo siempre le he dicho a la gente mía: yo me dejo utilizar porque yo también lo utilizo a él, y toda esta relación política es de conveniencia mutua. Tú lo que tienes es que saber ocupar tu espacio para medir hasta dónde te dejas usar y qué tú usas también. Es interesante: hay muchos cubanos del exilio, no necesariamente de la Fundación, que contribuyeron a la campaña de Clinton (se calcula que su campaña recibió dos millones de dólares de los cubanos en esos días), lo que demuestra hasta qué punto se ha logrado llevar de la mano a esta Administración hacia la causa cubana. Clinton obtuvo la mitad de los votos cubanos en la campaña: inusitado tratándose de un demócrata.

Algunos han querido decir que el apoyo de los empresarios cubanos era simplemente por proteger sus intereses —como los productores de azúcar, supuestamente interesados sólo en el subsidio—, pero eso no explica el volumen de la ayuda total, en el que se incluye a mucha gente que no tiene ningún interés en juego, ni la participación de tantos cubanos que votan en un sentido y en otro porque quieren una política exterior de respaldo a la democracia. El voto cubano es tan importante que gracias a que el 95 por 100 de los cubano-americanos votaron por él, Connie Mack, republicano por la Florida, ganó con sólo treinta mil votos en unas elecciones en las que podían votar tres millones de electores registrados. Ileana Ros también fue reelegida y se convirtió en presidenta del Subcomité de Política Económica y Comercio Internacional en la Cámara de Representantes, desde donde se ha propuesto apoyar el comercio como complemento de la democratización, prestando especial atención a los casos de Cuba y China. Y en otros estados también apoyamos a una serie de candidatos. La elección más dramática fue la de Bob Torricelli, que estaba enfrascado en una tremenda lucha allá en New Jersey, donde competía por un lugar en el Senado contra el republicano Dick Zimmer. Al final se logró que Torricelli ganara. Su contribución a Cuba había sido muy grande desde la Cámara de Representantes, pero nosotros sabíamos que sería un líder de primer nivel en el Senado.

Llegó un día, lógicamente, el momento de impulsar nuestras empresas fuera de la Florida, tanto nacional como internacionalmente. Una de las cosas grandes que le ha pasado a Cuba, algo que dentro de la desgracia ha sido una fortuna, es que el cubano dejó de tener una mentalidad parroquial y una mirada insular para asumir una visión cósmica, en un mundo que se ha globalizado, sobre todo en el orden económico. La falta de experiencia de mundo es uno de los problemas que yo les veo mucho a los presidentes nuestros en América Latina. A uno de ellos, que es de Centroamérica y con el que tengo la confianza para eso, se lo he dicho: «El problema tuyo es que tú nunca has salido de tu país. Has ido a dos o tres eventos internacionales, pero tú no puedes hacer avanzar a tu país porque la mentalidad tuya es seguir comiendo tortilla. No puede ser. Tú tienes que salir afuera, tú tienes que ver el mundo, ver que hay otra dimensión, incorporarte al circuito económico mundial.» Yo creo lo que Margaret Thatcher ha dicho en tantas ocasiones: que el éxito de las naciones, el éxito de los países, es el sistema que tú elaboras, cómo tú ajustas los talentos de ese país dentro de un cierto sistema. El problema no es de recursos, sino funcional. Por qué Hong-Kong, Japón, prácticamente sin recursos naturales, son potencias económicas de primer orden en el mundo. Inglaterra, esas islas que son sólo un poquitico más grandes que Cuba, llegó a dominar el mundo. ¿Por qué? Por el sistema, por la manera en que se organizó.

A Cuba le pasó que el 20 por 100 de su población salió del país. Yo le comenté una vez a Carlos Menem: «Presidente, ¿sabe lo que nos ha pasado a los cubanos? Olvídese por un momento del tiempo. Piense que somos Matusalén, que vamos a vivir ochocientos años. Usted ahora coge al 20 por 100 de la población argentina, digamos que a siete millones de personas, y les dice: los voy a mandar con una beca a estudiar a los Estados Unidos. Y cuando salen de la universidad, les dice: ahora no van a regresar a Argentina; ahora lo que van a demostrarme es que lo que han aprendido lo pueden aplicar en el orden práctico. Y ellos se meten veinte años en los Estados Unidos, y ese 20 por 100 de la población argentina alcanza un éxito sin precedentes en ese país. Y después que han alcanzado todo eso y tienen la educación formal y la práctica, usted les dice: ahora vengan acá a ayudar a Argentina. Eso es exactamente lo que nos habrá pasado a los cubanos cuando podamos volcar nuestros conocimientos en Cuba.»

El gran activo de la nación cubana es el 20 por 100 de su población en el exterior. El problema que tienen la ex URSS y Europa central y oriental es que no ha habido ahí una generación de transición. Yo recuerdo que a mí Boris Yeltsin me llevó a ver al ministro de Comercio Exterior de la URSS antes de que se acabara la Unión Soviética. Yo fui con la gente de la casa japonesa de exportación e importación más grande del mundo y le dije: «A ustedes les está robando Fidel el dinero. Ustedes le dan tantos barriles de petróleo, a cambio de tantas toneladas de azúcar. El precio de la tonelada de azúcar en el mercado es éste. Y las reservas se pueden comprar hoy en día ahí en París, y la tonelada le va a costar tanto. Y vendiendo ahí en Rotterdam el petróleo soviético usted puede sacar tanto. Entonces, el trueque que usted está haciendo de petróleo por azúcar en los volúmenes actuales es un subsidio enorme a Fidel Castro. Usted le está regalando su petróleo y pagando un precio excesivo por el azúcar. En el mercado usted vende el petróleo y compra el azúcar y consigue tres veces la cantidad de azúcar que le da Fidel Castro a la mitad del precio.» Y resulta que yo no pude demostrarle eso tan simple al ministro de Comercio Exterior. Cuando terminé de explicarle el asunto, y se lo explicaron también los japoneses que estaban conmigo, él dijo: «Mire, todo eso está muy bien, pero es que yo no entiendo este asunto. Todo lo que yo entiendo es que yo mando un barco pa'allá de petróleo y me mandan un barco pa'acá de azúcar. Eso es lo más simple del mundo y eso es lo que estamos acostumbrados a hacer aquí y no lo vamos a cambiar.» Así eran de primitivos. ¡Y ese tipo era nada menos que el ministro de Comercio Exterior! El problema gravísimo de esos países es que la transición se dificultó porque no se entiende la economía de mercado, porque ahí no hay empresarios. En cambio, aquí todo cubano es empresario, empezando por el de la estación de gasolina, que sabe venderla, comprarla, comerciarla y funciona bien.

Como empresario, esta visión me sirvió mucho a mí mismo. Teníamos en la empresa nuestra algunas operaciones, pero limitadas y pequeñas, en América Latina; hacíamos algunos trabajos en Costa Rica y en otras partes, pero todo muy transitorio. La meta de todo gran empresario es establecer un negocio importante en el principal mercado empresarial del mundo, que son los Estados Unidos, pero en mi caso eso ya estaba hecho y yo creía que había que ir más allá de las fronteras de los Estados Unidos porque hay otros países tan rentables como éste y porque la diversidad te da la oportunidad de cubrirte contra riesgos y te permite un poder selectivo que no tienes si estás sólo en este país. El lugar lógico para expandirme por razones de mi cultura, de mi idioma y de mi simpatía era Iberoamérica. Pero es muy difícil hacerlo con una compañía americana, que hoy en día está extremadamente regulada por el gobierno. Por ejemplo, si tú ahora estás en Venezuela y tú le mandas una cesta en las Navidades a un empresario venezolano con el que tú haces negocios en Venezuela, te pueden hasta meter un auto de acusación aquí porque lo trataste de sobornar. Hay veinte tonterías de esas. Se ha extralimitado el sistema y no hay facilidades crediticias ni otras oportunidades para los inversionistas de los Estados Unidos que quieren entrar en América Latina, como las tienen los japoneses y los españoles. Los españoles tienen hasta un programa patrocinado por el gobierno de España con el que tú vas, por ejemplo, a una licitación en Colombia y te pagan todos los gastos. Yo no estoy nada de acuerdo con eso, pero demuestra el interés en que el español vaya e invierta, porque el sistema está hecho para tentar al inversionista. Yo vi que las oportunidades de expansión en Iberoamérica tenían más lógica hechas desde España que desde la matriz americana de mi empresa, por muy extraño que parezca. Entrar a España me daba esa diversificación y me aumentaba el volumen de operaciones en Mastec, como parte de una visión global de este mundo de las telecomunicaciones que está creciendo a escala planetaria. Nosotros tomamos la decisión de estar presentes en otros mercados como una plataforma para entrar en distintas regiones del mundo, porque en esto de las comunicaciones van a sobrevivir los que hayan tenido la visión de penetrar los mercados más productivos y los más apetecibles. Con estas ideas en mente, decidimos hacer una inversión en un país importante más allá de los Estados Unidos.

Empezamos nosotros a negociar en España, en 1994, la compra de Radiotrónica. Era una empresa pequeña, la segunda después de Sintel en el giro del servicio de telecomunicaciones. Radiotrónica era parte del consorcio quebrado de Banesto que luego compró el Banco Santander. Cuando el Santander se quedó con los bienes de Banesto, una de las cosas que adquirió fue Radiotrónica, pero como el Santander no está en el mundo de las comunicaciones la pusieron a la venta. Negociamos y negociamos, y estuvimos a dos horas de comprarla. Se pusieron intransigentes con el precio a última hora. Nosotros queríamos un descuento más sustancial del que estaban ofreciendo, pero el hombre se mostró totalmente inflexible y rígido, y le dije que no.

Cuando se me cerró después de negociar durante un año y medio la posibilidad de comprar Radiotrónica, comencé a mirar a Sintel, empresa fundada en 1975. ¿Por qué esta insistencia mía? Yo sabía que la Unión Europea había determinado que se tenía que poner fin a los monopolios y abrir la competencia como fórmula de economía de mercado, que es lo que ha suscrito Europa. Sintel era propiedad de Telefónica; tenía tres filiales en España y cuatro en América Latina, que funcionaban asociadas con empresas telefónicas de los distintos países. La compañía de teléfonos era un monopolio con el control absoluto de la telefonía en España y a la vez propietaria de una compañía que le proveía los servicios, o sea Sintel. Eso, de acuerdo con las reglas de la Unión Europea, era inaceptable. Por tanto, Telefónica tenía para 1998 que desprenderse de Sintel, que era un monstruo, un problema que no tenía solución para la compañía de teléfonos, porque la compañía de teléfonos era una empresa pública administrada con mentalidad política y Sintel se había convertido en el lugar donde todos los fueros y los privilegios de los políticos iban a parar. El amigo, el protegido político, acababa con un puesto en Sintel. A la vez, se había convertido en un fuero privilegiado de los sindicatos, sobre todo de Comisiones Obreras y también de UGT. Como estaba de por medio el gobierno y mamá Telefónica dependía del Estado, les hacían todas las concesiones y cada día se reducía más el trabajo para la compañía, cada

día aumentaban más los salarios y la empresa se había vuelto totalmente inviable y fracasada: perdía millones y millones de dólares.
Esta compañía sobredimensionada (como cuatro mil empleados,
contando América Latina, cuando debía tener mil empleados nada
más), con unos costos elevadísimos, estaba ante la perspectiva de
perderse porque Telefónica estaba obligada a desprenderse de ella y
la compañía no podría sobrevivir sin mamá Telefónica y papá gobierno. Se iban a perder con ella tres mil plazas de trabajo en España. Sintel tenía que ir, para 1998, a un mercado competitivo, pues a
partir de ese año la compañía de teléfonos está obligada a poner
a licitación los trabajos de servicio, y como empresa privatizada se
los tiene que dar a quien ofrezca mejor precio y calidad. Con esos
costos, Sintel no iba a poder jamás competir en el mercado.

Telefónica, con Cándido Velázquez a la cabeza, toma la decisión de comenzar a reorganizar Sintel reduciendo un poco la plantilla y bajando los costos para tratar de hacerla un poco más competitiva y ponerla a la venta. Enterado yo de la inviabilidad de Sintel y
sus conflictos, me acerqué a Telefónica y les dije: yo como empresario estoy dispuesto a correr los riesgos, pero lo único que necesito
son tres años para limpiar esta compañía; es decir, necesito que me
den unas garantías de trabajo mínimo para Sintel durante esos tres
años y a los tres años yo puedo sobrevivir porque para entonces habré hecho un plan para reducir la plantilla y controlar mis costos.
El gestor de Sintel, José Luis Ucieda —un gran gestor—, se manten-
dría en su puesto con nosotros. Así fue como negocié con Telefónica y llegué a un acuerdo con ellos (me dio asesoría en la adquisición
Pear-Warwick de España). Acordamos que me garantizarían en
esos tres años contratos de trabajo por setenta y cinco mil millones
de pesetas. Es verdad que Telefónica hizo en marzo de 1996 unos
gastos de tres mil millones de pesetas para sanear en parte la empresa, pero el dinero fue exclusivamente destinado a reducir la
enorme deuda de la compañía e incluimos el monto ese en el precio
de compra, de tal modo que le está siendo devuelto a Telefónica con
los pagos nuestros por la adquisición. Todos los otros gastos hechos
por la empresa antes de nosotros pasar a ser los dueños no tienen

nada que ver con nuestro contrato y nuestra negociación. Por ejemplo, ellos indemnizaron a algunos trabajadores que fueron retirados, Telefónica compró algunos edificios de Sintel que le eran necesarios para sus operaciones y pagó a Sintel dinero que le debía por un crédito fiscal y una ampliación de 1995 por exigencia del régimen de sociedades anónimas.

Con la compra les quité a Telefónica y al gobierno español un tremendo dolor de cabeza de arriba. Encima de eso, tengo el proyecto de salvar las tres mil plazas de trabajo dentro de España, porque quiero quedarme con mil empleados fijos en la plantilla y los otros dos mil convertirlos en subcontratistas, que monten sus propias empresas y subcontratarles nosotros el trabajo. De esa manera yo tengo la flexibilidad de que mientras haya trabajo ellos puedan trabajar y ganar dinero, y si no hay trabajo, la empresa no sufre. Se trata de flexibilizar el trabajo, dentro de las leyes de la economía de mercado, de manera que la compañía pueda ser viable, mantener las mismas plazas de trabajo y sobrevivir.

Es una cosa difícil de entender para los sindicatos porque siguen hablando el idioma de hace un siglo: usted es el capital, yo soy la mano de obra, y la división entre el capital y el trabajo... etcétera, etcétera, etcétera. Prefieren estar como empleados en una compañía que puede verse obligada a cerrar sus operaciones que volverse empresarios y tener trabajo de esa forma. En España hay mucha separación de clases. Cuando yo compré la empresa, lo primero que pedí fue reunirme con los sindicatos, y aquello fue horrible porque Ucieda y todo el mundo decían: tú estás loco, esta gente matan gente, tú no puedes hacer estas cosas aquí en este país. Y en el hotel Miguel Ángel nos reunimos con los treinta y cinco representantes, casi todos comunistas, mis tres hijos y yo. Y tuve un debate con ellos maravilloso, y nos entendimos perfectamente. Yo entendí por dónde ellos venían y ellos me entendieron por dónde yo venía. Creo que eso fue decisivo, tan decisivo que acabo de recibir la noticia de que al presidente comunista de Comisiones Obreras en la empresa lo hemos retirado finalmente. A pesar de que era el presidente del sindicato, aceptó la oferta de retiro. Hasta ahora hemos retirado varios cientos y trataremos de seguir hasta dejar la empresa en mil. Y si no, tendrán que aceptar la realidad de una reducción de salario, que es la única forma alternativa de reducir estos costos tremendos. La reunión con los sindicatos fue muy importante, porque uno está entrenado en la dialéctica y en el debate ideológico, y eso sirve como empresario. Esta gente me confesaron que ellos fueron ahí pensando que se trataba de una burla, que nosotros no nos íbamos a aparecer, o que nos íbamos a aparecer con veinte guardaespaldas. Yo fui solito, un 16 de abril, con mis tres hijos, y estuve cinco horas discutiendo de igual a igual. Eso ayudó a parar una huelga que habían anunciado para la siguiente semana. La huelga no me la hicieron hasta seis meses después (hubo una manifestación ruidosa en la Castellana) y sólo los jueves, algo bastante manejable. Se dieron cuenta de la determinación que yo llevaba. La mentalidad de los sindicatos es que si se hubieran quedado en Sintel como estaba hubieran tenido mejores sueldos. Pero se hubieran quedado en tres años sin trabajo. Yo les aumenté el sueldo 3 por 100 (Radiotrónica redujo el salario de sus empleados 10 por 100), les garantizo trabajo y les he ofrecido participación en los beneficios cuando esté saneada la empresa. Aun así, los que han aceptado retirarse como empleados no son suficientes todavía para que funcione el esquema.

Ahora estamos intentando convertir a Sintel en compañía viable. Está ganando dinero, sólo que el costo de despedir a los empleados es todavía mayor que las ganancias y por tanto se refleja en unas pérdidas netas. Estos son gastos extraordinarios, no son pérdidas operacionales, o sea que cuando termine la reducción de personal —o, en último caso, de salarios— la compañía quedará ganando dinero y será viable. Cuando el sindicato dice que hemos ganado tantos millones, no te dice que hemos ganado eso en la operación de la empresa y que tengo que ir al banco a pedir treinta o cuarenta millones para pagar el costo del despido de los empleados. Si tú ganas veinte millones de dólares en operaciones y gastas cuarenta en esto, pierdes veinte netos. A partir de 1999, ya tendré ganancias y habré salvado tres mil empleos, mil fijos y dos mil temporales que probablemente estarán con trabajo el 70 o el 80 por 100 del tiempo, si entienden el beneficio para ellos. Hemos montado un esquema muy parecido al de los Estados Unidos. Aquí usamos mucho la subcontrata. Por ejemplo, cuando rompo una calle porque estoy instalando cables de teléfono, me busco un subcontratista de asfalto y le pregunto cuánto me cobra por hacer la calle esa. Si me cobra doce mil dólares, le cobro dieciocho mil a la compañía de teléfonos y me quedo con seis mil.

La apertura del mercado de las comunicaciones en España me da la oportunidad no solamente de trabajar para Telefónica, sino para otras empresas. Esa fue, justamente, otra de las visiones que yo tuve: al abrirse en España el mercado del cable, la televisión digital, los teléfonos celulares (que nosotros hacemos también), la transmisión de data, el mercado restringido empieza a crecer y se abren posibilidades para nosotros en actividades en las que ya funcionamos. Yo estoy trabajando para convertirme en el proveedor de todas las empresas de comunicaciones en España con Sintel, abriéndole mercados en otras áreas a la compañía, lo que me ayuda a estar no sólo en España, sino en Europa. Además, Sintel me dio las operaciones en Argentina, Chile y Perú —puntos estratégicos para Latlink, la filial de Mastec en América Latina—, donde se refleja una ganancia.

Yo veo lo de Sintel como un gran aporte que nosotros estamos haciendo a la economía española, porque si no es por la compra que hizo Mastec se hubieran perdido las tres mil plazas y le hubiera costado una barbaridad al contribuyente español el ínterin de estos tres años, con cada nuevo contrato con los sindicatos aumentando los salarios (además, me comprometí a no vender la empresa durante tres años —no pienso venderla después tampoco— con dos únicas excepciones: la incorporación de Sintel a la Bolsa de Valores de Madrid y una alianza con uno de los grandes grupos industriales de telecomunicaciones). Pero también he demostrado otra cosa: que tengo, legítimamente, dos áreas de trabajo. Una es mi profesión, mi trabajo como empresario, con el cual he tenido éxito, con el que he mantenido a mi familia, he creado miles de plazas de trabajo y riqueza, y del que me siento muy orgulloso. La otra tiene que ver con una serie de responsabilidades individuales por razones de mi lealtad con el país en que yo nací y que está privado de libertad. Y una cosa no tiene que ver con la otra. Yo no he desembarcado en España para utilizar a Sintel para la cuestión política. Yo estoy en la cuestión política desde hace cuarenta años y voy a seguir con ella con Sintel o sin Sintel. He venido a España en mil ocasiones a hacer gestiones de carácter político, mucho antes de Sintel. Fidel Castro lo único que ha hecho durante cuarenta años en España es vivir del contribuyente español, pedir ayuda y andar como un limosnero con la mano extendida, y los españoles darle, darle y darle millones de dólares, a pesar de que les confiscó a ellos todo en Cuba y no les dio un centavo. Fidel se ha convertido en una carga fiscal para los españoles, mientras que yo he ido allí a convertirme en un contribuyente. Yo pago impuestos al Fisco, al erario público, pago las contribuciones sociales para los obreros, mantengo fuentes de trabajo. Soy un ente productivo de la sociedad española. Esa es, más ampliamente, la diferencia entre los cubanos del gobierno de Cuba y los exiliados. Mientras yo he invertido allí cuarenta millones de dólares —cinco millones al momento del cierre, cinco millones el 31 de diciembre de 1996, quince millones en 1997 y quince millones en 1998—, Castro tiene una deuda con España de más de mil millones de dólares. Para colmo, le compré la empresa al gobierno socialista, no a Aznar, que ni se enteró de lo que yo estaba haciendo. El traspaso de la empresa fue el 1 de abril, cuando Aznar todavía no había formado gobierno.

Nadie podrá decir que yo compré Sintel para subir el precio de mis acciones en Estados Unidos e inmediatamente después venderlas para ganar millones. Las acciones de mi familia las mantiene en un registro el agente nuestro del First Union Bank (del que el Banco Santander español es uno de los dueños). El banco certificó por escrito que el 1 de abril de 1996 mi familia tenía el mismo número de acciones que el 31 de marzo de ese año, cuando circulaban los rumores de que había hecho una gran venta de acciones revalorizadas. Además, la pura lógica hacía ese negocio imposible: la empresa española que yo compré había perdido en 1995 casi tres mil millones de pesetas. El éxito de Mastec en 1996 obviamente no es algo que se deba sólo a Sintel. En el primer trimestre de ese año, la facturación aumentó 80 por 100 y los beneficios un 30 por 100 con respecto al trimestre equivalente del año anterior, y Sintel no era todavía parte del *holding* nuestro.

Y no sólo en España nos movíamos. Las operaciones fuera de los Estados Unidos cobraron un nuevo impulso en 1997, cuando Mastec adquirió el 51 por 100 de una empresa brasileña, Inepare, dedicada a proveer infraestructura de telecomunicaciones. Asociados con los brasileños, queríamos participar en el proceso de transformación económica que está teniendo lugar en ese país. Intuíamos que el potencial era enorme y pronto lo confirmamos: ya teníamos, a mediados de 1997, contratos por 300 millones de dólares. Mi hijo Jorge está convencido de que en poco tiempo puede convertirse en la operación más grande del *holding*.

José María Aznar es un hombre muy frío. Con Aznar yo he tenido la relación que es resultado y consecuencia de su propio temperamento y su propio carácter: afectuosa pero distante. Lo invité aquí a Miami a fines de 1995. Fue muy deferente conmigo y yo con él. Tuve la delicadeza de ni siquiera recibirlo en el aeropuerto para que se sintiera libre y no lo vi hasta después de reunirse él con todas las organizaciones, incluyendo la de Gutiérrez Menoyo. El último día me reuní yo con él, cuando lo invité a un almuerzo para despedirlo y explicarle lo de la Fundación. Yo creo que el hecho de que no tratáramos de acapararlo ayudó a que hubiera cordialidad entre él y nosotros. Me invitó al congreso de su partido en España. Él estaba interesado en que yo estableciera un vínculo con Carlos Alberto Montaner, cosa que yo nunca he tenido problema en hacer. Yo le dije a Aznar que, a pesar de las diferencias, yo soy amigo de él y que no tenía ningún inconveniente en sentarme al lado de él. Yo no ataco nunca a nadie que esté en el exilio, a ningún cubano que no sea Fidel Castro. Aznar tenía ese interés, quería dar la sensación de que había unido al exilio cubano, así que yo fui al congreso del partido. Me alegró estar allí y poder conversar con el líder de la oposición española. Hablé de la posibilidad de hacer algo para influir desde fuera del gobierno en la formulación de la política de España hacia Cuba.

Cuando llegó Aznar a la Moncloa, el cambio de política permitió que la Unión Europea acordara el 25 de noviembre de 1996 un documento con siete artículos para supeditar la cooperación europea a la democratización de la Isla. ¿Cuál fue la respuesta de Castro? Expulsar al embajador español José Coderch, retirándole el plácet, y tratar de intimidar al gobierno español. Siempre reacciona así porque cuenta con que su adversario se va a amilanar. Cuando en 1990, en el gobierno de González, un grupo de cubanos penetró la sede de la embajada española en La Habana, se creó la «crisis de las embajadas» y Castro atacó al ministro Fernández Ordóñez llamándolo, por boca de su canciller, «cínico», «amnésico» y «desinformado» (lenguaje parecido al que, ya en el gobierno de Aznar, usó el canciller Robaina contra el ministro de Asuntos Exteriores, Abel Matutes, calificado de «mentiroso» y «chantajista» por pedir garantías para un turista español maltratado por Castro en marzo de 1997). La irritación de Castro no sólo era por esto, sino porque yo me había reunido con Abel Matutes en Madrid, algo perfectamente lógico dentro del espíritu de contactos con la oposición que animaba a la nueva Administración. Fernando Villalonga, el secretario de Estado para la Cooperación Internacional y para Iberoamérica, había declarado a *El País* el 21 de julio de 1996, pocos días después de mi visita: «Mas Canosa no es un gángster, como lo han acusado algunos socialistas, porque en los Estados Unidos los gángsters están en prisión. Mas Canosa no ha metido a nadie en la cárcel. No creo que se pueda decir lo mismo de Castro. Hay que resaltar el contenido perverso del régimen. Vamos a condicionar la relación de España con Cuba a la evolución de su sistema político. No hay que hacer nada que favorezca a Castro. No hay que hacer nada tampoco que perjudique al pueblo cubano.» Como resultado de esa nueva política, la ayuda económica —con excepción de la humanitaria— se cortó. Se acababa así con la alianza extraordinaria entre Madrid y La Habana. Al cambio de España y la Unión Europea contribuyó sin duda la Ley Helms-Burton, que fue un elemento de presión sobre la forma en que se encaraba la situación de Cuba. El propio gobierno británico se lo dijo a una delegación de la Fundación que en diciembre de 1996 visitó a los responsables de América Latina en el Foreign Office. No sólo dejaron en claro que Helms-Burton había ayudado a concentrar la mente en el tema de la falta de democracia en Cuba: hasta nos recomendaron a algunas personas que podían ejercer allí una útil función de *lobby* bajo el gobierno de Tony Blair, que en aquel momento ya se veía venir.

Las relaciones con España han sido siempre y seguirán siendo muy importantes. Entre 1860 y 1940 unos seiscientos mil españoles se instalaron en Cuba, lo que da una idea del grado de vinculación histórica y cultural que existe. Por eso era tan grave que España siguiera sosteniendo a Castro. Precisamente para tratar de corregir los errorres del pasado y de informar a los españoles acerca de una realidad que en muchos casos no conocen y en otros no quieren conocer, nació el 14 de noviembre de 1996, en Madrid, la Fundación Hispano Cubana. Su lanzamiento en la Casa de América fue recibido por parte de grupos de matones organizados por la embajada cubana y el comunismo español con agresiones salvajes contra mujeres y ancianos en las puertas del palacio de Linares. Ese día estuvimos juntos en la Casa de América con otras fuerzas de la oposición cubana, desde la Unión Liberal Cubana de Montaner hasta, de forma simbólica, gente como de la oposición interna como Elizardo Sánchez, Gustavo Arcos y Oswaldo Payá, a quienes se había negado el permiso de salida de la Isla. Había también miembros españoles de la Fundación, por supuesto. Empresarios connotados como Alberto Recarte, Juan Abelló y Alberto Alcocer, y políticos como Guillermo Gortázar, responsable del tema de Cuba en el Partido Popular, y Aleix Vidal-Quadras, del mismo partido. Se estableció un sistema para que pudieran pertenecer a la Fundación personas físicas o jurídicas. Los primeros dan una cuota anual de diez mil pesetas y las empresas dan cien mil. Con eficiencia empresarial, la Fundación Hispano Cubana ha empezado, a través de sus actividades de divulgación, a crear conciencia del caso cubano en un sector de la opinión pública y a influir en la forma en que se percibe Cuba. Todavía en España Castro tiene aliados poderosos, pero por primera vez los que defienden la democracia para nuestro país no están solos en España y tienen una plataforma para hacerse escuchar. El gobierno español —también por primera vez— es sensible a esta realidad, lo que se refleja en la nueva actitud de Madrid ante el régimen de La Habana en estos tiempos[2].

El recibimiento enfurecido de muchos socialistas y comunistas, que llegaron a unos niveles de insulto tremendos y crearon el clima para los actos de violencia contra nosotros, es la mejor demostración de que este esfuerzo era necesario para tratar de que España esté en condición de jugar en el momento preciso un rol en la transición a la democracia. Como se lo dije en un artículo al periodista Miguel Ángel Aguilar en *El País,* mi generación no puede cargar con las frustraciones del 98, pero sí tiene la responsabilidad de evitar una nueva debacle que muy bien pudieran producir la miopía y la arrogancia de algunos españoles que no entienden que ha transcurrido un siglo desde que Cuba dejó de ser colonia de España. Me niego a ser recolonizado.

Pero, bueno, ya veo que me estoy dejando ganar por la pasión y es importante en estas cosas no permitir que a uno le hagan perder la serenidad. Cuando me dejo ganar demasiado por la pasión, es hora de relajarme. ¿Cómo me relajo? Haciendo esquí acuático, navegando, leyendo, yendo a ver jugar a los Dolphins (estoy abonado para toda la temporada) o cocinándome un lechón con maduros al lado de las palmeras que tengo plantadas en mi casa en recuerdo de las seis provincias de Cuba. Pero, sobre todo, hago vida familiar.

Recientemente pasamos por una de esas experiencias terribles que a veces ponen a prueba a una familia. Mi segundo hijo, Juan

---

[2] El 19 de junio de 1997, Carlos Alberto Montaner presentó su renuncia a la Fundación Hispano Cubana en una carta en la que acusó a la Fundación Nacional Cubano Americana de haberlo atacado en Miami y a Jorge Mas Canosa de haberse jactado en privado de que controlaba la Fundación Hispano Cubana. Jorge Mas Canosa renunció inmediatamente a la Fundación Hispano Cubana, afirmando que quería evitar que las desavenencias en la oposición cubana hagan perder de vista los objetivos de la organización.

Carlos, de veintisiete años, que preside Church & Tower, tuvo un hijo con Vivian, su esposa. Sebastián nació el 7 de enero de 1997 en el Mercy Hospital de Miami casi asfixiado y con sus principales órganos paralizados porque había habido problemas con la placenta de la madre y se había forzado un parto natural en lugar de hacérsele una cesárea. Corrimos al Hospital de Niños, pero los médicos no le dieron ninguna posibilidad de sobrevivir. Sin signos vitales, conectado a decenas de tubos, Sebastián no daba señales de vida, había una posibilidad entre mil de que sobreviviera. Aunque le hacían transfusiones —más de cincuenta en dos meses— y diálisis diarias, mucha gente del hospital decía que lo mejor era desconectarlo para que no viviera como un vegetal. Pero Juan Carlos y Vivian tuvieron un espíritu de lucha increíble y las dos familias nos reunimos a diario a darnos fuerzas y esperanzas. Ni Irma ni yo queríamos influir en la decisión de mi hijo y su esposa, sólo estar ahí para respaldarlos en todo lo que decidieran. El poder de la oración —la nuestra y la de miles de gentes que nos enviaron mensajes de fe— hicieron el milagro y los órganos empezaron de pronto a funcionar bien, ante el asombro de la ciencia médica. Hoy Sebastián se ha recuperado y no presenta ninguna lesión. Su hermano —un año mayor que él—, sus padres y sus abuelos lo hemos recuperado de las garras de la muerte.

Dicen que una mayoría de cubanos del exilio se quedarán aquí (aunque irán todo el tiempo de visita y harán negocios con Cuba) y una minoría —la última encuesta dice que 32 por 100— regresarán. El condado de Dade genera una economía de cincuenta y seis mil millones de dólares al año, superior a la de veintiséis Estados americanos, a todas las de Centroamérica juntas y más grande que la de cualquier país sudamericano, excepto Argentina, Brasil, Venezuela y México. ¿Puede alguien extrañarse de que muchos no quieran volver a un país que está devastado por el comunismo? Pero yo sí regresaré. Sé que si organizamos bien nuestras instituciones podremos hacer de la Cuba de allí una Cuba aún más próspera que la de aquí. Hace un siglo, en 1896, entraba a Miami el primer tren, el Florida East Coast Railway del visionario Henry Flagler. Eran los días de la arriesgada terrateniente Julia Tuttle, los puestos de comercio indios, los bosques de pinos, la selva tropical y las callecitas de lodo, y el propio Flagler creía que Miami nunca dejaría de ser «un pueblito de pescadores». Mary y William Brickell, con un espíritu emprendedor increíble, compraron tres mil acres de tierra a un dólar el acre y en pocos años eran millonarios y habían empezado a cambiar el rostro de los pantanos aquellos. Esos pioneros no tenían ni la experiencia que tenemos nosotros ni un mundo global como el de hoy. ¿Por qué no vamos a poder todos nosotros inventar una nueva Cuba?

X
ANTES DE TERMINAR
(LOS DE ENFRENTE)

Lo primero que sorprende en los dirigentes del exilio cubano cuyas vidas y peripecias informan este libro es esa condición anfibológica que hace de ellos empresarios y profesionales dedicados a una causa política. Son y no son políticos. Lo son en la medida en que dedican buena parte de su vida, y ciertamente sus mayores desvelos, a una causa política. No lo son en la medida en que, a diferencia de los otros políticos latinoamericanos, no ejercen la política como si fuera una actividad profesional, un vehículo de intereses o un objetivo en sí mismo. De todos ellos puede decirse que las aspiraciones personales, económicas y profesionales ya han sido realizadas al margen de la política, mientras que el político promedio, sin que ello comprometa necesariamente su comportamiento ético, se realiza en lo esencial dentro de la política, siendo sus otros logros menores y estando ellos, muchas veces, también vinculados, de forma indirecta, a su actividad política.

Para los dirigentes de la Fundación la política es una fuente de muchos más problemas que beneficios, no sólo porque la suya es una causa ingrata, sino también porque ninguno de ellos es un político profesional que, aun aceptando los sinsabores de la actividad pública, haya hecho de la política su *modus vivendi*. El éxito empresarial y profesional ya había llegado antes de crearse la organización, aunque con los años ese éxito se haya consolidado. Algunos de ellos habían hecho política antes, otros no, pero todos se estrenaron en esta nueva forma de actuar en favor de Cuba en los años ochenta después de haberse labrado un destino en otra actividad. Precisamente porque los años setenta, después del fracaso tanto de Bahía de Cochinos como del RECE en la década anterior, trajeron apatía y resignación al seno del exilio, muchos de sus hombres y mujeres se volcaron a la aventura de hacerse un espacio propio en el vasto mercado norteamericano, a la espera de tiempos mejores para su compromiso político o habiendo en muchos casos abandonado la esperanza. Tales circunstancias, y la pura necesidad de ganarse la vida, hicieron de ellos gente de trabajo antes que políticos.

Esta condición, que sin ser totalmente inédita es infrecuente entre políticos latinoamericanos, ha dado a los exiliados varias características especiales. No es igual la visión que tiene quien se acerca a la política para vivir de ella que la de quien se acerca a ella, habiéndose agenciado ya el modo de vida por otra parte, a partir de una preocupación moral y un impulso cívico o, si se quiere ser grandilocuente pero no inexacto, de un sentimiento patriótico. Decir que la actitud del empresario de éxito que decide dedicar tiempo, energía y recursos propios a defender la libertad de Cuba es *desinteresada* sería justo si se entiende la palabra *interés* en un sentido utilitario, puesto que él no entra a la política para extraer de ella un beneficio: ya ha extraído los beneficios que necesitaba de sus propias actividades privadas. Pero sí hay intereses poderosos que mueven sus acciones, si se entiende por *interés* el deseo de volver a su país y hacer de él, como otros latinoamericanos han hecho del suyo, una democracia. El exiliado exitoso que llega a la política motivado por el deseo de una Cuba libre trae a la política una carga moral fuerte. Esa carga lo defiende contra enemigos con los que el exilio cubano parece tener que luchar desde siempre: la desesperanza y la soledad. Nadie que renuncia a una jubilación dorada como la que pudo haber tenido Mas Canosa y se compra enemigos y odios sin saber, siquiera, si algún día podría poner los pies en el país que lo vio nacer actúa como un político corriente. Una convicción moral poco común ha permitido a estos hombres y mujeres una porfía de diecisiete años sin tregua, a pesar de que en 1981, cuando vio la luz su organización, ninguno sospechaba que en 1997 Castro seguiría en el poder ocho años después de haberse derrumbado el comunismo en toda Europa.

El fondo moral de su empeño ha sellado una solidaridad contagiosa entre estos exiliados que, en casi dos décadas, han tenido un número insignificante de disidencias, tránsfugas o renegados. La cohesión casi religiosa que los ata los ha vacunado contra los celos, las rivalidades y demás gérmenes corrosivos que suelen apoderarse de las organizaciones políticas, especialmente si no están en el poder. Nadie cuestiona las jerarquías o los protagonismos, que, a diferencia de lo que ocurre en las estructuras totalitarias, aquí no responden a una imposición o un frío cálculo, sino a una especie de acto de fe. Todas las veces que yo me he reunido con la dirigencia en grupo, en casa de Mas Canosa, en casa de Pepe Hernández o en la sede de la organización, he tenido la impresión no de asistir a una reunión política, sino a una sesión espiritual. Aunque son sobre todo las mujeres las que lo expresan, ese fervor lo viven ellos y ellas con igual intensidad.

Haber llegado a la política después de encontrar satisfacciones en una actividad empresarial —o profesional— ha abierto a la Fundación una óptica enriquecedora. El animal empresarial es, por naturaleza, un creador y un organizador. De esas dos características sólo la segunda está emparentada con la actividad política como la conocemos normalmente. El político de éxito suele ser también un buen organizador, alguien capaz de asignar los puestos acertadamente, de hacer convivir de un modo eficiente las distintas personalidades y ambiciones de sus huestes, y de delegar en sus lugartenientes lo bastante como para alcanzar el objetivo que persigue, pero no demasiado para no perder autoridad y liderazgo. Pero la política, en la gran mayoría de los casos, no es una actividad creativa. En cambio, el poder creador de un empresario guarda mucha relación con su éxito o su fracaso, y con la magnitud de su empresa.

La creatividad interviene en todo el proceso de convertir una idea en un hecho: en la identificación de un espacio libre o susceptible de ser explotado, en los recursos y mecanismos que se emplean para lograr los objetivos. La política es, por lo general, estéril, porque su esencia es la intriga. A veces puede ser intriga de alto nivel, que produce buenos resultados. Pero es intriga, lucha por el poder; por un poder que no hay que crear, sino que ya existe. El empresario lucha por algo que tiene que inventar, el político lucha por algo que ya está inventado.

Los exiliados han hecho, entre otras cosas, esta rara contribución a la política latinoamericana: darle una dimensión empresarial —en el sentido de creación, imaginación, invención— a la política. Han enriquecido la política aportando sus dotes de organización, al constituirse como una estructura cuasicorporativa, muy distinta de los partidos políticos tradicionales, no sólo en su financiamiento autosuficiente, sino también en su ingeniería funcional. Es verdad: también hay políticos que, sin adoptar una estructura corporativa, logran crear organizaciones eficientes. Pero en el otro aspecto, el de la creatividad empresarial, la Fundación sí aporta una total novedad a la política. Mientras que el empresario se fija unas metas y nunca pierde de vista su objetivo de largo plazo, el político, aunque en teoría nunca pierde de vista su objetivo, en la práctica confunde el fin con los medios y se dedica a ganar puntos en el día a día, como si en esa práctica cotidiana, en ese método, estuviera el fin mismo. La intriga política se convierte así, en los hechos, en el objetivo primordial. El empresario, en cambio, debe constantemente poner los medios al servicio del objetivo final si quiere tener éxito, pues su realización —la venta de un servicio o de un producto— es la única forma de seguir existiendo como empresario. Los políticos pueden existir sin alcanzar nunca el poder, y muchos se contentan con una actividad política menor en la oposición o lejos del poder, pues, a diferencia del empresario, no les va la vida en la realización del objetivo final. Para los empresarios, en cambio, la imaginación, la creatividad y, en última instancia, la capacidad de riesgo —un subproducto de la imaginación— son decisivos. Los exiliados cubanos han aportado a su actividad política la visión empresarial, que no pierde nunca de vista el objetivo final —en este caso, la liberación de Cuba—, y han puesto al servicio de ese objetivo toda su fuerza creadora, desde el pequeño detalle de cómo infiltrar información en Cuba hasta las grandes operaciones de convencimiento político en el Congreso norteamericano, o desde la identificación de oportunidades antes de que sean obvias —por ejemplo, el descubrimiento de Yeltsin cuando nadie en Occidente daba un centavo por él— hasta el dominio del amplio tablero geopolítico, como cuando utilizaron el Tratado de Libre Comercio para presionar a México en su relación con Cuba.

El político suele ser un incurable oportunista: tiene como norma ir con la corriente, se engancha a la oportunidad una vez que ella se ha vuelto realidad. El empresario —y el exiliado cubano metido a político— *crea* la oportunidad y en cierta forma la fuerza, partiendo de un impulso de la imaginación que luego se convierte en una realidad concreta. Los exiliados de la Fundación también han tenido, cuando ha sido necesario, un olfato oportunista y una actitud flexible, más proclive a hacer concesiones de lo que sus huestes hubieran querido —por ejemplo, al reunirse con Felipe González, o al mostrarse comprensivos con Clinton durante la crisis de los balseros y, más tarde, cuando éste suspendió la aplicación del Título III de la Ley Helms-Burton—, pero sus mayores logros han sido siempre, a diferencia de los de los políticos comunes, a contracorriente. Desde Radio Martí hasta la Ley Helms-Burton, todas las victorias legislativas han sido ganadas al costo de la impopularidad, arrostrando la adversidad, haciendo realidad propósitos que no eran favorecidos por las circunstancias. También aquí hay evidencia del nervio empresarial: mientras que el político casi nunca fuerza una circunstancia —sólo líderes excepcionales como Margaret Thatcher han nadado contra la corriente y la han vencido—, el político con visión empresarial sabe que no existen las fuerzas impersonales de la historia, sino que todo lo que ocurre en la historia lo hacen los individuos. Sabe que, como nada está determinado de antemano, todo es posible. Así pudieron los exiliados sacar adelante, en pleno gobierno demócrata y no sólo enfrentados a los medios de comunicación y buena parte de los políticos norteamericanos, sino también en contra de la opinión de América Latina y la resistencia de la Unión Europea, una Ley Torricelli, una Ley Helms-Burton. En el Mas Canosa que, hace un cuarto de siglo, pasmado ante un camión de la Burnup & Sims y desde su insolencia empresarial, soñó con ser, algún día, dueño de ese gigante, hubo una actitud semejante a la que, desde la capitanía de la Fundación, lo llevaría a revertir en el Congreso de los Estados Unidos, aliado con otros factores, unas probabilidades que hubieran derrotado el ánimo de la mayor parte de los políticos latinoamericanos.

La conquista de los Estados Unidos por parte del exilio cubano contrasta con las relaciones entre el resto de los latinoamericanos y ese país. Los cubanos no lo han tenido fácil en su tierra adoptiva, ni en el campo económico, en el que llegar a producir treinta mil millones de dólares anuales en bienes y servicios ha sido posible sólo tras un empeño titánico, ni en el político, en el que a partir del fracaso de Bahía de Cochinos las autoridades del país han entorpecido, y a veces perseguido, los esfuerzos contra Castro y donde cada victoria ha dejado a sus protagonistas con la lengua afuera. Pero, a diferencia de lo que ha ocurrido con otros latinoamericanos, las dificultades de los cubanos con los Estados Unidos no han nacido de un complejo de inferioridad, sino de lo contrario: de una fe ciega en que era posible conquistarlos con sus propias armas. Mientras que el latinoamericano al sur del río Grande ha vivido traumatizado por su vecindad con el gigante del Norte, el cubano de los Estados Unidos ha entendido que ese país es lo que hacen de él todos los días gentes de distinta procedencia y condición, una historia siempre en marcha, nunca terminada, y que en ese movimiento reside no sólo su grandeza, sino su cualidad permeable, asequible, elástica.

Aunque las relaciones entre América Latina y Estados Unidos empiezan a cambiar gracias a las prisas de la globalización y los quebrantos de dos siglos de fracaso republicano, en las últimas décadas, mientras un grupo de cubanos sacaba de los Estados Unidos todo el provecho que ese país abierto permite a quienes se lo proponen, otro grupo de latinoamericanos, los más, veían en él a un enemigo. Ni siquiera en los momentos peores, cuando la primera potencia parecía haber bajado los brazos frente al comunismo hostil instalado a noventa millas de su territorio, se dejaron abandonar, los exiliados, al odio contra lo que representa Estados Unidos. Y no lo hicieron porque intuyeron algo que otros latinoamericanos no han intuido en todo este tiempo: que, antes que un grupo de personas, Estados Unidos es un sistema, un conjunto de instituciones. Esas instituciones son moldeables como la arcilla y, dentro de sus reglas de juego, muchas veces las personas equivocadas han alcanzado las mayores cuotas de poder, imponiendo, por encima de otras más lúcidas, su forma de ver el mundo. Por ejemplo, cuando el Congreso de los Estados Unidos parecía una alfombra roja sobre la que Fidel Castro se deslizaba como un rey, o cuando, en tiempos de Jimmy Carter, la Unión Soviética hizo desplazamientos espectaculares en el tablero geopolítico. Pero ese no era un defecto del sistema, sino, en todo caso, de quienes, situados en otras posiciones políticas o ideológicas, no eran capaces de neutralizar, o reemplazar, a quienes dictaban la agenda en Washington. Los cubanos se dieron cuenta de que no había ninguna fatalidad que mantuviera a su causa débil y marginal en Estados Unidos y de que quienes dictaban la política hacia su país podían ser derrotados desde adentro.

Las correspondencias que hay entre la economía de mercado, en la que el terreno de lo posible es tan ancho como el de la imaginación, y la democracia, en la que a condición de no salirse de las reglas de juego las cosas ocurren como las personas quieren que ocurran, fueron percibidas a tiempo por el exilio cubano. En cambio, nunca lo fueron, por lo menos hasta ahora, por parte de otros latinoamericanos, para quienes Estados Unidos es uniforme e inamovible como un monolito, bajo el mando de unos mismos personajes eternamente instalados en el poder con una inalterable visión de las cosas.

Cuando Mas Canosa y otros exiliados descubrieron a fines de los años sesenta que era inútil y contraproducente la vía armada contra Castro, entre otras cosas porque Estados Unidos no estaba dispuesto a jugar el papel de santuario, tenían dos opciones: odiar a los Estados Unidos y atrincherarse en su despecho, o dedicarse, mediante el uso de los mecanismos que permite la democracia norteamericana, a contagiar a ese país, de manera pacífica, una preocupación activa por la libertad de Cuba. Tardó muchos años conseguir un conocimiento minucioso de los resortes que mueven a la mole norteamericana, pero en ese aprendizaje está la razón por la que el exilio cubano ha sido capaz de resolver sus relaciones con los Estados Unidos con un éxito proporcional al fracaso de las relaciones del resto de América Latina con la tierra de Lincoln.

La ignorancia latinoamericana con respecto a la esencia de los Estados Unidos, y nuestra deserción frente a la posibilidad de influir en ese país, explican, en parte, que las políticas de Estados Unidos hacia América Latina hayan oscilado a lo largo de los años entre el hegemonismo —la Enmienda Platt, el Corolario de Roosevelt a la Doctrina de Monroe, la Doctrina Johnson— y la condescendencia —la política del Buen Vecino del otro Roosevelt, la Alianza para el Progreso de Kennedy y la política a favor de los «derechos humanos» de Carter—. Deserción es la palabra correcta: los latinoamericanos decidimos no participar en esa competencia que tiene lugar todo el tiempo en las instituciones de los Estados Unidos, y privarnos a nosotros mismos de la posibilidad de hacer prevalecer nuestras propias opiniones. Los exiliados cubanos, sobre todo a partir de la Fundación, hicieron lo contrario: entrar de lleno en esa competencia, oponer a otros grupos de influencia su propia voluntad de influir, estableciendo un *lobby* que ha resultado mucho más que un mecanismo de presión legislativo. En verdad, es toda una visión de la Cuba que quisieran y de lo que deberían ser las relaciones de los Estados Unidos con la Cuba que vendrá.

La renuncia del resto de América Latina a gravitar en la democracia norteamericana ha hecho que en distintos momentos de su historia los dirigentes de ciertas causas políticas latinoamericanas se hayan visto obligados a acudir a los cubanos de la Fundación para suplir sus propias insuficiencias. Así, estos exiliados se convirtieron en embajadores informales de otros latinoamericanos, como los anticomunistas nicaragüenses, o, a veces, gobiernos democráticos como los de El Salvador y el Ecuador. En cierta forma, eran inevitables esos contactos internacionales: la pugna contra Castro (uno de los pocos latinoamericanos que sí entiende cómo funciona Estados Unidos y que le sacó a ese país mucho provecho hasta que la Fundación lo desalojó del Capitolio en los años ochenta) ha sido planetaria.

En lugar de disolverse en los Estados Unidos, los exiliados han encontrado en su aprovechamiento de los valores norteamericanos y de las instituciones de ese país la forma de ser cubanos. Han ejercido así la nacionalidad de su país con un orgullo que ya no tienen muchos cubanos que están en la Isla, pues ningún país que degrada a sus ciudadanos —si pueden ser llamados así— hasta lanzarlos a los tiburones es motivo de orgullo para quien lo padece. Mientras que los cubanos que viven bajo la exaltada retórica nacionalista de la Revolución quieren huir de la Isla, muchos de los que están fuera y han alcanzado el éxito en los Estados Unidos viven volcados hacia la Cuba que dejaron. La conclusión no puede ser más obvia: la experiencia exitosa de estos exiliados en los Estados Unidos les ha devuelto la dignidad de cubanos que los que están dentro ya no tienen. Estados Unidos se revela, pues, como esta paradoja: mientras más éxito han tenido en ese mercado y mejor han logrado domeñar a la bestia política norteamericana, más han querido preservar su propia identidad de cubanos. Es una lección maravillosa para América Latina, que siempre ha creído que la manera de proteger su identidad era en contraposición a los Estados Unidos (y antes a España). Que después de cuarenta años, en los que han alcanzado sus metas profesionales y empresariales y formado a sus familias, estos exiliados sigan con el pie en el avión de regreso a Cuba es una lección doble acerca de la naturaleza de los Estados Unidos y de lo que constituye la identidad cultural. Una democracia y una economía de mercado —los dos rasgos distintivos de los Estados Unidos, a pesar de sus muchos defectos— aparecen como las vías más adecuadas de cultivar una identidad, cualquiera que ella sea. Los exiliados cubanos han cultivado la suya. Su identidad de cubanos se ha visto robustecida, en lugar de disminuida, por cada triunfo económico, por cada logro político. Si uno pasa cinco minutos en el hogar de cualquiera de estos dirigentes, con sus familias y sus amigos, se da cuenta de que no está en un mundo anglosajón, sino latino, y específicamente cubano. Me impresionó oír de Jorge Mas Santos que, a diferencia de su padre, no tiene ninguna memoria de Cuba, pues jamás ha puesto los pies allí, que nunca quiso dejar Miami, ni siquiera cuando se le abrió la posibilidad de ingresar a una gran universidad, y que nunca, ni siquiera en sus grandes reuniones de negocios en Nueva York, se siente tan en casa como cuando se come un arroz con fríjoles en una esquina de la capital del exilio o el lechón asado que prepara su padre alrededor de una mesa donde un grupo de «cubanazos» se entrega a la nostalgia o prepara el regreso. La transmisión generacional de valores culturales diferentes ha resultado ser perfectamente posible en la sociedad de los Estados Unidos, cuando el resto de América Latina daba por seguro que ese país era la amenaza principal contra su propia identidad. No todos los cubanos de los Estados Unidos se sienten igualmente cubanos ni es seguro que una mayoría de ellos se vayan a instalar en Cuba cuando sea posible. Pero estos cubanos en particular han demostrado que ser parte de los Estados Unidos, y ejercer sus valores, no estaba reñido con su propia identidad.

El exilio cubano se ha convertido en el espejo de lo que América Latina podría ser: una sociedad próspera en democracia que, sin dejar de ser latinoamericana, ya no tiene nada que envidiar a los Estados Unidos, país con el que ha sido capaz, sin ayuda del psiquiatra, de entablar unas relaciones normales. Durante dos siglos, los latinoamericanos hemos ansiado sociedades libres y prósperas, sin éxito. En los últimos años, ante la emergencia del modelo chileno, muchos pensaron que por fin América Latina había encontrado el camino. Tratando de imitar el ejemplo de Pinochet, el de una dictadura con sensibilidad por el capitalismo, varias democracias han sucumbido o estado a punto de sucumbir. Y las que no lo eran antes de intentar esa vía, como el México de Miguel de La Madrid, Carlos Salinas y Ernesto Zedillo, fueron incapaces de repetir la combinación ganadora de autoritarismo y riqueza. La revelación chilena era una frustración para los demás: aunque Chile demostraba que era posible el éxito económico de una sociedad latinoamericana en su conjunto, también advertía que el precio era una dictadura. Con la llegada de la democracia a Chile, y el aumento de su prosperidad gracias al Estado de Derecho, el éxito chileno ha alcanzado cimas que eran impensables bajo el Pinochet que inició las reformas. Pero, tras las nuevas esperanzas despertadas por los mapochos democráticos en el resto del continente, ha surgido otra vez la angustia: ¿cómo alcanzar al Chile próspero y democrático sin pasar por Pinochet?

Nadie ha respondido hasta ahora a esta pregunta con el ejemplo más obvio: el exilio cubano. Son ellos, y no Pinochet, el espejo en el que América Latina debería reconocer el destino que persigue desde su independencia. Porque los exiliados cubanos han logrado crear una sociedad decente desde el punto de vista económico y libre desde el punto de vista político. No todos los exiliados son ricos, y ellos no están exentos de muchos vicios políticos. Pero en esto no son muy distintos de todas las sociedades democráticas y prósperas del mundo, empezando por aquella, la norteamericana, en la que viven.

El exilio, que desde hace un cuarto de siglo ya no está compuesto de forma preponderante por la clase media que salió pitando en los años sesenta, se ha desarrollado en su conjunto. Ha sabido ganarse un lugar entre la clase media del país adoptivo y agenciarse una existencia más o menos digna. Produce casi el doble de todo lo que producen los cubanos de la Isla, que son ahora cinco veces más numerosos, y hace posible que el presupuesto del pequeño condado de Dade, donde los hispanos ya son mayoría, sea más rico que varios países latinoamericanos. Con unos cuatro mil millones de dólares, ese presupuesto es más de lo que produce Honduras en un año. A semejante riqueza no contribuyen sólo los Mas Canosa del exilio: también, por ejemplo, esas doscientas cincuenta mil personas que conforman la Fundación. Ellos han logrado, partiendo en muchos casos de posiciones modestas, abrirse un nicho en el mercado norteamericano y ayudan a sostener el esfuerzo político de la organización.

A diferencia de Chile, esto lo han logrado los cubanos en democracia. Cualquiera que haya tenido ocasión de pasar una temporada en Miami habrá notado hasta qué punto es una democracia. No sólo porque Dade pertenece al conjunto democrático de los Estados Unidos, sino porque saltan a la vista los derechos políticos, la pluralidad y la convivencia en la legalidad que son las señas distintivas de toda sociedad democrática. Yo mismo pasé un par de años en el periódico emblemático de la ciudad, el *Miami Herald,* vieja némesis del exilio cubano y en especial de la Fundación. A pesar de estar situado en el corazón del exilio cubano, no sólo no ha sido censurado, clausurado o expropiado, como ocurre en América Latina: prospera y practica un cuasimonopolio de la prensa escrita que nadie pone en peligro (ni siquiera se intenta). Los enfrentamientos que la Fundación ha tenido con el periódico han discurrido por vías democráticas: enérgicas movilizaciones cívicas, apelando a los lectores o a los anunciadores. Aunque en otros casos ha acudido a instancias judiciales, la Fundación no ha llevado a los tribunales al *Miami Herald* ni siquiera ante las informaciones más tendenciosas. Al *Herald* le han caído amenazas de bomba, sí, pero de algún energúmeno de los que hay en todas las sociedades libres y que nunca cumplió su amenaza. La prueba está en que el FBI, que intervino, nunca acusó a los miembros de las organizaciones políticas representativas del exilio. Y aunque la Fundación ejerce su poder, como lo ejercen en toda sociedad libre quienes lo ostentan, lo hace con menos éxito que el propio *Herald,* perteneciente a la cadena Knight-Ridder, cuyos capitostes han hecho y deshecho a su gusto en Miami a través del Non-Group y tienen en la Florida una influencia propia del medio de comunicación que son. Los exiliados cubanos detentan, a través de la Fundación, una cuota de poder, pero de acuerdo a las reglas de juego que fijan y practican los propios norteamericanos, sin que se diga de ellos, con todos sus defectos, que no son una democracia.

En la radio de Miami hay una pluralidad evidente: el gobierno de Castro tiene portavoces oficiosos que bombardean a la ciudad desde sus hondas hertzianas día tras día y han hecho buenos negocios con los envíos humanitarios y los viajes de los familiares a Cuba. La televisión hispana local está bien dispuesta hacia el exilio, pero no está partidarizada, de modo que la rivalidad que existe entre distintas organizaciones se refleja en la pantalla, donde los distintos grupos políticos comparecen con frecuencia. La televisión hispana de alcance nacional, en cambio, es más cercana a corrientes enemistadas con la mayoritaria y tiende levemente a la izquierda.

No se diga nada de los tribunales de justicia, donde a la Fundación y a sus dirigentes les llueven demandas. Aprovechando la posición vulnerable en la que se coloca cualquiera que participe en la vida pública en los Estados Unidos, todo ciudadano puede dignificar una rencilla política o personal, y una envidia económica, a través de un litigio. Los dirigentes de la organización más poderosa del exilio han experimentado, muchas veces, esta perversión de la justicia norteamericana, lo que indica que no sólo han hecho el aprendizaje de las virtudes de la democracia, sino que han pagado su precio. En Estados Unidos, cualquiera, con razón o sin ella, puede sentar en el banquillo a un poderoso. Alguien como Mas Canosa no pudo nunca evitar que sus enemigos le interpusieran demandas judiciales. Más de una vez, para evitar procesos laboriosos cuya publicidad hubiera afectado a la causa de Cuba, para no hablar del precio que hubieran pagado sus familias, dirigentes prominentes del exilio han debido llegar a acuerdos fuera de los tribunales. Eso sólo ocurre en democracia. En buena parte de los países latinoamericanos, como se sabe, los jueces están sujetos a la presión del poder político y el poder económico de un modo que hace casi imposible que un ciudadano siente en el banquillo a un poderoso y dirima con él, de ese modo público, una querella.

Las elecciones —de alcaldes, comisionados, representantes, senadores o gobernadores— son también democráticas, por más que, igual que ocurre en otras ciudades de los Estados Unidos, los factores de poder que suelen intervenir en toda democracia estén presentes y las autoridades elegidas puedan resultar buenas o malas, limpias o corruptas, justas o inicuas. En cualquier caso, la lección es simple: la capital del exilio es parte de la democracia norteamericana y tiene sus mismos defectos y virtudes. El tono de la polémica puede ser más agrio, lo que no sorprende tratándose de una comunidad exiliada, y podemos pensar que algunas radios no están precisamente en manos de príncipes del Renacimiento italiano (¿han oído ustedes alguna vez Radioprogramas del Perú bajo la democracia de Alan García o la dictadura de Fujimori?). Ese factor cultural —presente lo mismo en el exilio cubano que en el resto de América Latina— no altera la esencia del sistema democrático dentro del que funcionan los exiliados. Las reglas de juego de la democracia mandan y las decisiones que afectan a la vida pública se toman a través de los mecanismos participatorios, abiertos y libres de la democracia, que permiten, además, corregir las malas decisiones. Todas las sociedades tienen sus violentos, sus oligofrénicos, sus marginales y sus locos. La medida de la democracia no la da el hecho de eliminar a los desadaptados —eso mismo intentaba hacer la sociedad perfecta de la URSS, con los resultados que conocemos—, sino el que el Estado de Derecho y sus instituciones existan de verdad.

Además de haber crecido y prosperado dentro de la democracia al igual que el resto del exilio, los cubanos de la Fundación han llevado su aprovechamiento del sistema más lejos. Han escogido participar en él, en todas sus instancias, para servir la causa que los apasiona, y nunca se dan por satisfechos. Cada paso es seguido por un nuevo paso. No es fanatismo: es el ejercicio constante de una participación democrática. Si América Latina tiene que aprender a prosperar en democracia como lo ha hecho el exilio, sus dirigentes y sus sociedades tienen que aprender a participar en el proceso democrático como lo han hecho estos y otros cubanos. Aunque el sistema norteamericano, como se ha señalado muchas veces, va camino de la perversión por lo vulnerables que son sus autoridades y sus instituciones a los poderes del *lobby,* lo cierto es que una democracia es un conjunto de intereses —de toda índole— que pugnan por abrirse paso y hacerse respetar, gracias a un derecho protegido por la Constitución. Haber participado en esa suerte de certamen político ha dado a la Fundación un conocimiento de las ventajas y las limitaciones de la democracia más avanzada del mundo, y en última instancia de la democracia a secas, algo que puede decirse de pocos latinoamericanos, ya sea porque sus países han vivido la mayor parte del tiempo en dictadura o porque cuando han vivido en democracia ésta ha sido una caricatura. La América Latina próspera y democrática no sólo debería encontrar en el exilio cubano un ejemplo de cómo prosperar en un clima institucional libre, sino también de cómo participar en el sistema de modo que sus derechos y sus intereses se vean defendidos todo el tiempo. Los ciudadanos latinoamericanos, y no sólo sus dirigentes, tienen algo que aprender de la experiencia participatoria del exilio cubano en la democracia norteamericana. Nuestras sociedades no tienden a ser participatorias, sino pasivas, y entienden la democracia como un ejercicio electoral periódico en lugar de una relación constante entre la sociedad y el poder. Esta es una de las razones por las que, en América Latina, reside tanto poder en el oscuro funcionario a quien nadie eligió y que puede cambiar las normas todos los días sin que nadie proteste o lo haga responsable (en el Perú, más del 90 por 100 de las normas que regulan la vida de las gentes se fabrican fuera del Parlamento, lugar que se supone existe para eso). A esa abstinencia cívica se debe, en parte, el que la ley sea en América Latina un instrumento de los poderosos en lugar de un reflejo de la sociedad. Si la sociedad no participa, si no exige la protección de unos derechos, el gobierno no lo hará por ella. Esa lección democrática que ha aprendido el exilio cubano no la ha aprendido todavía el resto del continente.

Si hubiera que definir la vida moderna, la palabreja «globalización» debería coletear por algún lado. Los ciudadanos ya no llevan el pasaporte figurado de los países donde nacieron o de aquellos donde viven, sino el de un territorio más amplio que envuelve a otros países, otras lenguas, otras culturas. De Maputo a Tegucigalpa, el hombre se está volviendo un ciudadano del mundo. La emigración latinoamericana de las últimas décadas —primer producto de exportación de la zona, antes que los minerales, los plátanos, la harina de pescado o el café— ha desperdigado por el globo a millones de seres humanos de varios países nuestros que huían del hambre o la barbarie política. Entre ellos, ninguna comunidad ha hecho suya la idea moderna de una ciudadanía universal como la cubana. Por haber sido su primer exilio, en los años sesenta, de clase media acomodada, los cubanos empezaron desde muy temprano a vivir, desde su base norteamericana, pero también desde otros puntos, una experiencia internacional que han conocido pocos latinoamericanos. El hecho de que tuvieran una motivación militante por recuperar a su país y dedicaran mucho tiempo a su causa política los sumergió en una actividad de horizonte amplio, primero hemisférico, luego mundial. Que Cuba se convirtiera en un peón de la guerra fría y Castro extendiera sus tentáculos por los cuatro puntos cardinales del planeta contribuyó a que el exilio moviera sus propias fichas en un mapa donde cabían mares y continentes enteros. Al tiempo que cientos de miles de cubanos salían a buscar una patria adoptiva por el mundo —y en esto se parecían a otros latinoamericanos que huían de tragedias políticas, aunque se diferenciaban de quienes lo hacían por razones esencialmente económicas—, la dirigencia del exilio tuvo que multiplicarse desde el inicio para combatir a Castro en geografías, lenguas y razas distintas. La capacidad y los conocimientos de su clase media y las particularidades de su lucha política dieron al exilio cubano una temprana vocación de mundo. Lo que para muchos latinoamericanos —o españoles, después del ensimismamiento de la España franquista y una vez consolidada la modernización de ese país— es un reciente descubrimiento de la aldea global, para muchos exiliados cubanos era una práctica cotidiana desde muchos años antes. Situados en la base de operaciones de la Florida, que tiene la ventaja sobre otras partes de Estados Unidos de estar atada, por un puente colgante imaginario, al resto del continente y de mirar, al otro lado del Atlántico, también hacia Europa, los exiliados han tenido una experiencia geográfica y cultural más amplia que la de buena parte de los propios norteamericanos, que en muchos sentidos siguen viviendo en una isla gigante.

No es, pues, extraño que ya en 1987 la Fundación se interesase por penetrar el mundo cerrado de la Unión Soviética y Europa Central a través del Instituto de Estudios Soviéticos y de Europa Central de la Universidad de Miami y, con ayuda de su responsable, Jiri Valenta, diseñara una estrategia que, entre fines de los ochenta y comienzos de los noventa, permitió establecer vínculos provechosos con el Foro Democrático de Hungría, la Checoslovaquia de Vaclav Havel, la Polonia de Solidaridad. Gracias a esa visión global de la política pudo presentir la importancia de entablar contacto con Yuri Pavlov, el responsable de América Latina en Moscú, descubrir a Boris Yeltsin, hacer migas con Kozirev y contribuir a que las relaciones comerciales entre Moscú y La Habana dejaran de transferir un subsidio anual de miles de millones de dólares a la Isla. Pocas cosas ilustran mejor, en el anecdotario del exilio, el abismo mental entre modernidad y comunismo que la entrevista en la que Mas Canosa fue incapaz de hacer entender al ministro de Comercio Exterior de la URSS (en vísperas de la extinción del imperio) que no había equivalencia entre el petróleo que salía para Cuba y el azúcar que venía de La Habana. «Todo lo que yo entiendo es que yo mando un barco pa'allá de petróleo y me mandan un barco pa'acá de azúcar», exclamaba, intrigado, el ministro.

Castro ha llevado a la dirigencia a desenvolverse en lugares tan disímiles como la maleza angoleña y los pasadizos elegantes de la Moncloa; a intentar negociar con amigos de Castro, como Carlos Salinas en México, o conspirar con adversarios suyos, como la Nicaragua del presidente Arnoldo Alemán; a tratar de enternecer a la glacial Cancillería federal alemana o predicar la causa de los cubanos libres en los salones imperiales y algo *démodés* del Foreign Office británico; a pretender ganar a Carlos Andrés Pérez («nunca me negó una entrevista», dijo Mas Canosa) para la causa del exilio o a conmover al «palacio de las miserias», como llamó Alina Fernández a la sede de la Comisión de Derechos Humanos de las Naciones Unidas en Ginebra. No hay puerta que no haya sido tocada, ni piedra que no haya sido levantada, en busca de aliados para liberar a la Isla. Para acercar un poco más ese día, han hecho gestiones que querían desde evitar un gesto adulón para con Castro hasta dejarlo sin oxígeno. Algunas veces fue posible, torciéndoles el brazo, forzar un acto humanitario de parte de los amigos de Castro —por ejemplo, a raíz del incidente de los náufragos de Quintana Roo—, y otras veces hubo que pasar por la humillación de ser engañado, como cuando el propio Carlos Salinas, luego de acordar informalmente una política de distanciamiento frente a La Habana, salió corriendo para allá a avalar una inversión mexicana. Nadie conoce mejor la doblez y los complejos que aquejan a la política exterior de los gobiernos latinoamericanos frente a Cuba —o, para tal caso, frente a Washington— que los exiliados cubanos. En su empeño han debido aparcar la dignidad, pues hubo que tocar puertas vedadas, volver a lugares adonde antes se había ido por lana y de donde se había salido trasquilado, hacer de tripas corazón y contentarse con alguna abstención cuando lo que hubiera dictado la decencia era la solidaridad. Los triunfos internacionales contra Castro han sido recientes: en las tres décadas precedentes habían sido imposibles. Todo esto ha dado al exilio ciencia diplomática, instinto acerca de los puntos fuertes y los puntos débiles de los gobiernos del mundo y en especial los latinoamericanos, una experiencia de primera mano acerca de lo que significa, en la práctica, defender esos «intereses nacionales» que según Palmerston debería ser el principio rector de toda política exterior.

Al igual que en sus vidas profesionales muchos exiliados han dado trancos por todas partes —no es difícil imaginar a Pepe Hernández de militar en Vietnam, de agricultor en Kenia o Nigeria, de exportador por América Latina—, en sus afanes políticos han achicado el mapa del mundo. No es posible enfrentarse a Castro desde el exilio sin ser un ciudadano del mundo, tal es desde hace mucho tiempo la desmesurada proyección de esa Isla y sus desmanes. Pero, a remolque de dicha constatación, viene una evidencia contraria: estos ciudadanos del mundo no pueden ser más cubanos ni estar más afectados por la nostalgia de Cuba. Es lo más parecido a la *morriña* gallega: un sentimiento, imposible de formular en palabras, de apego a la tierra, capaz de durar y crecer durante toda la vida se esté donde se esté. Cuando uno oye hablar a Irma Mas o a Annie Hernández o a Linda Montaner, que viven desde hace décadas fuera de su país y que probablemente no reconocerán, cuando vuelvan, el lugar que dejaron atrás, lo asalta la impresión de que, mucho antes que el amor a la libertad o el odio a la tiranía, lo que las mueve a ellas y a sus maridos, y como a ellas a miles de exiliados y exiliadas cubanas más, es una sobrecogedora querencia por el terruño perdido. Aunque ellas expresan estas pasiones con una libertad que no siempre se permiten ellos, uno advierte que la enfermedad de la nostalgia es una experiencia familiar. Estas ciudadanas y ciudadanos del mundo son también incurables aldeanos de una pequeña tierra de la memoria a la que quieren volver a hacer realidad. Desgarrados entre esa visión del mundo ancho que es la suya y el irresistible imán del mundo insular que perdieron, los exiliados viven la doble experiencia de la modernidad y la tribu. La una es política y profesional; la otra, sentimental. Ese hechizo de la nostalgia lo han metabolizado hasta el punto de convertirlo, casi, en un elemento de su constitución genética, transmisible de generación en generación. Es un sentimiento generoso que seguramente ya no pueden tener por su propio país quienes lo padecen allí mismo. La dictadura ha exportado no sólo exiliados: también una reserva de fe en Cuba, que sin duda compensará, cuando llegue la hora de la reconstrucción, mucho del escepticismo, la apatía o el cinismo que se habrán instalado en el ánimo de los de adentro.

Cada vez que una circunstancia extrema lo ha puesto a prueba, el exilio cubano ha respondido movilizando una solidaridad contagiosa. Desde los fenómenos naturales —el huracán *Andrews*— hasta los crímenes políticos —el hundimiento, por parte de las fuerzas cubanas, del remolcador *Trece de Marzo,* en el que iban muchos niños, el asesinato de los pilotos de Hermanos al Rescate en los cielos del Estrecho—, las grandes tragedias han puesto en evidencia una emoción capaz de unir a miles de exiliados. Sin embargo, es verdad, como se ha dicho mucho, que la unidad política brilla por su ausencia en el exilio y que su división ha facilitado la tarea de Castro, muy consciente del viejo precepto imperial del «divide y vencerás».

Aunque quienes critican la falta de unidad suelen perder de vista que no existe sociedad democrática en la que rija la uniformidad, es indudable que el hecho de no haber presentado un frente más unido o propiciado una coordinación entre los grupos más significativos constituye una falla.

Exigir de una comunidad de individuos una actividad política sin fisuras, monolítica como una pared de cemento, es exigir de ella algo que está reñido con la libertad. ¿Qué sociedad democrática del mundo no está atomizada en partidos, organizaciones, movimientos y grupos que compiten y rivalizan entre sí en pos de diversos objetivos, incluido, por supuesto, el poder político? Si la principal crítica que debe hacerse al régimen de Castro es, precisamente, la de haber pretendido crear, bajo el imperio del terror, una sociedad uniforme, resultaría un ejercicio de hipocresía reprochar al exilio el que sus individuos no sean zombies a órdenes de un hechicero. Es más: si el exilio estuviera unido desde hace muchos años en una sola gran organización, la propaganda castrista le enrostraría ese monolitismo, denunciando la uniformidad fascista en la que cualquier discrepancia está prohibida. La equivalencia que muchos enemigos del exilio tratan de establecer entre los exiliados y La Habana, con frases como «Mas Canosa es el Castro de Miami», tendría —en ese caso sí— algún asidero en la realidad. No se debe, por lo demás, exigir un imposible: nadie ha logrado eliminar las diferencias, y ciertamente no lo han logrado los regímenes totalitarios, donde las castas de poder gozan de unos privilegios que las colocan a años luz del resto de los seres humanos y donde, al interior de esas castas, las rivalidades existen también, y de qué manera, aunque, a diferencia de lo que sucede en democracia, se dirimen por lo general mediante la violencia. En los sistemas no democráticos, como entre los cerditos de la granja de Orwell, unos son más iguales que otros. Por tanto, al criticar en el exilio una falta de unidad política, hay que empezar por aclarar que la división de los cubanos, la proliferación de organizaciones y partidos y las rivalidades entre personas y grupos forman parte del sistema democrático y serán reproducidas, si no de forma exacta por lo menos parecida, una vez que Cuba sea libre.

Chicago Public Library
McKinley Park
3/4/2015   2:43:50 PM
-Patron Receipt-

ITEMS BORROWED:

1:
Title: TV y novelas.
Item #: R0325570269
Due Date: 3/25/2015

2:
Title: TV y novelas.
Item #: R0325569404
Due Date: 3/25/2015

3:
Title: People en españifol.
Item #: R0325567371
Due Date: 3/25/2015

4:
Title: El exilio indomable : historia de la d
Item #: R0120241384
Due Date: 3/25/2015

-Please retain for your records-

IIGARZA

Esas diferencias en muchos casos reflejan verdaderas discrepancias ideológicas o tácticas, por ejemplo entre partidarios de una sociedad capitalista y socialistas, o entre quienes creen que se debe intentar negociar con Fidel Castro y quienes se oponen a ello.

Sí cabe, no obstante, preguntarse por qué los principales grupos del exilio no han sido capaces, todavía, de actuar en un frente común. Es cierto que no todas las organizaciones tienen el mismo peso y que, en líneas generales, las verdaderamente representativas son muy pocas, pues muchas de las existentes son directivas huérfanas de apoyo, meras entelequias sin cuerpo. Por el hecho de tener adversarios encarnizados en el exilio, una organización como la Fundación es más vulnerable a las acusaciones de hegemonismo de lo que sería si estuviera emparentada, a través de alguna estructura, con otras organizaciones de relieve. Una agrupación como la Plataforma Democrática, que en sí misma representa un acercamiento de tres tendencias ideológicas distintas, aparece, sin embargo, enfrentada tanto a la Fundación como al régimen de Castro. Lo mismo puede decirse de otros grupos de relieve. La pugna entre ellos, ejercicio democrático perfectamente legítimo, se convierte, en esa realidad compleja y peculiar que es la de la diáspora anticastrista, en un arma eficaz de los adversarios del exilio, y a veces también de algunos exiliados, para restar mérito o fuerza a las organizaciones más representativas.

No sería práctico, ni justo, pretender colocar en pie de igualdad a cien o doscientas organizaciones, bajo un liderazgo colectivo. El resultado sería el caos, la inacción y la frustración de quienes, a un alto precio, sí han logrado a lo largo de estos años una representación real de la oposición cubana. Pero diversas experiencias internacionales demuestran que es posible conseguir la unidad sin que las distintas fuerzas pierdan su peso específico o vean desdibujarse su perfil. Y nada impediría, si se diera esa unidad temporal en la oposición, que, una vez creadas las condiciones para la realización de elecciones libres en Cuba, dicha entidad, cumplida su misión, desapareciera. Hay que reconocer que, tanto en el pasado lejano como en tiempos más recientes, ha habido esfuerzos, de los que se habla muy poco fuera de Miami, por establecer una coordinación entre diversas fuerzas. Pero estos ensayos —la Unidad Cubana, la Junta Patriótica y otros— no han logrado su propósito y, en todo caso, no han sido capaces de transmitir, fuera de Miami, la sensación de frente unido que se echa de menos en el exilio y que tanto teme el propio régimen de Castro.

Observadas desde el exterior, muchas de las diferencias que separan a las organizaciones desde el punto de vista táctico o ideológico son bastante menos profundas de lo que parecen. Un botón de muestra: el espinoso asunto de la negociación con Fidel Castro, que ha enconado a tantos exiliados desde el diálogo de 1978 y, con renovados bríos, a partir del llamado de Gustavo Arcos en 1990. Es cierto que hay quienes actúan como agentes, voluntarios o involuntarios, del régimen de Castro y, por tanto, no apuntan, a través de dicha negociación, a acabar con la dictadura. Pero, dejando de lado a ese sector minoritario, la amarga división que provoca este tema en la oposición a Fidel Castro no tiene razón de ser. Alguien como Carlos Alberto Montaner, que propugna el diálogo, pero en última instancia combate por la caída de ese gobierno, sería la última persona que saldría en ayuda de Castro si, antes de la embolia providencial, éste resultara un buen día víctima de un golpe de Estado o de un levantamiento popular; del mismo modo, Jorge Mas Canosa —que conversó con funcionarios del régimen y no se opuso a negociar con el entorno de Castro, como lo demuestra su conversación secreta con Felipe González— no se hubiera abstenido de participar en un proceso político libre y con todas las garantías democráticas en su país en el muy improbable caso de que una negociación hubiera llevado a Castro a dejar voluntariamente el poder y permitir elecciones impecables. Sin menospreciar diferencias reales desde el punto de vista táctico, o muy legítimas rivalidades políticas, y sin poner en pie de igualdad la capacidad de movilizar a los cubanos de la Florida o de influir en las instituciones norteamericanas, resulta fácil para alguien no cubano como yo encontrar en estas dos organizaciones, la Fundación y la Unión Liberal, por citar sólo a dos, unas coincidencias ideológicas esenciales. Ambas creen en un sistema democrático que reemplace a la dictadura comunista y en una economía de mercado que sustituya a la economía socialista (o al capitalismo «a la china»). Siendo esto así, uno no puede dejar de sentir frustración por el hecho de que no cuaje un frente común contra Castro. Algo de eso se intentó, en Madrid, a través de la Fundación Hispano Cubana, a la que se habían sumado, además, muchas otras personalidades, incluidos opositores del interior de Cuba. Pero la unidad resultó una ilusión. La causa contra Castro quisiera ver a la principal organización del exilio, la Fundación, actuar de consuno con grupos rivales, como la Unión Liberal, que sin tener su misma fuerza cuenta con una cabeza política poco común en América Latina y representa una corriente ideológica fundamental. Además de aumentar la presión sobre Castro y cerrarle vías de intriga, una alianza de ese tipo daría más argumentos a aquellos sectores de la comunidad internacional que, aun habiéndose apartado de La Habana, todavía mantienen cobardes temores de acercarse al exilio, donde está —hasta ahora— la principal oposición contra Castro. Si para la Democracia Cristiana, gran responsable del golpe del general Pinochet, y para el Partido Socialista, su primera víctima, fue posible aliarse para devolver la democracia a Chile, pretender que organizaciones del exilio con pocas diferencias ideológicas reales establezcan alianzas de ancha base, ¿es soñar demasiado?

Cuando uno se acerca a una familia del exilio cubano, se topa con ciertos valores que tienen que ver mucho menos con los Estados Unidos que con el mundo latino, específicamente católico. Por ejemplo, el culto a la familia. Si en los momentos de convulsión colectiva el exilio actúa como una gran familia, en su vida cotidiana hace lo mismo a escala pequeña, replegado en esa unidad esencial que es para él, como para otros latinos, la familia. La integración al país de adopción no ha contagiado a los cubanos, todavía, ese desapego a la familia que es uno de los rasgos notorios de la vida social norteamericana (aunque les haya contagiado valores teóricamente «protestantes» como el trabajo y el esfuerzo). Al contrario: la experiencia del destierro parece haber consolidado ese sentimiento tribal, como si muchos de los exiliados vieran en él un bastión contra el efecto disolvente, centrífugo, de la cultura estadounidense.

Es una forma más de esa ambivalencia típica del exilio cubano —ser y no ser norteamericanos— o, mejor dicho, otra expresión de esa variante cubana de los Estados Unidos, elemento diferenciado dentro de su gran mosaico cultural. Las familias permanecen, por lo general, unidas incluso cuando el inglés se ha entronizado en algunas habitaciones de la casa. Las diferencias lingüísticas, por ejemplo entre padres que hablan normalmente el castellano y con dificultad el inglés e hijos que hablando bien el inglés se expresan de manera defectuosa en español, no han diluido la argamasa que mantiene atada a la familia. En el caso de las familias que sí han transmitido la lengua a las siguientes generaciones, el fenómeno es, por supuesto, más intenso porque el idioma se ha unido a los demás factores de cohesión al interior del núcleo. Conozco pocas familias tan solidarias como las cubanas. He visto el fenómeno en los exiliados de los Estados Unidos, pero también en los exiliados de España y otras partes. El destierro agudiza, ciertamente, el sentimiento familiar, y la dificultad que supone la adaptación a un medio ambiente distinto hace que el individuo busque refugio en su tribu. Pero el exiliado cubano tiene un sentido de la familia aún más marcado que el de otros exilios.

Esos lazos se mantienen también entre las dos Cubas, la de adentro y la de afuera, entre personas que viven en el exilio acomodado y quienes malviven todavía en la Isla. La separación de muchas familias cubanas ha sido compensada por unos y otros preservando, por encima de las murallas políticas, una comunicación constante, puente por el que, cuando ha sido posible, han pasado no sólo palabras de afecto, sino también ayuda material, incluso a sabiendas de que ésta era explotada vilmente por traficantes del dolor o por el propio régimen de Castro, ese capitalista del desgarramiento familiar.

Los valores familiares vienen acompañados de una espiritualidad, casi siempre católica, muy visible en una parte importante del exilio. Recuerdo con sorpresa a Jorge Mas Santos diciéndome que la enseñanza más importante que había recibido de su padre es la fe. No es la respuesta que uno espera en un joven y meteórico empresario de los Estados Unidos de fines del siglo XX. No pocos se sorprendieron, al final del debate televisado que enfrentó a Jorge Mas Canosa y a Ricardo Alarcón, con la invocación religiosa que hizo el exiliado para apelar a la reconciliación política. No era teatro: lo cree, lo creen también los demás. Los exiliados actúan apoyados en su fe. Una fe que no excluye la más decidida militancia política contra el enemigo. Al contrario: la militancia se manifiesta, activa, incluso airada, en favor de su causa y en contra de la contraria. El exilio no pone la otra mejilla. También ha denunciado a la jerarquía católica cubana, en distintas ocasiones, por no adoptar el compromiso político que hubiera cabido esperar de ella y que, por ejemplo, sí hicieron suyo un Ovando y Bravo en Nicaragua o, en Chile, la Vicaría de la Solidaridad. No es ocioso, en este punto, recordar que una de las primeras organizaciones que combatió al régimen de Castro fue la de los jóvenes católicos, entre quienes militó, por ejemplo, Pepe Hernández. Ya entonces era indisociable para muchos cubanos la militancia católica de la lucha contra el opresor. En verdad, se trataba de una vieja herencia: también los líderes de la lucha por la independencia cubana, en la segunda mitad del siglo pasado, apoyaban su actividad política en una fe católica, puesta de manifiesto, por ejemplo, en el texto de José Martí —*El presidio político en Cuba*—, donde el autor describe su paso por la cárcel cuando no ha cumplido los veinte años. Fe católica heredada, claro, del país del que los independentistas buscaban liberarse. Muchos de ellos eran españoles o hijos de españoles; en esos casos, la fe había llegado con ellos mismos. El catolicismo no fue nunca tan masivo en Cuba como en otros países latinoamericanos, pero en su dirigencia política, tanto durante la independencia como en las últimas décadas, es una presencia que se siente.

La iglesia cubana del exilio también tiene los ojos abiertos en política, y participa, desde su función pastoral, en la cruzada contra el régimen de Castro, aunque lo hace a su manera, distinta de la de organizaciones propiamente políticas. Esa simbiosis de fe y política, que no es privativa del exilio, es una de las características notables de la experiencia cubana de la Florida, fácil de advertir para el forastero. No todos participan de esa fe, por supuesto, y hay importantes cabezas políticas agnósticas o, aun, ateas. Pero en Miami es difícil no toparse, cuando uno se acerca a una familia involucrada en política desde una posición más o menos representativa, con ese componente espiritual que actúa como uno de los más efectivos antídotos contra la pérdida de la esperanza. En todo caso, hay que decirlo sin ambages: miles de exiliados cubanos, a pesar de que el cielo no ha aliviado la situación de su país en casi cuarenta años de dictadura comunista, siguen depositando en él mucha fe. Lejos de desvanecerse, la interminable espera parece haber avivado la llama.

La unión de la familia probablemente tiene algo que ver con ello. Todos los cubanos activos en política que conozco viven su militancia como una experiencia familiar antes que partidista o corporativa. Es la familia Mas Canosa, o la familia Hernández, o la familia Pérez, y no sólo su cabeza, la que se moviliza por devolver libertad a Cuba. La organización resulta así, por encima de su estructura de directores y fideicomisarios, una amalgama de familias antes que de individuos. Todas las familias participan de lleno en la actividad que las reúne dentro de la organización. Esto, que vale para la Fundación, vale también para otras organizaciones. La política resulta, pues, una actividad mucho más que política: en verdad, de supervivencia. La familia entera ha sido afectada por la condición de exiliada; por tanto, la recuperación de la libertad —o de la patria— no es una actividad que exima al resto de la familia de su responsabilidad. Oír hablar a las esposas y esposos de la dirigencia, y a sus hijos e hijas, es entender rápidamente la naturaleza muy particular de su empeño político, distinto del normal. Aquí se lucha, antes que por dirimir con el adversario una diferencia ideológica o una rivalidad política, por la supervivencia, como cuando ocurre una gran catástrofe natural. La supervivencia no sólo de los que están afuera: también de los que están adentro y de cuyas condiciones el exilio tiene noticia casi diaria desde hace años por la infinita riada de refugiados que llegan a las costas de la Florida con noticias frescas.

Esta carga familiar —y espiritual— da a muchas de las reuniones políticas una apariencia de cosa religiosa. No están reñidos con dicho ambiente —no podían estarlo, tratándose de cubanos— el humor, la alegría, a veces la fiesta. Pero siempre a partir de unos sentimientos vinculantes entre unos y otros que van más allá de la alianza política, la afinidad ideológica o la comunidad de objetivos prácticos. Como si de cada decisión resultara una cuestión de vida o muerte, muchas de las determinaciones que se toman en el seno de la estructura política en realidad han ido madurando, antes, en el seno familiar, a veces de manera consciente y a veces por el contagio de intuiciones o sentimientos que están en el aire que respiran distintos miembros de la familia, la pequeña o la grande, familia de familias. Programas como el Éxodo, o las becas académicas, han salido de movimientos del espíritu solidario presentes en los miembros de la familia, y de pequeñas actividades dispersas que ya estaban en marcha antes de pasar a ser convertidas en política de la organización. Es lo que se desprende de la experiencia de Clara María del Valle, por ejemplo, cuyas correrías colombianas o panameñas no la vincularon al esfuerzo organizado del Éxodo hasta tiempo después de empezadas por su cuenta, con el apoyo de los suyos.

La familia es también el último bastión de resistencia contra el asedio exterior. Ese asedio lo sufren, sobre todo, los principales dirigentes, pero también muchos exiliados del montón se han sentido heridos de una manera personal por la sensación de que, en palabras de Néstor Almendros, «nadie escuchaba». Un cierto resentimiento es perceptible en el exiliado frente al latinoamericano que, por frivolidad, miedo u oportunismo, ha velado por la perpetuidad del régimen cubano, o el europeo que ha hecho lo mismo, y, junto con el latinoamericano, ha contribuido a fabricar esa imagen infernal que para tanta gente es la del exilio. La familia ha actuado como un refugio donde el exiliado bajo asedio ha encontrado defensas, estabilidad, confirmación de su propia verdad. El que se mete con el exiliado para desacreditarlo políticamente se está metiendo con el honor de la familia. Ésta vive las campañas de desprestigio no como usos de la lid política, sino como afrentas a su honra. La solidaridad de la causa positiva —la lucha por la libertad de Cuba— se redobla con la solidaridad de la causa negativa, o mejor dicho, defensiva: la protección contra el mundo exterior. En años recientes el exilio ha obtenido victorias, su imagen ha empezado a despojarse de algunas de las verrugas que le habían colocado en el rostro Castro y sus propagandistas, y, por la vía de la divulgación o de la justicia, algunas de las afrentas han sido vengadas. Pero aun así persiste el sentimiento de que allí afuera hay un enemigo poderoso y capaz de multiplicarse, contra el que se deben tener dispuestas las defensas en la intimidad del hogar. El hogar donde el exilio preserva a su especie.

La propaganda contra el exilio cubano lo presenta como un ogro voraz, una maquinaria al servicio de una obsesión: arrebatar a los cubanos de la Isla sus casas y sus pertenencias. La espera del exilio no es, según ella, la espera de la libertad, sino la de una masiva expropiación. Esta imagen viene acompañada de un prejuicio ideológico: los exiliados no sólo son egoístas y explotadores por ser hijos del rencor y estar poseídos por el demonio de la venganza, sino también porque su filosofía es la de ese «capitalismo salvaje» que se alimenta de la debilidad ajena.

Un rápido vistazo a la trayectoria de estos cubanos descubre un cuadro distinto. No existe un grupo de latinoamericanos políticamente organizados que, desde una posición ajena al gobierno, haya sido capaz de llevar tan lejos la asistencia social, de proveer a otros ciudadanos desvalidos de una ayuda vital. En el caso de la Fundación, dicha asistencia se ha realizado sin menoscabo de los principios ideológicos esenciales de la organización, según los cuales la riqueza y el bienestar son frutos de la iniciativa privada. Suplantando al gobierno, ella ha practicado con recursos privados el tipo de solidaridad que el socialismo suele atribuirse a sí mismo en calidad de monopolio y que la propaganda considera la negación de todo lo que encarnan los exiliados cubanos. Los principales partidarios de un sistema de economía de mercado en la política latinoamericana —se adelantaron a los demás en defender estas ideas en la región— han resultado, en los hechos, más solidarios que buena parte de sus detractores. Sus actividades nos dicen que no hay una, sino muchas vías para practicar la solidaridad, y que la defensa de la libertad política y económica no está reñida con ese sentimiento humano: la libertad prefiere desplazar el ámbito de acción de lo solidario hacia la sociedad civil, donde, por ejemplo, los cubanos dan a la fraternidad que nace de su infortunio una expresión a la vez creativa y productiva.

El programa del Éxodo, que entre 1988 y 1993 trajo a los Estados Unidos a más de diez mil doscientas personas y reunió a igual número de familias, es un raro ejemplo de asistencialismo productivo. De esa forma, muchas personas de distinta condición —la mayor parte sin grandes recursos— practicaron la solidaridad sin que mediara el Estado, es decir, sin necesidad de desviar grandes fondos recaudados de otros ciudadanos para imponer, a través de la redistribución forzosa, una generosidad que no nacía de los afectados. El asistencialismo del Éxodo fue sólo parcial, pues en verdad lo que hizo fue incorporar al mercado de trabajo norteamericano a esos miles de cubanos que una vez instalados allí han vivido, junto con sus familias, de sus propios recursos. Se trata de una solidaridad creativa, porque sus beneficiarios han encontrado en ella una oportunidad antes que un medio de vida permanente. Ocurre exactamente lo contrario en nuestros días, a gran escala, con el Estado del Bienestar en el mundo desarrollado, donde los subsidios han generado un círculo vicioso de la dependencia en el que el dependiente encuentra mucho más incentivo para seguir siéndolo que para abandonar esa condición.

La intuición que tuvieron los exiliados para aprovechar la rendija abierta, en tiempos de los republicanos, por la Private Sector Initiative, la hubiera podido tener cualquier otro grupo, latino o de distinto origen. La norma establecía, como principio general, una autorización para que la iniciativa privada absorbiera a cuatro mil refugiados al año. Los cubanos, a partir de un instinto solidario con el exiliado varado en países donde no lo dejaban obtener una residencia fija o acceder a un permiso de trabajo, y condenado a vivir separado de sus familiares en la Florida lo mismo que del país que había dejado detrás suyo, encontraron la oportunidad de llevar a la práctica su propia filosofía de la solidaridad basada en la empresa privada. Fue así que en 1988 la Fundación firmó con el gobierno el programa que le pemitiría, a la larga, reunir a miles de familias. La contribución económica del gobierno norteamericano fue insignificante, pues sirvió para pagar la mitad de los seguros médicos de sólo dos mil refugiados. Lo demás —el resto de los seguros de esos dos mil refugiados, el seguro completo de los otros ocho mil doscientos y pico, y los puestos de trabajo, las viviendas y demás necesidades básicas de los más de diez mil doscientos— fue cubierto por la iniciativa privada. La expresión «iniciativa privada» no sirve, por lo fría, para dar una idea cabal del esfuerzo de miles de cubanos de la Florida que facilitaron la venida de sus parientes, ayudándoles a conseguir un trabajo modesto en toda clase de menesteres que iban desde un taller de mecánica hasta una gasolinera.

Otras formas de solidaridad —el Fondo de Estudios Cubanos, becas para estudiantes o simples gestos personales de todos los días con cubanos menos favorecidos— demuestran lo mismo: una aptitud para practicar la generosidad, la ayuda al prójimo —los pedantes hablarían de la «responsabilidad social»—, a través de mecanismos privados, alejados del gobierno. Las ventajas son obvias: una solidaridad de esa índole permite a las personas no depender del gobierno y funda todo el proceso en un movimiento voluntario de la conciencia —o el corazón— de las personas. Se trate de reubicar a exiliados y reunirlos con sus familias, o de promover que un estudiante haga progresos en determinada disciplina, o de colaborar para que un programa de estudios relacionados con el tema de la libertad de Cuba tenga un desarrollo, lo cierto es que muchos exiliados han encontrado una forma de reconciliar su vocación de buenos vecinos con su convicción de que la respuesta a los problemas sociales debe provenir de la propia sociedad antes que del Estado.

La solidaridad no es, pues, un valor reñido con la visión política de los exiliados que piden libertad política y libertad económica para Cuba. Establecer una incompatibilidad entre la libertad y los sentimientos, entre un sistema de derechos políticos e incentivos económicos y el buen corazón, es una mentira que se da de bruces contra la realidad de la diáspora cubana (como se ha dado de bruces contra otras realidades). La solidaridad no es un valor ideológico, sino un ingrediente de la naturaleza humana, un instinto que mueve a una sociedad bajo un sistema político u otro, bajo una ideología o la contraria. Lo que ocurre es que hay distintas maneras de canalizar esa solidaridad, formas de practicarla que resultan más o menos eficientes y que, a la larga, permiten decir que una sociedad es más o menos solidaria. Es una ironía el que, por lo general, quienes dicen gobernar en nombre de la solidaridad en la práctica resulte gobernando en menoscabo del bienestar.

No es común que una oposición política sea capaz de movilizar tantos recursos y de manera tan eficaz detrás de causas solidarias. Que el exilio lo haya logrado no sólo se explica por el grado extremo de sufrimiento en una comunidad construida sobre el dolor, sino por los mecanismos eficaces utilizados para dar forma material al espíritu que informa las acciones sociales del exilio. La lección es meridiana: los exiliados han demostrado que no es necesario usar los recursos del Estado, o esperar a ocuparlo, para poner en marcha la solidaridad, y que, a pesar de las apariencias, la que se manifiesta a través del esfuerzo espontáneo, es decir voluntario, de las familias es mucho más beneficiosa para todos que la intervencionista y redistribuidora.

El mundo moderno ha tenido dificultad en reconciliar la diversidad con la solidaridad, el individualismo con la asistencia social. La sociedad que persigue la solidaridad como política oficial de Estado por lo general intenta eliminar las diferencias, la pluralidad, con los resultados que sabemos: un abismo entre la casta privilegiada que está en el poder y el resto de la sociedad. Quienes quieren dejar en manos de sus individuos el esfuerzo principal de la solidaridad han sido incapaces de transmitir una imagen bondadosa, dando la apariencia más bien, como para muchos el exilio cubano, de un monstruo frío.

Una vez que se desciende al terreno de los hechos concretos, se descubre que las sociedades donde más se ha practicado la solidaridad —o, en todo caso, donde más visible ha sido esa solidaridad en términos materiales— son aquellas donde ella no ha sido política de Estado, sino responsabilidad de los particulares. Así, la Inglaterra de Margaret Thatcher vio el mayor índice de actividad caritativa en el Reino Unido, por más que los enemigos de la *Dama de Hierro* hayan presentado a esta excepcional mujer, por medio del crisol deformante de la propaganda, como alguien inmune a toda emoción solidaria. Ella —que para colmo es metodista— entendió siempre que la solidaridad es un sentimiento íntimo, voluntario, de la gente, y que sólo en un clima de creación de riqueza, de progreso económico, hay recursos disponibles para practicar la solidaridad. La experiencia del exilio cubano demuestra que esto es cierto: nadie ha forzado desde el poder la solidaridad entre los exiliados, pero, motivados por ciertas ocasiones o ciertos dirigentes que los han inspirado, ellos han reaccionado de un modo abrumador a las necesidades de otros exiliados menos afortunados o más necesitados de asistencia. Es la naturaleza humana, actuando en un clima propicio para ello, lo que ha permitido expresar esa solidaridad de una manera efectiva. Y los resultados no han sido menos sino más exitosos. Ejemplo de ello es que los exiliados lograron montar puestos de ayuda a los damnificados por el huracán *Andrews* antes que el gobierno estatal de la Florida —o el federal de los Estados Unidos para tal caso—. La eficiencia —es decir, la capacidad de llevarla a destino— no es un ingrediente secundario de la solidaridad cuando lo que está en juego es la vida o la muerte.

No es la primera vez que existe un exilio cubano numeroso, organizado y políticamente activo en los Estados Unidos (pero sí es la primera vez que sus enemigos le aplican la delicada métafora de «gusanos» —siempre me ha dejado perplejo la comparación entre los cubanos de la diáspora y esa larva vermiforme). Se suele perder de vista que este exilio, lo mismo por el hecho de constituir una comunidad trasplantada de Cuba a los Estados Unidos que por sus actividades políticas, tiene precedentes históricos cuya grandeza los actuales detractores de los cubanos de Miami no se atreverían a poner en duda. Desde la independencia hasta hoy, la lucha contra las distintas eras de opresión —la colonial, primero; la de sucesivos tiranuelos republicanos, después— ha girado alrededor de un pivote que estaba formado por cubanos en los Estados Unidos. No podía ser de otra manera: la historia —la Florida fue controlada desde Cuba por los españoles durante varios siglos y cuatro de sus gobernadores fueron cubanos— y la geografía han comunicado siempre los destinos de la potencia norteamericana y de la ínsula caribeña. Muchos han emigrado en busca de cobijo u oportunidades. Pero por tratarse de una sociedad abierta desde la que era posible influir en la política exterior de la gran potencia hemisférica, los cubanos emigraron también hacia allá en busca de sostén para su causa en Washington. Lo que hacen hoy la Fundación y otros grupos lo han hecho, de una u otra manera y desde los tiempos de Carlos Manuel de Céspedes y su «república en armas», todas las diásporas cubanas que querían liberar a su país. Desde el Grito de Yara en 1868 hasta la guerra hispano-norteamericana, los más ilustres independentistas, entre ellos José Martí, fatigaron «las entrañas del monstruo», y Estrada Palma llegó a hipotecar a la república para intentar arrancar al Congreso de los Estados Unidos una declaración de beligerancia que respaldara a los independentistas contra España. Desde las fábricas de Tampa y Key West —marmitas donde hervía el exilio cubano del siglo pasado—, los exiliados vivían pendientes de su país, cuyo destino buscaban resolver desde allí mismo. En tiempos de vida independiente pasó lo mismo: las tiranías —Machado, Batista— expulsaron a muchos cubanos a los Estados Unidos y ellos, una vez allí, se organizaron y militaron en favor de la libertad de su país. Inspirados en sus predecesores del siglo anterior, buscaron maneras de recaudar fondos y penetrar las instituciones norteamericanas para, aprovechando la naturaleza permeable del sistema, encontrar aliados en los Estados Unidos.

El exilio actual, si bien está mejor organizado, dialoga de tú a tú con los poderes norteamericanos y ejerce una influencia que exilios anteriores no alcanzaron, pertenece al linaje de esos otros cubanos que, cobijados en los Estados Unidos, salieron a conquistar su cueva encantada de tesoros, incluidos los políticos, asequibles para el buen buscador, en lugar de quedarse de brazos cruzados a la espera de hechos fortuitos —la inmolación libertaria de las masas en las calles de La Habana, la felonía de los lugartenientes, el aneurisma providencial— o quemar las naves y pasar de exiliados a inmigrantes. Nadie se atrevería a reprocharles retrospectivamente a los independentistas que pugnaran por la liberación de su país desde los Estados Unidos, como nadie parece reprocharle a Fidel Castro que, en tiempos de Batista, haya hecho algo parecido. El parentesco que une a la Fundación con los independentistas o con los adversarios de Machado y de Batista no es sólo el de la condición de exilio militante en los Estados Unidos: también el de víctima de la propaganda más furibunda. Los otros exilios, hoy prestigiados por la historia, fueron acusados por aquellos a quienes combatían y sus aliados internacionales de las mismas cosas que son acusados, en estos tiempos, los cubanos de la Florida. Los vendepatrias de hoy también lo eran ayer: de los independentistas que se organizaban en los Estados Unidos los españoles decían las mismas cosas que hoy dicen Castro y sus corifeos de la orilla de enfrente. La historia de los exilios cubanos es, por lo menos en ese sentido, circular como la de Platón.

Las similitudes terminan allí donde empiezan las diferencias. Una muy grande: los exiliados de la actualidad han tenido que multiplicarse en dos frentes, invirtiendo energías en combatir contra la opinión pública y las instituciones norteamericanas al mismo tiempo que lo hacían contra la opresión en Cuba. Desde la traición de Bahía de Cochinos, los Estados Unidos mantuvieron al exilio a distancia, cuando no lo hostilizaron, y, a pesar de su política formal, fueron engatusados por la propaganda del castrismo, que logró permear a instituciones, medios de comunicación y personas ilustres, de modo que para todos ellos el exilio era una peste que había que mantener en los pantanos —ya quedan muy pocos— de la Florida. Aunque el embargo haya estado en pie —muchas veces cojeó, como se ha visto, y nunca hizo Estados Unidos un esfuerzo serio por impedir su sistemática violación o embarcar a otros países detrás de su propia política—, la causa de los actuales exiliados se ha abierto paso en los Estados Unidos a contracorriente. Los independentistas del siglo pasado, que no siempre conseguían todo lo que querían, pues no todos en Washington estaban dispuestos a comprarse conflictos armados, estaban sin embargo nimbados por la gloria de luchar por lo que todos percibían como una causa justa, pues no era distinta de la que habían abrazado los norteamericanos un siglo antes contra Inglaterra. Los atropellos cometidos por las autoridades españolas en la Isla eran materia constante de divulgación y repudio en los Estados Unidos. La causa anticolonial era la causa por excelencia en aquellos tiempos todavía impregnados por la Ilustración, aunque las repúblicas independientes latinoamericanas ya se las hubieran arreglado para desilusionar en parte a sus pueblos. Mientras que los independentistas no encontraban en el resto de latinoamericanos la solidaridad que reclamaban —y en eso se parecían a los actuales exiliados—, sí encontraban en los Estados Unidos el eco, la caución moral y, a veces, los recursos que pretendían, por más que no encontraran —hasta la guerra del 98, claro— el sustento bélico que querían. Las dificultades que tenían —se les confiscaron armas, por ejemplo— eran, en todo caso, las que decretaban unos políticos timoratos, no los que imponía una opinión pública hostil. Los actuales exiliados no sólo chocaron con oídos sordos, durante muchos años, en los pasillos del poder en Washington: también con la hostilidad de una opinión pública sensibilizada por la propaganda, que hizo creer a muchos en Estados Unidos que el exilio era, como los «blancos» en la Rusia de 1917, lo que quedaba de un viejo y caduco orden que se resistía a morir y ser suplantado por la nueva era del progreso. Sólo hubo batistianos en alguno que otro puesto prominente del exilio en los años sesenta, pero pronto quedaron atrás. La dirigencia de la Fundación, desde su comienzo, ha estado compuesta por gentes que combatieron a Batista antes de enfrentarse a Castro. Aun así, el enemigo que constituye su propia imagen parecía haberse colado por todas partes, y luchar contra el espejo deformante no ha sido una de las tareas más sencillas.

Como las dictaduras de Machado y de Batista encarnaban el lado reaccionario del enfrentamiento entre la «reacción» y el «progreso» (a pesar de que ambos habían pasado por «progresistas» en su momento), el exilio tampoco fue impopular en aquellas etapas. Los Estados Unidos —el gobierno, los grandes capitalistas— apoyaron durante bastante tiempo a ambas dictaduras, lo que supuso para ambos exilios una obvia frustración. Pero sus causas no eran impopulares en la opinión pública, y en determinado momento los Estados Unidos cambiaron de política y dejaron sin piso a esos dictadores. Aunque en los años veinte el exilio contra Machado vivió frustrado por el abrazo de los gobernantes y la elite económica norteamericana al dictador y no encontró gran eco en el resto de la sociedad, en los años treinta la situación varió. El exiliado contra Machado se volvió prestigioso y útil, algo a lo que la llegada al poder de Roosevelt, inclinado a revisar la política hacia Cuba, contribuyó. La Junta Revolucionaria del exilio, basada en Nueva York, tenía un representante en Washington con fácil acceso, en esos años, al *establishment* norteamericano. En cuanto a Batista, el respaldo oficial que tuvo en Estados Unidos no fue nunca el de la opinión pública. Y, en última instancia, nadie contribuyó tanto al desmoronamiento de la dictadura a lo largo de 1958 como Estados Unidos. Ser un exiliado cubano en tiempos de Machado o de Batista —y traducir esa condición en una militancia contra el enemigo situado a noventa millas— estaba bien visto en muchos círculos y, en el peor de los casos, éste no tenía que soportar, de parte del país adoptivo, un desamor mayor que el de la indiferencia.

Un caso muy distinto es el del actual exilio, que ha debido conjurar, al tiempo que enfrentaba a Castro, una condición de apestado político. Contra el fantasma de Batista y contra la simetría de los contrarios —esa equivalencia perversa que la propaganda establece entre el exilio y el propio Castro— los cubanos de la Florida han debido emplear tantos recursos morales, políticos y económicos como contra el totalitarismo de su país. Mientras que exilios anteriores, cuando no tenían la simpatía del gobierno de turno, contaban, a la corta o a la larga, con la de importantes sectores de la sociedad civil y la de muchas instituciones, la diáspora de nuestros días ha debido hacer frente a distintas formas de hostilidad del conjunto de la opinión pública. En eso, estos exiliados que tienen tanto abolengo histórico son diferentes de todos sus predecesores.

La Fundación ha logrado estructurar un movimiento más organizado, independiente e influyente que cualquier otro exilio cubano, y en este aspecto, aunque no haya diferencias esenciales con los anteriores, sí las hay de tamaño y logro. Aprendiendo de la experiencia del Frente Revolucionario Democrático y el Consejo Revolucionario Cubano, a comienzos de los sesenta, y del RECE, en los sesenta y comienzos de los setenta, los exiliados decidieron, a partir de los años ochenta, estructurados en una organización muy distinta de aquéllas, independizar a la causa de Cuba en los Estados Unidos de los propios norteamericanos, de modo que, empinados sobre sus propias finanzas y a partir de su propia estrategia política, estuvieran en condiciones de cumplir dos objetivos: poner las decisiones de la oposición contra Castro en manos de cubanos y dejar sentadas las bases para que, en el futuro, una Cuba libre sea capaz de seguir influyendo desde una posición de independencia y de fuerza en las instituciones norteamericanas, a favor de los intereses de la nueva república. En esa doble tarea va implícita la correspondencia entre la destrucción de la dictadura y la reconstrucción de Cuba, así como la inauguración de una relación entre los cubanos y Washington que Cuba no ha conocido realmente en un siglo de vida «independiente». Que los cubanos de la gesta independentista no lograran articularse en una organización poderosa dentro de los Estados Unidos, para influir en la política exterior y marcar la pauta de las futuras relaciones entre Washington y La Habana, acaso explica el que, una vez liberada de España, Cuba pasara con tanta facilidad a vivir bajo la hegemonía de los Estados Unidos durante muchos años.

Aunque la propaganda es una actividad que practican los gobiernos desde siempre —tan vieja que uno se siente tentado, y no sólo por razones de antigüedad, de colocarla inmediatamente después de la profesión más antigua del mundo—, nadie la ha llevado tan lejos como los totalitarios, tanto en su vertiente nazi y fascista como en la comunista. Por eso nuestro siglo de totalitarismos ha sido también el siglo de la propaganda. Los latinoamericanos, que hemos vivido en uno de los teatros de batalla del comunismo, conocemos bien de lo que es capaz la propaganda. Dentro del universo de latinoamericanos afectados por la mentira política, nadie la ha experimentado en carne propia tanto como los exiliados cubanos. Ella ha convertido a los cubanos desterrados en los Estados Unidos en una suerte de exilio maldito, al que uno sólo se debe acercar, como al conde Drácula, con un crucifijo en la mano. Miami es el castillo transilvano del personaje de Bram Stoker en su versión latinoamericana.

A medida que las verdades del totalitarismo fueron saliendo a la luz, la efectividad de la propaganda totalitaria disminuyó y sus adversarios fueron recobrando otra vez el perfil humano que la mentira política había reemplazado por un monstruo. El exilio cubano, gracias en parte a los hechos alucinantes de la última década en Europa y en parte a la evidencia de sus propios logros, ha ido ganando mayor respetabilidad en círculos ante los que Miami era algo así como el Averno. Pero subsiste una imagen deformada del exilio: los vestigios de la propaganda están por todas partes, y ciertos gobiernos, instituciones, medios de comunicación y personalidades siguen idiotizados por su hechizo. Para ellos, los cubanos de la Florida son todavía los «gusanos» de la propaganda castrista.

El exilio no ha sabido venderse a sí mismo con la eficacia con la que ha sabido prosperar y organizarse políticamente en los Estados Unidos. Las deficiencias de su *marketing* guardan poca relación con el talento y la sofisticación demostrada en otros órdenes. Aunque eso empieza a cambiar, es imposible no advertir su escaso éxito en contrarrestar a la propaganda castrista. Ya sea porque ha habido, a lo largo de los años, episodios que sirvieron a esa propaganda —por ejemplo, los actos terroristas de una minoría—, ya sea porque Castro gozaba dentro y fuera de los Estados Unidos de unas credenciales que colocaban automáticamente al exilio en el bando de los réprobos, y porque defender la democracia contra el comunismo es la más incomprendida de las tareas que ha enfrentado en nuestro tiempo un latinoamericano activo en política, lo cierto es que el exilio ha sido un pobre comunicador de sus méritos y su verdad.

Los exiliados cubanos organizados en la Fundación se inspiraron mucho, en sus comienzos, en el modelo judío. Establecieron provechosas relaciones con las organizaciones judías más importantes de los Estados Unidos, especialmente el American Israeli Public Affairs Committee, y con ciertas personalidades de origen judío, en la Florida, Nueva York o Washington. A pesar de las afinidades que acercan a judíos —israelíes o no— y cubanos de los Estados Unidos, la percepción que de estas dos comunidades se ha tenido no puede haber sido más diferente. La causa judía, aunque contara con la simpatía de la derecha y los conservadores, era también la causa de la izquierda, un amplio espectro «progresista» al que en ese país, al revés de lo que ocurre en Europa y otras partes, llaman «liberal». Por diversas razones, entre ellas el hecho de que buena parte de esa izquierda era de origen judío, incluyendo a los dueños, los directores o los formadores de opinión de los grandes medios de comunicación, los judíos estaban inmunizados contra la izquierda. Aunque han tenido y tienen enemigos, y la propaganda palestina y los abusos del propio Estado de Israel también los han afectado en los Estados Unidos, ellos han sido percibidos, comprensiblemente, como una comunidad de «víctimas», directas o históricas. Los cubanos, que por razones distintas son también víctimas, han sido vistos en cambio como victimarios. Los judíos arrastran una herida que conmueve; los cubanos, un estigma que horroriza. Esa percepción, en el caso de los cubanos, no ha sido sólo la de la izquierda de otros países: también la de la izquierda norteamericana. Sus infortunios no los han defendido contra la propaganda enemiga, como ha ocurrido con los judíos. Tuve ocasión de comprobar en Miami cómo un periódico de la izquierda norteamericana, el *Miami Herald,* abrazaba de manera radical la «línea dura» de la causa judía, cuyo poder en el sur de la Florida no es desdeñable pero es inferior al cubano, al mismo tiempo que miraba con sospecha la causa de los exiliados más influyentes y a veces hacía suyas las verdades de la propaganda castrista. Es probable que esta ambivalencia, y no sólo la fraternidad del infortunio, haya contribuido a que los judíos tengan para con los cubanos una sensibilidad que otras comunidades de los Estados Unidos no han tenido.

Si comparar la causa de los exiliados cubanos con la judía en los Estados Unidos resulta impreciso, puede llegarse a las mismas conclusiones comparándola con la de los exiliados centroeuropeos. Aunque la izquierda europea pasó, con excepciones, por una etapa de ceguera frente a los horrores del comunismo y predicó el apaciguamiento al tiempo que denunciaba como belicista o reaccionario todo intento de hacer algo concreto contra el totalitarismo soviético y centroeuropeo, el exiliado ruso, polaco, checo, húngaro, búlgaro o rumano en líneas generales no fue hostilizado sino protegido por el Occidente y gozó de respetabilidad. Un exiliado centroeuropeo encontraba un clima receptivo, tolerante, o por lo menos neutral, en Europa, porque buena parte de la izquierda había roto temprano con el totalitarismo, aunque siguiera, en el terreno de la táctica, beneficiando en términos objetivos a esas dictaduras comunistas. El exiliado tenía que cuidarse de los numerosos agentes soviéticos, polacos, checos, rumanos o búlgaros que, paraguas en mano, andaban libremente por Occidente envenenando disidentes, pero sus grupos o pequeñas comunidades no tenían la sensación de ser apestados políticos en los países que, se suponía, encarnaban los valores por los que ellos se habían enfrentado al comunismo. Es posible que si hubieran llegado a formar comunidades tan prósperas e influyentes como la del exilio cubano en sus países adoptivos hubieran despertado recelo, pero su condición era también, a ojos de las sociedades en las que se habían exiliado, la de víctimas. Y en Estados Unidos los exiliados centroeuropeos sí sumaron muchos miles y nunca fueron vistos de mala manera. Los cubanos de la Florida, en cambio, siempre han sido los malos de la película.

Los exiliados que han hecho tanto contra la propaganda con la que Castro ha tratado de lobotomizar a los cubanos de la Isla han hecho poco por neutralizar la propaganda de la que ellos han sido víctimas en todo el mundo. Los esfuerzos obsesivos del exilio, que culminaron en el nacimiento de Radio y Televisión Martí, por proveer a los cubanos fuentes de información alternativas con las cuales defenderse del bombardeo de la desinformación oficial, han dado resultados notables. No hay cubano que llegue a la Florida y no dé fe de cuánto se oye Radio Martí en la Isla. También ayudan a contrarrestar la propaganda oficial las radios comerciales de Miami —La Cubanísima, Radio Mambí, Cadena Azul—. La Fundación, que obtuvo con Radio Martí su primer gran éxito en los Estados Unidos, lanzó en 1989 una radio propia, La Voz de la Fundación, con la que desde entonces realiza la labor de divulgación que le impiden los medios de comunicación del régimen cubano. Otros grupos, como el CID, han utilizado sus propias radios para comunicarse con Cuba. Los artículos de prensa también se cuelan con frecuencia en la Isla, verdaderos *samizdats* cubanos que, de mano en mano, suplen las carencias —y conjuran la brujería— de los pasquines oficiales.

Comunicación de ida y vuelta: la radio que dirige Ninoska Pérez no sólo ha hecho escuchar en Cuba la voz del exilio, sino que también ha hecho escuchar a los cubanos su propia voz. Los disidentes que no encuentran posibilidad de expresarse en Cuba han podido ser oídos en la Isla por esa carambola periodística que lleva su voz de la Isla a Miami y de Miami a la Isla. En los últimos tiempos, Ninoska ha querido exponer ante los cubanos las verdades que forman parte de la experiencia cotidiana en su país y de las que ellos sólo tienen noticia por la vía del rumor cuando no son sus protagonistas. Disfrazándose de personajes distintos, con su repertorio infinito de acentos, Ninoska ha logrado tender una trampa verbal a una amplia gama de funcionarios cubanos que, a veces bajo el efecto corrosivo de la burla, han ido siendo desvestidos hasta mostrar todas sus vergüenzas a los demás cubanos. Así, detalle por detalle, ha sido puesta al descubierto a ojos de los oyentes la farsa esencial del socialismo cubano, el abismo entre su verdad oficial y la realidad. Los privilegios del poder y las miserias de la calle, las prácticas comunes del régimen policial y los padecimientos de sus víctimas, han desfilado por estos programas, muestrario de las intimidades de una sociedad totalitaria. A través de ellos, muchos cubanos descubren lo que no saben, confirman lo que ya presienten o ven legitimadas por la vía de la comunicación masiva las opiniones que atesoran en el mundo interior y protegido de sus conciencias. También ríen y se burlan de sus poderosos, como lo hacen los ciudadanos de los países democráticos de los suyos.

La comunicación será una de las prioridades de la Cuba poscastrista. La verdad es la gran víctima del totalitarismo. La primera misión del postotalitarismo será, por tanto, restituir la transparencia, una correspondencia entre el discurso oficial —incluyendo la estadística— y la realidad. Sin esa base no es posible construir nada. Pero la experiencia de los países liberados del comunismo demuestra también que el sistema, además de acabar con la libertad, arrasa con las instituciones sociales del capitalismo, en realidad con la noción misma de economía, obligando a quienes vienen detrás poco menos que a partir de cero, marcianos —en el caso cubano— aterrizados sobre el trópico sin ayuda de Spielberg. Inventar una cultura democrática y capitalista requerirá, entre otras cosas, una magia de la comunicación, capaz de ir despertando en los ciudadanos la confianza en la ley y la idea de que la libertad económica es un siamés del Estado de Derecho, si no se quiere desembocar, como los rusos, en un nuevo Chicago de las mafias. Será urgente suplir, por la vía de la comunicación —que es lo contrario de la propaganda—, la falta de educación democrática y de noción de las instituciones capitalistas. La reconstrucción no podrá esperar a que exista una cultura de libertad: ambas cosas, y en esto residirá el gran desafío, deberán correr paralelas. Ciertos valores, pues, tendrán que ser transmitidos a gran velocidad. Lo que a la humanidad ha tomado siglos aprender, los supervivientes del comunismo están obligados a aprenderlo de la noche a la mañana, como contar hasta diez.

No es posible determinar qué exiliado ocupará qué puesto en el organigrama político cubano del poscastrismo, pero es a todas luces el exilio quien deberá jugar ese rol decisivo que consistirá en la transmisión, el contagio social, de los valores democráticos y capitalistas aprendidos en la cultura del destierro. El exilio cubano se revelará entonces como la gran ventaja de Cuba sobre los demás países que fueron comunistas. Ninguno de esos países contó con la participación directa, a la hora del cambio, de un exilio numeroso y organizado que se había preparado para ello buena parte de su vida. Es probable que la mayor parte de los exiliados no regrese a instalarse en Cuba, pero muchos miles lo harán, y quienes no lo hagan gravitarán, por la vía de la inversión, el comercio, el turismo o las remesas a los familiares, en la economía de la nueva Cuba.

De la misma forma que los exiliados han sabido transmitir, de generación en generación, una cierta idea de Cuba, protegida contra el efecto disolvente de la aspiradora cultural norteamericana, ellos tendrán que transmitir a los otros cubanos, a los que están adentro, una cierta idea de la sociedad democrática capitalista. El exilio será, pues, un puente no sólo entre las viejas y las nuevas generaciones, y entre los de afuera y los de adentro, sino también entre la Cuba de antes y la Cuba de después. Ello no significa que los cubanos de la Isla no tengan, como cualquier ser humano, unos instintos que los hagan aptos para la libertad —si fuera el caso no saldrían navegando en boyas o sobre las maderas de las puertas de sus casas—. Pero hay una cultura, hecha de práctica y tiempo, que los cubanos de la Cuba castrista no tienen todavía y que tendrá que ser transmitida, por medio de una convivencia lo menos paternalista posible, por los cubanos del exilio. Evitar el paternalismo implica contar en todo con esos cubanos, incluidos muchos funcionarios y colaboradores de la burocracia comunista, como ha hecho, de manera sabia, por ejemplo, Vaclav Havel en la República Checa, línea que también han seguido otros países.

El grueso de los exiliados son conscientes de que si se proponen recuperar sus antiguas propiedades, y castigar a todo aquel que haya ejercido alguna forma de colaboración con el régimen, el resultado no sería la justicia, sino una nueva forma de arbitrariedad institucionalizada, acaso una guerra civil. La tolerancia, el perdón, será, a juzgar por la experiencia con que se cuenta y las señales que envían ellos mismos, la actitud de la mayor parte de los exiliados, en todo caso de aquellos que estarán en condiciones de jugar un papel de avanzada en la reconstrucción cubana. Es la clave para que esa ósmosis de cultura democrática y conocimientos económicos se produzca de manera veloz y las dos Cubas vayan volviéndose una sola, sin traumas.

Por eso es útil que haya un esfuerzo en el exilio por pensar la transición y hacer planes —que podrán ser revisados por los acontecimientos, adaptados a la evolución de los hechos, que en la historia nunca están predeterminados— para el día después. Uno de estos esfuerzos, de los que se da cuenta en este libro, es el de la Blue Ribbon Commission establecida por la Fundación en mayo de 1991 y que bajo la conducción de Domingo Moreyra y el ex especialista de la Heritage Thomas Cox reunió, en una «tormenta cerebral» (para traducir literalmente la bella metáfora sajona), a un grupo de pesos pesados del mundo de la política y la economía. La transición que proponen contempla esas primeras semanas de zozobra en las que será necesario garantizar el suministro de alimentos, medicinas e insumos industriales básicos, pero también, y sobre todo, las líneas maestras de la descomunización del Estado cubano, la transferencia masiva no sólo de activos sino también de responsabilidades de la burocracia política a la sociedad civil. Una sociedad civil que empezará a merecer ese nombre en la medida en que vaya ganando espacios y sacudiéndose la condición de zombi mediante la práctica más elemental: la toma de decisiones propias. Todo ello bajo el estímulo de las transferencias económicas del exterior, tanto las de la inversión extranjera como las del exilio en marcha, para las que será vital dar todas las facilidades legales del mundo, como corresponde a una sociedad abierta. Para entonces el embargo ya será historia.

Resulta menos importante a estas alturas saber si se producirán los diecisiete mil millones de dólares de inversión que prevé el estudio, o si los exiliados transferirán, efectivamente, los tres mil o cuatro mil millones de dólares previstos para el primer año, que el principio de impulsar la transición de manera veloz, antes de que la apatía o el cinismo echen a perder el entusiasmo de la primera hora y de que las antiguas estructuras burocráticas vuelvan a concentrar tanto poder, como ahora en Rusia, que confundan la privatización del Estado y la apertura de la economía con el mundo de las mafias. Importa menos —con lo significativo que es— si los ingresos por las privatizaciones serán suficientes para mantener, mientras no puedan ser provistos de otra manera, los servicios básicos, y pagar al Ejército desmovilizado mientras se incorpora al mercado del trabajo, que entender la urgencia de que el gobierno de la burocracia todopoderosa se convierta en el gobierno de las leyes. Estos principios informan el plan de reconstrucción de la Fundación.

Los exiliados han aprendido una lección importante de la experiencia de Europa central y, para tal caso, de América Latina: la necesidad, para no crear un nuevo *apartheid* económico, de hacer participar a los trabajadores en el sistema capitalista a través del accionariado difundido. La difusión de la propiedad es una de las grandes ausencias de la ola de privatizaciones en América Latina, emprendida no tanto para abrir la competencia e incorporar a los ciudadanos al mercado como para obtener recursos para el Estado a través de la venta de activos. Los centroeuropeos, aunque no todos y no de la misma manera, sí han incorporado a los trabajadores a la propiedad de las empresas, y con resultados magníficos. Nada persuade a los ciudadanos de las ventajas del sistema capitalista como el sentirse propietarios y extraer de él, más temprano que tarde, los beneficios. También en este punto importa menos la propuesta de destinar el 20 por 100 de las acciones de las empresas privatizadas a los trabajadores es el porcentaje ideal que el principio de difundir el capitalismo popular, como lo hizo Margaret Thatcher en el Reino Unido. Los exiliados (y no sólo Mastec) ya lo practican en sus propias empresas, algo que constituye, por lo demás, una costumbre de las grandes compañías norteamericanas, interesadas en comprometer a los trabajadores con el destino económico de las empresas en las que éstos se emplean. La propiedad, ya se sabe, es el fundamento de la libertad.

La transición será una gran aventura para los jóvenes del exilio en Cuba. Misión Martí, por ejemplo, ya ha capacitado a miles de ellos para convertirse en un cuerpo de paz de la transición. Desde que en 1987 Pepe Hernández puso en marcha el plan, confiándoles a los propios jóvenes su elaboración y desarrollo, estas muchachas y muchachos, que podrían fácilmente haber perdido todo interés por Cuba, se han entrenado con la ilusión de servir en el futuro al país de sus padres y abuelos. Otra vez, importan menos, por ahora, los detalles que el principio de evitarle a la Cuba del futuro ese *impasse* generacional que en determinado momento tuvo el exilio actual, cuando sus dirigentes, entonces muy jóvenes, veían sus ilusiones frustradas por una generación de mayores que había secuestrado, a veces con las mejores intenciones, la conducción de la política en el destierro. Crear, desde el exilio, un interés en las nuevas generaciones por un proyecto al que ellas podrán contribuir de manera preferente dadas las leyes inexorables del calendario biológico, es otra forma de cerrar las heridas de los últimos cuarenta años.

Al ponerse a pensar en la reconstrucción, el exilio llena un vacío. Nadie en Cuba puede hacerlo. Los que mandan, porque trabajan en contra de ella; los que no, porque tienen otras prioridades —las de la supervivencia diaria— y porque el sistema policial que los aprisiona se lo impide. El horizonte que requiere el ejercicio de pensar la transición no está dentro de Cuba, porque, aunque existan la capacidad intelectual o los instintos correctos, los constreñimientos que limitan ese ejercicio son insuperables. Es el exilio, pues, que sí está en disposición de hacerlo, el que se ha puesto a pensar la transición. Los protagonistas cotidianos de la transición serán los millones de cubanos que ya están en la Isla, pero ella cuenta ya desde el exterior con la capacidad de organización, la visión de largo plazo y la experiencia indispensables para evitar que, como les ocurrió a los centroeuropeos, los ciudadanos amanezcan un buen día sin comunismo y se miren las caras preguntándose qué hacer. Gracias al exilio, ese día todos —los que están y los que irán— sabrán por dónde empezar.

No es seguro que entonces el mundo haga justicia al exilio maldito, pero él estará tan ocupado que no importará.

BIBLIOGRAFÍA

BAYO, Carlos Enrique, «La DEA protege a narcos y yanquis blancos», *Cambio 16,* 21 de agosto, 1995.

BLOOM, Allan, *The Closing of the American Mind,* Nueva York, Simon & Schuster, 1987.

BOYD, Christopher, «Mas Canosa's Wired for Growth», *Hispanic Business,* marzo, 1994.

CARDOZO, Ivette, «For Cubans in Miami there is no escape from terrorism», *Floridian,* 10 de septiembre, 1978.

CARTER, Tom, «Cuban Exile Seeks Peaceful Transition», *The Washington Times,* 10 de junio, 1993.

CEMBRERO, Ignacio, «Fernando Villalonga: ¡Basta ya de satanizar al exilio cubano!», *El País,* 21 de julio, 1996.

CLARK, Juan, *Cuba: mito y realidad,* Miami, Saeta Ediciones, 1990.

DEFEDE, Jim, «Back on Top», *Miami New Times,* septiembre 22-28, 1994.

DEL PINO, Rafael, *Proa a la libertad,* Ciudad de México, Planeta, 1990.

ESCALANTE, Fabián, *The Secret War: CIA Covert Operations Against Cuba, 1959-62,* Melbourne, Ocean Press, 1995, distribuido en Estados Unidos por Talman Co.

FAILDE, Augusto, y DOYLE, William, *Éxito latino,* Nueva York, Simon & Schuster, 1996.

FALK, Pamela, «Exiles Set Policy Agenda on Cuba For Next Administration», *The Wall Street Journal,* 16 de octubre, 1992.

FIEDLER, Tom, «How Candidates Were Squeazed on Castro Policy», *The Miami Herald,* 26 de abril, 1992.

FOGEL, Jean-François, y ROSENTHAL, Bertrand, *Fin de Siècle à La Havane,* París, Seuil, 1993.

FONZI, Gaeton, «Who Is Jorge Mas Canosa», *Esquire,* enero, 1993.

GANNON, Michael, *Florida, A Short History,* Gainesville, University Press of Florida, 1993.

GARCÍA, María Cristina, *Havana USA,* Berkeley y Los Ángeles, University of California Press, 1996.

GEDDA, George, «The Cuba lobby», *Foreign Service Journal,* junio, 1993.

GETTER, Lisa, y LEEN, Jeff, «Suit Prompts Tough Look At Mas Canosa», *The Miami Herald,* 2 de agosto, 1996.

GORTÁZAR, Guillermo, «Cuba: los requisitos de la competencia en la economía global», discurso pronunciado en La Habana el 16 de noviembre de 1995 con ocasión del seminario «Cuba y la Unión Europea».

HUNT, Howard, *Give Us This Day,* New Rochelle, Nueva York, Arlington House, 1973.

KAGAN, Robert, *A Twilight Struggle: American Power and Nicaragua 1977-1990,* Nueva York, Free Press, 1996.

KENNEDY, Paul, «U.S. Helps Train an Anti-Castro Force At Secret Guatemalan Air-Ground Base», *The New York Times,* 10 de enero, 1961.

KOCH, Stephen, *El fin de la inocencia,* Madrid, Tusquets, 1997. (En inglés: *Double Lives: Spies & Writers in the Secret Soviet War of Ideas Against the West,* Nueva York, Free Press, 1994.)

KRAMER, Michael, «Searching for Cuba Libre», *Time,* 18 de junio, 1990.

LAZO, Mario, *Daga en el corazón,* Madrid, Minerva, 1972.

MARTÍ, José, *Mis propias palabras (Antología),* Santo Domingo, Taller, 1995.

— *Nuestra América,* Caracas, Biblioteca Ayacucho, 1977.

— *Ensayos y crónicas,* Madrid, Anaya & Mario Muchnik, 1995.

— *La gran enciclopedia martiana (10 vols.),* Miami, Editorial Martiana, 1978.

MARTÍNEZ, Guillermo, «Elite de poder en el exilio cubano», *The Miami Herald,* 16 de enero, 1983.

MAS CANOSA, Jorge, «¿Era necesaria la transición?», *El País,* 25 de noviembre, 1996.

McCOMBS, Phil, «Havana Great Time», *The Washington Post,* 26 de mayo, 1993.

MESA-LAGO, Carmelo, *The Economy of Socialist Cuba,* Alburquerque, University of New Mexico Press, 1981.

MÍGUEZ, Alberto, «El exilio cubano prepara la recuperación económica de la Isla», *La Vanguardia,* 11 de mayo, 1992.

MONTANER, Carlos Alberto, *Fidel Castro y la revolución cubana,* Madrid, Plaza & Janés, 1983.

MONTOYA, Roberto, «¿Quién abrió la puerta a Mas Canosa en España?», *El Mundo,* 21 de julio, 1992.

MULIN, Jim, «The Howitzer & The Flea», *Miami New Times,* 1-7 agosto, 1996.

NIXON, Richard, «Cuba, Castro & John Kennedy», *The Reader's Digest,* noviembre, 1962.

ONDETTI, Gabriel, «Mas Canosa Plans For Cuba After Castro», *The Jersey Journal,* 11 de julio, 1992.

OPPENHEIMER, Andrés, *Castro's Final Hour,* Nueva York, Simon & Schuster, 1992.

OROZCO, Ramón, *Cuba roja,* Madrid, Información y Revistas, S. A., Cambio 16, 1993.

OWENS, Dory, «Who's Got the Clout-The Growing Strength of the Cuban Constituency», *Hispanic Business,* julio, 1989.

PAVLOV, Juri, *Soviet-Cuban Alliance (1959-1991),* Miami, University of Miami, North-South Center, distribuido por Transaction Publishers, 1994.

PERDOMO TORRES, Ángel, «"Esta es la hora de los cubanos dignos", declara Jorge Mas Canosa», *Índice,* 31 de agosto, 1975.

PÉREZ GIMÉNEZ, Alberto, «Mas Canosa: "Con moral y paciencia, el empresario español ganaría más que con Castro y sería más respetado por el pueblo de Cuba"», *ABC,* 11 de julio, 1996.

REVEL, Jean-François, *La connaissance inutile,* París, Grasset, 1988.

ROS, Luis Enrique, *Girón: la verdadera historia,* Miami, Ediciones Universal, 1994.

ROTHER, Larry, «A Rising Cuban-American Leader: Statesman to Some, Bully to Others», *The New York Times,* 29 de octubre, 1992.

SALINGER, Pierre, *With Kennedy,* Nueva York, Doubleday & Company Inc., 1966.

SÁNCHEZ PAZ, Mario, «Montealegre: demostré que no he sido gringo», *Barricada,* 1 de agosto, 1996.

SCHLESINGER, Arthur, *A Thousand Days,* Boston, Houghton Mifflin Company, 1965.

SMITH, Earl, *The Fourth Floor,* Nueva York, Random House, 1962.

SORUCO, Gonzalo, *Cubans & the mass media in South Florida,* Miami, University Press of Florida, 1996.

The Miami Herald (editorial), 18 de enero, 1995, «Bad Strategy on Cuba».

The Washington Post (editorial), 18 de julio, 1996, «Who runs Radio Martí?».

THOMAS, Hugh, *Cuba: The Pursuit of Freedom,* Londres y Nueva York, Harper & Row Publishers, 1971.

Time Inc. (sin firma), 1951, «Cuba, An Honest Man».

VALLADARES, Armando, *Against All Hopes,* Londres, Hamish Hamilton, 1986.

WEST, Diana, «Cuban Exiles Rekindle Fire as Castro Inevitably Chills», *Nation,* 30 de abril, 1990.

WEYLER, Valeriano, *Mi mando en Cuba,* Madrid, Felipe González Rojas (editor), 1910.

Últimos títulos publicados:

Javier de las Heras, *Viaje hacia uno mismo. Un ensayo sobre la búsqueda de la felicidad.*

José Luis Pinillos, *El corazón del laberinto. Crónica del fin de una época.*

Justino Sinova/Javier Tusell, *La crisis de la democracia en España.*

Telmo Fernández Castro, *Historias del Universo.*

Francisco Pérez Abellán, *Crónica de la España Negra. Los 50 crímenes más famosos.*

Sara Gutiérrez/Eva Orúe, *Rusia en la encrucijada.*

Roberto Pelta, *El veneno en la Historia.*

Amando de Miguel, *ABC de la opinión española.*

Alfonso Guerra, *La democracia herida.*

Luis Carandell, *Las habas contadas.*

Matilde Artés, «Sacha», *Crónica de una desaparición. La lucha de una abuela de Plaza de Mayo.*

David Solar, *El laberinto de Palestina. Un siglo de conflicto árabe-israelí.*

Jon Juaristi, *El bucle melancólico. Historias de nacionalistas vascos.*

Pedro Miguel Lamet, *Cartas a Marian.*

Luis Racionero, *Guía práctica para insatisfechos. Valores, política y futuro.*

César Vidal, *La tercera España.*